Stadt, Land, Frust?

KIRCHE IM AUFBRUCH
Reformprozess der EKD

Herausgegeben vom Kirchenamt der EKD
Band 26

Stadt, Land, Frust?

Eine Greifswalder Studie zur arbeitsbezogenen Gesundheit im Stadt- und Landpfarramt

Im Auftrag des Instituts zur Erforschung von Evangelisation und Gemeindeentwicklung der Unversität Greifswald

herausgegeben von
Benjamin Stahl, Anja Hanser und Michael Herbst

EVANGELISCHE VERLAGSANSTALT
Leipzig

Bibliographische Information der Deutschen Nationalbibliothek
Die Deutsche Nationalbibliothek verzeichnet diese Publikation in der Deutschen Nationalbibliographie; detaillierte bibliographische Daten sind im Internet über http://dnb.dnb.de abrufbar.

Printed in EU

Das Buch wurde auf alterungsbeständigem Papier gedruckt.

Gesamtgestaltung: Kai-Michael Gustmann, Leipzig
Coverbild: © peshkova/Fotolia.de
Druck und Binden: GRASPO CZ a. s., Zlín

ISBN 978-3-374-06093-1
www.eva-leipzig.de

Geleitwort

Das Thema einer »Kirche in der Fläche« ist eines der wichtigsten Zukunftsthemen für unsere Kirche und deshalb seit etlichen Jahren im Blick der EKD. 2011 fand die erste Landkirchenkonferenz in Gotha statt. Zuvor erschien 2006 das Impulspapier »Kirche der Freiheit«. Es war mit dem Verdacht behaftet, das Land vergessen zu haben und allein die leuchtenden urbanen Zentren zu propagieren. Was für das Impulspapier auch tatsächlich galt, gilt nicht für die EKD-weite Aufmerksamkeit. Denn eine Arbeitsgruppe war bereits eingesetzt, 2007 wurde mit dem EKD-Text »Wandeln und Gestalten« ein erstes Grundsatzpapier zu missionarischen Chancen und Aufgaben in ländlichen Räumen veröffentlicht[1], woraufhin 2009 der Rat der EKD »Kirche in der Fläche« zu einem Schwerpunkt erklärte: Die Zukunft der Kirche explizit in ländlich-peripheren Räumen wird seitdem von der EKD als Herausforderung reflektiert, verbunden mit der Hoffnung, dass Lösungen, die hier gefunden werden, exemplarische Bedeutung besitzen für Kirche auch an anderen Orten unter anderen Vorzeichen.

Unterdessen haben wir vier Land-Kirchen-Konferenzen und eine Reihe von Fachtagungen organisiert. Von Beginn an begleitet uns eine gleichbleibend hohe Aufmerksamkeit und Akzeptanz (»Gut, dass es das gibt!«). In den Landeskirchen genoss und genießt das Thema unterschiedliche Priorität. Mittlerweile finden regionale Land-Kirchen-Konferenzen statt (so z.B. in der Kooperation der Landeskirchen von Baden und Württemberg; in der Evangelischen Kirche von Westfalen gibt es Werkstatttage »Kirche in ländlichen Räumen«; in der Nordkirche, Sprengel Schleswig und Holstein, kam zum zweiten Mal eine »Kirchen-Konferenz zur Wirklichkeit und Zukunft von Kirche in den ländlichen Räumen« zusammen; auch Landessynoden haben unterdessen das Thema als Schwerpunkt ihrer Arbeit aufgegriffen: die Evangelische Landeskirche Anhalts, die Evangelisch-Lutherische Kirche in Norddeutschland und die Evangelisch-Lutherische Kirche in Bayern).

Die EKD sieht sich in diesem Themenfeld auch zukünftig als Dienstleisterin und wird für die Gemeinschaft ihrer Gliedkirchen weitere vernetzende und impulsgebende Formate anbieten. Mit der Studie »Freiraum und Innovationsdruck« haben wir zudem 2016 eine breite Feldforschung ausgewählter

1 Kirchenamt der EKD (Hg.): Wandeln und Gestalten. Missionarische Chancen und Aufgaben der evangelischen Kirche in ländlichen Räumen. EKD-Texte 87, Hannover 2007.

Gemeindeprojekte im ländlichen Raum vorlegen können.[2] Als die Evangelische Kirche in Mitteldeutschland an die EKD mit der Idee einer *»Befragung zur physischen und psychischen Gesundheit im Landpfarramt«* herantrat, haben wir das gern aufgegriffen und die Studie gemeinsam mit dem Greifswalder Institut zur Erforschung von Evangelisation und Gemeindeerneuerung, der Evangelisch-lutherischen Landeskirche Hannovers und der Evangelischen Kirche Mitteldeutschlands als Partner betrieben.

Denn eines der wichtigsten kircheninternen Themen in den kommenden Jahren ist die zukünftige Gestalt des Berufsbildes Pfarrer, nicht nur im Blick auf das Land, aber da im Besonderen. Denn Beispiele von Kirche in ländlichen Räumen erweisen sich als Vorreiter von wichtigen Innovationen/Veränderungen für die Kirche überhaupt. Wir stehen hier vor weiteren tiefgreifenden Veränderungen. Die Veränderungen in den ländlichen Räumen haben etwas Kontingentes. Radikale Alternativen brechen auf, wo Lücken Freiräume geschaffen haben. Was zunächst mehr wie eine vorsichtige Anpassung an Veränderungen aussieht, kann eine überraschende Veränderungsdynamik in Gang setzen.

In den vergangenen Jahren stand vielfach die Frage nach angemessenen Gemeindeformen in peripheren Räumen im Zentrum. Die V. Kirchenmitgliedschaftsuntersuchung zeigt, dass – in allen Veränderungen – der Pfarrberuf auf lange Sicht weiterhin ein »Schlüsselberuf« der evangelischen Kirche bleiben wird. Wie ist die Arbeit zu gestalten bei einer Verantwortung für fünf oder sogar zehn Gemeinden? Welche Bedingungen sind förderlich, welche hindern im Blick auf die Arbeitszufriedenheit? Welche Chancen liegen in dem veränderten Miteinander von Haupt- und Ehrenamt?

Die hier vorgelegte Studie lebte von den ersten konzeptionellen Überlegungen bis zur Drucklegung von der Beteiligung und dem Engagement vieler. Großer Dank gebührt deshalb dem Projektteam des IEEG (Prof. Michael Herbst, Anja Hanser und Benjamin Stahl) sowie Jürgen Schilling vom Kirchenamt der EKD. Dankbar sind wir zudem für die Förderung und Begleitung seitens der Landeskirchen Hannovers und Mitteldeutschlands. Für die Kommentierung aus sehr unterschiedlichen Perspektiven geht der Dank an Gabriele Ahnert-Sundermann, an Dr. Peter Böhlemann, Dr. Martin Grabe, Philipp Elhaus, Dr. Gunter Schendel, Michael Lehmann, Dr. Thomas Schlegel und Jürgen Schilling. Und schließlich hat die Evangelische Verlagsanstalt die Publikation in Person von Frau Dr. Weidhas und Frau Sina Dietl sehr freundlich und kompetent betreut.

Hannover im Februar 2019
OKR Dr. Konrad Merzyn

2 Kirchenamt der EKD (Hg.): Freiraum und Innovationsdruck. Der Beitrag ländlicher Kirchenentwicklung in »peripheren Räumen« zur Zukunft der evangelischen Kirche, Leipzig 2016.

Vorwort

Das Thema »Kirche in ländlichen Räumen« ist ein Forschungsschwerpunkt am Institut zur Erforschung von Evangelisation und Gemeindeentwicklung (IEEG) der Universität Greifswald. Seit über 10 Jahren wird am IEEG in diesem Themenbereich geforscht und gelehrt. Nach nun gut vier Jahren Forschung zum Thema Gesundheit und Pfarramt in ländlichen Räumen freuen wir uns, die Ergebnisse der Studie »Stadt-Land-Frust?« in dieser Publikation präsentieren zu können.

Initial zu diesem Forschungsprojekt war ein Austausch mit unserem Forschungspartner Leslie Francis. Leslie Francis forscht und lehrt an der Warwick University in England und konnte als Theologe und Psychologe langjährige Erfahrung in der Erforschung von Erschöpfungserscheinungen im ländlichen Pfarrdienst in das Projekt einbringen.[1] Hinzu kam der Bedarf seitens der Evangelischen Kirche in Mitteldeutschland (EKM) die Belastungssituation des ländlichen Pfarramts zu erforschen und zu überprüfen, inwiefern diese Situation Auswirkungen auf die Gesundheit der Stelleninhaber hat. 2014 nahm die EKD dieses Projekt gerne im Rahmen des Themenfeldes »Kirche in der Fläche« auf und auch die Evangelisch-lutherische Landeskirche Hannovers (EVLKA) konnte als Projektpartner gewonnen werden.

2015 wurden erste Fragebögen versandt und getestet. Es wurden zwei kleinere Tests durchgeführt, die dazu dienten, unsere Modelle, Messkonzepte und Inventare zu prüfen und zu verbessern. Im Sommer 2016 erfolgte der Haupttest als Vollerhebung im Gemeindepfarramt der EKM und als Teilerhebung unter Pfarrerinnen und Pfarrern der EVLKA. Von insgesamt 1132 versandten Bögen im Haupttest gingen 690 wieder bei uns ein – ein Rücklauf von 61 %! Angesichts eines Fragebogens, der mindestens 40 Minuten benötigt, um ausgefüllt zu werden, ist das ein starkes Ergebnis. Wir danken allen Pfarrerinnen und Pfarrern, die uns ihre Zeit und ihr Vertrauen geschenkt haben, ausdrücklich.

Seit 2016 läuft die Auswertungsphase, die nicht nur angesichts der Menge an Daten Sorgfalt und Zeit benötigte. Wir freuen uns außerordentlich, dass sowohl eine Dissertation in der Praktischen Theologie als auch eine Diplom-

1 Im Rahmen eines Internationalen Symposiums des Greifswalder Forschungskonsortiums *Think Rural!* konnte ein Teil dieser ertragreichen Forschungskooperation auch öffentlich zugänglich gemacht werden: Vgl. die Beiträge von Leslie J. Francis und Michael Herbst in: Frieder Dünkel, Michael Herbst, Thomas Schlegel: Think Rural! Dynamiken des Wandels in peripheren ländlichen Räumen und ihre Implikationen für die Daseinsvorsorge, Springer VS: Wiesbaden 2014.

arbeit in der Psychologie im Rahmen dieses Projektes entstanden sind. Das interdisziplinäre Arbeiten war ein durchgängiger Gewinn in unserer Forschung zu »GIPP« (Greifswalder Inventar Peripheres Pfarramt), wie wir unser Projekt nannten.

Das interdisziplinäre Arbeiten wäre kaum möglich gewesen ohne die Arbeit des Forschungskonsortiums *Think Rural!* der Universität Greifswald. Das Forschungskonsortium hat sich auf Initiative des IEEG gegründet und arbeitet seit 2011 gemeinsam an Fragestellungen und Herausforderungen in ländlichen Räumen. Wir haben sehr oft von den Kontakten und kollegialen Expertisen profitieren können. Deswegen soll den Teilnehmern des Forschungskonsortiums für Beratung und Fachexpertise hier ausdrücklich ein Dank ausgesprochen werden. Darüber hinaus möchten wir einigen weiteren Partnern und Unterstützern besonders danken: Dr. Bernd Bobertz vom Lehrstuhl für Kartographie und Geoinformationssysteme GIS für die Erstellung der Landkarten, die wir in der Befragung zur Abgrenzung von Ländlichkeit und zur Selbstverortung der Probanden genutzt haben, sowie den Psychologen Dr. Jan Vitera und Sandra Lemanski vom Lehrstuhl für Gesundheit und Prävention, die unser Forschungsvorhaben mit ihrer Fachexpertise in Statistik und Psychologie bereichert haben.

Dienen möchte unsere Publikation vor allem Kirchenleitungen sowie den Pfarrerinnen und Pfarrern in Stadt und Land. Unser Forschungsinteresse ist dabei gewesen, möglichst präzise zu erfassen, was mit Stadt und Land gemeint ist. Der alltägliche Sprachgebrauch suggeriert hier einen Unterschied, der bei näherem Hinsehen gar nicht so leicht zu fassen ist. Wir können aber nur präzise und damit hilfreiche Aussagen treffen, wenn wir genau wissen, worüber wir reden, wenn wir über das Land- und Stadtpfarramt sprechen. Die Studie bringt deswegen Klarheit in die meist diffus wahrgenommenen Problemlagen und hilft kontextbezogene Aussagen für Land- und Stadtpfarramt zu treffen.

Vor diesem Hintergrund werden die Merkmale der pfarramtlichen Tätigkeit und die damit einhergehenden Belastungserscheinungen erforscht. Erstmals wurde der Pfarrberuf mit Modellen und angepassten Inventaren aus der Arbeits- und Organisationspsychologie vermessen und mit Belastungserkrankungen in Beziehung gesetzt, die aufgrund validierter Inventare aus der psychologischen Forschung erfasst wurden. So gibt die Studie Aufschluss darüber, welche Belastungserscheinungen für den Pfarrberuf spezifisch sind und wie viele Pfarrerinnen und Pfarrer zur Risikogruppe gehören. Durch vertiefende Analysen können Charakteristika des pfarramtlichen Berufsprofils isoliert werden, die besonders zur Be- und Entlastung beitragen. Dies gibt Kirchenleitungen und den Pfarrerinnen und Pfarrern selbst Ansatzpunkte zur gezielten Bearbeitung von Herausforderungen – mehr noch: Diese Ansatzpunkte wurden für die Kontexte Stadt und Land spezifiziert. So fördert die Studie eine

Auseinandersetzung mit dem Thema Gesundheit im Pfarrberuf – einen Diskurs, der angesichts rückläufiger Zahlen im Pfarramt und beim potentiellen Nachwuchs für das Pfarramt sowie verlängerten Jahren bis zur Pension dringend umfassender geführt werden muss.

Diesbezüglich zählt die Erkenntnis, dass personalentwicklerische und pastoraltheologische Maßnahmen allein nicht ausreichen, um ein gesundes Arbeiten im Pfarrberuf auch in Zukunft zu ermöglichen, sicherlich zu den wichtigsten Ergebnissen unserer Studie. Pfarrerinnen und Pfarrern muss die Fürsorge für die eigene Gesundheit zwar angeraten werden, jedoch dürfen sie dabei nicht allein gelassen werden. Es sind Programme nötig, die nicht nur auf die Gesundheit der Pfarrerinnen und Pfarrer abheben, sondern auch kirchenentwicklerisch das Arbeitsfeld der Pfarrerinnen und Pfarrer umgestalten. Mit anderen Worten: Pastoraltheologie und Kirchentheorie müssen Hand in Hand arbeiten, um sinnvolle und nachhaltige Lösungen für ein gesundes Arbeiten im Pfarramt zu schaffen.

Diese Publikation möchte weiterhin nicht nur Forschungsergebnisse und Analysen präsentieren, sondern will auch eine Brücke in die Praxis schlagen. Deswegen haben wir verschiedene Personen aus den Bereichen Gesundheit, Kirchenleitung, Aus- und Fortbildung, kirchliche Dienste sowie Forschung gebeten, einen kurzen Kommentar zu den Ergebnissen unserer Studie zu geben. Wir freuen uns, auf diese Weise wertvolle Pfade und Hinweise zur Weiterentwicklung im Pfarramt präsentieren zu können.

Der erste Beitrag von Benjamin Stahl stellt die Herausforderungen in ländlichen Räumen heute dar und führt in die pastoraltheologische Forschung zum Thema ein. Ein besonderer Schwerpunkt liegt dabei auf der Analyse von Ergebnissen der englischsprachigen Forschung. Außerdem werden in diesem Beitrag die Begriffe »Stadt« und »Land« definiert und dargestellt, wie diese Sachverhalte in der Studie erfasst wurden.

Es folgt im zweiten Beitrag eine Einführung in die psychologischen Aspekte der Studie von Anja Hanser. Sie stellt das Konzept der Studie dar und erläutert, wie methodisch und inhaltlich vorgegangen wurde. Hier wird das Thema »Burnout« behandelt und erläutert, mit welchen psychologischen Instrumenten der Pfarrberuf analysiert wurde. Außerdem werden hier Ergebnisse präsentiert, die vor allem das Profil einer *high-risk*-Gruppe beschreiben. Außerdem kann Anja Hanser zeigen, welche Spezifika Belastungserkrankungen im Pfarramt aufweisen. Sie betrachtet in ihren Ausführungen die gesamte Stichprobe ohne Unterscheidung zwischen Stadt- und Landpfarramt.

Im dritten Beitrag widmen sich Benjamin Stahl und Silvia Neumann dem Unterschied zwischen Land- und Stadtpfarramt. Hier werden die jeweiligen Gruppen näher beschrieben. Durch hierarchische Regressionsanalysen wird der Zusammenhang von pfarramtlichen Arbeitsanforderungen und Ressourcen mit Belastungserkrankungen erforscht. Pfarrerinnen und Pfarrer in Stadt und Land zeichnet nur ein geringer Belastungsunterschied aus – wichtiger ist jedoch, dass es für beide Gruppen ein spezifisches Belastungsprofil gibt. Daraus werden Vorschläge abgeleitet, wo Maßnahmen zur Entlastung bzw. zur Verringerung von Belastung und zur Förderung von Ressourcen ansetzen könnten.

Der vierte Beitrag von Henrike Völz und Benjamin Stahl vertieft die Analysen zu den unterschiedlichen Belastungsprofilen zwischen Stadt- und Landpfarramt. Hier werden anhand von Strukturgleichungsmodellen große Zusammenhänge recht detailliert getestet. Es wird untersucht, welche Aspekte des Pfarrberufs die Belastung und die Ressourcen erhöhen und auch, welche Rolle in diesem Zusammenhang Alter, Geschlecht und Persönlichkeit der Pfarrerinnen und Pfarrer spielen. Die kausalen Zusammenhänge im Modell geben Aufschluss über sinnvolle und kontextspezifische Ansatzpunkte zur Gesundheitsförderung im Pfarramt.

Der fünfte Beitrag von Michael Herbst beleuchtet die Ergebnisse unserer Studie aus kirchentheoretischer Sicht. Er diskutiert, welche bisherigen Strategien zur Anwendung kamen und kommen, um Pfarrerinnen und Pfarrer zu entlasten. Hier werden die Vor- und Nachteile der verschiedenen Strategien diskutiert und mit einer systemischen Sichtweise aufgearbeitet. Dies führt zu Erkenntnissen auf kirchentheoretischer Ebene, die die momentanen Symptome in der Pfarrerschaft als Anzeichen verstehen, die auf einen nötigen Umbau des kirchlichen Organisationssystems hinweisen. Michael Herbst arbeitet heraus, wie essentiell wichtig es in Zukunft ist, dass Pastoraltheologie und Gemeinde- und Kirchenentwicklung Hand in Hand arbeiten, um nicht nur einen verantwortungsvollen Umgang mit den Trägern des kirchlichen »Schlüsselberufs« an den Tag zu legen, sondern auch die Kirche für die bestehenden und die kommenden Herausforderungen besser zuzurüsten.

Nach diesen miteinander vernetzten Greifswalder Beiträgen folgen kurze Kommentare aus unterschiedlichen Perspektiven.

Im ersten Kommentar kommt Martin Grabe, Chefarzt der Psychotherapeutischen Abteilung der Klinik Hohe Mark, zu Wort. Er gibt Einblick in die Erkrankung »Burnout« und deren Therapie.

Im zweiten Kommentar begutachtet Gunther Schendel vom Sozialwissenschaftlichen Institut der EKD (SI) die Ergebnisse unserer Studie und hilft sie in der praktisch-theologischen Forschungslandschaft zu verorten. Er stellt heraus, was das Neue an der Studie »Stadt-Land-Frust?« ist und stellt weiterführende Überlegungen zu den Konsequenzen der Studie an.

Als dritter Kommentator kommt Philipp Elhaus, Leitender Referent für Missionarische Dienste in der Evangelisch-lutherischen Landeskirche Hannovers, zu Wort. Er nimmt die Metapher des »Schlüsselberufs« auf und überlegt, wie die »Schlösser« – d.h. die Kirche in unterschiedlichen Aspekten – gerade im Wandel sind. Er reflektiert vor diesem Hintergrund, inwiefern sich das Pfarramt in Zukunft pluralisieren wird und muss.

Der vierte Kommentar wurde von Peter Böhlemann, dem Leiter des Instituts für Aus-, Fort- und Weiterbildung der Evangelischen Kirche von Westfalen, aus der Perspektive der kirchlichen Weiterbildung verfasst. Mit seiner Wahrnehmung der Ergebnisse verknüpft er Einblicke in die derzeitige Weiterbildungslandschaft sowie deren Chancen zur Entlastung im Pfarrdienst.

Im fünften Kommentar skizziert Michael Lehmann, Personaldezernent der Evangelischen Kirche in Mitteldeutschland, die Situation des Wandels in dieser Landeskirche. Er gibt Einblick in die derzeitige kirchliche Personalführung und berichtet von Maßnahmen, die zur Verbesserung der Arbeitsbedingungen im Pfarrdienst beitragen sollen. Er beschreibt dabei, wie die Ergebnisse der Studie aufgenommen wurden und welche Maßnahmen zusätzlich entwickelt werden können, um die Arbeitsgesundheit zu erhöhen.

Im sechsten Kommentar wird von Gabriele Ahnert-Sundermann, Personalreferentin der Ev.-luth. Landeskirche Hannovers, das Thema Verwaltung aufgegriffen. Verwaltung ist ein Containerbegriff, hinter dem sich auch in unserer Studie vieles verbirgt. Die Pfarrerinnen und Pfarrer melden zurück, dass Verwaltung mehr und mehr belastet. Gabriele Ahnert-Sundermann begibt sich aus kirchenleitender Perspektive auf Spurensuche und fragt, was sich alles hinter dem Begriff »Verwaltung« verbergen könnte. Dabei macht sie auf Angebote zur Entlastung seitens der Landeskirche Hannovers aufmerksam und beschreibt Veränderungen, die angebahnt werden, um Verwaltung im Pfarramt zu reduzieren.

Im siebten Kommentar kommt Jürgen Schilling, Persönlicher Referent der Landesbischöfin Ilse Junkermann (EKM), zu Wort. Jürgen Schilling hat als Mitglied des Projektteams einen besonderen Blick auf die Studie. So berichtet er von den Eindrücken, die er auf den vielen Pfarrkonferenzen und Pfarrkonventen sammeln konnte, auf denen er unser Forschungsprojekt vorgestellt hat. So liegt es auch nahe, dass er dann über diese Konvente als potentielle Ressource für den Pfarrdienst nachdenkt.

Der achte Kommentar wurde von Thomas Schlegel verfasst, Referatsleiter des Bereichs Gemeinde und Seelsorge im Landeskirchenamt der EKM in Erfurt. Dieser Kommentar fokussiert das Thema »ländliche Räume« und kommentiert den überraschenden Befund, dass eine ländliche Umgebung keine Mehrbelastung im Pfarramt bedeutet. Er arbeitet dabei ein Profil des Landpfarramtes nach und überlegt, inwiefern die Forschungsergebnisse helfen Stadt- und Landpfarramt besser zu verstehen. Er zeigt, welche Herausforderungen die Studie tatsächlich aufdeckt – im Gegensatz zu vermuteten Herausforderungen, die darauf basieren, dass wir alle denken, dass es auf dem fernen Land doch eigentlich besonders schlimm sei.

Wir erhoffen uns, dass durch die unterschiedlichen Beiträge und Beitragsarten unser Thema facettenreich und gut zugänglich aufbereitet ist, so dass diese Publikation den Diskurs zu einem Dienst in der Kirche, der »gut, gerne und wohlbehalten«[2] versehen werden soll, in der Breite und Tiefe fördert. Die Texte folgen den Publikationsrichtlinien der Evangelischen Verlagsanstalt und verwenden mehrheitlich das generische Maskulinum.

Abschließend möchten wir uns als Herausgeber noch einmal bei denen bedanken, die mit ihren Ressourcen, ihrer Kreativität und Ausdauer zu dieser Publikation beigetragen haben. Hier sind an erster Stelle die studentischen Hilfskräfte aus den Fachgebieten der Theologie und Psychologie zu nennen: Felix Degwitz, Martin Grauer, Catharina Jacob, Julia Kraag, Liane Lücking, Sara Odau, Jonathan Pothmann, Hannah Rothe und Sarah Louise Unterschemmann. Benjamin Limbeck sei für die Korrekturarbeiten an den Manuskripten und Graphiken besonders gedankt.

Ein Dank gilt auch Dr. Konrad Merzyn, der seitens der EKD unsere Forschungsarbeit mitverfolgt und begleitet hat. Wir sind dankbar, dass das Buch in die Reihe »Kirche im Aufbruch« aufgenommen wurde und Unterstützung bei den Druckkosten durch EKD und Evangelische Kirche in Mitteldeutschland erfahren hat.

Unsere Forschungsarbeiten wurden von einer Projektgruppe begleitet, deren Mitgliedern ebenfalls Dank für wertvolle Rückmeldungen und Einsichten gebührt. Wir danken Dr. Thomas Schlegel, der den Vorsitz der Gruppe führte und den Mitgliedern OKR Gabriele Ahnert-Sundermann, Dr. Konrad Merzyn und KRin Dr. Kerstin Voigt für die Zeit, die sie auf diese Weise in das Projekt investiert haben. Jürgen Schilling, ebenfalls Mitglied dieser Projektgruppe, ist außerdem für seinen unermüdlichen Einsatz zu danken, den er bei den Besuchen der Kirchenkreise zur Vorstellung der Studie geleistet hat.

Wir bedanken uns auch bei der Evangelischen Verlagsanstalt, die unser Projekt kompetent und zugewandt betreut hat. Namentlich sei hier Dr. Annette Weidhas und Sina Dietl ein Dank für ihre Begleitung ausgesprochen.

Greifswald im März 2019
Für die Herausgeber
Benjamin Stahl

2 Vgl. die Handreichung der Evangelisch-Lutherischen Kirche in Bayern: <http://www.berufsbild-pfr.de/files/files/Handreichung%20für%20die%20Erstellung%20von%20Dienstordnungen.pdf>, aufgesucht am 26. März 2019, 13:54 Uhr.

Inhalt

Benjamin Stahl

Ländliche Räume als Herausforderung für kirchenleitendes Handeln

Thematische Einführung in die Studie und Beschreibung der Vorarbeiten zur Unterscheidung von Stadt und Land

1 Einleitung

Kirchenleitungen nehmen ländliche Räume als Herausforderung wahr – für sich selbst und für die Gesellschaft. 2013 wurden hochrangige Experten aus Kirche, Kultur, Politik und Universität zum Gespräch eingeladen, um die Situation der Evangelischen Kirche Berlin-Brandenburg-schlesische Oberlausitz (EKBO) zu diskutieren. Es zeigte sich, dass der Beitrag der Kirche zum gesellschaftlichen Leben als bedeutend eingeschätzt wurde; von der Kirche wird in dieser Hinsicht viel erwartet – zur Überraschung mancher Kirchenleute! Welchen Beitrag Kirche tatsächlich leisten kann, ist eine offene und gute Frage. Insgesamt war das Expertengespräch stark von dem Thema »entvölkerter Regionen« geprägt.[1] Demographische Wandlungen durch Wanderungsbewegungen und Altersverschiebungen stellen die Organisation der Volkskirchen in Frage. Von der Lieth, Geschäftsführer der Hilfswerk Siedlung GmbH, dem Immobilienunternehmen der EKBO, bringt die organisatorischen Herausforderungen auf den Punkt:

> »Ich glaube, dass im ländlichen Bereich die dreigliedrige Struktur aus landeskirchlicher Verwaltung, Superintendenturen und Kirchengemeinden nicht funktionieren kann. Diese Konstruktion funktioniert nur im städtischen Bereich. [...] Ich kenne eine Kirchengemeinde, zu der ein Dorf mit 80 Einwohnern gehört. Zehn davon waren Kirchenmitglieder, von denen waren wiederum weit über die Hälfte über 80 Jahre alt. Dort ist ehrenamtlich organisierte Arbeit eigentlich nicht mehr möglich.«[2]

Einerseits erscheint die kirchliche Organisationsstruktur als unangemessen für die gegebene Situation in ländlichen Räumen und andererseits sind die

1 Reformbüro (Hg.): Stadt und Land – Welche Kirchen brauchen wir morgen?: Schwanenwerder Gespräche, Wichern: Berlin 2014, 7.14.17f.23.27.29; hier 7.

2 A. a. O., 13 u. 27 (Gesprächsbeitrag von Jörn von der Lieth).

personellen Ressourcen auch im Bereich des Ehrenamtes dünn. Für Berlin-Brandenburg ergeben sich solche Situationen, weil Regionen derzeit eine höchst unterschiedliche Entwicklung durchlaufen. Von den 2,5 Millionen Brandenburgern leben 50 % in der Nähe Berlins. Bis 2030 wird die Bevölkerungszahl in Brandenburg um 300 000 Personen abnehmen. Dieser Rückgang findet jedoch mehrheitlich in den Regionen statt, die weit ab von Berlin liegen.[3] Genau dies setzt kirchliche und gesellschaftliche Institutionen und Infrastrukturen unter Druck.

Derartige Problemanzeigen bzw. Problemwahrnehmungen sind nicht auf die EKBO beschränkt. Schon 2007 gab die EKD ein Strategiepapier für ländliche Räume heraus, welches ein breit gefächertes Instrumentarium zur Wahrnehmung ländlicher Räume bereithält.[4] Hier werden strukturschwache Räume mit Reduktion kirchlicher Präsenz und dem Erhalt einer Grundversorgung in Verbindung gebracht.[5] Damit geraten auch hier einerseits die abgelegenen, ländlichen Räume als potentiell gefährdete Teilgebiete der kirchlichen Organisation in den Blick. Andererseits werden auch die »Ländliche[n] Räume im engeren Umfeld von Verdichtungsgebieten – Kirche mit Wachstumsperspektive« wahrgenommen.[6]

Bischof Dröge beschließt das »Schwanenwerder Gespräch« 2013 mit der Einsicht, »dass wir die regionalen Unterschiede noch schärfer sehen müssen, als ich [sic] sie bisher gesehen habe.«[7] So kann an dieser Stelle festgehalten werden: Die Wahrnehmung der ländlichen Räume changiert demnach zwischen Wachstumsaussichten und bedrohlichen Schrumpfungsszenarien. Weiterhin wird eine differenzierte Sichtweise hinsichtlich der Unterschiedlichkeit von Regionen eingefordert.

Für eine Untersuchung des Landpfarramts ist aus den genannten Gründen eine differenzierte Beschreibung ländlicher Räume wichtig. Hierzu zählt auch die Abgrenzung der ländlichen Räume von städtischen Gebieten. Diese Deskriptionen sind notwendig für eine präzise Wahrnehmung des Untersuchungsgegenstands. Von gesteigertem Interesse sind natürlich die ländlichen Räume, in denen die Herausforderungen für das kirchliche Personal größer erscheinen.

Deswegen werden nun Beschreibungen des ländlichen Raums aus Geographie und Soziologie nachvollzogen. Anschließend werden die Arbeiten aus der

---

3 Reformbüro: Stadt und Land (s. Anm. 1), 14 (Gesprächsbeitrag von Sabine Kunst, Ministerin für Wissenschaft, Forschung und Kultur) u. 26 (Gesprächsbeitrag von Jörn von der Lieth).

4 Kirchenamt der EKD (Hg.): Wandeln und gestalten. Missionarische Chancen und Aufgaben der evangelischen Kirche in ländlichen Räumen, EKD-Texte 87, Hannover 2007, 22–39.

5 A. a. O., 56.

6 A. a. O., 38.

7 Reformbüro: Stadt und Land (s. Anm. 1), 51.

Praktischen Theologie aufgerufen, die sich mit diesem Feld beschäftigen und Einschätzungen bezüglich der Belastungen des Pfarrpersonals geben. Dann wird das Vorgehen in unserer Studie beschrieben, um Stadt und Land voneinander zu unterscheiden. Es folgt die Darstellung unserer Kategorisierungen und somit die Festlegung, welche Pfarrer wir als eher ländlich oder städtisch eingeordnet haben.

2 Ländliche Räume aus Sicht der Geographie und Soziologie

Nach Henkel ist der ländliche Raum ein »komplexer Kulturbegriff«, der sich einem definitorischen Zugriff nahezu sperrt.[8] Nach einem Durchgang durch historische Definitionen formuliert Henkel:

> »Zusammengefaßt ist der ländliche Raum damit ein naturnaher, von der Land- und Forstwirtschaft geprägter Siedlungs- und Landschaftsraum mit geringer Bevölkerungs- und Bebauungsdichte sowie niedriger Wirtschaftskraft und Zentralität der Orte, aber höherer Dichte der zwischenmenschlichen Bindungen.«[9]

Henkel betont, dass diese induktive Definition sehr traditionell orientiert ist und derzeitige Wandlungsprozesse in ländlichen Räumen dieser Definition widersprechen. Gerade die Zuschreibung der höheren Dichte zwischenmenschlicher Beziehungen oder die Prägung durch Agrar- und Forstwirtschaft können heute nicht mehr ohne weiteres als gegeben angesehen werden. Die Soziologin Neu kommt zu dem Ergebnis: »Die agrargesellschaftliche Trias von ländlichem Raum, Landwirtschaft und ländlicher Gesellschaft hat sich (fast) gänzlich aufgelöst.«[10]

Diese Sachlage führt zu einer Definition der ländlichen Räume *ex negativo*. Henkel dokumentiert den Minimalkonsens in der Geographie bezüglich des Landes:

> »Die Definition des ländlichen Raumes als der nicht-städtische Kulturraum, der die verschiedensten Siedlungstypen umfassen kann, erspart es uns, den schwer definierbaren Begriff der *ländlichen Siedlung* genau zu fixieren.«[11]

8 Gerhard Henkel: Der ländliche Raum. Gegenwart und Wandlungsprozesse seit dem 19. Jahrhundert in Deutschland, Berlin/Stuttgart ^{4}2004, 37.

9 A. a. O., 33.

10 Claudia Neu: Land- und Agrarsoziologie, in: Georg Kneer (Hg.): Handbuch spezielle Soziologien, Wiesbaden 2010, 243–261, hier: 244.

11 Henkel: Der ländliche Raum (s. Anm. 8), 37 [Hervorhebung original].

Damit wird deutlich: Der ländliche Raum ist in der allgemeinen Wahrnehmung eine Konstruktion aus traditionellen Zuschreibungen, deren Grundlagen (Landwirtschaft, sozialer Zusammenhalt, etc.) jedoch heute kaum noch von prägender Bedeutung sind. Faktisch haben die Grundlagen solcher Zuschreibungen aufgrund unterschiedlichster Wandlungsprozesse kaum noch definitorische Kraft, denn die Gemeinsamkeiten dieser Raumkategorie sind geschwunden. Ländliche Räume sind deswegen vor allem durch Heterogenität gekennzeichnet. Einfach gefragt: wie viele Gemeinsamkeiten hat ein Dorf in der Nähe Münchens mit einem Dorf in der Uckermark? Beides würde man als ländliche Wohnlage bezeichnen, jedoch wird die Lebensführung, Sozialstruktur und wirtschaftliche Lage mehr Unterschiede als Gemeinsamkeiten zu Tage fördern.

Insofern eine Definition von innen heraus nicht mehr sinnvoll möglich ist, wird vom ländlichen Raum nur noch im Plural gesprochen. Um nun doch zu einer Art Klassifizierung zu kommen, werden in Geographie und Raumplanung statistische Marker festgelegt, um ländliche Räume von städtischen zu unterscheiden. So galt einst eine Siedlungsgröße bis 2 000 Einwohner im engeren Sinn als Landgemeinde und bei einer Größe bis zu 5 000 Einwohner im erweiterten Sinn. Das Kriterium »Gemeindegröße« verlor allerdings mit Gebietsreformen seinen Sinn.[12] So verblieben drei weitere Kriterien zur statistischen Abgrenzung ländlicher Räume: Bevölkerungsdichte, Zentralität und Strukturschwäche.[13] Allerdings beklagt sich Henkel über die eher willkürlich anmutende Setzung dieser Marker und deren Grobmaschigkeit.[14]

Die drei statistischen Marker führen dazu, dass ländliche Gebiete in der Tendenz als Problemgebiete wahrgenommen werden. Als ländlich gelten dann alle Gebiete, die eine geringe Dichte und eine tendenziell hohe Entfernung zu Oberzentren haben sowie in wirtschaftlicher und soziostruktureller Hinsicht schwach sind. Mit Hilfe dieser Marker lassen sich somit besonders herausfordernde Gebiete beschreiben. Allerdings zieht die Nutzung dieser statistischen Marker einen differenzierten Gebrauch der Begriffe nach sich. In nuce ausgedrückt: ländlich ist nicht peripher und peripher ist nicht gleich strukturschwach, auch wenn es zwischen diesen Kategorien hohe Korrelationen gibt – wohlgemerkt: Korrelationen, nicht kausale Zusammenhänge![15] Von diesen Gebieten allein als »ländlich« zu reden wäre ein unsauberer Gebrauch des Begriffs, da es auch viele florierende ländliche Räume gibt.

---

12 A. a. O., 34 [im Original gesperrt].

13 Ebd.

14 Ebd.

15 Martin Spangenberg/Rupert Kawka: Neue Raumtypisierung – ländlich heißt nicht peripher, in: Ländlicher Raum 59, 02/2008, 27–32.

Abbildung 1: »Ländlichkeit«.

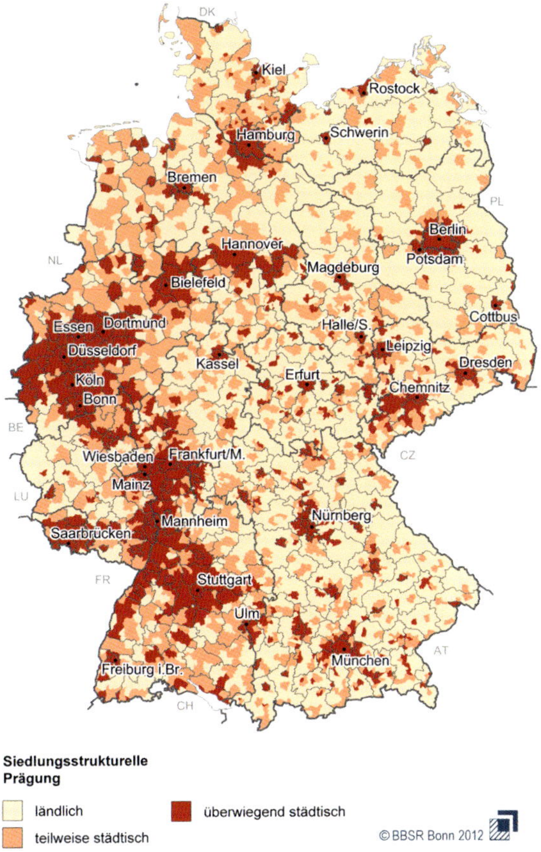

Anschaulich wird dieser Gebrauch der Begriffe, wenn er an den Karten des Bundesinstitutes für Bau-, Stadt- und Raumforschung (BBSR) nachvollzogen wird.[16] Als Erstes geht es hier um den Marker für »Ländlichkeit«, gemessen an der Einwohner- und Siedlungsdichte (Abb. 1). Hier ergeben sich drei Raumordnungskategorien: Es gibt »ländliche« Gebiete, »teilweise städtische« Gebiete und »städtische« Gebiete.

Für die Kategorie »ländlich« gilt, dass sie 60,6 % der Fläche der Bundesrepublik ausmacht. Es leben 18,1 % der Bevölkerung in den als ländlich klassifizierten Gebieten. Hier befinden sich 10,6 % der Beschäftigten. Insofern die

16 Zum Folgendem vgl. URL: <https://www.bbsr.bund.de/BBSR/DE/Raumbeobachtung/Raumabgrenzungen/deutschland/gemeinden/raumtypen2010_vbg/Raumtypen2010_alt.html> (22.5.2018, 14:51 Uhr). Die Grundindikatoren und die Konstruktion der Karten wird vom BBSR beschrieben, die Cutoff-Werte für die Grenzziehungen zwischen den Kategorien werden hier allerdings nicht offengelegt.

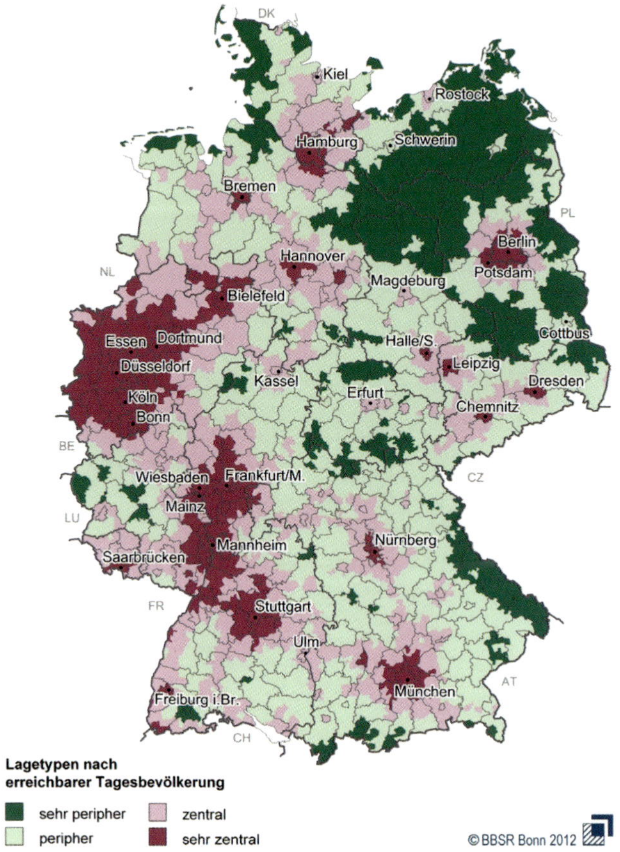

Abbildung 2: »Lage«.

Kategorie »ländlich« besonders von dem Indikator »Dichte« bestimmt ist, ist es eher unwahrscheinlich, dass hier Städte inkludiert sind.[17]

Als Zweites gibt es den Indikator für die Lagegunst in Relation zu den Oberzentren (Abb. 2). Hier geht es um die erreichbare »Tagesbevölkerung«.[18] Nach Erläuterung des komplexen Rechenvorgangs werden vier Klassifizierungen vorgenommen, die zulassen »sehr periphere«, »periphere«, »zentrale« und »sehr zentrale« Lagen voneinander zu unterscheiden. Insofern »periphere Gebiete« die Relation zu Oberzentren abbilden, umfassen diese Gebiete durchaus kleinere Städte und Mittelzentren. Eine periphere Lage bildet deswegen kein ländliches Siedlungsgebiet im klassischen Sinne ab.

17 Auch hier ist festzustellen, dass die Cutoff-Werte (Werte anhand derer die Kategoriengrenzen festgelegt werden) und damit die Grenzziehungen zwischen den Kategorien kaum zugänglich waren.

18 Tagesbevölkerung meint die Wohnbevölkerung abzüglich bzw. zuzüglich der Pendler zum Arbeitsplatz.

Sehr periphere Gebiete machen 18,9 % der Bundesrepublik aus. Hier leben lediglich 4,4 % der Bevölkerung und 3,1 % der Beschäftigten. Periphere Gebiete machen 43,2 % der Fläche aus. Hier leben 21,2 % der Bevölkerung und 18,3 % der Beschäftigten.

Im Vergleich der Karten wird deutlich, dass ländliche Gebiete nicht identisch sind mit peripheren oder sehr peripheren Gebieten. Das heißt, es gibt sogar sehr zentrale ländliche Gebiete und sehr periphere städtische Gebiete – allerdings sind diese Extreme der zwölf möglichen Merkmalskombinationen vernachlässigbar klein.

Im Vergleich fällt auf, dass städtische und sehr zentrale Gebiete vergleichsweise wenig Flächenanteile besitzen, dafür aber den Großteil der Beschäftigten. Für städtische Gebiete (Abb. 1) beläuft sich der Anteil der Beschäftigten auf 75,8 %, bei sehr zentralen Gebieten liegt der Wert bei 51,8 %. Dies ist ein Indiz für die relative Strukturschwäche ländlich-peripherer Gebiete.[19] Spangenberg/Kawka verweisen darauf, dass »[e]rste empirische Befunde [...] allerdings darauf schließen [lassen], dass die ›ländliche Prägung‹ weniger einen negativen Einfluss auf regionale Entwicklung ausübt, als die periphere Lage.«[20]

Ländliche Räume sind demnach Gebiete mit geringer Dichte an Einwohnern und Siedlungsstruktur. Für die Forschung interessant sind derzeit periphere, ländliche Gebiete, insofern sich hier Prozesse abspielen, die Anfragen an vorhandene Infrastruktur und Organisation von staatlichen, kirchlichen und privaten Institutionen stellen.

3 Ländliche Räume in der praktisch-theologischen Forschung

Trotz der noch einigermaßen übersichtlichen praktisch-theologischen Forschung zum Thema »Land« ist kein einheitlicher Begriff für ländliche Räume auszumachen. Einerseits sind Arbeiten zu nennen, die der bundesdeutschen Raumordnung folgen und die Heterogenität der ländlichen Räume betonen sowie besonders periphere, ländliche Räume betrachten.[21] Andererseits sind

---

19 Eine Karte mit schrumpfenden Gebieten wird vom BBSR unter der folgenden Adresse zur Verfügung gestellt: <https://www.bbsr.bund.de/BBSR/DE/Raumbeobachtung/Raumabgrenzungen/deutschland/gemeinden/wachsend-schrumpfend-gemeinden/Wachs_Schrumpf_Gemeinden_node.html>, (22.11.2018, 10:16 Uhr).

20 Spangenberg/Kawka: Neue Raumtypisierung (s. Anm. 15), 31.

21 Buchpublikationen in chronologischer Folge (ohne Anspruch auf Vollständigkeit): Kai Hansen: Evangelische Kirche in ländlichen Räumen. Ein Rundblick über Geschichte und Gegenwart, Schenefeld ^{2}2010; Florian Scherz: Kirche im Raum. Kirchliche Raumplanung zwischen theologischer Reflexion und konkreter Gestaltung, LLG 17, Gütersloh 2005; Kirchenamt der EKD (Hg.): Wandeln und gestalten. Missionarische Chancen und Aufgaben der evangelischen Kirche in ländlichen Räumen, EKD-Texte 87,

Publikationen zu nennen, die in Kenntnis der Raumordnung eher einen traditionellen Landbegriff verwenden bzw. mit dem Landbegriff lediglich als Metapher arbeiten.[22]

Insgesamt überwiegen die Problemanzeigen für (periphere) ländliche Räume. Hier folgt die praktisch-theologische Forschung im Großen und Ganzen der Raumordnung, die in ländlich-peripheren Gebieten eher Problemgebiete sieht. Diese Problematisierung hängt natürlich mit der verwendeten Kategorisierung ab: dünne Besiedelung, Abgelegenheit und Strukturschwäche als Indikatoren ergeben keinen Fokus auf blühende Landschaften, die es auch gibt.[23] Am umfassendsten und treffendsten wurden die Problemlagen von Alex/Schlegel beschrieben:[24]

Hannover 2007; Daniel Hörsch/Hans-Hermann Pompe (Hg.): Region – Gestaltungsraum der Kirche. Begriffsklärungen, ekklesiologische Horizonte, Praxiserfahrungen, KiA Bd. 4, Leipzig 2012; Thomas Schlegel/Martin Alex (Hg.): Leuchtfeuer oder Lichternetz. Missionarische Impulse für ländliche Räume, BEG-Praxis, Neukirchen-Vluyn 2012; Martin Alex/Thomas Schlegel (Hg.): Mittendrin! Kirche in peripheren ländlichen Regionen, BEG 21, Neukirchen-Vluyn 2014; Frieder Dünkel/Michael Herbst/Thomas Schlegel (Hg.): Think Rural! Dynamiken des Wandels in peripheren ländlichen Räumen und ihre Implikationen für die Daseinsvorsorge, Wiesbaden 2014; Thomas Guba (Hg.): »Land in Sicht« – Kirche in ländlichen Räumen und ihre Zukunft. Dokumente einer Tagung in Bad Alexanderbad vom 18.–20. Juni 2013 und weiterführende Texte, Bad Alexanderbad 2014; Ralf Kötter: Das Land ist hell und weit. Leidenschaftliche Kirche in der Mitte der Gesellschaft, Schenefeld 2014; Michael Domsgen/Ekkehard Steinhäuser (Hg.): Identitätsraum Dorf. Religiöse Bildung an der Peripherie, Leipzig 2015; Frank Meyer/Judith Miggelbrink: Kirchliche Strukturplanung in schrumpfenden ländlichen Räumen. Das Beispiel des Kirchenkreises Altenburger Land, forum ifl 28, Leipzig 2015; Klaus-Dieter Kaiser (Hg.): Lebendiger ländlicher Raum. Herausforderungen – Akteure – Perspektiven, Vitalisierung ländlicher Räume 2, Schwalbach 2015; Kirchenamt der EKD (Hg.): Freiraum und Innovationsdruck. Der Beitrag ländlicher Kirchenentwicklung in »peripheren Räumen« zur Zukunft der evangelischen Kirche, KiA 12, Leipzig 2016; Michael Herbst/Frieder Dünkel/Benjamin Stahl: Daseinsvorsorge und Gemeinwesen im ländlichen Raum, Wiesbaden 2016.

22 Buchpublikationen in chronologischer Folge (ohne Anspruch auf Vollständigkeit): Christian Möller: Lasst die Kirche im Dorf! Gemeinden beginnen den Aufbruch, Göttingen 2009; Gabriele Wulz: Bleibt die Kirche im Dorf? Gemeinden im ländlichen Raum: Chancen, Grenzen und Herausforderungen, Gießen 2010; Harm Cordes: Kirche im Dorf – Glaube im Alltag: Impulse für die kirchliche Arbeit im ländlichen Raum, Leipzig 2013; Volker Mantey/Sigurd Sadowski/Hein-Ulrich Schmidt-Ropertz (Hg.): Menschen gewinnen. Evangelisch sein im ländlichen Raum, Leipzig 2014; Frank Weyen: Kirche in der strukturellen Transformation: Identität, Programmatik, organisatorische Gestalt, Göttingen 2016; Simone Ziermann: Landpfarramt. Eine sprachwissenschaftlich-pastoraltheologische Inventur, Leipzig 2018.

23 Als Beispiel hierfür wird häufig das Emsland angeführt. Vgl. Berlin-Institut für Bevölkerung und Entwicklung (Hg.): Von Kirchtürmen und Netzwerken. Wie engagierte Bürger das Emsland voranbringen, Berlin 2017.

24 Vgl. zum Folgenden: Martin Alex/Thomas Schlegel: »Mittendrin!« Kirche in peripheren ländlichen Regionen, in Martin Alex/Thomas Schlegel (Hg.): Mittendrin! Kirche in peripheren ländlichen Regionen, BEG 21, (Neukirchen 2014, 14–46, bes. 16.

- Soziologisch gesehen laufen in peripheren, ländlichen Räumen Prozesse verschärft ab: Demographischer Wandel führt zu Überalterung, Binnenmigration und Unterjüngung. Peripherisierung bezeichnet einen Prozess der umfassenden Schwächung und Abkopplung dieser Räume. Dies wird über großflächige Schrumpfung wahrgenommen. Auch die Kirche ist hier mit der Aufgabe des Rückbaus ihrer Strukturen konfrontiert, wobei »Kirchen in diesen Räumen in etwa 2–3 × so schnell schrumpfen wie die Bevölkerung an sich.«[25]
- In diesen Regionen ist die Kirche jedoch auch von außen gefordert: »Die Peripherisierung entlegener Gebiete appelliert an das gesellschaftliche, pädagogische und kulturelle Handeln der Kirche, vor allem aber an die gute Nachricht von der Auferstehung Jesu Christi.«[26] In der Studie »Landaufwärts« konnte gezeigt werden, wie stark kirchliche Initiativen sind, die ihr missionarisches und diakonisches Potential entfalten.[27] Hier konnte nachgewiesen werden, dass gegen alle Erwartungen gerade an der Peripherie Neues entsteht, das Bedeutung für die Zukunft der ganzen Kirche haben kann. Die in dem EKD-Papier aufgestellte These des simplen Rückgangs aller kirchlichen Angebote in besonders abgelegenen Räumen gilt damit als widerlegt.
- Insofern die kirchlichen Strukturen maßgeblich von der Anzahl der Kirchenmitglieder in einem Gebiet bestimmt werden, führen die Dynamiken in peripheren Lagen zur Überdehnung und Ausdünnung der kirchlichen Strukturen.[28] Einfach gefragt: Wenn der Rückgang der Kirchenmitglieder weiterhin anhält, für wie viele Predigtstätten, Kirchen und Friedhöfe kann ein Pfarrer manchmal mit und manchmal ohne weitere Verwaltungskraft zuständig sein? Nur weil die Kirchenmitgliederzahlen rückläufig sind, verschwinden ja weder Kirchengebäude, noch wird die Fläche kleiner, auf der die Kirchenmitglieder leben.
- Insofern Dorfkirchen selten aufgegeben werden, verschlechtert sich das Verhältnis der Gemeindegliederzahl zu den Kirchengebäuden rapide. Damit wird die Finanzierung und Erhaltung der teilweise immer seltener genutzten Gebäude erschwert.[29]

25 Alex/Schlegel: Mittendrin (s. Anm. 24), 22 f.

26 Alex/Schlegel: Mittendrin (s. Anm. 24), 25.

27 Thomas Schlegel u.a.: Landaufwärts – Innovative Beispiele missionarischer Praxis in peripheren, ländlichen Räumen – Die Greifswalder Studie, in: Kirchenamt der EKD (Hg.): Freiraum und Innovationsdruck. Der Beitrag ländlicher Kirchenentwicklung in »peripheren Räumen« zur Zukunft der evangelischen Kirche, KiA 12, Leipzig 2016, 171–344.

28 Alex/Schlegel: Mittendrin (s. Anm. 24), 27–30.

29 Alex/Schlegel: Mittendrin (s. Anm. 24), 31.

- Im Bereich des Ehrenamts kommt es zu Engpässen, Konkurrenz und möglicher Überlastung bei den Ehrenamtlichen.[30]
- Im Bereich der hauptamtlichen Mitarbeiterschaft – insbesondere unter Pfarrern, die im Zweifelsfalle ohne weitere Mitarbeiter auskommen müssen – wird aufgrund der zusätzlichen Belastung durch den strukturellen Umbau und der notwendigen Neuausrichtung der Arbeit ein erhöhtes, arbeitsbedingtes Stresslevel befürchtet.[31] Diese Befürchtung wird durch Forschungsergebnisse aus den ländlichen Regionen der Anglikanischen Kirche in England genährt.[32]
- Insgesamt ist Kirche herausgefordert, sich neu auf diese Situationen einzustellen und neue Normen für Wertschätzungen dessen, was möglich und geboten ist, zu entwickeln.[33]

Der Ablauf und die Auswirkung derartiger komplexer und gleichzeitig laufender Prozesse wurden jüngst von Meyer/Miggelbrink vom Leibniz-Institut für Länderkunde im Kirchenkreis Altenburg untersucht.[34] Es wurden die im Jahr 2000 angestoßenen Strukturreformen nachvollzogen, die auch eine Änderung bzw. Anpassung des Finanzgesetzes mit sich brachten. Ein wesentlicher Faktor für die Strukturplanungen ist die Abnahme der Gemeindegliederzahlen, die zwischen 2008 und 2011 um 26 % zurückgingen. Die Pfarrstellen wurden von 58 (1993) auf 17 (2013) reduziert.[35] Für das Pfarramt bedeutet dies Folgendes:

> »Es erscheint logisch, dass bei einer wachsenden Anzahl zu betreuender Kirchengemeinden je Pfarrstelle die für diese Handlungen zur Verfügung stehende Zeit nicht automatisch steigt. Vielmehr sinkt faktisch die Zeit für Handlungen jenseits der zentral gesehenen sonntäglichen Gottesdienste durch vermehrte Fahrzeiten und -wege sowie stärker werdende Absprachen.«[36]

Besonders für das Gemeindepfarramt zeigt sich hier eine Abhängigkeit von der Umgebung, da Strukturreformen sofort eine Änderung des »Arbeitsplatzes« bedeuten. Die immer größere Ausdehnung der Gebiete, für die man ver-

30 Martin Alex: Peripher und engagiert: Kirchlich gebundenes Ehrenamt in peripheren, ländlichen Räumen, in: Michael Herbst/Frieder Dünkel/Benjamin Stahl (Hg.): Daseinsvorsorge und Gemeinwesen im ländlichen Raum, Wiesbaden 2016, 93–115.

31 Alex/Schlegel: Mittendrin (s. Anm. 24), 35.

32 Christopher J. F. Rutledge: Burnout and the practice of ministry among rural clergy: looking for the hidden signs, in: Rural Theology 4, 2006, 57–65; Leslie J. Francis/Christine E. Brewster: Stress from time-related over-extension in multi-parish benefices, in: Rural Theology 10, 2012, 161–178.

33 Alex/Schlegel: Mittendrin (s. Anm. 24), 36–41.

34 Meyer/Miggelbrink: Kirchliche Strukturplanung (s. Anm. 21).

35 A. a. O., 14–17.

36 A. a. O., 17.

antwortlich ist, kann nicht spurlos an den Haupt- und Ehrenamtlichen vorübergehen. Meyer/Miggelbrink stellen zu diesen Entwicklungen die Frage, was sich als Erstes ereignen werde: »Pfarrer_innen- oder Gemeinde-Burnout?«[37] Insofern diese Prozesse nicht ohne Konflikte verlaufen und manche institutionellen Vorgaben in der Kommunikation schwer transparent zu machen sind, beobachten Meyer/Miggelbrink:

> »Wir haben diesbezüglich eine starke Ohnmacht festgestellt, sowohl bei Haupt- wie Ehrenamtlichen. Insbesondere der Umstand, dass gesamtgesellschaftliche Prozesse – Schrumpfung und Säkularisierung – mit einer durch die EKD und die EKM getragenen kalkulatorischen Logik zusammentreffen, erzeugt bei ›Planenden‹ und ›Beplanten‹ im Kirchenkreis das allseitige Gefühl, selbst nicht in einer gestaltenden Position zu sein: Hauptamtliche müssen Träger_innen von Einsparungen sein, sind jedoch auch deren Auswirkungen sowie den Vorwürfen Ehrenamtlicher ausgesetzt. Ehrenamtliche wiederum würden gerne intervenieren, sehen sich aber einerseits einer wachsenden Intransparenz ausgesetzt, die sie andererseits aufgrund der Komplexität und des schnellen Verlaufs der Anpassungsprozesse auch durch vermehrtes Engagement nicht aufklären können.«[38]

Mit dieser Beobachtung werden von Meyer/Miggelbrink (Frustrations-)Prozesse beschrieben, die in der Forschung als »Peripherisierung« bezeichnet werden. Kühn/Weck haben eine Analyse dessen, was Peripherisierung ausmacht, kürzlich umfassend erarbeitet und dargestellt.[39] Insgesamt machen Kühn/Weck vier wesentliche Dimensionen in Peripherisierungsprozessen aus: Abwanderung, Abkopplung, Abhängigkeit und Stigmatisierung.[40] Abwanderung ist ein allgemeiner, sozioökonomischer Indikator für die Strukturschwäche einer Region.[41] Es wird damit angezeigt, dass es einen *brain drain* gibt (junge, qualifizierte Menschen gehen) und eine schrumpfende und überalterte Bevölkerung zurückbleibt.[42] »Eine ›Abkopplung‹ von Städten und Regionen bedeutet, dass sich ihre Integration in die übergeordneten Regulierungssysteme von Markt und Staat lockert und Zugänge dazu erschwert werden.«[43]

---

37 Ebd.

38 A. a. O., 32.

39 Manfred Kühn/Sabine Weck: Peripherisierung. Ein Erklärungsansatz zur Entstehung von Peripherien, in: Matthias Bernt/Heike Liebmann (Hg.): Peripherisierung, Stigmatisierung, Abhängigkeit? Deutsche Mittelstädte und ihr Umgang mit Peripherisierungsprozessen, Wiesbaden 2013, 24–46.

40 A. a. O., 30.

41 A. a. O., 41.

42 A. a. O., 31.

43 A. a. O., 33.

Durch Abkopplung wird vor allem die Innovationsfähigkeit geschwächt.[44] Abhängigkeit bezeichnet die Sachlage, dass peripherisierte Räume von Entscheidungsträgern in Politik und Wirtschaft außerhalb abhängig sind und so eine fehlende Autonomie die eigenen Handlungsmöglichkeiten stark einschränkt.[45] Mit Stigmatisierung kann sozialpsychologisches Hemmnis beschrieben werden, welches Prozesse aller Art vor Ort erschwert.

Beispielsweise wäre die von Meyer/Miggelbrink festgestellte »Ohnmacht« der Dimension »Stigmatisierung« zuzurechnen. Stigmatisierung ist keinesfalls nur eine negative Zuschreibung an bestimmte Räume von außen, sondern auch ein Phänomen, welches in Problemregionen als eine Art »Selbst-Stigmatisierung« anzutreffen ist. So konnten Steinführer/Kabisch ein Auseinanderfallen von Binnen- und Außenimage der stark von Peripherisierung betroffenen Stadt Johanngeorgenstadt in Sachsen feststellen.[46] Während Urlaubsgäste ein positives Bild der Stadt haben, schätzen sich die Bewohner samt ihren Möglichkeiten sehr negativ ein. Die hohe Bewertung der eigenen Probleme sowie geringe Aussichten auf Besserung wirken sich negativ auf die Möglichkeit von konstruktiven Veränderungsprozessen aus (»Ohnmachtsgefühl«).[47] Wirth/Bose sprechen hier von einer »Peripherisierung im Kopf«.[48] Dieses mentale Phänomen beobachtete Matthiesen in einem anderen Forschungsprojekt im deutsch-polnischen Grenzgebiet Brandenburgs.[49] Matthiesen fasst zusammen:

> »An diesem Syndrom aus Angst, Verzweiflung und Überforderung, von Trotz und Fluchttendenzen, gemischt mit weiterhin durchaus anschlussfähigen Formen von Renitenz und lokalem Stolz, von Einsatzwillen und Innovationsbereitschaft scheinen nun externe Lernangebote auf örtlicher und teilregionaler Ebene folgenlos abzufließen.«[50]

---

44 Ebd.

45 A.a.O., 36.

46 Annett Steinführer/Sigrun Kabisch: Binnen und Außenimage von Johanngeorgenstadt, in: Peter Wirth/Marc Bose (Hg.): Schrumpfung an der Peripherie: ein Modellvorhaben – und was Kommunen davon lernen können, München 2007, 107–123.

47 Steinführer/Kabisch: Johanngeorgenstadt (s. Anm. 46), 157.

48 Peter Wirth/Marc Bose: Perspektiven des Zentralen Erzgebirges aus Sicht der Fachdisziplinen – ein Überblick, in: Peter Wirth/Marc Bose (Hg.): Schrumpfung an der Peripherie: ein Modellvorhaben – und was Kommunen davon lernen können, München 2007, 153–160, hier 157.

49 Ulf Matthiesen: Osterweiterung – Brandenburg – Polen: Statement zum »Zukunftsforum Brandenburg 2025«, in: IRS aktuell 37, Erkner 2002, 3–4, hier 3.

50 Ulf Matthiesen: Im Sog von Schrumpfungsdynamiken – eine lernende Region im deutsch–polnischen Grenzgebiet, in: Ulf Matthiesen/Gerhard Reutter (Hg.): Lernende Region – Mythos oder lebendige Praxis, Bielefeld 2003, 89–114, hier 101.

Neben dem objektiven Rückgang bzw. Schrumpfungsprozessen spielt offenbar die subjektive Einschätzung der Akteure vor Ort, die als »Ohnmachtsgefühl« oder »Peripherisierung im Kopf« beschrieben werden kann, eine wesentliche Rolle in der Wahrnehmung der Lage und bezüglich der Verbesserungsmöglichkeiten.

Dies wirft auch die Frage auf, inwiefern Pfarrer in diesen Gebieten unter erhöhten Arbeitslasten zu leiden haben – entweder als Personen, die diesbezüglich selbst belastet sind oder als Verantwortliche, die es in Sachen ehrenamtlicher Unterstützung besonders schwer haben.

Anhand der hier dargestellten, derzeit ablaufenden Vorgänge wird die Komplexität der Problematik von kirchlichem Rückbau unter gesellschaftlichen Veränderungen sowie deren Auswirkung auf haupt- und ehrenamtlich Mitarbeitende bestenfalls angedeutet. Die praktisch-theologische Forschung steht hier erst am Beginn der Erfassung und Unterscheidung von komplexen gesellschaftlichen Prozessen und deren Bedeutung für die Kirche als Ganze. Offensichtlich ist jedoch, dass die Frage nach der Gesundheit und Erschöpfung im kirchlichen Dienst nicht allein Thema der Pastoraltheologie oder des Personalmanagements sein kann, sondern Kirchentheorie und Organisationsentwicklung mit bedacht werden müssen, wenn es darum geht, die Situation für die Mitarbeitenden zu verbessern.

4 Forschung zu Gesundheit und Arbeitsbelastung in den ländlichen Räumen Englands

Im Vergleich zur deutschsprachigen Forschung zu ländlichen Räumen machte der anglikanische Theologe, Pädagoge und Psychologe Leslie J. Francis früh auf die Problemlagen ländlicher Räume aufmerksam. Schon 1985 beschreibt er die Problemlagen im ländlichen England: »The problems faced by rural Anglicanism during the past twenty years have been greatly compounded by the sharp decrease in the resources available to it.«[51] Francis beschreibt den Rückgang der Finanzen, der zu Zusammenlegungen von Parochien führte und die eingeschränkten Möglichkeiten, Pfarrer in Vollzeit anzustellen. Hinzu kamen Personalmangel sowie die Verteilung des vorhandenen Personals zu Ungunsten ländlicher Gebiete.[52]

1996 widmet Francis der Kirche in ländlichen Räumen ein ganzes Buch, um »Ländlichkeit« genauer zu beschreiben und zu erfassen.[53] Er folgt darin

51 Leslie J. Francis: Rural Anglicanism. A Future for Young Christians?, London 1985, 13.

52 Vgl. Francis: Rural Anglicanism (s. Anm. 51), 13f.

53 Leslie J. Francis: Church Watch. Christianity in the Countryside, London 1996.

der Beschreibung verschiedener Siedlungsstrukturen und statistischen Markern.[54] 2016 wird dann auf der Grundlage von Francis und anderen ein Modell zur Unterscheidung von ländlichen und urbanen anglikanischen Diözesen vorgelegt.[55] Edwards empfiehlt sein 10-Faktor-Modell für künftige Forschung, damit ländliche und urbane Diözesen miteinander verglichen werden können. Daran wird zweierlei deutlich: Erstens: die praktisch-theologische Forschung in England untersuchte zunächst die Problemlagen ländlicher Räume eigenständig. Zweitens: erst später kam die Abgrenzung und Unterscheidung städtischer Diözesen hinzu, um für die generierten Forschungsergebnisse als Kontrollgruppe zu fungieren. Das bedeutet nun insgesamt, dass Vergleiche hinsichtlich der Unterschiede bei Pfarrern auf dem Land und in der Stadt noch am Beginn der Erforschung stehen!

Die Forschungsergebnisse von Francis und Arbeiten aus seinem Umfeld haben demnach zuerst ihren Mehrwert in der Beschreibung dessen, was ländlich ist und der Anwendung unterschiedlicher psychologischer Inventare, die helfen, die Herausforderungen und Ressourcen der Probanden vor diesem Hintergrund zu verstehen. Die Kenntnis der ländlichen Situation gibt so Aufschluss über mögliche Ressourcen oder auch unumgängliche Problemlagen, die der kirchlichen Organisation auf diesem Feld begegnen. So kommen die Forscher in England in ihren Umfragen wiederholt zu dem Ergebnis, dass 32 % der Probanden stark bis sehr stark belastet sind.[56] Gleichfalls haben 83 % dieser Probandengruppe eine hohe oder sehr hohe Arbeitszufriedenheit.[57] Zusätzlich konnten Gründe für Belastungen und Potentiale zur Verbesserung erhoben werden.[58] Sieht man nun die Ressourcen und Problemlagen im Zusammen-

54 Vgl. Francis: Church Watch (s. Anm. 53), 1–6.

55 Vgl. Owen D. Edwards: Classifying ›Rural‹ and ›Urban‹ Dioceses of the Church of England and the Church in Wales: Introducing the Ten-Factor Model, in: Rural Theology 14, 2016, 53–65. Die zehn Faktoren lauten: »1. Population per square mile; 2. Population per parish; 3. Sunday attendance as a percentage of population; 4. Average Sunday attendance per church; 5. Infant baptisms as percentage of living births; 6. Easter communicants as percentage of the population over 15 years of age; 7. Average electoral roll per parish; 8. Electoral roll membership as a percentage of population; 9. Churches per full-time stipendiary clergyperson; 10. Parish population per full-time stipendiary clergyperson« (Edwards: Ten-Factor Model [s. Anm. 55], 60).

56 Jenny Rolph u.a.: Stress in Rural Ministry: Listening to Anglican Clergy in England, in: Rural Theology 12, 2014, 106–118, hier 115.

57 Rolph u.a.: Stress (s. Anm. 56), 115.

58 Als Gründe für die arbeitsbezogene Belastung werden in dieser Studie neun Themen identifiziert (in absteigender Wichtigkeit): »too much to do, poor communication with hierarchy, difficult or unsupportive parishoners, burden of administration, inadequate time off, pressures of expectations, difficulties with time management, deployment and staffing issues, and feelings of isolation«. Auf die Frage hin, was nötig wäre, um die Lasten des Dienstes zu erleichtern, konnten sechs Themen herausgearbeitet werden: »support with administration, protected time off, feeling supported, human resources, personal transformation, and conflict reduction« (Rolph u.a.: Stress [s. Anm. 56], 111–113).

hang mit den Möglichkeiten, die in einer ländlich-peripheren Umgebung gegeben sind, wäre es kirchenleitend möglich, mit vorhandenen Potentialen und zielgerichteten, neuen Strukturen oder Maßnahmen zur Stressreduktion und damit Gesundheit und Arbeitsfähigkeit der Pfarrer beizutragen.

Neben der Frage nach kontextspezifischen Gegebenheiten für die Implementierung salutogenetischer Maßnahmen steht die Frage, inwiefern der Kontext selbst einen positiven oder negativen Einfluss auf die Mitarbeiterschaft hat. Die Ergebnisse der praktisch-theologischen Forschung aus England zeigen hier ein differenziertes Bild:[59] Bei der Verwendung eines für den kirchlichen Dienst angepassten Burnout-Inventars (modifiziertes Maslach Burnout Inventar[60]) konnten auf den ersten Blick keine signifikanten Unterschiede zwischen Probanden in ländlichen und städtischen Diözesen festgestellt werden.

Das Maslach Burnout Inventar konzeptionalisiert Burnout in drei Bereiche: emotionale Erschöpfung, Depersonalisation und das Gefühl, etwas (oder dann auch »nichts«) zu erreichen.[61] Hinsichtlich der beiden ersten Bereiche gab es keinen Unterschied zwischen Stadt und Land. In Bezug auf den dritten Bereich, dem »Gefühl, etwas zu erreichen«, konnte festgestellt werden, dass er bei einer ländlichen Klientel geringer ausgeprägt ist.[62] Hier konnten die Forscher einen Zusammenhang mit den folgenden Umgebungsfaktoren feststellen: Länge der Dienstzeit in der betreffenden Kirche, Anzahl der Kirchen im Verantwortungsbereich, Assistenzpastor (*curate*) und Dienstgemeinschaft (*ministry team*).[63] Vor allem die soziale Unterstützung durch einen Assistenzpastor und Arbeiten in der Dienstgemeinschaft erwiesen sich hier als von Bedeutung.

Insgesamt bedeutet das, dass Unterschiede zwar bestehen, sich aber nicht an der Oberfläche zeigen, sondern eher spezifischer und gradueller Natur sind. Schließlich zeigt nur eine der drei Skalen des Maslach Burnout Inventars einen Unterschied an und die genannten Umgebungsfaktoren stehen nicht vollumfänglich für das, was man alles als »Ländlichkeit« bezeichnen könnte.

Auch wenn hier der Faktor soziale Unterstützung zuerst benannt wurde, scheint die Umgebung einen Unterschied zu machen. In unterschiedlichen nationalen und internationalen Studienvergleichen, bei denen das Francis Burnout Inventar als eine weitere Möglichkeit, Burnout zu erfassen, angewandt wurde, konnten Francis/Brewster feststellen, dass anglikanische Land-

59 Francis/Brewster: Stress (s. Anm. 32), 161–165.

60 A. a. O., 162.

61 Gefahr für Burnout besteht also bei: »high level of emotional exhaustion«, »high level of depersonalization« und »low level of personal accomplishment« (ebd.).

62 A. a. O., 163 u. 164f.

63 »Length of time in the present church, number of churches for which responsible, full-time assistant curate, and ministry team« (a. a. O., 164).

pfarrer höhere Werte hinsichtlich der Erschöpfung und geringere Werte hinsichtlich der Zufriedenheit im Dienst aufweisen.[64]

Hinsichtlich einer arbeitszeitbezogenen Überlastung (time-related overextension) konnten Francis/Brewster ein Zweifaches feststellen: Zum einen sind Landpfarrer mit drei oder mehr Kirchen in ihrem Verantwortungsbereich spezifisch[65] überlastet; zum anderen tragen weitere erschwerende Umgebungsfaktoren, wie beispielsweise ein oder zwei weitere Kirchen/Predigtstätten nicht mehr zur Verschärfung der Überlastung bei.[66]

Schaut man auf die Gemeinden, die zusammengelegt wurden, dann gibt es indirekte Anzeichen dafür, dass die Arbeitsbelastung der Geistlichen am Limit ist. Müssen die anglikanischen Geistlichen mehrere Kirchen oder fusionierte Kirchenverbände betreuen, dann folgen daraus rückläufige Entwicklungen in allen relevanten anglikanischen Gemeindestatistiken.[67] Hier zeigt sich dann das Phänomen, das von Miggelbrink »Gemeindeburnout« genannt wurde.[68] Wenn auch die Studien von Francis zeigen, dass soziale Unterstützung am Arbeitsplatz durch weitere Mitarbeitende sich positiv auf deren Belastungsniveau auswirkt, so gilt auch für solche Teampfarrämter, dass sie für die Entwicklungen der Gemeinden in der Tendenz hinderlich sind.[69] Inso-

64 A.a.O., 163.

65 Über 50 % geben jeweils an, dass folgende Items ihnen Schwierigkeiten bereiten: »being unable to respond to the needs of everyone (59 %); doing separate paperwork for several churches (56 %); nurturing and retaining volonteers in several churches (52 %); being expected to be involved in several communities (51 %); giving attention to detailed matters in several churches (51 %) […].« (a.a.O., 169).

66 A.a.O., 174. Diese Ergebnisse hinsichtlich des Dienstes in anglikanischen »multi-parish benefices« (vergleichbar mit einem Kirchspiel) sind interessant und werfen Fragen auf: Einerseits wurde festgestellt, dass Pfarrer in Kirchspielen an zeitlicher Überarbeitung leiden und dass zusätzliche Kirchen keine signifikante Verschlimmerung darstellen. Offen ist allerdings ein Vergleich bzw. eine Überprüfung mit Pfarrern, die zwei oder weniger Kirchen betreuen. Pfarrer mit einer oder zwei Kirchen und deren Arbeitsbelastung wurden in der genannten Studie nicht mit einbezogen. Was bedeutet dann der Befund: Drei oder mehr Kirchen/Predigtstätten führen zu Überlastung? Oder: Die Anzahl der Kirchen spielt generell keine Rolle? Insofern der Test mit einer Kontrollgruppe ausgeblieben ist, bleibt diese Frage offen und bedarf weiterer Forschung.

67 David Goodhew: Report on Strand 3c. Amalgamations, Team Ministries and the Growth of the Church, Church Growth Research Programme Strand 3: Structures, Durham 2013, 133, unveröffentlichter Forschungsbericht. Ergebnisse in Teilen publiziert in: Church of England: From Anecdote to Evidence. Findings from the Church Growth Research Programme 2011–2013, 2014. Deutsche Übersetzung dieser Broschüre: Zentrum für Mission in der Region (Hg.): Faktencheck. Mehr als nur Geschichten. Ergebnisse der Gemeindewachstums-Untersuchung 2011–2013 [Deutsche Ausgabe der anglikanischen Forschungsstudie »From Anecdote to Evidence«], Dortmund 2014.

68 Vgl. oben: Kapitel 3: »Ländliche Räume in der praktisch-theologischen Forschung«.

69 Zentrum für Mission in der Region: Faktencheck (s. Anm. 67), 43f. Es sei angemerkt, dass Burgess in einem Aufsatz die Ergebnisse für ländliche Räume differenziert: einerseits wachsen Gemeinden mit einem Pfarrer im Vergleich häufiger, andererseits werden wachsende Einzelgemeinden seltener fusioniert. Das wirft bei der Bewertung der Ergebnisse Fragen auf, die eine Erforschung aus Perspektive der

fern die Vergrößerung der Verantwortungsbereiche keine größeren Belastungen mit sich bringt, die Gemeinden jedoch schrumpfen, zeigt sich hier ein Limit der Arbeitsbelastung von Pfarrern, welches nicht mehr ihre Gesundheit betrifft, jedoch Auswirkungen auf die Entwicklungen der Kirchen vor Ort hat.

Zusammenfassend ist festzuhalten, dass die Forschung aus England Verschiedenes zeigt: Als Erstes lässt sich erkennen, wie durch modifizierte und verbesserte Inventare der Pfarrberuf immer präziser untersucht wurde. Dann ist die Erforschung des Kontextes Land ein Wert an sich, insofern hier Ressourcen und Problemlagen des Kontextes identifiziert werden können. Weiterhin gibt es Anzeichen, dass der Kontext selbst zu Mehrbelastungen beiträgt. An einigen Stellen stehen diesbezüglich Tests mit Kontrollgruppen noch aus. Damit steht die Frage im Raum: Wirkt die Umgebung als Mehrbelastung oder Ressource auf die Belastung der Pfarrer ein? Spielt sie eventuell nur eine zu vernachlässigende Rolle oder gibt es so etwas wie ein bestimmtes Profil für Belastungen in ländlichen Räumen? Von Seiten der Kirchentheorie ist zu fragen, wie der Personaleinsatz und die Entwicklungen von Gemeinden und Gemeindeverbünden zusammenhängen.

5 Überlastung im Pfarramt?

Auch in Deutschland geraten angesichts der beschriebenen Wandlungsprozesse die Kirchen unter Druck. In der Regel reagieren sie darauf mit Regionalisierungsprozessen, um Strukturen zu vereinfachen und (im Normalfall) zu zentralisieren. In diesen Prozessen geraten dann bald die haupt- und ehrenamtlichen Mitarbeiter der Kirchen in den Fokus. Wagner-Rau fragt in ihrem pastoraltheologischen Beitrag bezüglich der Pfarrer: »Wo ist der Punkt erreicht, an dem die Belastungen und Ansprüche über das hinausgehen, was zu leisten ist?«[70] Sie macht deutlich, wie schwierig es ist, das Kleinerwerden zu akzeptieren, ohne zu resignieren:

> »Anzuerkennen, dass das Maß der vorhandenen Ressourcen und veränderte strukturelle Bedingungen sich auf die Handlungsmöglichkeiten auswirken, hat nichts mit Resignation zu tun. [...] Weniger Pfarrerinnen und Pfarrer können in Zukunft auch insgesamt weniger Arbeitszeit zur Verfügung stellen.«[71]

Pastoraltheologie und Kirchentheorie notwendig machen (vgl. Neil Burgess: Collaborative Ministry in Rural Areas, in: Rural Theology 14, London 2016, 134–154, hier: 137).

70 Ulrike Wagner-Rau: Auf der Schwelle. Das Pfarramt im Prozess kirchlichen Wandels, Stuttgart ²2012/2009, 132.

71 Wagner-Rau: Schwelle (s. Anm. 70), 132.

Auch Karle nimmt wahr, »daß viele Pfarrerinnen und Pfarrer schon nach wenigen Jahren [s. c. im Dienst, BS] über Identitätskrisen und Symptome des ›burnout‹ klagen«.[72] Alex/Schlegel halten allerdings fest, dass diese Fragen und Herausforderungen für das Pfarramt »so gut wie nicht aufgearbeitet« sind.[73]

Untersuchungen zur Berufszufriedenheit von Pfarrern gibt es mehrere, allerdings sind Untersuchungen zur Arbeitsgesundheit kaum anzutreffen.[74] Rohnke nimmt für sich in Anspruch die erste »Belastungsanalyse i. S. des § 5 ArbSchG« vorgenommen zu haben.[75] Hinsichtlich der Verwendung von Inventaren zur Erfassung des Phänomens »Burnout« gibt es bisher im deutschsprachigen, protestantischen Raum nur zwei Studien.[76] Keine dieser Studien beachtet die ländlichen Räume mit ihren spezifischen Herausforderungen gesondert.

Schaut man auf das Thema »ländliche Räume« und »Pfarramt«, sind die empirischen Studien ähnlich dünn gesät. Aspekte des Landes spielen in der Auswertung der Studien zur Berufszufriedenheit im Pfarramt allenfalls bei Becker und bei Magaard/Nethöfel eine Rolle.[77] Allerdings müssen die Stadt-Land-Unterscheidungen dieser Studien angesichts der Heterogenität ländlicher Räume als wenig differenziert eingeschätzt werden, so dass nicht

72 Isolde Karle: Der Pfarrberuf als Profession. Eine Berufstheorie im Kontext der modernen Gesellschaft, PThK 3, Gütersloh ²2001, 13.

73 Alex/Schlegel: Mittendrin (s. Anm. 24), 35.

74 Vgl. Andreas Rohnke: Gesundheitsmanagement und Salutogenese im Pfarrberuf. Empirische Studie und Analyse von Gesundheitsressourcen und Belastungspotentialen, EuKP 14, Frankfurt a. M. 2015, 46–50. Hier zählt Rohnke nahezu alle empirischen Studien zum Pfarramt auf.

75 Rohnke: Gesundheitsmanagement (s. Anm. 74), 46. Hier ist anzumerken, dass Rohnke vor allem Gesundheitsressourcen und Belastungspotentiale, aber nicht Belastung im Sinne von Krankheit erforscht hat. Entsprechende Inventare zur Erfassung von krankhaften Belastungen, wie bspw. Burnout, wurden von Rohnke nicht eingesetzt (vgl. Rohnke: Gesundheitsmanagement [s. Anm. 74], 95).

76 Andreas von Heyl: Zwischen Burnout und spiritueller Erneuerung. Studien zum Beruf des evangelischen Pfarrers und der evangelischen Pfarrerin, Frankfurt a.M. 2003; Joachim Bauer et al.: Belastungserleben und Gesundheit im Pfarrberuf. Eine Untersuchung in der Evangelischen Landeskirche Baden, in: Deutsches Pfarrerblatt, 2009, 460–466. Aus dem katholischen Bereich ist eine große Studie zu nennen, die alle in der Seelsorge Tätigen aus 22 von 27 deutschen, katholischen Diözesen umfasst: Klaus Baumann et al.: Zwischen Spirit und Stress. Die Seelsorgenden in den deutschen Diözesen, Würzburg 2017.

77 Dieter Becker: Pfarrberuf zwischen Vision und Realität: Pfarrbilder als personalstrategische Modelle im Horizont pastoraler Tätigkeitsfelder und empirischer Selbsteinschätzung, in: Dieter Becker/Richard Dautermann (Hg.): Berufszufriedenheit im heutigen Pfarrberuf. Ergebnisse und Analysen der ersten Pfarrzufriedenheitsbefragung in Korrelation zu anderen berufssoziologischen Daten, EuKP 1, Frankfurt a.M. 2005, 103–181. Gothart Magaard/Wolfgang Nethöfel: Pastorin und Pastor im Norden: Antworten – Fragen – Perspektiven. Ein Arbeitsbuch zur Befragung der Pastorinnen und Pastoren der Evangelisch-Lutherischen Landeskirche Mecklenburgs, der Nordelbischen Evangelisch-Lutherischen Kirche und der Pommerschen Evangelischen Kirche, Berlin 2011.

sicher ist, was hier mit der Kategorie »Land« erfasst wird.[78] Grundsätzlich hält Becker als »Kernergebnis« fest: »Die Pfarrstellen unterliegen nach der empirischen Datenlage regionalen und wahrscheinlich auch lokal-individuellen Begebenheiten.«[79] Ob es einen Unterschied aufgrund regionaler Begebenheiten bei Pfarrern gibt und ob diese sich auf Belastungsindikatoren auswirken, soll in unserer Studie überprüft werden.

Als Indizien für eine Mehrbelastung der »ländlichen« Pfarrer lässt sich der für diese Gruppe »typische« Wunsch nach einer »grundsätzlich [...] geringere[n] Belastung« im Vergleich zu Pfarrern aus anderen Gebieten deuten.[80] In ähnlicher Weise spricht auch die Nutzung von Urlaubstagen und Freizeitausgleich für eine mögliche Mehrbelastung der »ländlichen« Pfarrer bei Magaard/Nethöfel. Nach deren räumlichen Kategorisierungen wird sichtbar, dass Landpfarrer seltener ihren Urlaubsanspruch einlösen oder einen freien Tag pro Woche nehmen – lediglich in der Kategorie »1/2 Arbeitstag pro Woche frei« sind die Landpfarrer vorn.[81] Dies lässt auf ein Verhalten schließen, welches hinsichtlich der sog. Work-Life-Balance nicht förderlich ist.

Zusammenfassend heißt das: In der Forschungsliteratur wird eine starke Überlastung der Mitarbeiterschaft behauptet. Die Gründe für die Überlastung werden vor allem in den Strukturanpassungsprozessen gesucht, die in ländlich-peripheren Räumen in besonderem Maße zu finden sind. Bisher gibt es jedoch keine belastbare Forschung, die diese Kombination aus Belastungserkrankungen und ländlich-peripherer Umgebung untersucht. Gleichwohl gibt es Indizien für einen solchen Zusammenhang zwischen Umgebung und Belastung.

78 Becker erfasst »Ländlichkeit« über Selbsteinschätzung mit vier Antwortmöglichkeiten: ländlich, vorstädtisch, städtisch oder Dienst in der Gesamtkirche (vgl. den zur Veröffentlichung beigefügten Fragebogen in: Becker/ Dautermann: Berufszufriedenheit (s. Anm. 77). Magaard/Nethöfel erfassen »Ländlichkeit« über Selbsteinschätzung wie folgt: »Arbeiten Sie überwiegend... in einem ländlich geprägten Raum; in einem eher städtisch geprägten Raum / einer Stadt mit bis zu 10 000 EinwohnerInnen; in einer Stadt mit 10 000 bis 100 000 EinwohnerInnen; in einer Stadt mit über 100 000 EinwohnerInnen; in der Millionenstadt Hamburg; über Regions- oder Stadtgrenzen hinweg.« Zusätzlich lässt man von den Probanden die Bevölkerungsentwicklung einschätzen: »in einer Region mit merklich wachsender Bevölkerungszahl; ... sinkender Bevölkerungszahl; ... ungefähr gleichbleibender Bevölkerungszahl; weiß nicht«, vgl. Magaard/Nethöfel: Pastorin (s. Anm. 77), 2. In beiden Fällen ist es nicht möglich, prosperierende, ländliche Gebiete von anderen ländlichen Gebieten zu unterscheiden. In Anspruch genommen werden hier lediglich die recht grob gesetzten Grenzen von Gemeindegrößen und eine subjektiv empfundene Ländlichkeit.

79 Dieter Becker: Pfarrberufe zwischen Praxis und Theorie. Personalplanung in theologisch-kirchlicher und organisationstheoretischer Sicht, EuKP 3, Frankfurt a. M. 2007, 214.

80 Becker: Pfarrberufe (s. Anm. 79), 211. Insgesamt fällt im Vergleich der regionalen Pfarrtypologien auf, dass positive Konnotationen mit dem Beruf eher im städtischen Umfeld vorhanden sind, vgl. Becker: Pfarrberufe (s. Anm. 79), 211 f.

81 Magaard/Nethöfel: Pastorin (s. Anm. 77), 80.

6 Zwischenfazit

An dieser Stelle ist festzuhalten, dass eine differenzierte Sicht auf die Verhältnisse in ländlichen Räumen geboten ist. Hier hat sich die praktisch-theologische Forschung auf den Weg gemacht und angesichts des konstanten Dauerthemas der kirchlich-organisationalen Veränderung sollte die raumbezogene Begleitforschung nicht unterschätzt werden. Damit ist auch gesagt, dass wir derzeit weit davon entfernt sind, das Thema »Ländlichkeit« oder Regionenbildung und die Konsequenzen für die Kirche als Ganze erfasst zu haben. Die Deskriptionen der ländlichen Räume haben analytische Funktion, insofern sie über Trends aufklären und wahrscheinliche Entwicklungen abschätzen helfen. Sie bilden darüber hinaus die allgemeine Basis zur Einschätzung von Ressourcen und Problemlagen. Außerdem ermöglichen sie Korrekturen hinsichtlich der dem Kontext gegenüber unangemessenen Strategien.

Derzeit kann man davon ausgehen, dass das Thema »Land« in jedem Individuum Assoziationen auslöst, die mehr Zuschreibung sind als heutige ländliche Wirklichkeit. Dies wurde besonders an den Definitionsschwierigkeiten deutlich und den Wandlungen, die Henkel und Neu seit den 60er Jahren ausmachen. Die größten Problemlagen verbinden sich mit dem Stichwort »Peripherisierung«. Abgelegenheit, Abgehängt-Sein oder -Werden, der Verlust (hoch) qualifizierter und demographisch aktiver Bevölkerungsteile in bestimmten Raumlagen können zwar überall auftreten, jedoch zeigt sich derzeit auch, dass (sehr) periphere, ländliche Räume davon besonders und mehrheitlich betroffen sind. Offensichtlich haben solche Prozesse auch Auswirkung auf die Mentalitäten vor Ort, insofern mehrere Forscher das Phänomen der »Peripherisierung im Kopf« beschreiben.

In praktisch-theologischer Hinsicht ist die Erforschung von Belastung und Umgebung Neuland. Es mag hier und da Hinweise geben, wie sich die Umgebung auf die Arbeitssituation vor Ort auswirkt. Offensichtlich ist es nicht unbegründet, eine besondere Belastung auf dem Land zu vermuten. Eine Prüfung dessen steht allerdings noch aus. Für die Forschung ist das ein interessantes Feld, auf dem neue Zugänge erarbeitet und getestet werden können. Kirchenleitungen werden von dem erarbeiteten Wissen profitieren können, um einerseits Maßnahmen zur Förderung der arbeitsbezogenen Gesundheit gezielt zu erarbeiten und andererseits Kirchenentwicklungsprozesse einzuleiten, die vorhandene Motivationen, Ressourcen und Begrenzungen berücksichtigen.

7 Entwicklung von GIPP I – Erfassung von »Stadt« und »Land«

In unserer Studie »Stadt-Land-Frust?« haben wir »Ländlichkeit« so präzise wie möglich erfasst. Die Erfassung dessen, was bei uns als ländlich gilt, ist mehrdimensional. Im Wesentlichen lassen sich drei Dimensionen ausmachen:

1. Statistische Marker für die äußere Abgrenzung der Ländlichkeit.
2. Subjektives Empfinden von Ländlichkeit.
3. Angaben zur kirchlichen Situation vor Ort (SIT).

Diesen Teil unseres Fragebogens bezeichnen wir als GIPP I.[82] Mit GIPP I sind alle Items gemeint, die den Unterschied zwischen Stadt und Land aufklären und bestimmen helfen. Dieses multidimensionale Inventar GIPP I durchlief einige Entwicklungsstufen:

In unseren Pretests verwendeten wir Karten, die wir auf Grundlage der BBSR-Kategorisierungen erstellt hatten.[83] Insofern die Befragung in der Evangelisch-lutherischen Landeskirche Hannovers (EVLKA) und der Evangelischen Kirche in Mitteldeutschland (EKM) durchgeführt wurde und die Daten des BBSR nur für politische Gemeinden aufbereitet sind, wurden Karten für die jeweiligen Bundesländer des Befragungsgebietes erstellt: Zwei Karten für Niedersachen (Ost und West, damit der Maßstab nicht zu klein wird), je eine Karte für Thüringen, Sachsen-Anhalt, Sachsen und den Ostteil von Brandenburg, da die betreffenden Kirchen in allen diesen Bundesländer gebietsmäßig vertreten sind.[84]

Jedem Probanden wurden die Karten zu »Ländlichkeit« (Abb. 3) und »Lage« (Abb. 4) vorgelegt. Die Raumkategorien des BBSR wurden in diesen Karten auf Ebene der politischen Gemeinde aggregiert und in einem Maßstab vorgelegt, der die Identifizierung des eigenen Dienstortes möglich machte. Jeder Proband konnte dann auf der Legende ankreuzen, welcher Raumkategorie sein Dienstgebiet mehrheitlich angehört: bspw. »ländlich«, »teilweise städtisch« oder »städtisch» (Abb. 3) und auf der nächsten Karte »(sehr) peripher« oder »(sehr) zentral« (Abb. 4). So wurde es möglich, jeden Probanden einer definierten Umgebung zuzuweisen.[85]

---

82 GIPP steht für Greifswalder Inventar Peripheres Pfarramt. GIPP I bezieht sich auf die Umgebungsfaktoren, GIPP II auf die Charakteristika der pfarramtlichen Arbeit, die in späteren Beiträgen behandelt werden.

83 An dieser Stelle sei vor allem Herrn Dr. Bernd Bobertz aus dem Team um Prof. Dr. Reinhard Zölitz aus dem Lehr- und Forschungsbereich Kartographie und GIS der Universität Greifswald recht herzlich für die Hilfe bei der Erstellung aller Karten gedankt! Weiterhin ist Thomas Pütz im BBSR zu danken, der uns die raumbezogenen Daten des BBSR zur Verfügung gestellt hat.

84 Abb. 3 u. Abb. 4 zeigen Beispielkarten für »Ländlichkeit« und »Lage« im Bundesland Sachsen-Anhalt.

85 Da die Erläuterung der Legende im Fragebogen nicht beigegeben war, kann hier von einer möglichst

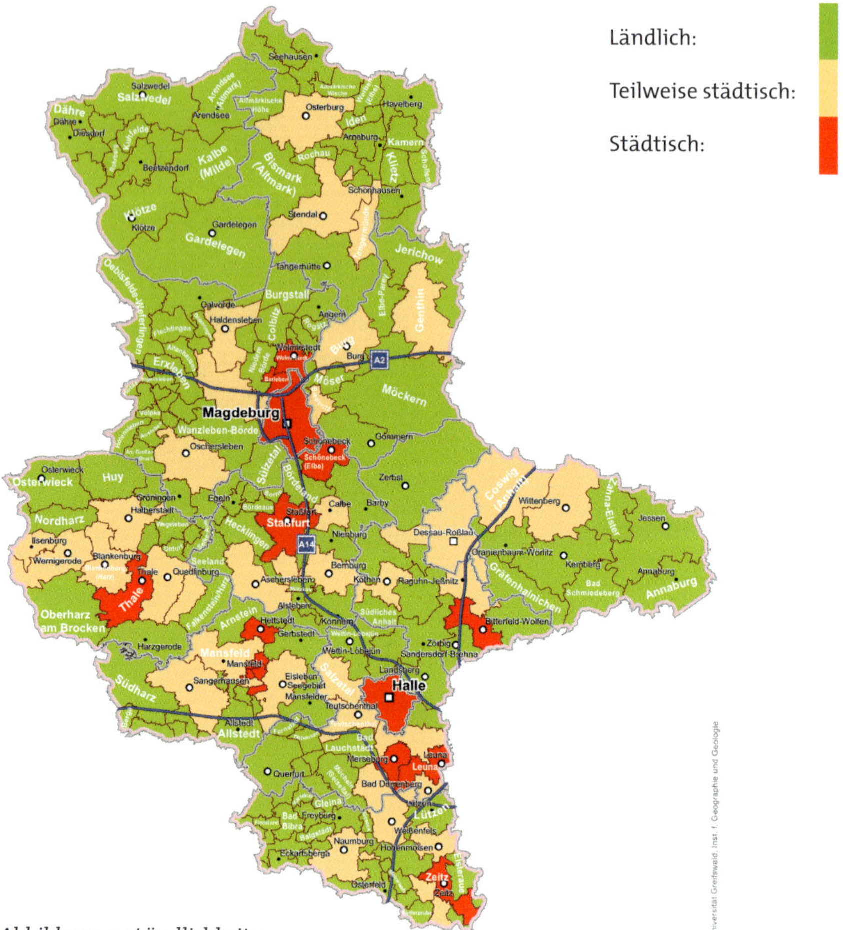

Abbildung 3: »Ländlichkeit«

In der EKM wurde eine Vollerhebung durchgeführt. Eine Auffälligkeit bezüglich des Ostens ist hier zu nennen: Es gibt in der EKM kaum sehr zentrale, städtische Gebiete. Damit sind Probanden aus dieser Gebietskategorie auch kaum vertreten.

Für die EVLKA, die wesentlich mehr Pfarrer im Dienst hat, musste eine Auswahl getroffen werden, um zwei gleichgroße, vergleichbare Stichproben zu erhalten. Aus Gründen der kirchlichen Organisation konnten in Hannover nur ganze Kirchenkreise angefragt werden. Bei der Auswahl der Kirchenkreise

objektiven Einschätzung ausgegangen werden. Denn aufgrund der fehlenden Informationen konnte kein Proband die Einschätzung aufgrund seines subjektiven Empfindens korrigieren.

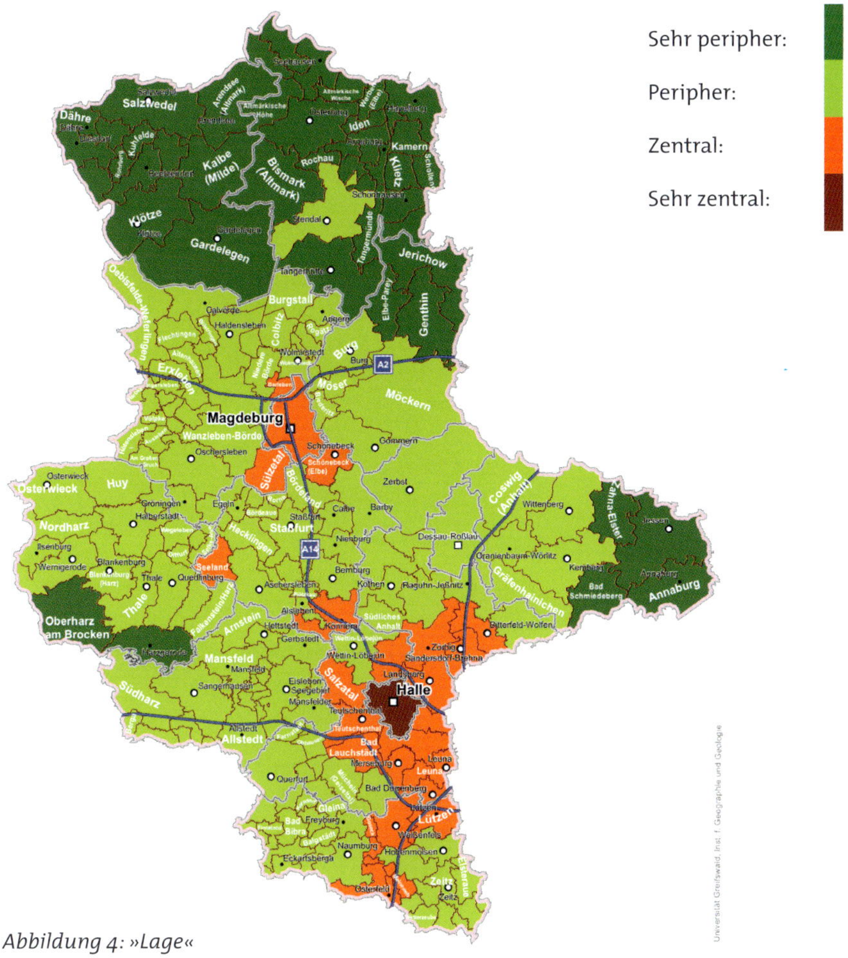

Abbildung 4: »Lage«

wurde darauf geachtet, möglichst sehr zentrale, städtische und sehr periphere, ländliche Gebiete zu bevorzugen, um die Extremgruppen gegenüberstellen zu können. Insgesamt wurden in der EVLKA 29 Kirchenkreise in die gesamte Befragung (inklusive Pretest I und II) einbezogen (Abb. 5).[86]

Nach Erhebung und Auswertung unserer Pretests zeigte sich im Ergebnis, dass die Probanden keine Unterschiede hinsichtlich Belastungen und Ressourcen aufwiesen, wenn man ihre Verteilung im Raum auf Grundlage der Karten

86 Darstellung auf Grundlage der Karte für die Landeskirche Hannovers, wie sie auf der Webseite der EVLKA zu finden ist: URL: http://www.landeskirche-hannovers.de/evlka-de/wir-ueber-uns/sprengel-kirchenkreise, (27.3.2017, 9:21 Uhr), eigene Bearbeitung.

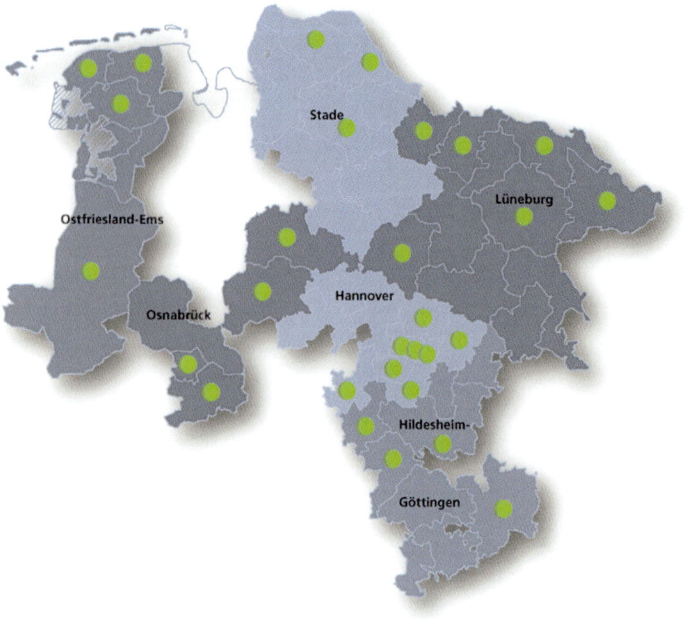

Abbildung 5: Punkte kennzeichnen die befragten Kirchenkreise der Landeskirche Hannovers.

als Unterscheidungskriterium anlegte. Dieser Befund ließ zwei Rückschlüsse zu: Entweder gibt es keinen Belastungsunterschied zwischen städtischen und ländlichen Pfarrern oder die Erfassung der Räumlichkeiten war nicht präzise genug. Insofern wir uns in der Pretestphase befanden, entschieden wir uns GIPP I zu erweitern und zu präzisieren.

Für diese Präzisierung und Erweiterung führten wir Interviews mit Experten aus dem kirchlichen und akademischen Bereich durch.[87] Nach Auswertung unserer Expertenbefragungen kamen wir zu dem Schluss, dass die Karten

87 Als Vorlauf für die Erweiterung und Präzisierung führten wir Experteninterviews durch. Wir fragten nach den Unterschieden zwischen Stadt und Land. Gefragt wurden kirchliche Praktiker und akademische Experten. Für Einsichten aus der kirchlichen Praxis ist an dieser Stelle den Summer Sabbaticals des IEEG aus dem Jahr 2016 und dem Team des Zentrums für Mission in der Region für ihre Mitwirkung zu danken. Verschiedenen akademischen Experten (häufig aus dem Umfeld des Forschungskonsortiums *Think Rural!*) danken wir für Antworten per Mail und informationsreiche Telefonate (in wahlloser Reihenfolge): Prof. Dr. Marius Mayer, Prof. Dr. em. Gerhard Henkel, Prof. Dr. Steffen Fleßa, Prof. Dr. Walter Ried, Dr. Stefan Ewert, Prof. Dr. Hans-Joachim Hannich, Prof. Dr. Jean-François Chenot, Bernd Geng, Prof. Dr. Ingrid Breckner, PD Dr. Frank Martin Brunn, Ulrike Stentzel, Prof Dr. Silke Schmitt, Christian Bülow, Prof. Dr. Hans Pechtl, Vanessa Gieseler, Dr. Michael Böcher, Dr. Diana Kietzmann, PD Dr. Wolfgang Weiß, Dr. Thomas Schlegel, Dr. Harm Cordes, Martin Alex, Dr. Kai Hansen, Prof. Dr. Claudia Neu.

auf Datengrundlage der BBSR-Raumkategorien für unsere Belange eventuell nicht trennscharf genug waren. Dies hatte mehrere Gründe: Zum einen waren uns die Cutoffwerte bzw. Kategoriengrenzen unbekannt sowie evtl. nicht ausdifferenziert genug und zum anderen sind in den Kategorisierungen des BBSR verschiedene Maße integriert.[88] In unseren Experteninterviews wurden wir mehrfach darauf hingewiesen, dass der simpelste und aussagekräftigste Indikator schlicht die Bevölkerungsdichte ist. Deswegen entschieden wir uns, für die Unterscheidung von Stadt und Land dieses Maß zu nehmen (Abb. 7).[89]

Aus der Forschung ist weiterhin bekannt, dass die Lage im Raum und damit auch die Abgelegenheit von Orten eine wichtige Rolle spielt. Die Kategorien des BBSR sind auf Oberzentren ausgerichtet. In sehr ländlichen Gebieten können jedoch schon Städte eine infrastrukturelle Oasenfunktion besitzen, die nicht als Oberzentrum klassifiziert werden können. Somit erschien uns die Lage in Abhängigkeit von Oberzentren allein als eine Makroebene, die für unsere Zwecke ein zu grobes Raster vorgab. Deswegen entschieden wir uns, die Lage in Abhängigkeit von Mittelzentren zu erheben (Abb. 6).[90]

Der Indikator »Mittelzentrum«, der mit den INKAR-Materialien des BBSR zur Verfügung gestellt wird, ist mit einem Defizit belastet. Es gibt in Deutschland keine einheitliche Definition dessen, was ein Mittelzentrum ist und welche Infrastrukturen vorgehalten werden müssen, um als Mittelzentrum zu gelten.[91] Mittelzentren werden in den jeweiligen Landesentwicklungsplänen

88 Das heißt: Um ländliche und städtische Gebiete voneinander zu unterscheiden, integriert das BBSR sowohl die Bevölkerungs-, als auch die Bebauungsdichte bzw. Besiedelungsdichte. Demnach ist davon auszugehen, dass wenig Bebauung und eine geringe Bevölkerungsdichte für Land sprechen und am anderen Ende des Kontinuums von Stadt zu sprechen ist.

89 Es wurden 12 Werteklassen auf Basis der INKAR-Daten (2013) für das Befragungsgebiet mit dem Verfahren Quantilbildung erstellt. 12 Werteklassen erschienen uns als die Obergrenze dessen, was man auf einer Karte graphisch noch darstellen kann, wenn die Probanden korrekte Werte abtragen sollen. (Vgl.: Bundesinstitut für Bau-, Stadt- und Raumforschung (Hg.): Indikatoren und Karten zur Raum- und Stadtentwicklung (INKAR) 2013 – Materialien auf CD-ROM).

90 Auch die Datenbasis für die »Entfernung zu den Mittelzentren« ist auf den INKAR-Materialen des BBSR abrufbar: Bundesinstitut für Bau-, Stadt- und Raumforschung (Hg.): Indikatoren und Karten zur Raum- und Stadtentwicklung (INKAR) 2013 – Materialien auf CD-ROM. Die Werteklassen wurden analog zu der Erstellung der Werteklassen bei dem Indikator Bevölkerungsdichte angewandt.

91 Vgl. BBSR-Materialien INKAR – Beschreibung der Indikatoren: »Die aktuell vorliegende Abgrenzung der Mittelbereiche des BBSR beruht in sieben der dreizehn Flächenländer auf den aktuellen Festlegungen in den Landesplänen. In den übrigen Flächenländern kann zumindest auf Verordnungen, Arbeitsmaterialien oder ältere Landespläne als Informationsquelle zurückgegriffen werden.« An dieser Stelle sei es gestattet, Wikipedia zu Rate zu ziehen, um einen ungefähren Eindruck zu gewinnen, was mit einem Mittelzentrum gemeint ist: 35 000 Einwohner in der Umgebung, Fachärzte, Kaufhaus, Kino und weitere kulturelle Angebote, Krankenhaus, Notare, Rechtsanwälte, Steuerberater, Schwimmbad, weiterführende Schulen, Berufsschule. Keines der hier aufgezählten Merkmale ist eine zwingende Bestimmung eines Mittelzentrums, vgl. URL: <https://de.wikipedia.org/wiki/Mittelzentrum> (29.6.2018, 10:34 Uhr).

der Bundesländer festgelegt. Eine gewisse Ähnlichkeit von Mittelzentren kann jedoch angenommen werden mit der Ausnahme des Bundeslandes Thüringen, in dem »sich noch heute das historische Erbe aus der Zeit der kleinteiligen Strukturen [zeigt]«.[92] So kommen in Thüringen auf drei Oberzentren 32 Mittelzentren. Im Vergleich mit anderen Regionen haben Menschen in Thüringen kurze Wege ins nächste Mittelzentrum.[93] Jedoch kann nicht jedes Mittelzentrum die – zugegebenermaßen wenig klar definierten – Anforderungen an Mittelzentren erfüllen. Das heißt, dass die kleinen Mittelzentren nur die Infrastrukturen vorhalten können, die sich auch finanziell tragen. Und dies schränkt deren Versorgungsleistungen ein.[94] Für 9 von 32 Mittelzentren in Thüringen ist demnach festzuhalten, dass sie schon 2010 ein »geringes Leistungsspektrum« aufwiesen und »ihre eigentliche Rolle also gar nicht mehr erfüllen [konnten]«.[95]

Diese Feststellung hat zwei Konsequenzen für unsere Abgrenzung von Stadt und Land: zum einen ist festzuhalten, dass es keinen besseren Indikator auf dieser Ebene gibt, und zum anderen bedeutet das, dass unsere Probanden in der Tendenz eher als ländlich einzuschätzen sind, wenn man sie aus der Perspektive von gut erreichbaren Infrastrukturen betrachtet.

In der Tendenz zeigt sich, dass dünn besiedelte Gebiete mit abgelegenen Gebieten übereinstimmen. Mit Henkel kann man davon ausgehen, dass eine Besiedlungsdichte von unter 200 Ew/km² für ein ländliches Gebiet spricht.[96] Die Entfernung zu den Mittelzentren beträgt auf dem deutschen Festland nicht mehr als ca. 40 Pkw-Minuten – Fahrzeiten, die weit größer sind, bedeuten, dass man sich auf einer Insel in der Nordsee befindet. Deutschland ist damit alles andere als eine Infrastrukturwüste!

Wir wollten nun wissen, welcher Kartensatz (BBSR-Kategorisierungen oder unsere nachgearbeiteten Karten zu Bevölkerungsdichte und Entfernung zu Mittelzentren) hilfreicher ist, um zwischen Stadt und Land zu unterscheiden und haben deswegen die unterschiedlichen Karten mit den Angaben der Probanden zu den Items verglichen: »Ich arbeite auf dem Land« und »Ich arbeite in der Stadt«. Im Auswerten der Ergebnisse hat sich gezeigt, dass für den ländlich-peripheren Bereich eine sehr hohe Prozentzahl der Probanden auch angibt, dass sie »auf dem Land arbeitet«. Etwas unterschiedlicher ist die

92 Vgl. Reiner Klingholz/Manuel Sulpina: Mittelzentren Thüringens. Wenn weniger mehr bedeutet, in: Thüringer Ministerium für Wirtschaft, Arbeit und Technologie (Hg.): Thüringer Memos, 2013 2.

93 Während in Thüringen ein Mittelzentrum mehrheitlich in 15 Minuten erreicht werden kann, fährt man bspw. in Brandenburg deutlich länger: von der Hansestadt Havelberg ins nächste Mittelzentrum zu kommen dauert 36 Auto-Minuten, Klingholz/Sulpina: Mittelzentren (s. Anm. 92), 13.

94 Klingholz/Sulpina: Mittelzentren (s. Anm. 92), 13.

95 Ebd.

96 Henkel: Der ländliche Raum (s. Anm. 8), 34.

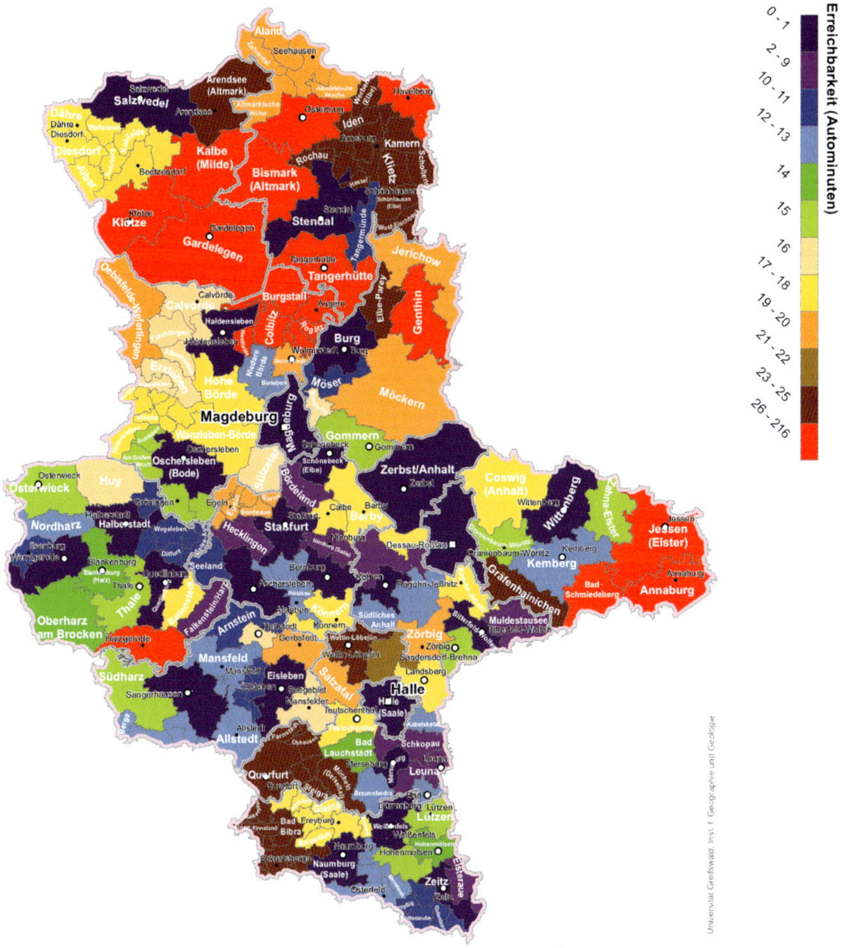

Abbildung 6: Erreichbarkeit der Mittelzentren in Autominuten.

Zustimmung bei denen, die sich auf zentralem und städtischem Gebiet befinden. Darum konzentriert sich die Darstellung nun auf diese letztgenannten Kategorien.

In sehr zentraler Lage (vgl. Abb. 4/BBSR-Kategorie), in der eine hohe Zustimmung zu dem Item »Ich arbeite in der Stadt« zu erwarten ist, bestätigen die Probanden diese Vorhersage mit hoher Zustimmung. 64 % der 77 Probanden, die sich auf sehr zentralem Gebiet befinden, sagen von sich: »Ich arbeite in der Stadt.«

Diese Werte sollen mit der Erfassung über die Fahrzeit in Pkw-Minuten zu den Mittelzentren verglichen werden (Abb. 6). Auch hier sagen 64 % der – aller-

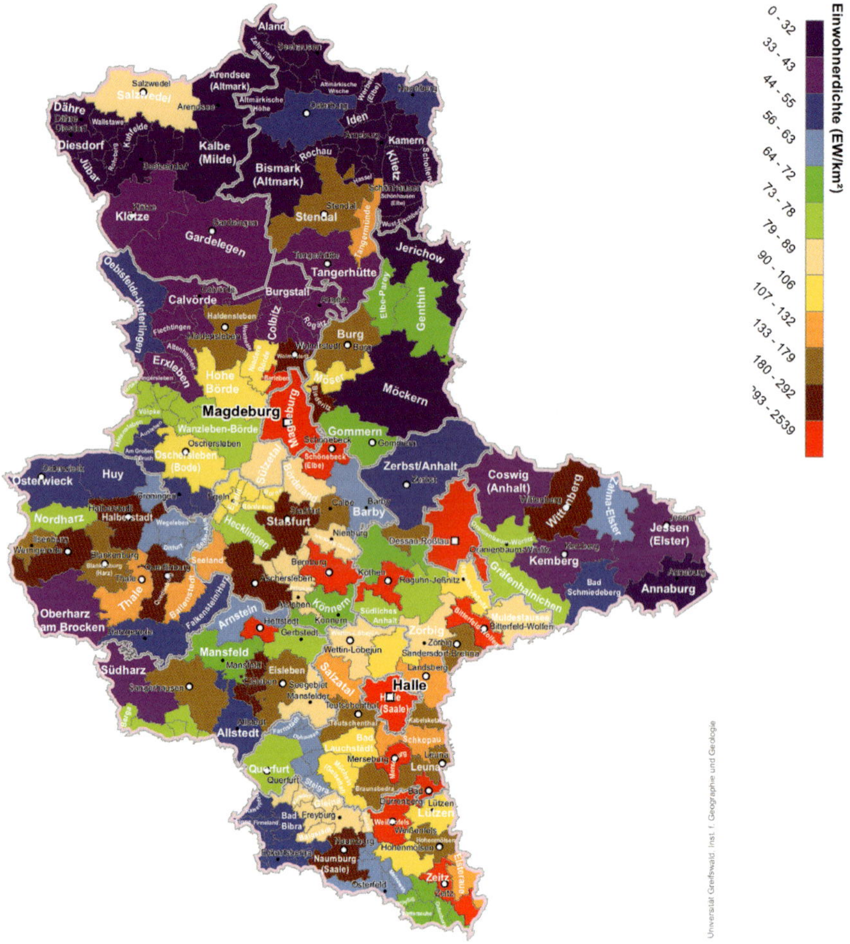

Abbildung 7: Bevölkerungsdichte in Einwohner pro km².

dings – 203 Probanden, die ein Mittelzentrum in 0 bis 1 Minute mit dem Pkw erreichen, dass sie »in der Stadt arbeiten«. Hier zeigt sich, dass der Ausgangspunkt bei den Mittelzentren eine größere Zahl an »Städtern« erfassen kann. Ginge man nur von den Oberzentren aus, dann wäre die Anzahl der »Städter« um ein Drittel geringer.

Im »überwiegend städtischen Gebiet« (Abb. 3/BBSR-Kategorie) befinden sich 197 Probanden. Davon schätzen rund 60 % ein, dass sie »in der Stadt arbeiten«.

Vergleicht man das mit der Karte »Bevölkerungsdichte« (Abb. 7), zeigen sich folgende Relationen: Bei einer Bevölkerungsdichte von 293 Ew/km² und mehr sagen von den 164 Probanden, die diesem Dienstgebiet zugeordnet werden konnten, 71 %, dass sie »in der Stadt« arbeiten. Würde man die Kategoriengrenze weiten und auf die 252 Probanden schauen, die in einem Dienstgebiet sind, das mehr als 180 Ew/km² umfasst, würden immer noch 61 % angeben, dass sie »in der Stadt« arbeiten. Auch hier zeigt sich die selbst erstellte Karte als besser, denn die Prozentzahl derer, die angeben in der Stadt zu arbeiten, ist in allen Fällen höher als bei der Karte »Ländlichkeit« (Abb. 3/BBSR-Kategorie).

Die selbst erstellten Karten erweisen sich damit als sensitiver und für die Zwecke der Unterscheidung zwischen Stadt- und Landpfarramt hilfreicher. Diese Karten werden deswegen herangezogen, um in unserer Studie die Gruppe der peripher-ländlichen von den zentral-städtischen Pfarrern zu unterscheiden. Die Kategorisierungen des BBSR, die ihren Wert in der Beschreibung großer Raumzusammenhänge haben, können deswegen im Zusammenhang unserer Studie vernachlässigt werden.

8 Kategorisierung der Stichprobe nach »Stadt-«, »Land-« und »Funktionspfarramt«

Eingangs wurde gesagt, dass GIPP I ein multidimensionales Werkzeug ist, um Stadt und Land voneinander zu unterscheiden. Als besondere Herausforderung werden die ländlichen und abgelegenen Gebiete gesehen. Diese sollen nun in den Fokus genommen werden und von zentralen, städtischen Gebieten unterschieden werden.

Die Kategorien »Einwohnerdichte« und »Entfernung zu den Mittelzentren« wurden zusammengezogen und mit der Einschätzung »Ich arbeite in der Stadt« verglichen. Daraus entsteht unsere »Stadtgruppe« (zentral-städtisch). Das heißt: Wir definieren 201 Probanden als »Stadtpfarrer«. Diese 201 Probanden befinden sich in einem Gebiet, das mindestens 180 Ew/km² und 0 bis 1 Minute vom Mittelzentrum entfernt ist oder mindestens 293 Ew/km² und 2 bis 9 Minuten vom Mittelzentrum entfernt ist. Von diesen 201 Probanden stimmen 68,7 % dem Item zu »Ich arbeite in der Stadt«. Alle verbleibenden Probanden unserer Stichprobe gelten als »Landpfarrer« (peripher-ländlich). Als Land- und Stadtpfarrer gelten allerdings nur diejenigen, die mit einem Dienstauftrag größer als 50 % Dienstumfang im Gemeindepfarramt tätig sind.[97]

97 Für ein Funktionspfarramt macht die Umgebungsunterscheidung wenig Sinn, da nicht plausibel gemacht werden kann, wie die Umgebung auf den Arbeitsalltag wirken sollte. Nur bei Gemeindepfarrern ist der Faktor »Fläche« relevant und mit dem Arbeitsplatz/der Stellenbeschreibung verbunden.

Die so kategorisierte Stichprobe besteht nun aus Stadt-, Land- und Funktionspfarrern. Insofern unsere Studie sich auf das Pfarramt in der Fläche konzentriert, wurden reine Funktionspfarrstellen in der Befragung nicht berücksichtigt. Die hier als Funktionspfarrer aufgeführten Stellen sind demnach im Umfang begrenzte Stellen. Alle diejenigen, die weniger als 51 % in der Gemeinde arbeiten und eine zusätzliche Stelle im Funktionsdienst haben, sind dieser Gruppe zugeordnet. Das heißt: 50 % Gemeindepfarramt und 50 % Funktionspfarramt ist aufgrund unserer Zuordnung der Kategorie »Funktionspfarramt« zugeordnet.

Von allen in dieser Hinsicht gültigen zurückgesendeten Fragebögen wurden von uns 187 in die Kategorie »Stadt« geordnet, 420 in die Kategorie »Land« und 51 in die Kategorie »Funktionspfarramt«. Diese Kategorisierung wird vor allem im zweiten empirischen Teil eine Rolle spielen. Insgesamt ist festzuhalten, dass die von uns erhobene Stichprobe eher als ländlich eingeschätzt werden kann, darum widmet sich der erste empirische Teil auch der Stichprobe als ganzer und untersucht das Pfarramt, ohne auf die Differenzierung nach Umgebung Rücksicht zu nehmen.

Anja Hanser

Beanspruchungserkrankungen im Pfarramt

Darstellung der beanspruchungsbezogenen, empirischen Befunde der GIPP-Studie[1]

1 Abstract

In der vorliegenden Arbeit werden Kernergebnisse der GIPP-Studie (2014–2018) an der Greifswalder Universität dargestellt und ausgewertet. Mittels eines Fragebogens wurden Aspekte der berufsbezogenen Gesundheit mit Schwerpunkt auf das Burnout-Syndrom sowie zum Berufsprofil des Pfarramtes bei $n = 690$ Pfarrerinnen und Pfarrern erfragt. Die Ergebnisse beziehen sich auf die Teilgruppe im Gemeindedienst (mindestens 51 % Stellenanteil, $n = 559$). Ausgewertet werden die Ergebnisse der Berufsskala des BOSS I[2], der beiden Skalen SEEM und SIMS des FBI[3] in eigener deutscher Übersetzung, der UWES in der 9-Item-Kurzform in Deutsch[4], verschiedener Einzelitems und des eigens konstruierten *Greifswalder Pfarrprofilinventars* GIPP II.[5] Die Forschungsfragen lauten: (1) Für wie viele Probanden kann die Verdachtsdiagnose »berufsbedingtes Burnout-Syndrom« erteilt werden? (2) Gibt es ein pfarramtsspezifisches Beanspruchungsprofil? (3) Mit welchen inhaltlichen Aspekten und Tätigkeiten sind die Beanspruchungsparameter empirisch assoziiert?

---

1 Dieser Ergebnisteil ist gleichzeitig Teil einer Dissertation am Lehrstuhl für Praktische Theologie in Greifswald.

2 Katja Geuenich/Wolfgang Hagemann: BOSS. Burnout-Screening-Skalen, Göttingen u. a. [2]2014.

3 Francis Burnout Inventory aus Leslie J. Francis/Mandy Robbins/Peter Kaldor/Keith Castle: ›Happy but Exhausted? Work-related Psychological Health among Clergy‹, in: Pastoral Sciences 24 (2005), 101-120, deutsche Übersetzung: Anja Hanser/Benjamin Stahl; SEEM: Scale of Emotional Exhaustion in Ministry; SIMS: Satisfaction in Ministry Scale.

4 Wilmar Schaufeli/Arnold Bakker: UWES. Utrecht Work Engagement Scale. Preliminary Manual, Version 2 (2003), URL: http://www.wilmarschaufeli.nl/publications/Schaufeli/Test%20Manuals/Test_manual_UWES_English.pdf (20.5.2018, 18:41 Uhr).

5 Die GIPP-II-Skalen wurden entwickelt in Anlehnung an das Job-Demand-Control-(Support-)Modell von Robert A. Karasek Jr.: Job Demands, Job Decision Latitude, and Mental Strain. Implications for Job Redesign, in: Administrative Science Quarterly 24(2) 1979, 285–308; Jeffrey V. Johnson/Ellen M. Hall: Job Strain, Work Place Social Support, and Cardiovascular Disease. A Cross-sectional Study of a Random Sample of the Swedish Working Population, in: American Journal of Public Health 78 (1988), 1336–1142; Robert A. Karasek Jr./Töres Theorell: Healthy work, stress, productivity, and the construction of the working life, New York 1990.

Die wesentlichen Ergebnisse lauten: (1) Die Verdachtsdiagnose »berufsbedingtes Burnout-Syndrom« kann je nach Kriterienstrenge für 50 %, 33 % oder 13 % (»high-risk-Gruppe«) der Probanden erteilt werden. Für die *high-risk*-Gruppe wurden verminderte Werte in UWES und SIMS sowie erhöhte SEEM-Werte gefunden. (2) Die Hypothese eines berufsspezifischen Beanspruchungsprofils kann mittels der BOSS I-Kennwertverteilung im Sinne einer überdurchschnittlich erhöhten Symptomstreuung bestätigt werden. (3) Entscheidungsspielraum und soziale Unterstützung korrelieren negativ mit den Beanspruchungsmaßen. Die Arbeitsanforderungsdimensionen »Dichte«, »Mensch« und »Aussicht« sowie die sozialen Phänomene »Geister« und »Phantome« korrelieren positiv mit den Beanspruchungsmaßen. Gleiches gilt für den Tätigkeitsinhalt »berufsfremde Organisationstätigkeiten«. Die Arbeitsanforderungen im Dienstalltag werden besonders durch »Verwaltungstätigkeiten«, »dringend zu beantwortende Anfragen«, »Gottesdienstplanung/-durchführung«, »die Koordination bzw. Motivation Ehrenamtlicher« und »Kasualien« erhöht.

2 Einleitung

Die vorliegende Arbeit stellt die empirischen, beanspruchungsbezogenen Kernergebnisse der »GIPP-Studie« dar, die als Greifswalder Studie zur Befragung der psychischen und physischen Gesundheit von Pfarrerinnen und Pfarrern in ländlich-peripheren Räumen am Institut zur Erforschung von Evangelisation und Gemeindeentwicklung der Universität Greifswald in Kooperation mit der Evangelischen Kirche in Deutschland (EKD), der Evangelischen Kirche in Mitteldeutschland (folgend: »EKM«) und der Evangelisch-lutherischen Landeskirche Hannovers (folgend »HAN«) in den Jahren 2014 bis 2018 durchgeführt wurde.

Die GIPP-Studie hat zum Ziel, erstens die berufliche Gesundheit von Pfarrerinnen und Pfarrern mit dem Fokus auf die Beanspruchungserkrankung »Burnout-Syndrom« zu erfassen und zu beschreiben, was die Frage nach der Existenz eines »pfarramtsspezifischen Burnout-Profils« miteinschließt. Daran knüpft zweitens die Frage an, mit welchen Aspekten des Pfarrberufs – Anforderungen, Tätigkeitsinhalten und Ressourcen – diese Beanspruchungsbefunde empirisch assoziiert sind. Schließlich gilt es, den Zusammenhang dieser Befunde mit Umgebungsparametern zu diskutieren: Sind in ländlich-peripheren Regionen mehr Pfarrerinnen bzw. Pfarrer burnouterkrankt als in urbanen Gebieten? Die ersten beiden dieser Fragen werden in der vorliegenden Ausarbeitung besprochen und beantwortet.[6] Sie ist Teil einer praktisch-

6 Vorarbeiten wurden bereits veröffentlicht in der Zeitschrift für Agrargeschichte und Agrarsoziologie (Anja Hanser/Benjamin Stahl: Ländliche Strukturen und ihr Einfluss auf die Arbeitszufriedenheit von

theologischen Dissertation mit ethischem Schwerpunkt an der Universität Greifswald.
Es ergibt sich der folgende Aufbau: Angesichts der definitorischen und diagnostischen Schwierigkeiten im Zusammenhang mit dem Burnout-Syndrom beginnt die Darstellung mit einer ausführlichen Besprechung der theoretischen Grundlagen (3). Dem schließen sich Ausführungen über die einzelnen Forschungsfragen und deren Operationalisierung (4) sowie zur Methodik an (5). Auf die Darstellung der deskriptiven Haupttestergebnisse (6) folgt die nähere Beschreibung der zuvor definierten Probandengruppe mit besonders starker Burnout-Symptomatik (7). Abschließend werden die Ergebnisse und die Methodik diskutiert (8).

3 Theoretische Grundlegung

»Lots of data ... but little knowledge.«[7]

Im Folgenden werden die Fragestellungen der GIPP-Studie vor dem Hintergrund des theoretischen und empirischen Forschungsstandes entwickelt. Einleitend wird hierzu in Grundzügen eines der einflussreichsten Modelle der Stressforschung[8] erläutert: das *transaktionale Stressmodell*.[9] Sodann richtet sich der Fokus auf den Forschungsstand zum Burnout-Syndrom, der derzeit prominentesten Folge chronischen Stresses im Arbeitskontext. Zuerst wird dabei der Begriff »Burnout« besprochen, was durch eine allgemeine Hinführung zum Thema ergänzt wird, die strukturelle Probleme der Burnout-Erforschung zusammenfassen soll. Vor dieser Kulisse werden dann Schwierigkeiten im Zusammenhang mit verschiedenen Definitionsansätzen entfaltet sowie eine Arbeitsdefinition benannt. Wenig konsentiert sind die Annahmen zur Ätiologie und zur Kernsymptomatik bzw. zum Verlauf eines Burnouts,

Pfarrerinnen und Pfarrern. Eine Befragung zur physischen und psychischen Belastung im Landpfarramt, in: Zeitschrift für Agrargeschichte und Agrarsoziologie 1 [2015], 104–107) sowie in einer epd-Dokumentation (Anja Hanser/Michael Herbst/Jürgen Schilling/Benjamin Stahl: Greifswalder Studie zur physischen und psychischen Gesundheit von Pfarrerinnen und Pfarrern – Erste vorläufige Ergebnisse, in: Gesegnet und gesendet. Lebensweltliche und empirische Einsichten zur Zukunft des Pfarrberufs. epd-Dokumentation der 3. Fachtagung der Land-Kirchen-Konferenz der EKD am 13. September 2016 in Kassel, 17–28). Die Darstellungen beinhalten vornehmlich das Studiendesign und erste pointierte Datensurveys mit Schwerpunkt auf dem ländlich-peripheren Pfarramt. Gründe für diese Vorabpublikationen liegen vor allem in den Vereinbarungen mit den kirchlichen Projektpartnern.

7 Schaufeli/Enzmann: Burnout Companion (s. Anm. 27).

8 Friedemann W. Nerdinger/Gerhard Blickle/Niclas Schaper: Arbeits- und Organisationspsychologie, Heidelberg 2008, 518.

9 Richard S. Lazarus/Susan Folkman: Stress, Appraisal, and Coping, New York 1984.

weshalb diese Abschnitte relativ holzschnittartig die wichtigsten Probleme benennen. Während diese theoretische Darlegung erhebliche Zweifel am Konzept des Burnout-Syndroms wecken mag, wird im Anschluss exemplarisch die gegenwärtig bedeutendste Diskussion zur Existenz bzw. Differentialdiagnose des Burnout-Syndroms erörtert. Hierbei führe ich vor allem Argumente *für* die von mir befürwortete Abgrenzbarkeit von Burnout und Depression an. Auf dieser Grundlage werden Operationalisierungen und Messinstrumente des Burnout-Syndroms besprochen, wobei das *Maslach Burnout Inventory* (MBI) am ausführlichsten diskutiert wird. Die Erwägungen bündeln in der Darstellung des Forschungsstandes zum pfarramtsbezogenen Burnout und werden durch einige Bemerkungen zur Pfarrberufskonfiguration geschlossen.

3.1 Das transaktionale Stressmodell

Das grundlegende theoretische Fundament der GIPP-Studie bildet das *transaktionale Stressmodell* nach Richard Lazarus und Susan Folkman.[10] Es gehört zur Gruppe der kognitiven Stressmodelle, die im Gegensatz zu reiz-reaktionsorientierten Modellen postulieren, dass Stress infolge kognitiver und emotionaler Bewertungsprozesse einer Situation entsteht.[11] Dem transaktionalen Stressmodell zufolge werden zur Situationsbeurteilung durch ein Individuum drei Bewertungsprozesse vorgenommen. Im Arbeitskontext lassen sich diese wie folgt darstellen.

Eine Arbeitssituation wird erstens auf Bedrohlichkeit, also auf das Vorhandensein von Stressoren hin untersucht, die eine Verhaltensänderung verlangen (beispielsweise die unvorhergesehene Kündigung der Gemeindesekretärin). Ist dies der Fall, werden zweitens vorhandene Ressourcen zur Bewältigung dieser Situation geprüft (Ist ein Ersatz in Sicht? Habe ich Möglichkeiten, Aufgaben zu übernehmen oder zu delegieren?). Als Ressource kann grundsätzlich alles dienen, was den Umgang mit einer bedrohlichen Situation erleichtern kann. Schließlich prüft eine dritte Bewertungsschleife, ob die Bedrohlichkeit der Situation noch immer besteht oder nicht. Alle drei Bewertungsprozesse können sich mehrfach wiederholen. Stress entsteht, »wenn eine Bewältigung von Situationsanforderungen durch die für die Person verfügbaren Ressourcen […] und durch ineffektive Bewältigungsstrategien […] nicht erreicht wird.«[12] Stress wird im transaktionalen Modell also weder als Stimulus, noch

10 A.a.O.

11 Nerdinger/Blickle/Schaper: A- und O-psychologie (s. Anm. 8), 518. Trefflicher wäre diese Aussage mit Blick auf das Pfarramt unter Austausch des Junktors: »…durch die für die Person verfügbaren Ressourcen [… *oder* (Einfügung der Autorin)] durch ineffektive Bewältigungsstrategien […] nicht erreicht wird.«

12 Ebd.

als Reaktion auf eine Situation konzeptualisiert, sondern als »transaction or relationship between the person and the environment that taxes or exceeds the person's coping resources.«[13]

Mit Blick auf den Pfarrberuf besteht der Vorzug dieses Modells vor allem darin, dass es das komplexe Zusammenspiel zwischen Pfarrperson, Beschaffenheit der Arbeitsaufgabe, kirchlicher Organisation und gemeindedienstlichem Arbeitsumfeld vereinfacht und damit handhabbar macht, ohne jedoch Teile zu vernachlässigen. Der Fokus auf individuelle Bewertungsvorgänge kann beispielsweise plausibel erklären, warum in zwei ähnlichen beruflichen Situationen der eine ausbrennt, die andere aber nicht. Bei der allgemeinen Beschreibung des initialen Bedrohlichkeitsscreenings kann ein Stressor wie im obigen Beispiel sozialer Natur sein, aber auch organisatorisch problematische Abläufe beinhalten. So sind unter »Stressor« auch ein unklarer Verwaltungsbescheid oder aber zwei konfligierende Rollenerwartungen an die eigene Person subsumierbar. Auch die semantische Weite des Ressourcenbegriffs ist hilfreich. Er umfasst sowohl für den Pfarrberuf essenzielle, wenngleich theoretisch komplizierte Konstrukte wie Spiritualität oder Autonomie, aber auch individuelle Einstellungen zur eigenen Tätigkeit und externe Ressourcen wie die Unterstützung durch Kollegen, Gremien, Superintendenten, Freundeskreis oder Familie.

Hierbei entsteht eine Spannung. Über zwei Menschen in ihren individuell einzigartigen Arbeits- und Lebenssituationen, mit spezifischen Ressourcen und eigenen Bewertungsprozessen, mit den sie einmalig prägenden Vergangenheiten und Persönlichkeiten lassen sich nur schwer allgemeine, berufsbezogene Aussagen formulieren. Zugleich besteht das Ziel der empirischen Forschung neben der Anerkennung und Feststellung dieser Individualität darin, durch inferenzstatistische Schlüsse Wahrscheinlichkeitsaussagen für Werte in Populationen, also Aussagen für möglichst viele verschiedene Individuen zugleich tätigen zu können. Abgesehen vom wissenschaftstheoretischen Charakter dieser Spannung inhärieren ihr ebenso ethische Implikationen. Der Fragebogen der GIPP-Studie musste einerseits eine möglichst hohe Auflösung haben, um der Individualität der Probanden und ihrer Situation gerecht zu werden und um valide und für die Interpretation fruchtbare Aussagen treffen zu können. Andererseits mussten vor allem zeitökonomische Ressourcen und potenzielle Risiken für die Probanden als auch der finanzielle Aufwand beachtet werden. Zusätzlich sollten spezifische Erkenntnisinteressen der verschiedenen Kooperationspartner in Betracht gezogen und gegeneinander abgewogen werden.

13 John Maltby/Liz Day/Ann Macaskill: Personality, Individual Differences and Intelligence, Harlow u. a. [2]2010, 624.

Als Resultat dieses komplexen Abwägungsprozesses ergibt sich vor dem Hintergrund des transaktionalen Stressmodells die Anlage des GIPP-Fragebogens, der der vorliegenden Darstellung zugrunde liegt.[14] Allgemeine und pfarramtsspezifische Arbeitsanforderungen und bestimmte Tätigkeitsinhalte werden ebenso erfasst wie das Vorhandensein verschiedener potenzieller Ressourcen, darunter ein großer Handlungsspielraum, Spiritualität, berufliche soziale Unterstützung und positive Einstellungen gegenüber der Arbeit. Als mögliche und derzeit wohl prominenteste Folge chronischen, arbeitsbezogenen Stresses werden Kriterien des Burnout-Syndroms erfasst und zu Maßen positiver arbeitsbezogener Einstellungen wie Engagement und Commitment-Bindung ins Verhältnis gesetzt. Der Forschungsstand zum Burnout-Syndrom ist durchweg heterogen und teilweise unübersichtlich. Die folgenden Abschnitte dienen deshalb zur Präzision und vornehmlich zur Begründung der Wahl des Burnout-Syndroms als Beanspruchungsmarker in der GIPP-Studie.

3.2 *Theorie und Forschungsstand zum Burnout-Syndrom*

In der gegenwärtigen Fachliteratur herrscht Einmütigkeit darüber, dass einerseits der Begriff »Burnout« im Grunde unpassend ist, um das dahinterstehende psychologische Phänomen präzise zu erfassen, dass aber andererseits gegenwärtig kein besserer Begriff zur Verfügung steht.[15] Schaufeli/Enzmann erklären dazu:

> »Burnout is a metaphor. It describes a state of exhaustion similar to the smothering of a fire [...] As a matter of fact, this metaphor is not entirely appropriate as it is too static. [...] [B]urned-out individuals often describe themselves spontaneously as empty batteries that can no longer be recharged. This analogy to an empty car battery reflects the gradual process in which more energy has been consumed than was produced over a long period of time. [...] Essentially, burnout is the long term result of an imbalance between investments and outcomes.«[16]

Diese Kritik der terminologischen Unschärfe scheint derzeitig der einzige konsentierte Punkt zu sein; die Beschreibung des Phänomens, eine Definition und der Krankheitsverlauf sind ebenso uneinheitlich wie Annahmen zur Ätiologie.

14 Das empirische Material der GIPP-Studie umfasst noch weitere Aspekte bzw. Inventare, die in späteren Veröffentlichungen in Betracht gezogen werden können, darunter den Einfluss der Persönlichkeit, der Arbeits- bzw. Lebensumgebung sowie der sozialen Situation im Privaten. Der Fokus der vorliegenden Ausarbeitung liegt dezidiert auf den wesentlichen Erkenntnissen zu Aspekten der Beanspruchung.

15 u. a. Matthias Burisch: Das Burnout-Syndrom, Berlin ^{5}2014, 9 f.

16 Schaufeli/Enzmann: Burnout Companion (s. Anm. 27), 1.

Es ist zudem strittig, ob es sich beim Burnout-Syndrom überhaupt um eine Krankheitseinheit handelt bzw. handeln sollte, oder ob der Wert der Annahme einer solchen nosologischen Einheit vor allem darin begründet liegt, dass es die Arzt-Patient-Kommunikation erleichtert, indem gesellschaftliche Stigmata durch eine camouflageartige Überdeckung anderer psychischer Erkrankungen vermieden werden.[17] Erst, wenn es um die Therapie geht, laufen die Meinungen erneut zusammen.[18] Die folgende Darstellung hat zum Ziel, einen Überblick über prägnante Aspekte des aktuellen Forschungsstandes der Burnout-Forschung zu skizzieren.

3.2.1 Hinführung

Das Burnout-Syndrom wurde vielerseits als zeitgenössische Modeerscheinung bezeichnet.[19] Es finden sich jedoch schon in sehr frühen literarischen Zeugnissen Beispiele für Menschen, die aufgrund überhöhten Energieeinsatzes oder ungünstiger Betätigungsbedingungen eine existenzielle Erschöpfung erfahren.[20] So wird im Alten Testament im 1. Königebuch von Elijahu bzw. Elia berichtet, einem Propheten des Nordreichs im neunten vorchristlichen Jahrhundert. Dieser begibt sich nach zahlreichen aufreibenden Auseinandersetzungen mit dem Omridenkönig Ahab, dessen Frau Isebel sowie der gesamten Baalspriesterschaft schließlich resigniert und erschöpft in die Wüste und wünscht sich zu sterben.[21] Traugott Schall berichtet im Zusammenhang mit seelsorglichen Implikationen aus 1Kön. 18 f., dass diese Art von Krise früheren Pastorengenerationen unter dem Terminus »Elias-Müdigkeit« bekannt gewesen sei.[22] Die Todessehnsucht aufgrund starker Erschöpfung findet sich in aggressiverer Einfärbung auch bei Mose, der schließlich abgekämpft durch

17 Johanna M. Doerr/Urs M. Nater: Exhaustion Syndroms: Concepts and Definitions, in: Sighard Neckel/Anna Katharina Schaffner/Greta Wagner (Hg.): An Interdisciplinary Perspective on a Modern Affliction, Basingstoke 2017, 97 f.

18 Burisch: Burnout-Syndrom (s. Anm. 15), 255.

19 Wolfgang P. Kaschka/Dieter Korczak/Karl Broich: Burnout—a fashionable diagnosis, in: Deutsches Ärzteblatt International 108(46), Berlin 2011, 781–7; Überblick bei Burisch: Burnout-Syndrom (s. Anm. 15), 253.

20 Selbstverständlich ist eine diagnostische oder quasi-diagnostische Einschreibung dessen, was heute als »Burnout« bezeichnet wird, in diese literarischen Zeugnisse anachronistisch und damit unzulässig. Dennoch mag die Erwähnung dieser Befunde zu einem umfassenderen Bild über das Gesamtphänomen beitragen. Weiteren Forschungsbedarf sehe ich hier insbesondere darin, Phänomene der Schnelllebigkeit, des Zeitmanagements und der tätigkeitsbezogenen Erschöpfung auch in außerbiblischen Quellen zu suchen. Von Interesse dürften hierbei künftig beispielsweise die Arbeiten des Berliner geisteswissenschaftlichen Einstein Centers *Chronoi* sein.

21 1 Kön 19,4.

22 Traugott U. Schall: Erschöpft – müde – ausgebrannt. Überforderung und Resignation: vermeiden – vermindern – heilen. Perspektiven für die Seelsorge 8, Würzburg 1993, 12.

die beständigen Beschwerden des Volkes in der Wüste seinen Gott bittet: הרגני – *töte mich!*[23] Ebenfalls im Zusammenhang mit Mose begegnet ein weiteres frühes und viel zitiertes Beispiel für Burnout bzw. ungünstige Beschäftigungsstrukturen.[24] Als dessen Schwiegervater Jethro zu Besuch ist und sieht, dass Mose allein von morgens bis abends mit der Rechtsprechung für das Volk beschäftigt ist, kommt er zu dem präzisen Urteil: »Was du tust, ist nicht gut. Du reibst dich auf und das Volk, das bei dir ist«.[25] Mose setzt daraufhin Richter ein, um die Abläufe zu optimieren und sich selbst zu entlasten.[26]

Lange Zeit blieb die Beschäftigung mit diesem Phänomen auf dem Niveau prosaischer Einzelbeschreibungen. Erst, als *Burnout* etwa in den 1970er Jahren zunehmend als soziales Phänomen[27] mit »epidemischem Charakter«[28] in den Blickpunkt geraten war und Herbert Freudenberger, Christina Maslach und Wolfgang Schmidbauer einschlägige Arbeiten dazu veröffentlicht hatten[29], kam es allmählich auch in wissenschaftlichen Kreisen zu einer gewissen *Popularitätszunahme von Burnout als Krankheitseinheit*.[30] Vielmehr allerdings war die Populärwissenschaft am Burnout-Syndrom interessiert, was bis heute zu einer persistenten akademischen Skepsis gegenüber dem Burnout-Syndrom führt.[31] Weil deshalb eine breite kasuistische Forschung und vor allem groß angelegte Longitudinalstudien fehlen, sind noch immer Fragen zur Ätiologie, zur Definition, zum Verlauf und zur Abgrenzung gegenüber anderen psychischen Erkrankungen unzureichend geklärt.[32] Insgesamt hat man es also mit einer unüberschaubaren Menge empirischer Daten zu tun. Aufschluss über die zentralen Fragen lassen die meisten davon aber nicht zu. Anders gesagt: »Lots of data ... but little knowledge«![33]

Zur aktuellen Lage ist zu sagen, dass mittlerweile unter dem Stichwort »Probleme mit Bezug auf Schwierigkeiten bei der Lebensbewältigung inklusive Ausgebranntsein/Burnout« ein Aufklärungsschlüssel in der für die kas-

---

23 Num 11,14 f.

24 U. a. Burisch: Burnout-Syndrom (s. Anm. 15), 3; Kaschka/Korczak/Broich: Burnout (s. Anm. 19), 781.

25 Ex 18,18.

26 קלל, Ex 18,22.

27 Wilmar Schaufeli/Dirk Enzmann: The Burnout Companion to Study and Practice. A Critical Analysis, London 1998, 6.

28 Schall: Erschöpft (s. Anm. 22), 9.11.

29 Herbert J. Freudenberger: ›Staff burn-out‹. Journal of Social Issues 30 (1), 1974, 159–165.; Christina Maslach/Philip G. Zimbardo: Burnout. The Cost of Caring, New Jersey 1982; Wolfgang Schmidbauer: Die hilflosen Helfer, Reinbek 1977.

30 Burisch: Burnout-Syndrom (s. Anm. 15), 5 ff.

31 Vgl. a. a. O., 6.

32 Schaufeli/Enzmann: Burnout Companion (s. Anm. 27), 190, Burisch: Burnout-Syndrom (s. Anm. 15), 238; Kaschka/Korczak/Broich: Burnout (s. Anm. 19), 781.

33 Schaufeli/Enzmann: Burnout Companion (s. Anm. 27), 190.

senärztliche Abrechnung maßgeblichen *International Statistical Classification of Deseases and Related Health Problems* (ICD-10) vorliegt.[34] Dieser erlaubt zwar nicht die eigenständige, aber immerhin die Zusatzdiagnose eines Burnout-Syndroms. Dennoch wird in der Regel von Ersatzdiagnosen Gebrauch gemacht.[35] Darunter sind v. a. aufgrund symptomaler Ähnlichkeiten affektive Erkrankungen wie die depressive Episode[36], die Dysthymia[37] oder aber Reaktionen auf schwere Belastungen und Anpassungsstörungen.[38] Dies macht Prävalenzschätzungen (Wie häufig ist eine Krankheit?) gemeinsam mit dem Fehlen klinisch validierter cut-offs[39] (Ab welchem Wert in einem Fragebogen ist jemand tatsächlich *krank*?) im Grunde ebenso unbrauchbar[40] wie die Schätzung der dadurch verursachten betriebs- oder volkswirtschaftlichen Kosten.[41]

Dass Burnout *keine* kassenfähige ICD-10-Diagnose ist, darf allerdings nicht als Argument für die Inexistenz eines solchen Syndroms gewertet werden, denn: »[d]ie ICD hat für die Psychiatrie und klinische Psychologie mitnichten den Stellenwert, den die Tafel der Elemente für die Chemie hat.«[42] Ob Diagnosen in die ICD aufgenommen werden oder nicht, hängt nicht nur, aber im Wesentlichen mit gesundheitspolitischen Entscheidungen zusammen.[43]

Diese Hinführung deutet bereits an, dass das Burnout-Syndrom erhebliche konzeptuelle und methodische Schwierigkeiten birgt. Dennoch optiere ich trotz dieser unklaren Sachlage *für* die Existenz einer solchen Krankheitseinheit. Die Gründe dafür haben Indiziencharakter und sind in die folgende Darstellung eingeflossen.

3.2.2 Definition

Eine allgemein akzeptierte Definition des Burnout-Syndroms liegt bis heute nicht vor.[44] Problematisch ist jedoch nicht der Mangel, sondern vielmehr das Überangebot an Definitionen, die in ihrer Komplexität, Funktionalität, theo-

34 WHO (World Health Organization): The ICD-10 classification of mental and behavioural disorders. Clinical descriptions and diagnostic guidelines, Genf 1993.

35 Burisch: Burnout-Syndrom (s. Anm. 15), 219.

36 ICD-10 F 32.

37 ICD-10 F 34.1.

38 ICD-10 F 43.

39 Schaufeli/Enzmann: Burnout Companion (s. Anm. 27), 189.

40 Burisch: Burnout-Syndrom (s. Anm. 15), 239.

41 A. a. O., 241.

42 A. a. O., 245.

43 A. a. O., 254 f.

44 Z. B. Martin Melchers/Thomas Plieger: Burnout: Historische und soziodemografische Aspekte, aktueller Forschungsstand (2016), URL: https://www.daimler-benz-stiftung.de/cms/images/dbs-bilder/publikationen/BK19_Burnout-vs-Depression.pdf (20.5.2018, 18:44 Uhr), 6.

retischen Fundierung und Praxistauglichkeit erheblich unterschieden sind.[45] Schaufeli/Enzmann stellten 1998 eine systematische und meines Erachtens nach wie vor aktuelle Übersicht dieser Defintionen vor.[46] Während *state definitions* wie die von Maslach/Jackson[47], Pines/Aronson[48] oder Brill Kernsymptome ins Zentrum ihrer Burnoutdefinitionen stellen, betonen *process definitions* wie die von Cherniss, Edelwich/Brodsky und Etzion/Hallsten eher dynamische Prozessmerkmale.[49]

Da die GIPP-Studie einen Beitrag zu einer konzeptuellen Klärung weder liefern kann noch will, folgt sie aus pragmatischen und inhaltlichen Abwägungen, die im folgenden Punkt zusätzlich erläutert werden, der Arbeitsdefinition von Schaufeli/Enzmann, die als eine Synthese aus Inhalten sowohl der *state* als auch der *process definitions* angelegt ist und treffend den Kern dessen beschreibt, was wir unter Burnout verstehen:

> »Burnout is a persistent, negative, work-related state of mind in ›normal‹ individuals that is primarily characterised by exhaustion, which is accompanied by distress, a sense of reduced effectiveness, decreased motivation, and the development of dysfunctional attitudes and behaviours at work. This psychological condition develops gradually but may remain unnoticed for a long time by the individual involved. It results from a misfit between intentions and reality in the job. Often burnout is self-perpetuating because of inadequate coping strategies that are associated with the syndrome.«[50]

Diese Definition spezifiziert die Symptomatologie des Burnout-Syndroms, indem sie dem Kernsymptom *Erschöpfung* mehrere allgemeine Symptombereiche zuordnet:
1. affektive, kognitive, physische bzw. behaviorale Schwierigkeiten (distress),
2. ein Gefühl reduzierter Leistungsfähigkeit,
3. verringerte Motivation,
4. dysfunktionale Einstellungen und Verhaltensweisen in Bezug auf die Arbeit und schließlich darüber hinaus.

Sie macht allerdings keine Aussagen darüber, ob Symptome aller Kategorien zugleich auftreten müssen. Burnout entwickele sich graduell aus einem ungünstigen Verhältnis von Intention und Berufsrealität heraus und könne

45 Vgl. Burisch: Burnout-Syndrom (s. Anm. 15), 256.
46 Schaufeli/Enzmann: Burnout Companion (s. Anm. 27), 31 ff.; für eine jüngere Darstellung siehe Burisch: Burnout-Syndrom (s. Anm. 15).
47 Christina Maslach/Susan E. Jackson: Maslach Burnout Inventory. Manual, Palo Alto ²1986.
48 Ayala Pines/Elliot Aronson: Career burnout. Causes and cures, New York 1988.
49 Schaufeli/Enzmann: Burnout Companion (s. Anm. 27), 31–36.
50 A.a.O., 36.

vom betroffenen Individuum für lange Zeit unentdeckt bleiben.[51] Insofern handle es sich bei Burnout um eine Folge chronischer Beanspruchung. Durch mit dem Syndrom assoziierte, inadäquate Bewältigungsmechanismen erhalte sich Burnout oft selbst aufrecht. Schließlich beschränkte die Definition Burnout auf den Arbeitskontext, wobei ich die Definition so lese, dass »Arbeit« hierbei nicht unbedingt enggeführt werden muss, sondern allgemein als das verstanden kann, was jemanden den Tag über beschäftigt hält. Die Formulierung »normale Individuen« bezieht sich darauf, dass explizit nicht solche beruflichen Schwierigkeiten gemeint sind, die durch andere psychopathologische Schwierigkeiten hervorgerufen werden.[52]

3.2.3 Ätiologie

Die bisherigen Bestimmungsversuche zur Identifikation kausaler Bedingungen bei der Entstehung eines Burnout-Syndroms sind empirisch und methodisch unzulänglich fundiert.[53] Vor allem die methodische Gestaltung dieser (v. a. Querschnitt-)Studien ist für Fragen der Kausalität ungeeignet.[54]

Als mögliche Entstehungsursachen werden biografische und andere Personeneigenschaften, arbeitsbezogene Einstellungen und organisationale Charakteristika diskutiert.[55] Pointiert formuliert es Matthias Burisch: »Burnout kann individuell durch fast alles ausgelöst werden, was einem Individuum ›gegen den Strich geht‹ – und trotz aller Anstrengungen nicht abzustellen ist.«[56] Die dahinterstehende Problematik verdichten Schaufeli/Enzmann dergestalt:

> »... the development of burnout is a dynamic process. That is, coping and adaptation play a key role. As a result of its chronic and dynamic nature it is virtually impossible to single out particular ›causes‹ that can be held responsible for the existence of what has become a generalised, chronic and habitual pattern of symptoms, labelled burnout.«[57]

51 Vgl. ebd., 36.
52 Vgl. ebd.; Burisch: Burnout-Syndrom (s. Anm. 15), 22.
53 Burisch: Burnout-Syndrom (s. Anm. 15), 46; Schaufeli/Enzmann: Burnout Companion (s. Anm. 27), 190.
54 Schaufeli/Enzmann: Burnout Companion (s. Anm. 26), 190.
55 A. a. O., 75 f.
56 Burisch: Burnout-Syndrom (s. Anm. 15), 131.
57 Schaufeli/Enzmann: Burnout Companion (s. Anm. 27), 190.

3.2.4 *Symptomatologie und Verlauf*

Im Zusammenhang mit Burnout hat sich die Anwendung eines empirischen oder weichen *Syndrombegriffs* etabliert. Ein Syndrom bezeichnet in diesem Sinne eine Symptomgruppe, bei der das Auftreten eines Symptoms die Wahrscheinlichkeit des Auftretens oder Aufgetretenseins eines anderen Symptoms erhöht.[58] Die allgemein anerkannte Individualität und damit große Varianz der auftretenden Symptome lässt den Syndrom-Terminus in Bezug auf Burnout sinnvoll erscheinen. Schaufeli/Enzmann identifizieren bereits 1998 mehr als 130 mögliche Symptome und gruppieren diese grob in affektive, kognitive, physische, behaviorale und motivationale Symptome, wobei entsprechend der Arbeitsdefinition ein intensives Erschöpfungserleben das zentrale Symptom bildet.[59]

In allen gängigen Theorien finden sich Cluster von möglichen oder wahrscheinlichen Symptomen, die häufig in Verlaufshypothesen eingebettet werden. Über die Art und Weise des Verlaufs eines Burnout-Syndroms gibt es wiederum keine gesicherten empirischen oder theoretischen Erkenntnisse. Eine systematische Kritik findet sich bei Burisch: Burnout-Syndrom (s. Anm. 15). Sämtliche Verlaufs- oder Phasentheorien, so Burisch, basierten weitgehend auf intuitiven Typisierungsversuchen, die Phasenabgrenzung sei größtenteils willkürlich und der Fokus auf bestimmte zugrunde gelegte Berufsgruppen oder -arten schränke deren Aussagekraft erheblich ein. Die Gemeinsamkeiten der verschiedenen Verlaufstheorien, ebenfalls ausführlich dargestellt bei Burisch, bestünden im Wesentlichen in der Annahme des folgenden Ablaufs: Überhöhter Anforderung, der mit erhöhtem Energieeinsatz begegnet wird, folge ein Warnsignal (Ermüdung oder Erschöpfung), wodurch es zu einer Verschlechterung der Beziehungen zur sozialen Umwelt komme.[60] In Berufen mit Beziehungsschwerpunkt griffen hier Ausdrücke wie *Dehumanisierung* oder *Zynismus*. Dieser Prozess könne auf allen Stufen von Psychosomatosen begleitet werden und er gipfele im vorläufigen Endzustand in Form von Apathie, Depression, Widerwillen, Rückzug, »disgust« oder existenzieller Verzweiflung.[61]

Ich bin nicht sicher, wie belastbar diese gerichteten Verlaufspostulate sind. Empirisch sind sie kaum aufrecht zu erhalten.[62] Mir scheint es deshalb angemessener, etwas zurückhaltender und allgemeiner im Sinne der Arbeitsdefinition von einer graduellen, lange Zeit unbemerkten Entwicklung eines

---

58 Burisch: Burnout-Syndrom (s. Anm. 15), 29; Ronald J. Comer: Klinische Psychologie, Heidelberg ^{6}2008, 97.

59 Schaufeli/Enzmann: Burnout Companion (s. Anm. 27), 41.25–30.

60 Burisch: Burnout-Syndrom (s. Anm. 15), 40–46.

61 Vgl. a. a. O., 25–46.

62 Schaufeli/Enzmann: Burnout Companion (s. Anm. 27), 101–142.

»generalised, chronic and habitual pattern of symptoms, labelled burnout« zu sprechen, bei der individuell völlig verschieden und damit definitorisch eigentlich unerheblich ist, in welcher Reihenfolge bestimmte Symptome auftreten.[63]

3.2.5 *Abgrenzung von Burnout und Depression*

Angesichts des bisher Dargestellten liegen Zweifel an der theoretischen Relevanz des Burnout-Konzeptes nahe. Im Mittelpunkt dieses Abschnitts steht daher eine zentrale Diskussion, die häufig Dreh- und Angelpunkt der Frage nach der Existenz des Burnout-Syndroms ist, nämlich dessen Abgrenzbarkeit zur Depression.[64] Diese Debatte zieht sich meines Erachtens vor allem an der Grenze von klinischer Praxis und theoretisch-empirischer Forschung entlang.

Eine Depression, auch *depressives Syndrom*[65] bzw. *depressive Episode* ist nach ICD-10[66] definiert über die drei Leitsymptome (1) depressive Stimmung, (2) Verlust von Freude oder Interesse (Anhedonie), (3) Antriebsstörung/erhöhte Ermüdbarkeit.[67] Das *Diagnostic and Statistical Manual of Mental Disorders* (DSM-V) wird von der American Psychiatric Association herausgegeben und gilt neben dem ICD-10 vor allem für die psychologische Arbeit als Leitmanual.[68] Hierin wird die *Major Depression*[69] etwas anschaulicher über das Vorliegen von mindestens fünf der folgenden Symptome während der vorangegangenen Zweiwochenperiode definiert:

> »depressive Verstimmung an fast allen Tagen; deutlich vermindertes Interesse oder Freude an allen oder fast allen Aktivitäten, an fast allen Tagen, für die meiste Zeit des Tages; deutlicher Gewichtsverlust oder Gewichtszunahme oder gesteigerter Appetit an fast allen Tagen; Schlaflosigkeit oder vermehrter Schlaf an fast allen Tagen; psychomotorische Unruhe oder Verlangsamungen an fast allen Tagen; Müdigkeit oder Energieverlust an fast allen Tagen; Gefühle von Wertlosigkeit oder übermäßige Schuldgefühle an fast allen Tagen; wiederkehrende Gedanken an den Tod oder Suizidvorstellungen oder Planung eines Suizids. [außerdem:] Klinisch bedeutsames Leiden oder Beeinträchtigung.«[70]

---

63 A. a. O., 190.

64 A. a. O., 39 f.; Burisch: Burnout-Syndrom (s. Anm. 15), 254; Doerr/Nater: Exhaustion (s. Anm. 17), 96 f.

65 Klaus Lieb/Sabine Frauenknecht/Stefan Brunnhuber: Intensivkurs Psychiatrie und Psychotherapie, München [6]2008, 156.

66 ICD-10 F 32.

67 Lieb/Frauenknecht/Brunnhuber: Intensivkurs (s. Anm. 65), 156.

68 APA (American Psychiatric Association): Diagnostic and statistical manual of mental disorders. DSM-IV, Washington D.C. [4]1994.

69 DSM-IV 296. xx.

70 Comer: Klinische Psychologie (s. Anm. 58), 217.

Oberflächlich betrachtet fällt abgesehen vom fehlenden Arbeitskontext kaum ein Unterschied zur obigen Arbeitsdefinition auf. Beide Konzepte gleichen sich offenbar darin, dass es sich je um heterogene Krankheitseinheiten[71] mit ähnlichen Symptomen handelt.[72]

Sowohl in der Theorie, als auch in der empirischen und klinischen Praxis jedoch lassen sich meines Erachtens gewichtige Indizien für eine faktische Unterschiedenheit von Burnout und Depression ausmachen. Diese werden folgend dargestellt, beginnend mit einem pointierten Zitat von Matthias Burisch:

> »Überall ist zu lesen und zu hören, dass Betroffene lieber ›ausgebrannt‹ sein möchten als ›depressiv‹. Ersteres sei weniger stigmatisierend. Bei der schreibenden Kollegenschaft scheint es mir umgekehrt: ›Depression‹ ist im Standardsortiment (›hamwa da‹), ›Burnout‹ müssten wir erst aus Amerika bestellen – und ob das ankommt?«[73]

Dieses Zitat unterstreicht zwei Dinge. *Erstens* adressiert es das noch immer relevante Phänomen der gesellschaftlichen Stigmatisierung psychischer Krankheiten. Die Diagnose *Burnout* scheint sehr viel »gesellschaftsfähiger« oder auch subjektiv erträglicher zu sein als beispielsweise die oben erwähnten Ersatzdiagnosen.[74] *Burnout* inhärieren schließlich selbstwertdienliche Konnotationen, die gerade mit Blick auf das Pfarramt, besser gesagt bestimmte Pfarrrollenbilder, nicht unwichtig sein dürften: Wer ausgebrannt ist, muss schließlich einmal gebrannt haben!

Zweitens schlägt sich in ihm nieder, was sich auch in einigen Interviews der Vorstudien zu GIPP andeutete: Die Skepsis gegenüber dem Phänomen Burnout ist vor allem in der klinischen Praxis verbreitet. Hier wird Burnout klassischerweise als »Erschöpfungsdepression«[75] bzw. als Prodomalstadium einer Depression konzeptualisiert.[76] Burnout unterscheide sich von der Depression

---

71 Burisch: Burnout-Syndrom (s. Anm. 15), 256.

72 Ausführliche Beschreibungen von Depressionssymptomen finden sich beispielsweise in Lieb/Frauenknecht/Brunnhuber: Intensivkurs (s. Anm. 65), 155–158. Für Fallbeispiele, Ätiologie, Prävalenzen vergleiche Comer: Klinische Psychologie (s. Anm. 58), 213–240.

73 Burisch: Burnout-Syndrom (s. Anm. 15), 245.

74 Vgl. auch Doerr/Nater: Exhaustion (s. Anm. 17), 95.

75 Vgl. Burisch: Burnout-Syndrom (s. Anm. 15), 254.

76 Vgl. u. a. DGPPN (Deutsche Gesellschaft für Psychiatrie, Psychotherapie und Nervenheilkunde): Positionspapier der Deutschen Gesellschaft für Psychiatrie, Psychotherapie und Nervenheilkunde (DGPPN) zum Thema Burnout (2012), URL: http://www2.psychotherapeutenkammer-berlin.de/uploads/stel lungnahme_dgppn_2012.pdf (20.5.2018, 20:05 Uhr), 5; Peter Falkai: Differenzialdiagnose Burnout vs. Depressionen (2016), <URL: https://www.daimler-benz-stiftung.de/cms/images/dbs-bilder/publikatio

demnach nicht wesensmäßig, sondern lediglich graduell. Burisch[77] führt die konzeptuelle Engführung des Burnout-Syndroms als Spezialfall der Depression in der klinischen Praxis darauf zurück, dass Psychiatern lediglich die schweren Fälle von Burnout begegnen würden, die von einer schweren Depression symptomal nicht mehr zu unterscheiden seien.[78] Es lassen sich allerdings noch bessere Argumente für die Unterschiedenheit von Burnout und Depression ausmachen.

Burisch beschreibt, dass im Rahmen von Depressionserkrankungen für Außenstehende das unabänderliche Leiden der Betroffenen oft nicht nachzuvollziehen sei, weil Auslöser und Wirkung in keinem nachvollziehbaren Verhältnis zueinander stünden.[79] Ähnlich benennen dazu Lieb et al. »depressive Wahnideen« der Art Hypochondrie, Schuld/Versündigung, Verarmung oder Kleinheit/Nichtigkeit.[80] Depressive Menschen neigten insofern eher zu einer Unterschätzung der eigenen Kräfte, wohingegen Ausbrenner ihre Kräfte eher überschätzten.[81] Burnout-Patienten hätten prinzipiell lösbare Probleme innerer oder äußerer Gewichtung, die grundsätzlich gut zu beheben seien.[82] Anschaulich ausgedrückt: »Könnte man dem Ausbrenner einen ausreichend üppigen Lottogewinn bescheren, wäre sein Problem in der Regel gelöst: Er könnte sich freikaufen. Der Depressive könnte mit dem Geld nichts anfangen.«[83] Insofern unterscheiden sich auch die Leitemotionen: Während die Depression von Melancholie und Trauer geprägt sei, überwögen beim Burnout-Syndrom Wut und Angst. »Ausbrenner (vor dem Endzustand) kämpfen, Depressive nicht.«[84]

Juster et al. konnten auf dem Gebiet der Psychoneuroendokrinologie zeigen, »that increased AL is associated with increased chronic stress, burnout symptoms, but not depressive symptoms.«[85] Das Hormon Cortisol scheint

---

nen/BK19_Burnout-vs-Depression.pdf> (20.5.2018, 19:13 Uhr), 9; ebenso W. Müller und R. Ott in einem persönlichen Gespräch in Münsterschwarzach am 11. Dezember 2014.

77 Burisch: Burnout-Syndrom (s. Anm. 15), 256.

78 Ebenso Renzo Bianchi/Irvin Schonfeld/Eric Laurent: Burnout–depression overlap. A review, in: Clinical Psychology Review 36 (2015), 28–41.

79 Burisch: Burnout-Syndrom (s. Anm. 15), 256.

80 Lieb/Frauenknecht/Brunnhuber: Intensivkurs (s. Anm. 65), 155.

81 Burisch: Burnout-Syndrom (s. Anm. 15), 257.

82 A. a. O., 256.

83 A. a. O., 257.

84 A. a. O., 256; kritisch dazu Schaufeli/Enzmann: Burnout Companion (s. Anm. 27), 39.

85 Robert-Paul Juster/Shireen Sindi/Marie-France Marin/Andrea Perna/Alireza Hashemi, Jens C. Pruessner/Sonia J. Lupien: A clinical allostatic load index is associated with burnout symptoms and hypocortisolemic profiles in healthy workers, in: Psychoneuroendocrinology 36 (2011), 797-805, hier 797; AL = *allostatic load*, siehe Bruce S. McEwen/Eliot Stellar: Stress and the Individual Mechanisms Leading to Disease, in: Archives of International Medicine 153(18) (1993), 2093–2101.

unter Verweis auf den Stressbezug ebenso von Bedeutung zu sein[86], wohingegen sich die Depressionsforschung klassischer Weise auf die Neurotransmitter Noradrenalin und Serotonin fokussiert.[87] Insgesamt scheinen die in der Metastudie von Bianchi et al. diskutierten somatischen und biologischen Befunde Rückschlüsse auf einen gewissen Grad an diskriminanter Validität zwischen Burnout und Depression zuzulassen.[88] Hier muss allerdings betont werden, dass die betrachteten Studien die Subtypen depressiver Erkrankungen nur unzureichend berücksichtigt haben, die sich aber in ihren endokrinen und vegetativen Profilen deutlich unterscheiden.

Schließlich scheint ein weiterer sehr robuster Hinweis auf eine Unterschiedenheit von Depression und Burnout in der unterschiedlichen Behandlung zu bestehen. Noch einmal Burisch:

> »Ein starkes Argument *dafür* liegt vor, wenn die ›neue‹ Diagnose eine andere Therapie oder Beratung erfordert als die bereits etablierten. Dass dem bei Burnout so ist, behaupten sogar die Kritiker! [...] Der Depressive kann wirklich nicht; er braucht nur noch Schonung und Stütze. Der Ausbrenner braucht einen Lichtblick, eine *escape route*. Einfach bloß Schonung würde ihm nicht helfen.«[89]

Insgesamt postulieren Bianchi et al. auf Grundlage ihrer Metastudie, dass die Unterschiedenheit von Depression und Burnout anhand des aktuellen empirischen Befundes zumindest nicht auszuschließen sei.[90] Ein erheblicher Beitrag an dieser Unklarheit dürfte dem im folgenden Abschnitt diskutierten *Maslach Burnout Inventory* (MBI) zukommen, mit dem Burnout in der Regel operationalisiert wird:

> »Relatively fragile from a strictly conceptual standpoint [...], the distinction between burnout and depression is partly supported by empirical research [...]. Close scrutiny of the available literature, however, suggests that the evidence for the singularity of the burnout phenomenon is inconsistent. [...] Inevitably, the arbitrariness surrounding the elaboration of the MBI reappears as a central problem as soon as burnout is to be compared to other entities, depression in the present case. In the end, systematic clinical observation may be indispensable to clearly identify the singularity, if any, of the burnout phenomenon and decide whether a new nosological category is needed.«[91]

86 Bianchi/Schonfeld/Laurent: Burnout-depression (s. Anm. 78), 29.
87 Comer: Klinische Psychologie (s. Anm. 58), 219 f.
88 Bianchi/Schonfeld/Laurent: Burnout-depression (s. Anm. 78).
89 Burisch: Burnout-Syndrom (s. Anm. 15), 255-257, kursiv im Orig.
90 Bianchi/Schonfeld/Laurent: Burnout-depression (s. Anm. 78), 35.
91 Ebd.

Zusammengenommen mag es vor allem für klinische Praktiker dennoch zweifelhaft bleiben, ob den benannten Argumenten und Befunden insgesamt tatsächlich mehr als nur ein indizieller Hinweischarakter in Bezug auf den nosologischen Status des Burnout-Syndroms zukommt.

3.2.6 Messung

Nachdem beschrieben wurde, was in dieser Arbeit unter dem Burnout-Syndrom verstanden wird, schließt sich angesichts ihrer empirischen Ausrichtung die Frage danach an, wie Burnout operationalisiert, d. h. gemessen werden kann.

Die Erforschung des Burnout-Syndroms kann wie alle psychologischen Entitäten grundsätzlich über Beobachtungen, Interviews oder Selbst-Auskunft erfolgen.[92] Im Bereich der *self-report*-Instrumente unterscheiden sich zahlreiche Fragebögen in Gebrauch, Einsatzgebiet und dem psychometrischen Invest, der in ihre Entwicklung eingebracht wurde.[93] Aus diesem Kreise tritt als das weit gebräuchlichste Inventar[94] das *Maslach Burnout Inventory,* kurz MBI, hervor.[95] Burnout wird darin anhand der drei Skalen *Emotionale Erschöpfung, Zynismus* und *berufliche Leistungsfähigkeit* definiert und gemessen.[96] Obgleich dieser Fragebogen sowohl Forschung als auch Praxis eindeutig dominiert, resümieren Schaufeli/Enzmann:

> »… the price to be paid for this uniformity is the rather narrow focus: burnout is what the MBI measures. *This tautology is a serious problem* since […] the MBI has been developed inductively by factor-analysing a rather arbitrary set of items. What would have happened if other items have been included? Most likely, other dimensions would have appeared! In fact, various definitions and theoretical approaches suggest that the concept of burnout is much broader and more comprehensive than the MBI assumes.«[97]

Neben dieser fundamentalen konzeptionellen Schwierigkeit werden auch die heterogenen Befunde zu dessen statistisch-psychometrischer Qualität kritisiert[98], wobei die Skala *Emotionale Erschöpfung* dabei im Zentrum steht: »… emotional exhaustion in particular overlaps with related concepts such as

92 Schaufeli/Enzmann: Burnout Companion (s. Anm. 27), 43 f.

93 A. a. O., 44.

94 A. a. O., 50.71.

95 Christina Maslach/Susan E. Jackson: The measurement of experienced burnout, in: Journal of Organizational Behaviour 2 (1981), 99–113.

96 Maslach/Jackson: Measurement (s. Anm. 95), 99–113.

97 Schaufeli/Enzmann: Burnout Companion (s. Anm. 27), 188, eigene Kursivsetzung.

98 Burisch: Burnout-Syndrom (s. Anm. 15), 37.

depression and job satisfaction, as well as with distress symptoms.«[99] Zugleich sind die Befunde zur faktoriellen und konvergenten Validität sowie zur Reliabilität relativ gut[100], wobei unterdessen infrage steht, ob die drei Skalen tatsächlich Symptome an sich erfassen.[101] Völlig unklar sind die willkürlichen Werte zur Bestimmung der Burnout-Intensität im Sinne der Identifikation klinisch-relevanter Fälle[102] und die statistische Qualität der Übersetzungen des MBI in verschiedene Sprachen.[103] Insgesamt ist diese Kritik aber nicht nur auf den MBI beschränkt, sondern gilt – als Resultat der oben genannten Schwierigkeiten rund um das Konzept *Burnout* – mehr oder weniger für sämtliche Burnoutinventare.[104]

Burisch diskutiert für den deutschsprachigen Raum neben dem *Oldenburg Burnout-Inventar* (OLBI), dem *Beanspruchungsscreening bei Humandienstleistungen* (BHD-System), dem *Hamburger Burnout-Inventar (HBI)* und ferner dem *Arbeitsbezogenen Verhaltens- und Erlebnismuster* (AVEM) die *Burnout-Screening-Skalen* (BOSS).[105] Letztere finden aufgrund der konzeptuellen und methodischen Schwächen des MBI sowie aus andernorts in diesem Paper erläuterten Gründen Anwendung in der GIPP-Studie.[106] Sämtliche der benannten Instrumente unterscheiden sich hinsichtlich ihrer psychometrischen Qua-

99 Schaufeli/Enzmann: Burnout Companion (s. Anm. 27), 54.

100 Ebd.

101 Doerr/Nater: Exhaustion (s. Anm. 15), 94.

102 Schaufeli/Enzmann: Burnout Companion (s. Anm. 27), 57.

103 A.a.O., 58 f.

104 Übersichten bei Burisch: Burnout-Syndrom (s. Anm. 15), 37–39, sowie Schaufeli/Enzmann: Burnout Companion (s. Anm. 27), Kap. 3 f. Neben dem MBI findet das *Burnout Measure* (BM) von Ayala Pines (Pines/Aronson: Career [s. Anm. 48]) breite Anwendung (vgl. Schaufeli/Enzmann: Burnout Companion [s. Anm. 27], 48 ff.). Hierbei wird nur ein einziger, nicht-berufsbezogener Erschöpfungs-Skalenwert gebildet, von dem allerdings nicht eindeutig zu klären ist, ob er tatsächlich Erschöpfung oder aber Demoralisation misst (Schaufeli/Enzmann: Burnout Companion [s. Anm. 27], 50). Das BM ist für individuell-diagnostische Zwecke aufgrund seiner psychometrischen Eigenschaften ungeeignet. Es sei am Rande jedoch auf die interessante Studie *The Palastinian Intifada and Israelis' Burnout* zur Idee eines »nationalen Burnouts« von hingewiesen (Ayala Pines: The Palastinian Intifada and Israelis' Burnout, in: Journal of Cross-cultural Psychology 25[4] [1994], 438–451).

105 Burisch: Burnout-Syndrom (s. Anm. 15), 35–40.

106 Die Gründe seien an dieser Stelle der Übersichtlichkeit halber erwähnt: (1) Die Nähe der Burnout-Operationalisierung in BOSS I zur Arbeitsdefinition von Schaufeli/Enzmann, insbesondere im systemischen Ansatz (die BOSS erfassen neben beruflichen auch Symptome in Bezug auf die eigene Person, die Familie und den Freundeskreis). (2) Die statistische Auflösung der Daten in BOSS I ist durch die Berechnung von Breiten- und Intensitätswerten höher im MBI, was vor allem wegen der GIPP-Hypothese eines pfarrspezifischen Burnouts relevant ist. (3) Es stehen für alle Werte Normtabellen zur Verfügung, auf deren Grundlage mittels klinisch-validierter Cut-off-Werte eine Verdachtsdiagnose ermöglicht wird, was beim MBI nicht der Fall ist (bzw. nur in der niederländischen Version). (4) Das Instrument ist explizit für den deutschsprachigen Raum entwickelt worden und aktuell (Veröffentlichung 2014).

litäten und Einsatzgebiete, wobei keines vollständig überzeugend ist, was vor allem der fehlenden, konsentierten Definition und bindenden Symptomkriterien geschuldet ist.

Ansonsten ist das Angebot an *do-it-yourself*-Burnout-Fragebögen im englischsprachigen Raum ebenso zahlreich wie auf dem deutschsprachigen (insbesondere Online-)Markt, wobei aufgrund ihrer unzureichenden Qualität vor solchen Erhebungsinstrumenten dringend zu warnen ist.[107] Für den wissenschaftlichen Kontext sind sie ohnehin nicht von Interesse.

3.2.7 Zusammenfassung

Für diese Arbeit aber sei deutlich konstatiert, dass wir von der faktischen Existenz eines Burnout-Syndroms trotz der unklaren Sachlage ausgehen. Ich begründe dies nicht nur unter Verweis auf die benannten Indizien und Befunde sowie auf einschlägige und argumentativ wie empirisch gestützte Forschungspositionen.[108] Das Burnout-Syndrom ist außerdem sowohl für Betroffene in persönlicher Hinsicht als auch für die Volkswirtschaft und die Kirchen (deren Klientel sich diese Arbeit widmet) von erheblicher ethischer und finanzieller Relevanz.[109] Selbst wenn meiner Entscheidung zugunsten des nosologischen Status eines *Burnout-Syndroms* also nicht gefolgt wird, sind dies gute Gründe, um die Befunde der GIPP-Studie dennoch nicht nur zur Kenntnis, sondern sie ernst zu nehmen – beispielsweise als Indikatoren für eine arbeitsbezogene Form von Depression.

3.2.8 Burnout im Pfarrberuf

Die Annahme berufsabhängiger Profilunterschiede in der Burnoutsymptomatik ist weit verbreitet und vor allem für die MBI-Skalen breit belegt.[110] Befürwortet man also grundsätzlich die Existenz des Burnout-Syndroms, ist es sinnvoll, nach so etwas wie »pfarrspezifischem Burnout« zu fragen.

Im anglikanischen Raum ist die zeitgenössische Forschung zum pfarrspezifischen Burnout-Syndrom insbesondere durch die Arbeiten von Leslie Francis geprägt, wobei John Sanfords Buch *Ministry Burnout* als Initialzündung angesehen werden kann.[111] Zur Anwendbarkeit des MBI im Pfarramt äußern Francis/Brewster: »The Maslach Burnout Inventory was developed originally

---

107 Schaufeli/Enzmann: Burnout Companion (s. Anm. 27), 46.

108 A. a. O., 39 f.; dagegen argumentieren beispielsweise Doerr/Nater: Exhaustion (s. Anm. 17).

109 U. a. Maslach/Jackson: Measurement (s. Anm. 95), 100.

110 Übersicht bei Schaufeli/Enzmann: Burnout Companion (s. Anm. 27), 60–65.

111 John A. Sanford: Ministry Burnout, Louisville 1982.

for wide application among the caring professionals, and may not reflect too well the specific context of the clerical profession.«[112] Vor diesem Hintergrund entwickelten Rutledge/Francis eine für den Einsatz im Pfarramt modifizierte Version des MBI.[113] Ein weiteres, pfarrberufsspezifisches Modell ist das *Francis Burnout Inventory* (FBI), dessen deutsche Übersetzung in GIPP mit den BOSS-Maßen für Burnout verglichen wird.[114]

Francis geht auf Basis des *Balanced-Affect* Modells von Norman Bradburn davon aus, dass *clergy burnout* zwei Komponenten umfasse, die über die Skalen *Emotional Exhaustion in Ministry* (negativer Affekt) und *Satisfaction in Ministry* (positiver Affekt) operationalisiert werden. Mit Blick auf die Frage nach den Unterschieden zwischen Land- und Stadtpfarramt belegen Brewster/Francis/Robbins für Stadtpfarrer höhere Level emotionaler Erschöpfung (SEEM) und niedrigere Werte der Zufriedenheit (SIMS). Insgesamt ist der FBI zumindest im anglikanischen Raum eingehend erforscht.[115]

Mit Blick auf den deutschen Pfarrberuf sei zunächst auf die Übersicht von Gunther Schendel verwiesen. Hierin identifiziert Schendel eine hohe Arbeitsbelastung, die zunehmende Arbeitsverdichtung, eine ambivalent zu bewertende, hohe Autonomie und die Entgrenzung der Arbeit als Kernergebnisse bisheriger Befragungen.[116] Diese Befunde lassen eigentlich eine erhöhte Beanspruchung bzw. erhöhte Burnout-Werte erwarten. Jedoch deuten viele Studienergebnisse wie bei Bauer et al.[117] nur moderat darauf hin.[118] So liege der Anteil der Probanden, die »medizinisch relevante, stressbedingte Gesundheitsstörungen« zeigten, zwischen 18 und 20 %, womit sie »im Vergleich zu

112 Leslie J. Francis/Christine E. Brewster: Understanding stress from time-related over-extension in multi-parish benefices. The role of personal, environmental, psychological, and theological factors among rural Anglican clergy, in: Rural Theology 10(2) (2012), 161–178, hier 162.

113 Christopher J. F. Rutledge/Leslie J. Francis: Burnout among Male Anglican Parochial Clergy in England. Testing a Modified Form of the Maslach Burnout Inventory, in: Research in the Social Scientific Study in Religion 15 (2004), 71–93.

114 Vgl. Francis/Kaldor/Robbins/Castle: Happy (s. Anm. 3).

115 Vgl. Francis/Brewster: Understanding (s. Anm. 112), 165 f.

116 Gunther Schendel: Fünfzehn Jahre Vermessung des Pfarrberufs. Pfarrerinnen und Pfarrer im Modus der Veränderung, in: Gesegnet und gesendet. Lebensweltliche und empirische Einsichten zur Zukunft des Pfarrberufs. epd-Dokumentation der 3. Fachtagung der Land-Kirchen-Konferenz der EKD am 13. September 2016 in Kassel (2017), 11–16, hier 11 f.

117 Vgl. Bauer et al.: Belastungserleben (s. Anm. 119).

118 Eine Ausnahme berichtet Andreas Rohnke unter Verweis auf ein unveröffentlichtes Gutachten von Karl Olbort: »So brachte kürzlich durchgeführtes Belastungs-Screening innerhalb der Pfarrerschaft eines kurhessischen Kirchenkreises ein erschreckendes Ergebnis zutage: Zwei Drittel der dortigen Pfarrerinnen und Pfarrer sind mehr oder minder stark von Burnout gefährdet.« (Andreas Rohnke: Pfarramt und Gesundheit. Auf dem Weg zu einem Gesundheitsmanagement für den Pfarrberuf [2013], Vortragsmanuskript, URL: <http://www.pfarrerverband.de/download/aktuell_20130119_vortrag_rohnke_fuldaer-runde.pdf> [21.5.2018, 13:56 Uhr], 1).

schulischen Lehrkräften […] eine weniger belastende berufliche Situation haben.«[119] In Bezug auf die Skalen des MBI finden Bauer et al. für ihre Probanden mittlere und im Vergleich mit Lehrkräften niedrigere Erschöpfungsmaße sowie ein eher geringes Maß an Ablehnung bzw. Zynismus.[120] Dies repliziert den Überblicksbefund von Schaufeli/Enzmann für Missionare bzw. Pastoren.[121] Angesichts der geringen Rücklaufquote (24 %), teilweise wenig plausibler Einzelergebnisse, schwer interpretierbarer Vergleichsgrößen und der Beschränkung auf badische Pfarrerinnen und Pfarrer lassen sich die Beobachtungen der Studie insgesamt jedoch nur schwer interpretieren. Von Heyl ermittelte bei einem Rücklauf von ca. zwei Dritteln via MBI-Skalen eine Burnout-Belastung von 12.7 % bis 29 %.[122] Angesichts der methodischen Probleme im Zusammenhang mit dem MBI und den relativ geringen Stichprobenumfängen besteht hierbei Klärungsbedarf, insbesondere im Bereich spezifischer Beanspruchungsprofile und den mit ihnen zusammenhängenden Berufskonfigurationen (vgl. unten 3.3 »Konfigurationsanalyse des Pfarrberufs«).

Mittlerweile gerät Pfarrburnout auch ins Blickfeld dezidiert psychologischer Forschung in Deutschland. So wurde auf dem 19. Workshop zur Psychologie der Arbeitssicherheit und Gesundheit eine qualitative, aber trotz der geringen Probandenzahl aufschlussreiche Studie mit dem Titel »Und am siebten Tage sollst du ruhen« – Belastungs- und Stressfaktoren bei Pfarrern: eine Untersuchung zu strukturellen Ursachen von Burnout bei Pfarrern in der Evangelischen Kirche« präsentiert.[123] Als strukturelle Einflüsse auf Stress bei Pfarrern werden dabei Bedingungen der Pfarramtsarbeit, Unterstützungsmöglichkeiten durch Leitungsebene und Umfeld, Unterstützung durch kirchliche Strukturen, Konflikte und dienstrechtliche Verfahren identifiziert, welche mit Blick auf die Interpretation der GIPP-Ergebnisse von Relevanz sein dürften.

---

119 Joachim Bauer/Traugott Schächtele/Ruth Pfeifer/Klaus Muke/Angelika Walter/Thomas Unterbrink/Michael Wirsching: Belastungserleben und Gesundheit im Pfarrberuf, in: Deutsches Pfarrerblatt 9/2009, 1–6, URL: <http://www.pfarrerverband.de/pfarrerblatt/archiv.php?a=show&id=2677> (27.4.2018, 13:57 Uhr), 5.

120 Bauer et al.: Belastungserleben (s. Anm. 119), 3.

121 Schaufeli/Enzmann: Burnout Companion (s. Anm. 27), 61 f.

122 Andreas von Heyl: Zwischen Burnout und spiritueller Erneuerung. Studien zum Beruf des evangelischen Pfarrers und der evangelischen Pfarrerin, Bd. II (Material der schriftlichen und mündlichen Befragung). Habilitationsschrift, Neuendettelsau 2003, URL: <https://augustana.de/fileadmin/user_upload/dokumente/habilitationen/heyl2burnout.pdf> (21.5.2018, 14:14 Uhr), 27; n = 282 (von Heyl: Zwischen, 6).

123 Iris Seliger/Samuel Peters/Rüdiger Trimpop: »Und am siebten Tage sollst du ruhen«. Belastungs- und Stressfaktoren bei Pfarrern: eine Untersuchung zu strukturellen Ursachen von Burnout bei Pfarrern in der Evangelischen Kirche, in: Rainer Wieland/Kai Seiler/Mike Hammes (Hg.): Gesundheitsförderung bei spezifischen Tätigkeits- oder Personengruppen, Kröning 2016, 585–588.

Insgesamt angereichert wird der Forschungsstand zu Burnout im Pfarramt durch die für die Beanspruchungslage hintergründigen Befunde der 5. *Kirchenmitgliedschaftsuntersuchung*[124] und die von der EKD herausgegebenen Zahlen und Fakten zum kirchlichen Leben, auf deren Basis Verhältnisangaben der GIPP-Studie für den GIPP-Erhebungszeitraum errechnet wurden.[125]

3.3 Konfigurationsanalyse des Pfarrberufs

Der Pfarrberuf bzw. das Pfarramt hebt sich von anderen Berufen durch eine Reihe besonderer, arbeitsbezogener Konfigurationen ab. Dies betrifft insbesondere die Aspekte der Tätigkeitsfelder und der Ausbildung. Hier kommt es zu einer Spannung zwischen dem Ist- und dem Soll-Zustand des Pfarrberufs, der kontinuierlich an den zeitgenössischen Entwicklungen gespiegelt und neu bestimmt wird. Dabei treffen immer wieder realberufliche Tätigkeitsanforderungen an Pfarrerinnen und Pfarrer auf theologische Entwürfe, die eine dann spezifisch nötige Kompetenz herausgreifen und vor systematisch-theologischem Hintergrund entwickeln (»Der Pfarrer als …«).[126] Auch umfassendere Entwürfe des Pfarrberufs bzw. Pfarramtes, wie beispielsweise jener der »Profession/Professionalität«, beziehen sich nur beiläufig auf faktische, alltägliche Anforderungen und leiten exegetisch ideale, moderne Berufskonfigurationen ab.[127] Ich kritisiere dieses Vorgehen nicht grundsätzlich, wähle aber selbst einen anderen Zugang, weil ich den Übertrag von biblischem bzw. theologischem Material auf die faktischen Gegebenheiten des Berufsalltags unter methodischen Gesichtspunkten für schwierig erachte. Dabei zielt meine Kritik nicht auf die grundsätzliche Anwendbarkeit, sondern betrifft das nur schwer beherrschbare Oszillieren der Funktionen von empirischer Situationsbeschreibung und biblischer Norm innerhalb eines einzigen Arguments. Es scheint mir deshalb vorzugswürdig, mit Blick auf die Identifikation empirischer Zusammenhänge zwischen Elementen der Arbeit auf der einen und Beanspruchungsindikatoren auf der anderen Seite zunächst von einer mög-

124 EKD (Evangelische Kirche in Deutschland): Engagement und Indifferenz. Kirchenmitgliedschaft als soziale Praxis. V. EKD-Erhebung über Kirchenmitgliedschaft (KMU-V) (2014), URL: <https://www.ekd.de/ekd_de/ds_doc/ekd_v_kmu2014.pdf> (21.5.2018, 01:17 Uhr).

125 EKD (Evangelische Kirche in Deutschland): Zahlen und Fakten zum kirchlichen Leben (2016), URL: <https://www.ekd.de/ekd_de/ds_doc/zahlen_und_fakten_2016.pdf> (21.5.2018, 01:15 Uhr).

126 siehe auch EKKW (Evangelische Kirche Kurhessen-Waldeck): Das Amt des Pfarrers und der Pfarrerin in der modernen Gesellschaft. Eine Studie der Evangelischen Kirche von Kurhessen-Waldeck, in: Landeskirchenamt Kassel (Hg.): DIDASKALIA. Schriftenreihe der Evangelischen Kirche von Kurhessen-Waldeck (2004), URL: <http://www.ekkw.de/media_ekkw/downloads/ekkw_das_amt_des_pfarrers.pdf> (21.5.2018, 12:50 Uhr), 12.

127 EKKW: Das Amt (s. Anm. 126).

lichst neutralen, arbeitspsychologisch fundierten Analyse des Berufs und der Beanspruchung innerhalb eines psychologisch-methodischen Paradigmas auszugehen und erst ihre Zusammenhänge der theologischen Interpretation zu übereignen.[128]

Diese Analyse darf nun ihrerseits im Sinne des Einsatzes allgemeiner, arbeits- und organisationspsychologischer Arbeitsanalyseinstrumente nicht völlig neutral sein, weil der Pfarrberuf eben kein Beruf wie jeder andere ist, was unter anderem in den Begrifflichkeiten »Pfarramt«, »Pfarrberuf« usw. zum Ausdruck kommt. Insofern muss diesen spezifischen Konfigurationen Rechnung getragen werden. Ein bereits etabliertes arbeitspsychologisches Instrument mit guten psychometrischen Eigenschaften, das zugleich spezifisch genug und damit der Theologie auskunftsfähig sowie im oben beschrieben Sinne neutral ist, ist mir nicht bekannt.

3.4 *Terminologische Grundlegungen*

Zur Gewährleistung der begrifflichen Eindeutigkeit im polysemen Feld der Burnout-Forschung empfiehlt sich insbesondere im Zusammenhang mit den häufig vorurteilsbelasteten Bezeichnungen psychischer Erkrankungen eine inhaltliche Spezifikation der verwendeten Termini. Die Begriffe *Burnout* und *Depression* wurden bereits definiert und erläutert.

In der Arbeitspsychologie werden die Ausdrücke *Belastung*, *Beanspruchung*, *Stressor* und *Stressreaktion* unterschieden, denn es muss stets eindeutig sein, ob von einer *objektiven* Eigenschaft der Arbeit (Belastung, Stressor) gesprochen wird oder davon, was diese Kriterien im Individuum *subjektiv* auslösen.[129] Eine weitere Differenzierung der Begriffe ist für andere Kontexte sinnvoll, scheint mir aber mit Blick auf die Übersichtlichkeit dieser Arbeit wenig zweckdienlich. Es sei allerdings erwähnt, dass Beanspruchungen nicht per se negativ sein müssen. Eine Belastung kann durchaus eine funktionale Beanspruchung wie eine allgemeine Aktivierung oder die Erhöhung der Konzentrationsfähigkeit evozieren. Vereinfachend wird im Folgenden der Begriff »Beanspruchung« jedoch nur im Sinne einer »dysfunktionalen Beanspruchung« benutzt.

---

128 Im Gegensatz beispielsweise zum Erfragen bereits »theologisch eingefärbter« Rollenverständnisse in der Art: »Wie sehr sind Sie Hirte, Manager, Psychologe...«.

129 Beanspruchung, Stressreaktion; vgl. Nerdinger/Blickle/Schaper: A- und O-psychologie (s. Anm. 8), 514 f.

4 Forschungsfragen und deren Operationalisierung

Die vorliegende Studie versteht sich als interdisziplinärer Beitrag zur Erforschung von Belastungs- und Beanspruchungsaspekten im Pfarramt. Um diesen Anspruch geltend zu machen, verknüpft sie verschiedene psychologische, theologische und ethische Aspekte. Die Methodenauswahl resultiert hierbei aus Abwägungen hinsichtlich zweier Fragen: (1) In welche forschungsleitenden, operationalisierbaren Fragen bzw. Hypothesen hinein lässt sich das Anliegen dieser Studie bestmöglich abbilden? (2) Mithilfe welcher Verfahren lassen sich die forschungsleitenden Fragen zugleich möglichst ökonomisch und zuverlässig, d.h. wissenschaftlich kontrolliert, operationalisieren und beantworten? Dementsprechend schließt sich an die nachfolgende Explikation jeder einzelnen Forschungsfrage die Darstellung und Begründung ihrer Operationalisierung an.

Sowohl in der Wahl der Studienmethodik als auch in der Ergebnisdarstellung und Interpretation wurde, wo es möglich und sinnvoll erschien, von der unnötigen Anwendung wenngleich etablierter, statistischer Algorithmen oder der bloßen statistischen Beurteilung numerischer Kennwerte Abstand genommen, denn »[i]n research, it is better to ask, ›What is the best way to test my hypothesis?‹ rather than ›Which statistical test is appropriate for these data?‹«.[130] Statistische Informationen werden so dargestellt, dass nicht wahllose Korrelationen suggerieren, dass »alle Übel dieser Welt mit Burnout zusammenhängen«.[131] Angesichts der Vorteile einer statistischen Auswertung erhobener Daten[132] muss darauf hingewiesen werden, dass die psychologische Forschung auch vor der »statistischen Revolution« Mitte des vergangenen Jahrhunderts »beachtenswerte Resultate ohne statistische Tests« hervorgebracht hat und dass deren Funktion auch in dieser Arbeit in erster Linie die eines Hilfsmittels ist.[133] Ein solcher Ansatz nimmt beispielsweise zur Kenntnis, dass bestimmte Items innerhalb der Pfarrklientel durch die naheliegende Gottesimplikation eine andere Schattierung erhalten können, als dies in anderen Gruppen der Fall wäre. Konzepte wie Spiritualität, die vorgesetzten- und kollegenbezogenen Konfigurationen der Berufscharakteristika, die Bezugsgrößen des Commitment und weitere müssen spezifisch operationalisiert und im Sinne einer präzisen Anpassung an die Probandenklientel *vernünftig* aus-

130 Richard Gonzalez: The statistical ritual in psychological research, in: Psychological Science 5 (1994), 325–328, hier 326.

131 Burisch: Burnout-Syndrom (s. Anm. 15), 196.

132 Willi Hager: Testplanung zur statistischen Prüfung psychologischer Hypothesen, Göttingen 2004, 52 ff.

133 Vgl. Hager: Testplanung (s. Anm. 132), 64 f.

gewertet und interpretiert werden. Die genaue Explikation der Hypothesen und Entscheidungspfade in der vorliegenden Darstellung ist dabei insofern grundlegend, als dass auch für ein »vernünftiges« Abwägen objektiv-gültige Kriterien nur schwer zu benennen sind.

4.1 Ursprung der Forschungsfragen

Befragungen zum Pfarrberuf sind zahlreich.[134] Wenige dieser Untersuchungen werden jedoch dem methodischen Anspruch vornehmlich von akademischem Interesse geleiteter, empirisch-psychometrischer Studien mit ausreichend hohen Probandenzahlen und validierten Befragungsinstrumenten gerecht.[135] Gesicherte Rückschlüsse auf die Pfarrklientel im Allgemeinen sind diesen Studien deshalb nicht ohne Weiteres zu entnehmen. Problematisch wird der methodische Mangel meist erst dann, wenn es um kostspielige Maßnahmen geht, von denen dann abgesehen wird – und zwar unter Verweis auf die Unsicherheit der Aussagekraft, die mangelhafte Methodik oder die Mehrdeutigkeit unbequemer Ergebnisse.[136]

Zusätzlich zu dem hieraus abgeleiteten Forschungsdesiderat einer gewissen methodischen Strenge rückten im Laufe der GIPP-Studienerarbeitung vier thematische Cluster in den Vordergrund (*Grafik 1*). Aus der grundsätzlichen Darstellung der arbeitsbezogenen Beanspruchungslage mit dem Fokus auf Burnout (Cluster I) ergab sich die Hypothese eines pfarrspezifischen Beanspruchungsprofils (Cluster II). Hiernach rückten die mit diesen Befunden assoziierten beanspruchungs- und ressourcenbezogenen Berufscharakteristika des Pfarramts in den Vordergrund (Cluster III). Ferner stellte sich die Frage nach dem Einfluss von peripheren versus urbanen Umgebungsaspekten (Cluster IV), der aufgrund ihrer Relevanz für die landeskirchlichen Kooperationspartner eine eigene, breite Ausarbeitung durch Benjamin Stahl und Silvia Brandt gewidmet und von der deshalb in dieser Arbeit abgesehen wird.

---

134 Schendel: Fünfzehn (s. Anm. 116), 11.

135 Vgl. a. a. O., 11–13.

136 L. Francis in einem persönlichen Telefonat am 7.12.2014.

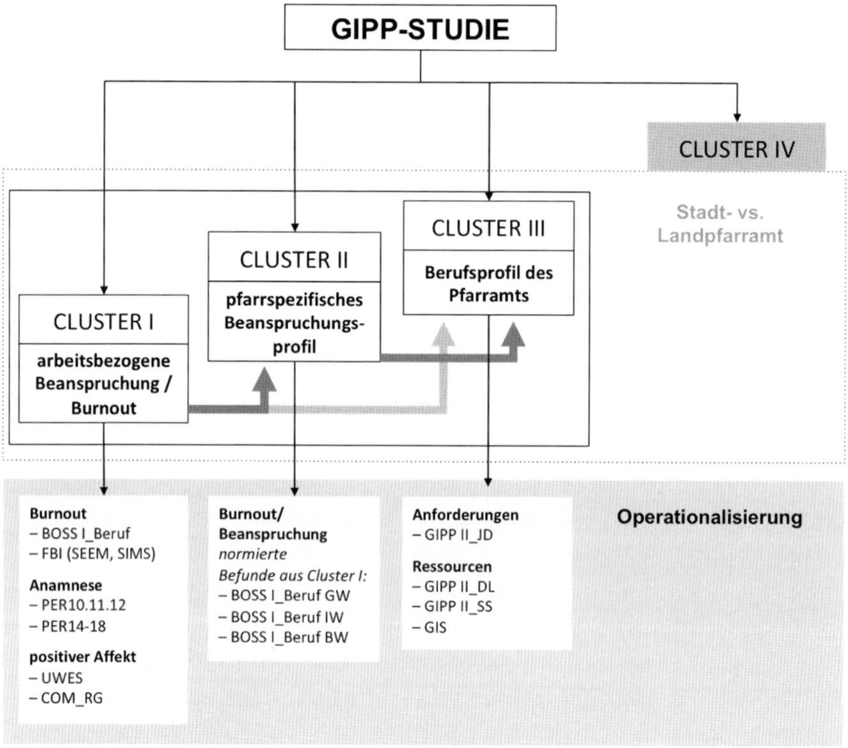

Grafik 1. *BOSS I = Burnout-Screening-Skalen, FBI = Francis Burnout Inventory (deutsch), SEEM = Scale of Emotional Exhaustion in Ministry, SIME = Satisfaction in Ministry Scale, PERx = Item x aus dem soziodemografisch-anamnestischen Teilinventar PER, UWES = Utrecht Work Engagement Scale, COM_RG = Commitment-Bindung zum Reich Gottes, GW = Gesamtwert, IW = Intensitätswert, BW = Breitenwert, JD = Arbeitsanforderungen, DL = Entscheidungsspielraum, SS = Soziale Unterstützung, GIS = Spiritualitätsfragen*

4.2 Operationalisierung

Im Folgenden werden die drei verbleibenden thematischen Cluster nacheinander erläutert und ihre Forschungsfragen operationalisiert, wobei jeder Einzeldarstellung kurze Beschreibungen zu den verwendeten Maßen bzw. Instrumenten beigefügt sind. Eine Übersicht über die mit den Themenclustern assoziierten, inhaltlichen Aspekte und deren Operationalisierung mittels verschiedener Fragebögeninventare, Teilinventare oder Einzelitems findet sich ebenfalls in *Grafik 1.*

4.2.1 Cluster I »Beanspruchung«

Die forschungsleitende Frage in Cluster I »Beanspruchung« lautet: Wie ist die Befundlage zur berufsbezogenen Beanspruchung unter den befragten Pfarrern? Gemäß der Arbeitsdefinition ist dann von Burnout die Rede, wenn Beanspruchungen infolge chronischer negativer Belastungen mit dem Leitsymptom Erschöpfung im Arbeitskontext (Burnout) gemeint sind. Neben einer Reihe einzelner Items, die vergangene und aktuelle Belastungserkrankungen erfassen, erfolgt die Messung burnoutförmiger Beanspruchung durch die beiden Maße BOSS I und FBI.[137]
Die Burnout-Screening-Skalen I (BOSS I) sind ein berufsunabhängiges Screeningverfahren zur Erstellung einer Verdachtsdiagnose »Burnout-Syndrom« auf dem theoretischen Hintergrund systemischer, somatoformer und Stress-Coping-Modelle.[138] Die Reliabilitätswerte[139] sind akzeptabel bis gut, hinsichtlich der Validität sind erwartungskonforme Zusammenhänge zu Stress- und Beschwerdebögen belegt.[140] Auf der Basis der Selbstbeurteilung von zehn Items erfasst die Subskala *Beruf* des BOSS I aktuelle psychische (kognitive und emotionale), körperliche und psychosoziale Beschwerden, wie sie – entsprechend der Arbeitsdefinition – im Rahmen eines Burnout-Syndroms auftreten. Probanden mit Burnout-Symptomatik erzielen auf dieser Skala überdurchschnittlich hohe Werte.[141]

Zur Auswertung werden drei Kennwerte gebildet: Ein Gesamt- (Mittelwert aller Items), ein Intensitäts- (Mittelwert vorhandener Symptome) und ein Breitenwert (Anzahl der Symptome), für die jeweils *T*-Werte zur Normauswertung angegeben sind. Ein Cut-off-Wert für die Verdachtsdiagnose wird ebenfalls

137 Hier wurde auf die Unterscheidung von Beanspruchung und Belastung verzichtet, weil im alltäglichen Sprachgebrauch der Probandenklientel das Wort »Belastungserkrankungen« als sehr viel gebräuchlicher eingeschätzt wurde als die Wendung »Erkrankungen infolge von Beanspruchungen«.

138 Geuenich/Hagemann: BOSS (s. Anm. 2).

139 Interne Konsistenzen der einzelnen Skalen liegen in der Normstichprobe zwischen = .75 und = .95. »Vermutlich erfassen sowohl BOSS I als auch BOSS II einen Generalfaktor; die Interkorrelationen sind sehr hoch.« (Burisch: Burnout-Syndrom [s. Anm. 15], 38). Dass auch die BOS-Skalen ähnlich wie der MBI auf Basis einer gemäß den Autoren »repräsentativen Auswahl von Beschwerden und Belastungen« (Geuenich/Hagemann: BOSS [s. Anm. 2], 15) konstruiert sind, stellt zumindest keinen Nachteil des BOSS gegenüber dem MBI dar.

140 TICS, SCL-90-r, MBI.

141 Geuenich/Hagemann: BOSS (s. Anm. 2), 18. Fast alle Items wurden mit Blick auf innerkirchlichen Sprachgebrauch, sachliche Aspekte des Pfarramts und geschlechterneutrale Sprache unter Rücksprache mit dem Hogrefe Verlag in ihren Formulierungen angepasst. Beispielsweise wird von uns neben der männlichen durchgehend die weibliche Form mitgenannt. Darüber hinaus gibt es Abweichungen im Bereich der Überschriften einzelner Skalen. Des Weiteren wurden Items wie »Ich fühle mich meinen Kollegen und *dem Betrieb* verbunden« abgeändert.

angeboten. Die Skala BOSS I_Beruf differenziert gut zwischen gesunden und burnout-erkrankten Personen.[142] Dahingegen ist vermutlich aufgrund der großen symptomalen Überschneidungsmengen die Differenzierung zwischen Depressions- und Burnouterkrankung mittels Berufsskala nicht zufriedenstellend.[143] Durch die deutschen Normwerte, die Kennwertedifferenzierung, die großen Überschneidungen zur gewählten Arbeitsdefinition und die Schwierigkeiten im Zusammenhang mit dem MBI wurde der BOSS I vorgezogen.[144]

Der Definitionsaspekt »misfit between intentions and reality in the job« findet in BOSS I nur unzureichend Berücksichtigung und wird im FBI näher beleuchtet. Das *Francis Burnout Inventar* erfasst subjektive Aspekte von *work-related psychological health* über die beiden Skalen *Emotional Exhaustion in Ministry* (SEEM) und *Satisfaction in Ministry* (SIMS).[145] Laut dem zugrundeliegenden *Balanced-Affect*-Modell treten Zeichen schlechter arbeitsbezogener psychischer Gesundheit dann auf, wenn ein hoher mittlerer SEEM-Wert mit einem niedrig(er)en SIMS-Mittelwert koinzidiert. Dieser Interaktionseffekt habe signifikante Einflüsse auf Burnout-Maße: »showing that the mitigating effects of positive affect on burnout increased with increasing levels of negative affect.«[146] Das beschriebene Verhältnis der SEEM- und SIMS-Mittelwerte kann folglich als pfarramtsspezifischer Burnoutindikator verstanden werden. Insgesamt werden dabei 22 Items, elf pro Skala, auf einer fünfstufigen Antwortskala von »starke Zustimmung« bis »starke Ablehnung« bewertet. Die Reliabilitäts- und Konstruktvaliditätswerte des FBI sind zufriedenstellend. Da bisher keine deutsche Version des FBI vorliegt, wurden die 22 Items von uns ins Deutsche übertragen. Die Übersetzung (und damit die psychometrischen Eigenschaften) des FBI wurde in zwei Pretests zunehmend verbessert.

Die Beanspruchungsbefunde werden in GIPP durch Ressourcen-, Zufriedenheits- und Gesundheitsindikatoren kontrastiert. Das allgemein als Gegenteil von Burnout gehandelte Konzept des Work Engagements wird häufig, wie auch in GIPP, über die 9-Item-Kurzform der *Utrecht Work Engagement Scale* (UWES) erfasst.[147] *Work Engagement* ist definiert als »positive, fulfilling, affec-

---

142 Sensitivitätswerte für den Gesamtwert ~ 0.8.

143 Spezifizitätswerte für den Gesamtwert ~ 0.4.

144 Vergleiche Fußnote 106.

145 Francis/Kaldor/Robbins/Castle: Happy (s. Anm. 3); Leslie J. Francis/Sean Gubb/Mandy Robbins: Work-related psychological health and psychological type among lead elders within the Newfrontiers network of churches in the United Kingdom, in: Journal of Prevention & Intervention in the Community 40(3) (2012), 233–245.

146 Leslie J. Francis/Andrew Village/Mandy Robbins/Keith Wulff: Work-Related Psychological Health Among Clergy Serving in The Presbyterian Church (USA). Testing the Idea of Balanced Affect, in: Review of Religious Research 53(1) (2011), 9–22, hier 9.

147 Schaufeli/Bakker: UWES (s. Anm. 4), 4.

tive-motivational state of work-related well-being that is characterized by vigor, dedication, and absorption«, also als persistente Gefühle der Identifikation und Energiegeladenheit gegenüber der Arbeit.[148] Dies spiegelt die Aspekte des Burnout-Syndroms gemäß der Arbeitsdefinition. Die psychometrischen Eigenschaften des UWES sind zufriedenstellend, die Validitätsbefunde zeigen einen robusten, negativen Zusammenhang zwischen UWES und MBI (ebd.).[149] Der Mittelwert der UWES-Items kann mit von den Autoren über Perzentile erstellten Gruppennormwerten verglichen werden.

Eine ähnliche, arbeitsbezogene Ressource stellt die Commitment-Bindung dar. Sie wird definiert als »willentliche Bindung [...], die durch eine Zusicherung und Verantwortlichkeit gegenüber dem Bindungsziel gekennzeichnet ist.«[150] Erfasst wird diese Bindung mittels der auf Basis von Klein/Molloy/Brinsfield erstellten deutschen Skala der Commitment-Bindung (hier: COM_RG) von Jan Vitera.[151] Diese Skala ist zunächst bindungszielneutral (*target-free*). Als Bindungsziel wurde in GIPP die Wendung »Reich Gottes« eingesetzt, um eine grundsätzliche Bindung »zur eigentlichen Sache des Pfarramts« zu erfragen.[152]

Zur präziseren Beschreibung derjenigen Probanden, für die gegebenenfalls eine Burnoutsymptomatik festgestellt werden kann, fand außerdem das *Big-Five-Inventory* in der 10-Item-Kurzform (BFI-10) Eingang in den GIPP-Fragebogen.[153] Dabei handelt es sich um ein Breitband-Persönlichkeitsinventar zur Beschreibung der Gesamtpersönlichkeit auf Basis der fünf abstrakten Dimensionen Extraversion, Verträglichkeit, Gewissenhaftigkeit, Neurotizismus und

148 Arnold B. Bakker/Wilmar B. Schaufeli/Michael P. Leiter/Toon W. Taris: Position Paper. Work Engagement: An emerging concept in occupational health psychology (2008), URL: <http://www.wilmarschaufeli.nl/publications/Schaufeli/301.pdf> (20.5.2018, 18:40 Uhr), 187.

149 Schaufeli/Bakker: UWES (s. Anm. 4).

150 Jan Vitera: Wie fühlt es sich an, committed zu sein? Die Entwicklung einer deutschsprachigen Skala der Commitment-Bindung nach Klein, Molloy und Brinsfield (2012) und empirische Beiträge zu deren Konstruktvalidierung. Digitale Dissertation, Universität Greifswald 2016, 39.

151 Howard J. Klein/Janice C. Molloy/Chad T. Brinsfield: Reconceptualizing workplace commitment to redress a stretched construct. Revisiting assumptions and removing confounds, in: Academy of Management Review 37(1) (2012), 130–151; Howard J. Klein/Joseph T. Cooper/Janice C. Molloy/Jacqueline A. Swanson: The assessment of commitment. Advantages of an unidimensional, target-free approach, in: Journal of Applied Psychology 99(2) (2014), 222–238; vgl. Vitera: Wie (s. Anm. 150).

152 Es ist uns bewusst, dass diese Formulierung erhebliche Schwierigkeiten birgt. Allerdings liegt kein überzeugender Vorschlag für einen besseren Ausdruck vor. Im Fragebogen fand sich zudem unter den Commitment-Items eine Notiz zum bedeutungsoffenen Gebrauch dieser Formel (»Anmerkung: Wir haben keine spezifische Definition des Ausdrucks ›Reich Gottes‹. Deuten Sie den Begriff bitte so, wie Sie ihn verstehen.«).

153 Beatrice Rammstedt/Christoph J. Kemper/Mira Céline Klein/Constanze Beierlein/Anastassiya Kovaleva: Eine kurze Skala zur Messung der fünf Dimensionen der Persönlichkeit: Big-Five-Inventory-10 (BFI-10), in: GESIS-Working Papers 23 (2012), 7; die Gütekriterien sind gut. Jede Skala wird als Mittelwert zweier Items gebildet, die jeweils auf einer fünfstufigen Ratingskala bewertet werden.

Offenheit/Intellekt. Empirische Zusammenhänge zwischen diesen Persönlichkeitsfaktoren und anderen psychologischen, physiologischen und sozioökonomischen Parametern wie Lebens-, Arbeits- oder Ehezufriedenheit, Wahl- und Sozialverhalten, Gesundheit, Morbidität, Delinquenz und anderen sind breit belegt.[154] Dabei ist ein Persönlichkeitsmerkmal als eine stabile, motivationale Verhaltensdisposition zu verstehen, die die Auftretenswahrscheinlichkeit eines bestimmten Verhaltens erhöht. Menschen unterscheiden sich nicht im Aufweisen der fünf Faktoren, sondern in deren Ausprägungen. Mit Blick auf den GIPP-Studienfokus empfiehlt sich an dieser Stelle die nähere Beschreibung der Dimensionen Neurotizismus, die empirisch eng mit gesundheitlicher Beeinträchtigung und geringerer Arbeitszufriedenheit[155] assoziiert ist:

> »Neuroticism – This factor measures an individual's emotional stability and personal adjustment. [...] In psychological terms, the various emotional states are highly correlated. Thus, the individual who scores highly on neuroticism experiences wide swings in their mood and they are volatile in their emotions. Individuals with low scores on the neuroticism factor are calm, well adjusted and not prone to extreme maladaptive emotional states.«[156]

An dieser Stelle muss deutlich werden, dass die Erhebung von Persönlichkeitsmerkmalen nicht nur mit methodischen, sondern auch mit ethischen Problemen verbunden ist: »[N]euroticism has been shown to have negative effects on many aspects of illness yet as a personality trait it is fairly resistant to change. If you cannot change an individual's level of neuroticism what can you do?«[157] Ihr Zweck in der vorliegenden Arbeit besteht ausschließlich in der Aufklärung interindividueller Unterschiede und dem besseren Verständnis der »Gesamtgemengelage« burnout-belasteter Probanden. Aus diesem Grund wird von der Angabe persönlichkeitsbezogener Parameter für die Gesamtprobandengruppe abgesehen.

4.2.2 Cluster II »Beanspruchungsprofil«

Ein wesentlicher Teil der qualitativen Vorarbeiten für die GIPP-Studie bestand neben der Literaturrecherche in halbstandardisierten sowie freien Interviews mit Pfarrerinnen und Pfarrern, darunter Teilnehmern des Greifswalder Summer Sabbatical Programms, Superintendenten und Kirchenräten sowie Therapeu-

154 Überblick bei Rammstedt et al.: Skala (s. Anm. 153), 6; Maltby/Day/Macaskill: Personality (s. Anm. 13); für Literatur zu den Big-Five/Trait Approach: Maltby/Day/Macaskill: Personality (s. Anm. 13), 176.

155 Rammstedt et al.: Skala (s. Anm. 153), 16 f.

156 Maltby/Day/Macaskill: Personality (s. Anm. 13), 172.

157 Maltby/Day/Macaskill: Personality (s. Anm. 13), 628.

ten des Recollectio-Hauses und Wissenschaftlerinnen der Theologie, Psychologie und Community Medicine. Beide Quellen erweckten und erhärteten den Verdacht einer weiten Verbreitung des Phänomens *Beanspruchung* bzw. *Burnout im Pfarramt*, und zwar sowohl der eigenen Erfahrung nach als auch durch Berichte von Kollegen, Klientinnen oder aus dem Freundeskreis. Untermauert wurde diese Annahme durch die hohen Belegungsraten stationär-therapeutischer Einrichtungen für hauptamtliche kirchliche Mitarbeiter wie der Häuser Recollectio oder Respiratio und die damit verbundenen langen Wartezeiten.[158]

Kontrastiert wurde dieser Verdacht durch den oben beschriebenen, äußerst heterogenen Befund bisheriger Pfarramtsstudien, die im Vergleich zu anderen Berufsgruppen, v.a. Lehrkräften, insgesamt keine oder nur wenig sonderlich erhöhte, medizinisch relevante, stressbedingte Gesundheitsstörungen feststellen konnten.[159]

Zur Erklärung dieses Widerspruchs kamen zwei Gründe infrage. Erstens könnten innerhalb der bisherigen Studien die tatsächlich belasteten Pfarrerinnen und Pfarrer nicht untersucht worden sein, beispielsweise aufgrund einer Krankschreibung. Sollte dies so sein, wären auch für die GIPP-Studie ähnliche Befunde zu erwarten. Zweitens könnte die widersprüchliche Befundlage mit der Burnout-Operationalisierung in bisherigen Studien zusammenhängen. Nicht allein aufgrund der bereits erläuterten MBI-Problematik, sondern auch, weil die meisten Burnout- oder Beanspruchungsfragebögen als Auswertungs- oder Beurteilungsmaß Mittelwerte angeben. Der Mittelwert ist allerdings ein statistisches Maß, bei dem sehr viele Informationen, vor allem zur Verteilung der Daten, verloren gehen.[160] Aus diesen Überlegungen resultierte die Hypothese, dass das Pfarramt ein berufsspezifisches Beanspruchungsprofil aufweisen könnte, das mit den bisher angewandten Instrumenten zur Beanspruchungserfassung nicht ausreichend detektiert werden konnte. Die BOSS I weist über einen Gesamt-/ oder Mittelwert hinaus normierte Intensitäts- und Breitenwerte aus. Stimmt die These vom pfarramtsspezifischen Belastungsprofil, sollten sich hier Abweichungen der Pfarrklientel von der Normstichprobe ergeben.

---

158 In telefonischer Nachfrage wurde auf die Homepage verwiesen (telefonischer Kontakt, 27. April 2018, 10:00 Uhr). Laut dieser waren für die Zeit Juni bis Oktober lediglich noch Wartelistenplätze erhältlich.

159 Dieser Widerspruch wird auf Ebene der Forschungsliteratur gespiegelt. Hinsichtlich der allgemeinen Burnout-Belastung schwanken die Angaben zudem je nach Studie im Bereich zwischen 12 % und 66 % relativ stark, wobei Werte deutlich oberhalb von einem Viertel kaum berichtet werden. Außerdem kann unter Verwendung des MBI, weil klinisch validierte Cut-offs fehlen, kein diagnostisches Urteil über die tatsächliche Burnout-Belastung eines Samples angegeben werden (vorausgesetzt, man geht grundsätzlich von der Existenz des Syndroms aus). Insgesamt also ist der Forschungsstand hier eher unklar.

160 Andy Field: Discovering Statistics using SPSS, Los Angeles u. a. [3]2009, 35 f.

4.2.3 *Cluster III »Berufsprofil«*

Lange Zeit standen externe Belastungsfaktoren, insbesondere die *Arbeitsbedingungen* im Mittelpunkt evangelischer Pfarramtsuntersuchungen. Erst in jüngerer Zeit, so Schendel, spiele die Beschäftigung mit internen Stressoren und Ressourcen eine zunehmend wichtige Rolle.[161] Der spezifischen Analyse der mit den Beanspruchungen und dem Belastungsprofil empirisch assoziierten *Arbeitsinhalte* wurde – mit Ausnahme vielleicht der Verwaltungstätigkeit – jedoch insgesamt vergleichsweise wenig Aufmerksamkeit gewidmet.[162] Hieran knüpft die Forschungsfrage des dritten Clusters an: Mit welchen Anforderungen und Tätigkeitsaspekten des Pfarrberufs sind der Beanspruchungsbefund (Cluster I) und der Befund zum pfarrspezifischen Beanspruchungsprofil (Cluster II) assoziiert?

Die Grundlage zur Beantwortung dieser Forschungsfrage ist die Erstellung einer arbeitspsychologisch fundierten Profilanalyse für das Pfarramt, weil meinem Kenntnisstand nach ein solches Instrument bisher nicht vorliegt. Das Operationalisieren der Forschungsfrage erfolgt von dort aus in vier Schritten.

Zuerst mussten diejenigen Kriterien aus der Vielfalt der Anforderungen und Tätigkeitsinhalte herausgestellt werden, die für die Beschreibung des Pfarramts als »besonderen Beruf« und die damit verbundenen Bedingungen und psychologischen Wirkungen von Bedeutung sind. Zur Erstellung einer solchen psychologischen Arbeits- bzw. Profilanalyse wurde das *Greifswalder Pfarrprofilinventar* (GIPP II) entwickelt.[163] Das theoretische Fundament dieses Analyseinstruments bildet das transaktionale Stressmodell. Neben pfarramtsspezifischen Anforderungen werden deshalb auch pfarramtsrelevante Ressourcen in den Blick genommen. Dazu rechne ich Spiritualität sowie den Entscheidungsspielraum und die soziale Unterstützung.

Die Operationalisierung des Konzeptes der Spiritualität gestaltet sich ausgesprochen schwierig. Im Grunde genommen ergeben sich hier dieselben Probleme wie beim Burnout-Syndrom, angefangen vom Fehlen einer konsentierten Definition. Entsprechend liegt auch hier eine enorme Fülle verschiedener Fragebögen vor. Unter denen, die ich gesichtet habe, befand sich keiner, der sowohl in psychologischer als auch in theologischer Hinsicht überzeugend

161 Schendel: Fünfzehn (s. Anm. 116), 15.

162 Ebd., 15.

163 Der Fragebogen besteht aus zwei getrennten Inventarteilen. Die Konstruktionseigenschaften von GIPP II liegen in einem unveröffentlichten Paper vor (Anja Hanser: Statistischer Report zum Inventar GIPP II, 2017, unveröffentlichtes Skript). GIPP I erfasst vier Maße sowie Einzelitems zur Bestimmung des Ländlichkeits- bzw. Peripheriegrades, für nähere Informationen sei auf die Ausarbeitungen von Benjamin Stahl und Silvia Brandt verwiesen (vgl. 5.1). Zusammengenommen lautet der vollständige Name des Gesamtinventars »Greifswalder Inventar für Pfarramt in der Peripherie« (GIPP).

war. Aus pragmatischen Gründen wurde Spiritualität deshalb in GIPP sehr schlicht über zwei Kardinalfragen operationalisiert.[164]

Zur Operationalisierung der pfarramtsadaptierten Arbeitsanforderungen und der Ressourcen Entscheidungsspielraum und Soziale Unterstützung wurde ein eigenes Inventar (GIPP II) in Anlehnung an das *Job Demand-Control(-Support) Model*[165] konstruiert, dessen psychometrische Tauglichkeit in den Pretests bestätigt werden konnte (Skalenstatistiken: siehe *Tabelle 1*).[166]

Bereich	Subskala	Items	n	M	SD
Arbeitsanforderungen	Dichte	5	466	21.61	5.42
Σ=12 Items	Prospektion	2	466	6.60	3.04
	Mensch	3	466	14.10	3.02
	Aufgabe	2	466	10.60	1.68
Entscheidungsspielraum	Entscheidungsautorität	5	466	24.47	4.73
Σ=14 Items	Fähigkeitsgebrauch	4	466	23.07	3.01
	Aufgabenvollzug	3	466	11.59	2.55
	Fortbildungen	2	466	9.61	2.40
Soziale Unterstützung	Trolle	1	466	2.60	1.94
Σ=22 Items	Geister	1	466	2.98	1.71
	Phantome	1	466	3.31	1.66
	Vorgesetzter	6	466	26.68	7.99
	Mitarbeitende	6	466	32.57	4.77
	proximal (KV/GKR)	4	466	32.31	5.10
	distal (PK/KKK)	3	466	11.86	2.27

Tabelle 1. *Skalenstatistiken. KV = Kirchenvorstand, GKR = Gemeindekirchenrat, PK = Pfarrkonferenz, KKK = Kirchenkreiskonferenz*

164 Frage 1: »*Ich bin ein spiritueller Mensch.* Wie sehr stimmen Sie dieser Aussage zu?«; Frage 2: »Wie stark war Ihre eigene Spiritualität im Hinblick auf die letzten drei Wochen ausgeprägt?«; 9-stufige Antwortskala mit den Extrema »stimme überhaupt nicht zu« und »stimme voll und ganz zu« ohne Beschriftung der Zwischenstufen.

165 Karasek: Job demands (s. Anm. 5); Johnson/Hall: Job strain (s. Anm. 5); Karasek/Theorell: Healthy work (s. Anm. 5), 31–82; Margot van der Doef/Stan Maes: The Job Demand-Control(-Support) Model and psychological well-being. A review of 20 years of empirical research, in: Work & Stress 13(2) (1999), 87-114; Jan A. Häusser/Andreas Mojzisch/Mirjam Niesel/Stefan Schulz-Hardt: Ten years on. A review of recent research on the Job-Demand-Control(-Support) Model and psychological well-being, in: Work and Stress 24 (2010), 1–35.

166 Hanser: Report (s. Anm. 163).

Die Subskalen der Dimension *Arbeitsanforderungen* (GIPP II_JD) lauten »Dichte«[167] (Einzelitems je Skala sind in den *Tabellen 8* bis *10* notiert), »Aussicht«[168], »Mensch«[169] und »Aufgabe«.[170] Die Subskalen der Dimension *Entscheidungsspielraum (GIPP II_DL) lauten »Autorität«*[171], »Fähigkeiten«[172], »Aufgabe«[173] und die Inanspruchnahme von »Fortbildungen«. Die Subskalen der Dimension *Soziale Unterstützung* (GIPP II_SS) betreffen die Unterstützung durch »Vorgesetzte« und »Mitarbeitende«, sowie die »proximale Unterstützung« durch Kirchenvorstand bzw. Gemeindekirchenrat und die »distale Unterstützung« durch Pfarrkonvent bzw. Kirchenkreiskonferenz. Durch Einzelitems werden außerdem drei soziale Phänomene erfasst, die mir vor allem durch die Vorstudien in Bezug auf das Pfarramt relevant erschienen: »Phantome«, »Geister« und »Trolle«. Phantome sind soziale Verflechtungen in der Kirchengemeinde, die die Arbeit erschweren. Geister sind eine oder mehrere Personen, die bei Entscheidungen in der Kirchengemeinde noch immer eine Rolle spielen, obwohl sie längst nicht mehr da sind, beispielsweise Amtsvorgänger oder verstorbene Familienoberhäupter. Trolle schließlich sind Menschen, die einem die Arbeit absichtlich schwer zu machen scheinen.[174]

Zweitens besteht die Profilanalyse für das Pfarramt aus dem Aufzeigen der systematischen Zusammenhänge zwischen den benannten Dimensionen und den Maßen für positiven und negativen Affekt aus Cluster I und II.

Drittens werden die Arbeitsanforderungen noch einmal näher beleuchtet. Gefragt wurde danach, welche der vorgegebenen 19 Tätigkeitsinhalte (die sich aus den Vorstudien ergaben) die Arbeitsanforderungen im Dienstalltag

167 Ungünstiges Verhältnis aus Arbeitsanforderungen und Zeit.

168 Gefährdung des eigenen Arbeitsplatzes, Erwartung einer Verschlechterung der eigenen Arbeitssituation.

169 Soziale Anforderungsaspekte, wie häufige Konflikte oder widersprüchliche Erwartungen durch andere.

170 Schnelles und mental forderndes Arbeiten.

171 Einfluss in verschiedenen Gremien und auf Gestaltung kirchlicher Räumlichkeiten.

172 Möglichkeiten zu Einsatz und Entwicklung eigener Fähigkeiten.

173 Gabenorientierung, geringe Repetitivität, Vorbereitung durch Ausbildung.

174 Folgendes Beispiel soll diese drei Aspekte illustrieren: Eine junge Pfarrerin ist seit einem halben Jahr in einer Gemeinde tätig. Nun betrachten wir ihren Amtsvorgänger »Pfarrer so-und-so«: Hört sie im Gemeindekirchenrat oft den Satz »Aber der Herr Pfarrer so-und-so hat das immer so gemacht, darum lassen wir es besser so«, erfüllt Pfarrer so-und-so die Kriterien für einen *Geist*. Ist er in der Gemeinde noch immer anwesend und spart nicht mit wenig hilfreichen Ratschlägen für die junge Kollegin, kann er zum *Troll* werden. Hatte Pfarrer so-und-so eine heimliche Affäre mit einer Frau aus dem Gemeindekirchenrat, von der alle wissen, außer der jungen Pfarrerin, und die der Grund für von außen zunächst undurchsichtige Verwerfungen innerhalb der Gemeinde ist (A redet nicht mit B, C lässt in Bemerkungen mehrdeutige Anspielungen erkennen usw.), entspricht die Affäre von Pfarrer so-und-so einem Phantom.

besonders erhöhten. Wiederum wurde ihr korrelativer Zusammenhang mit den Beanspruchungsmaßen aus den ersten beiden Clustern ermittelt.

Diese Ergebnisse wurden im *vierten* und letzten Schritt mit den Einschätzungsmittelwerten verglichen. Insgesamt ist zu erwarten, dass die arbeitsbezogene Beanspruchung umso höher ausfällt, desto höher die Anforderungen und desto niedriger die Ressourcen eingeschätzt werden. Die positiven Affektmaße sollten entsprechend negativ mit den Anforderungen und positiv mit den Ressourcen koinzidieren.

5 Methode

5.1 Qualitative und quantitative Vorstudien

Die Arbeiten an der GIPP-Studie begannen 2014 zunächst mit Literaturrecherchen und einer Interview-Phase, in der neben Experten aus der medizinischen Gesundheitsforschung, Psychologie, Theologie und therapeutischen Praxis vor allem Pfarrerinnen und Pfarrer, darunter Teilnehmer aus dem Kontaktstudienprogramm des IEEG, interviewt wurden. Infolge dessen wurden zwei Pretests für einen Adresspool von insgesamt etwa 600 Probanden durchgeführt. Der erste diente dem Test der Akzeptanz der gewählten Instrumente, der grundsätzlichen Prüfung der Operationalisierung der Forschungsfragen und Hypothesen sowie der Probe und Verbesserung der FBI-Übersetzung und der psychometrischen Eigenschaften von GIPP I und II. Die Reihenfolge der Einzelinventare war zur Prävention von Ergebnisverzerrungen in insgesamt 20 Versionen randomisiert.[175] Der erste Pretest erfolgte mit dem Schwerpunkt auf die peripher-ländliche Klientel im Sommer 2015, der zweite Pretest glich diesen Schwerpunkt durch den Fokuswechsel auf die städtische Klientel im ersten Quartal 2016 bei ansonsten gleichem Inhalt aus.

Insgesamt ergaben sich dabei Änderungen hinsichtlich der Übersetzung des FBI, die Verbesserung von GIPP I und II sowie die Verringerung des Umfangs von 28 auf 20 Seiten durch Weglassen einiger Instrumente wie der *Effort-Reward-Imbalance-Scale* (ERI) und anderer, die in der empirischen Überprüfung keine relevanten, das heißt keine Daten mit hoher Aufklärungskraft ergaben. Es zeigten sich insgesamt keine Hinweise auf eine besondere Skepsis gegenüber dem Inhalt oder der Formulierung der Items.

175 Diese Versionenanzahl ergibt sich aus der Multiplikation der Faktoren Zufallsreihenfolge der dargebotenen Instrumente zur Vermeidung von ergebnisverfälschenden Reihenfolgeeffekten (fünf geloste Folgen) und den fünf Kartensätzen für je ein Bundesland in GIPP I, die jeweils nach Wohnort der Probanden ausgewählt wurden.

5.2 *Fragebogendesign und Versuchsmaterial*

Der Haupttest wurde, wie auch die beiden Pretests, als Fragebogen zur Selbstbeurteilung angelegt. Der Haupttestfragebogen hatte im Unterschied zu den aus methodischen Gründen reihenfolgerandomisierten Pretestfragebögen bei allen Probanden dieselbe Gestalt.

Um den Rücklauf zu erhöhen, lag ein besonderer Schwerpunkt der Fragebogengestaltung auf einem möglichst ansprechenden und anwenderfreundlichen Layoutdesign. Er umfasst inklusive Titelblatt mit allgemeinen Instruktionen bzw. Ausfüllhilfen 20 farbig bedruckte, feste Papierseiten, auf denen die Einzelinventare in unterschiedlichen Farben gestaltet wurden. Beigelegt waren zudem ein FAQ-Blatt und ein Blatt mit studienbezogenen Informationen sowie Kontaktdaten für telefonische Rückfragen.

Die Daten der eingegangenen Fragebögen wurden unter zweifacher Kontrolle manuell von zwei studentischen Hilfskräften in IBM SPSS Statistics, Version 25, eingegeben, auf ungewöhnliche Fälle und Eingabefehler hin analysiert und erneut korrigiert. Fragebögen, die unausgefüllt oder zum größten Teil (mindestens die Hälfte) unausgefüllt zurückgesandt worden waren, wurden nicht eingelesen.

5.3 *Sampling*

Die Grundgesamtheit der vorliegenden Studie bilden die Pfarrerinnen und Pfarrer zweier Gliedkirchen der Evangelischen Kirche in Deutschland (EKD), der *Evangelischen Kirche in Mitteldeutschland* (EKM) und der *Evangelisch-lutherischen Landeskirche Hannovers* (HAN), die im Jahr 2016 voll- oder teilzeitbeschäftigt im Dienst waren.

Der Adresspool des Haupttests umfasste insgesamt 1 132 Adressen, darunter alle Pfarrerinnen und Pfarrer der EKM (n = 536; 47.3 %), sowie zu diesen nach Umgebungsaspekten quasi-parallelisiert ausgewählte Probanden der HAN (n = 596; 52.75%). Der Grund für dieses Parallelisierungskriterium ist die Genese der GIPP-Studie mit ihrem Fokus auf das umgebungsabhängige Pfarramt. Sowohl die EKM als auch die HAN sind Landeskirchen mit hohen peripheren Raumanteilen. Wegen der Anlage einer Vollerhebung im Gebiet der EKM sind die Ergebnisse für die mitteldeutsche Landeskirche am repräsentativsten und verlässlichsten.

5.3.1 *Allgemeine Beschreibung des Samples*

	Haupttest (Rücklauf)	**Haupttest** (Gem.PA)	**Haupttest** (EKM)	**Haupttest** (HAN)
N	**n = 690**	**n = 556**	**n = 268**	**n = 288**
Alter	50.6 ± 8.5	50.8 ± 8.4	50.1 ± 8.3	51.5 ± 8.4
männlich	433 (64 %)	386 (69.4 %)	183 (68.3 %)	203 (70.5 %)
weiblich	244 (36 %)	170 (30.6 %)	85 (32.7 %)	85 (29.5 %)
Charakteristika				
verheiratet/e. P.	548 (79.4 %)	440 (79.4 %)	209 (78.6 %)	231 (80.2 %)
ledig/gesch.	106 (15.4 %)	94 (16.9 %)	44 (16.5 %)	50 (17.4 %)
Kinder	2.1 ± 1.4	2.1 ± 1.5	2.3 ± 1.5	1.9 ± 1.4
Dienstjahre	19.9 ± 9.4	20.1 ± 9.4	19.5 ± 9.4	20.7 ± 9.3
derzeitige Stelle	10.4 ± 8.4	10.8 ± 8.5	10.3 ± 8.5	11.3 ± 8.6
GD/Sonntag	1.6 ± .7	1.7 ± .76	2.1 ± .7	1.3 ± .4
GD/Woche	2.3 ± 1.0	2.5 ± 1.0	2.7 ± 1.0	2.2 ± 1.0

Tabelle 2. *Angegeben sind Häufigkeiten (inkl. Prozentsätze) bzw. Mittelwerte (inkl.SD) zu soziodemografischen und beruflichen Charakteristika der Probandenklientel. Grau unterlegt ist der für dieses Paper maßgebliche Datensatz der Teilmenge der Pfarrerinnen und Pfarrer mit mindestens 51 % Gemeindedienstumfang, sodass 133 Probanden inklusive denen, die dieses Item unbeantwortet gelassen haben, zur Sicherung der Vergleichbarkeit ausgeschlossen werden. Gem.PA = Gemeindepfarramt, EKM = Evangelische Kirche in Mitteldeutschland, HAN = Evangelisch-lutherische Landeskirche Hannovers, e. P. = eingetragene Partnerschaft, gesch. = geschieden, Familienstandwerte exklusive Antwortoption »andere«. GD/Sonntag = Gottesdienste pro Sonntag. GD/Woche = Gottesdienste pro Woche.*

Die soziodemografischen Daten des Haupttests sind in *Tabelle 2* dargestellt und dem soziodemografischen Teilinventar PERSIT der GIPP-Studie entnommen. Der Stichprobenumfang beträgt *N* = 690 Probanden, was einer Rücklaufquote von 60.9 % entspricht. Aus Gründen der Vergleichbarkeit der pfarrdienstlichen Tätigkeiten und Berufs- sowie Belastungsprofile fließen im

Folgenden nur die Daten für diejenigen Probanden ein, deren gemeindepfarrdienstlicher Umfang mindestens 51 % beträgt, wodurch sich der Stichprobenumfang auf $n = 559$ verringert.[176] Von der Auswertung ausgeschlossen wurden solche Fragebögen, in denen mehr als die Hälfte der Items unbeantwortet blieb. Unterschiedliche Summen der jeweiligen Teilmengen für verschiedene Merkmale bzw. Variablen kommen zustande, indem einige der Probanden bestimmte Items unbeantwortet gelassen haben.[177] In die soziodemografischen Parameter sowie in die Ergebnisstatistiken der Inventare fließen so nur die jeweils gültig beantworteten Items ein, deren Anzahl im Einzelnen angegeben ist.

In den Gemeinden und diakonischen Einrichtungen der evangelischen Kirche in Deutschland sind insgesamt etwa 701 000 Menschen hauptamtlich angestellt, von denen 21 488 Theologinnen und Theologen sind.[178] Von diesen sind insgesamt 19 594 Theologen und Theologinnen im Gemeinde- oder Funktionsdienst ganz oder teilzeitlich beschäftigt.

Im voll- oder teilzeitlichen Gemeindedienst sind insgesamt 14 040 Theologen tätig. Darunter sind mit einem Anteil von 29,6 % insgesamt 4 162 Theologinnen.[179] Dieses Muster spiegelt die Geschlechterverteilung im GIPP-Haupttest wider, wonach von den Probanden im Gemeindedienst insgesamt 30.6 % (170, $n = 559$) weiblich sind.

Die vollumfängliche Probandenzahl der GIPP-Studie von $n = 690$ erfasst einen prozentualen Anteil von 3.52 % aller 19 594 EKD-Theologen in Gemeinde- und Funktionsdienst. Der Anteil der untersuchten Probanden an den im Gemeindedienst EKD-weit Beschäftigten beträgt 3,98 % ($n = 559$).

5.3.2 Bildungsstand und ökonomische Situation

Die Homogenität der Probanden hinsichtlich ihres Bildungsstandes und ihrer ökonomischen Situation ist a priori aufgrund der identischen Ausbildung (Studium, Vikariat) und dem Beamtenstatus im Gemeindedienst aller Probanden anzunehmen.

176 In der Tabelle grau unterlegt; im Folgenden bezieht sich die Notation »Gemeindedienst« auf diese Teilgruppe.

177 Im Laufe der Befragung kam es gehäuft zu Anrufen, in denen Probanden Skepsis gegenüber der Anonymität ihrer personenbezogenen Daten äußerten, was einige Antwortverweigerungen erklären könnte.

178 EKD: Zahlen (s. Anm. 125), 20 f., darin stammen die aktuellsten Zahlen, die zum Erhebungszeitraum zur Verfügung standen, aus dem Jahr 2009.

179 EKD: Zahlen (s. Anm. 125), 20 f.

5.3.3 *Vergleichbarkeit der Landeskirchen*

Aufgrund der ähnlichen soziodemografischen und berufsbezogenen Parameter (*Tabelle 2*) und Teilmengengrößen (nEKM = 268, nHAN = 288) scheint die grundsätzliche Vergleichbarkeit der Ergebnisse der beiden EKD-Gliedkirchen im Wesentlichen gegeben. Für die HAN gibt die EKD 2 676 858 Kirchenmitglieder in 1 381 Gemeinden bei einer Gesamtbevölkerung von 5 996 674 Menschen für den Zeitraum 2015 bzw. 2014 an. Für die EKM werden 747 110 Kirchenmitglieder in 1 922 Gemeinden bei einer Bevölkerung von 4 271 983 ausgewiesen.[180]

Die Geschlechterverteilung in den landeskirchlichen Teilmengen von etwa einem zu zwei Dritteln entspricht wie auch im Haupttest den genannten Kennwerten aller EKD-Theologinnen bzw. Theologen. Dies kann als Indiz dafür gewertet werden, dass in Bezug auf den Parameter Geschlecht eine Verzerrung der Ergebnisse unwahrscheinlich ist.

6 Ergebnisse

Nach einer Erläuterung zu den geplanten Veröffentlichungen der GIPP-Ergebnisse folgt im Anschluss die Ergebnisdarstellung der drei Cluster. Dabei werden zunächst die beanspruchungsbezogenen Befunde dargestellt. Anhand dieser wird die Hypothese eines pfarramtsspezifischen Beanspruchungsprofils geprüft. Dann werden diese Befunde mit dem Berufsprofil in Beziehung gesetzt.

6.1 Befund zu Cluster I »Beanspruchung«

Wie ist die Befundlage zu Beanspruchungserkrankungen unter den Pfarrern der EKM bzw. der HAN? Zur Beantwortung dieser forschungsleitenden Frage werden folgend zuerst die deskriptiven Ergebnisse für den allgemeinen Gesundheitszustand benannt. Im Anschluss werden die Befunde zur Skala *Beruf* des BOSS I dargestellt und aus ihnen Schätzungen zu Verdachtsdiagnose »berufsbedingtes Burnout« abgeleitet. Dies wird mit den Skalen des FBI verglichen und ins Verhältnis zu den Ergebnissen der Utrecht Work Engagement Scale (UWES) und der Commitment-Bindung (COM_RG) gesetzt.

180 EKD: Zahlen (s. Anm. 125), 8.

6.1.1 Gesundheitszustand

Ärztlich diagnostizierte Diagnosen	Haupttest (Gem.PA)	Haupttest (EKM)	Haupttest (HAN)
Depressive Erkrankung	(n = 556)	(n = 265)	(n = 287)
aktuelle Erkrankung	17 (3.1 %)	10 (3.8 %)	7 (2.4 %)
frühere Erkrankung	72 (12.9 %)	38 (14.3 %)	34 (11.8 %)
nicht erkrankt	467 (84.0 %)	217 (81.9 %)	246 (85.7 %)
Burnout-Syndrom	(n = 558)	(n = 267)	(n = 287)
aktuelle Erkrankung	11 (2.0 %)	6 (2.2 %)	5 (1.7 %)
frühere Erkrankung	49 (8.8 %)	26 (9.7 %)	23 (8.0 %)
nicht erkrankt	498 (89.2 %)	235 (88.0 %)	259 (90.2 %)

Tabelle 3. *EKM = Evangelische Kirche in Mitteldeutschland; HAN = Evangelisch-lutherische Landeskirche Hannovers. Gem.PA = Gemeindepfarramt. Die Angaben zum Vorliegen einer depressiven Erkrankung sowie zu einem Burnout-Syndrom beziehen sich auf ärztlich diagnostizierte Erkrankungen.*

Tabelle 3 listet verschiedene Beanspruchungsparameter auf. Zwischen 85 und 90 % der Probanden geben an, bisher weder mit einer Depression noch mit einem Burnout-Syndrom in Kontakt gekommen zu sein. Knapp 3 % berichten, aktuell an einer ärztlich diagnostizierten, depressiven Erkrankung zu leiden, 12,9 % sind in der Vergangenheit bereits mindestens einmal daran erkrankt. In der EKM sind diese Werte gegenüber der HAN um wenige Prozent erhöht. An einem ärztlich-diagnostizierten Burnout-Syndrom leidet (2 %) oder litt (8,8 %) insgesamt etwas mehr als jeder zehnte Proband, wobei auch hier die Gesamtwerte der EKM-Probanden (11,8 %) gegenüber der HAN (9,7 %) leicht erhöht sind. Gemäß der eingangs erwähnten terminologischen und diagnostischen Schwierigkeiten im Zusammenhang mit dem Burnout-Syndrom ist davon auszugehen, dass sich die Teilmengen ärztlicher Depressions- bzw. Burnout-Diagnosen zu einem erheblichen Teil überschneiden.

Wie lässt sich also die Anzahl derjenigen Probanden schätzen, die unter pathologischen, d.h. krankheitswertigen Beanspruchungsfolgen leiden? Zusätzlich zu den konzeptuellen Schwierigkeiten mit dem Burnout-Begriff lässt sich unterstellen, dass die Hemmschwelle zur ärztlichen Konsultation bei psychischen Schwierigkeiten (bzw. deren Angabe in Befragungen) prinzipiell hoch ist und dass sowohl innerhalb der Pfarrklientel als auch der Ärzteschaft zumindest eine *gewisse* Unkenntnis, eine Skepsis[181] oder ein Überdruss gegenüber der Burnout-Diagnose anzunehmen ist.[182] Außerdem gibt es neben dem Burnout-Syndrom auch andere potenzielle Folgen chronischer Beanspruchung.

Das etwas niederschwelligere Item »Leiden Sie zur Zeit unter einer anderen Belastungserkrankung?« erhellt die oben gestellte Frage: 88 Probanden (16 %) beantworteten dies mit »ja«.[183] Die Art der im Freitextfeld spezifizierbaren Erkrankungen weist eine große Bandbreite auf: die Angaben reichen von Adipositas, Angsterkrankungen und Schlaganfällen über Hörstürze/Tinnitus bis hin zu Rheuma oder Migräne. Herz-Kreislauferkrankungen (rund 23), Erkrankungen des Stütz- und Halteapparates (rund 12) und der Psyche (mindestens 12) stellen dabei die Mehrheit der notierten Fälle dar.[184] Die Sammlung mag dennoch einen Eindruck von der Vielfältigkeit subjektiv empfundener, beanspruchungsassoziierter Symptome und Leiden geben.

Das Vorliegen subjektiv relevanter, beanspruchungsassoziierter Erkrankungen kann hieraus für etwa ein Sechstel der Probanden geschätzt werden.

6.1.2 Allgemeiner Zusammenhang der Beanspruchungsmaße

Grafik 2 zeigt, dass die anderen Operationalisierungsmaße dieses Clusters innerhalb des Samples erwartungsgemäß signifikant miteinander korrelieren, d. h. hohe Werte in einem Beanspruchungsmaß (»negativer Affekt«) mit hohen Werten in den anderen Beanspruchungsmaßen einhergehen. Dasselbe gilt für die Maße positiven Affekts. Zwischen den negativen und positiven Affektmaßen bestehen negative Zusammenhänge. Das bedeutet, dass hohe Werte eines Maßes mit niedrigen Werten des anderen Maßes koinzidieren und umgekehrt. Deutlich wird, dass das Maß für die Commitment-Bindung (COM_RG) relevante Zusammenhänge nur für die anderen positiven Maße

181 Es ist außerdem anzunehmen, dass selbst die Depressionsdiagnosen keineswegs verlässlich seien, sodass nur ca. 15 % der depressiv Erkrankten adäquat diagnostiziert würden (Lieb/Frauenknecht/Brunnhuber: Intensivkurs [s. Anm. 65], 167).

182 Burisch: Burnout-Syndrom (s. Anm. 15), 253–254.257.

183 Auch hier ist der Wert der EKM-Probanden (19.2 %) gegenüber jenen der HAN (13 %) erhöht.

184 Man muss kritisch konzedieren, dass einige der angegebenen Erkrankungen vermutlich weder direkt noch indirekt belastungsbezogen sind bzw. dass die Frage falsch verstanden wurde, indem *belastende Erkrankungen – anstelle von aus Belastungen resultierenden Erkrankungen* – angegeben wurden, so beispielsweise die Angabe »Wechseljahre«.

bildet, nicht aber mit den Beanspruchungsmaßen. Aus diesem Grund werden in der folgenden Auswertung die Commitment-Ergebnisse weitestgehend vernachlässigt.

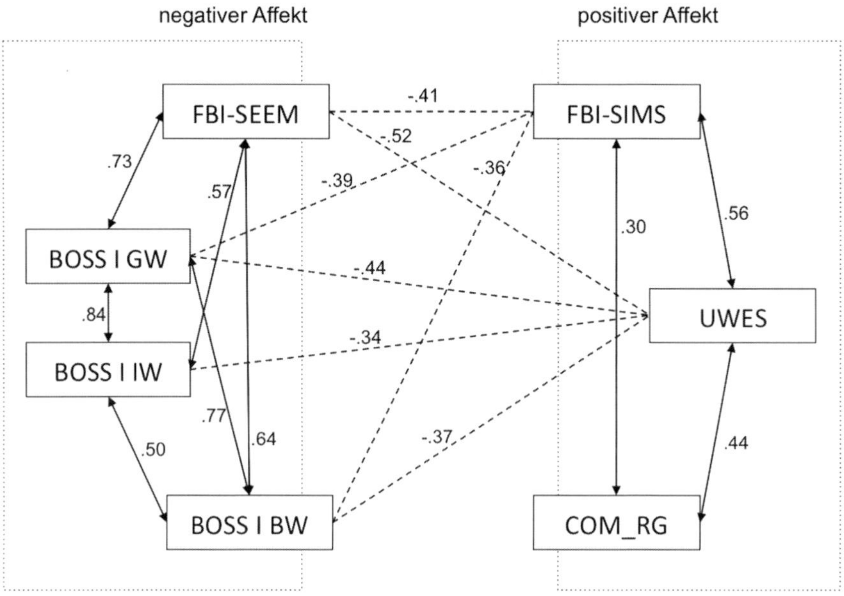

Grafik 2. *Durchgezogene Pfeile markieren positive, gestrichelte Pfeile negative Korrelation auf einem Signifikanzniveau von mindestens 0.01 (2-seitig) und einer Mindeststärke von* $r \geq .3$.

6.1.3 Ergebnisse der Burnout-Screening-Skalen (BOSS I)

Nachfolgend werden die Kennwerte Gesamtwert, Intensitätswert und Breitenwert präsentiert. Auf dieser Basis erfolgt anschließend eine Schätzung der Häufigkeit der Verdachtsdiagnose eines berufsbedingten Burnout-Syndroms innerhalb der Probandenklientel. Gesamt-, Intensitäts- und Breitenwert sind so berechnet, dass sie Werte zwischen 0 bis 5 annehmen können.

Der *Gesamtwert* (GW) ist als Durchschnittsmaß der Beschwerden zu verstehen. Ein hoher Gesamtwert spricht dafür, dass ein Proband beruflich stark belastet ist. Der mittlere Gesamtwert für die Skala *Beruf* in BOSS I lautet $M = 1.35$ ($SD = .82$; $n = 543$).[185]

185 Dieser Rohwert sagt zunächst wenig aus. Er wird erst durch ein Standardisierungsverfahren, die Transformation in *T*-Werte, aussagekräftig. Die Verteilung der *T*-Werte ist eine Wahrscheinlichkeits-

Der *Intensitätswert* (IW) gibt die durchschnittliche Stärke auftretender Beschwerden an. Ein hoher Intensitätswert bedeutet, dass die auftretenden Beschwerden von hoher Wirkungsstärke sind. Der mittlere Intensitätswert für die Skala *Beruf* in BOSS I ist etwas höher als der Gesamtwert und liegt bei $M = 1.81$ ($SD = .75$; $n = 543$).[186]

Der *Breitenwert* (BW) gibt die relative Anzahl (Streuung) der Beschwerden an, unabhängig von ihrer Intensität. Ein hoher Breitenwert deutet auf eine hohe Anzahl unterschiedlicher Beschwerden hin. Der mittlere Breitenwert für die Skala *Beruf* in BOSS I lautet $M = 3.42$ ($SD = 1.35$; $n = 543$) und ist sehr viel höher als die mittleren Gesamt- und Intensitätswerte.[187]

Die drei Items der Skala *Beruf* des BOSS I mit den höchsten Gesamtmittelwerten geben einen inhaltlichen Hinweis auf die gewichtigsten Bereiche der berufsbezogenen Beschwerden. Sie erfassen in absteigender Reihenfolge die Konstrukte »Arbeitsüberforderung«[188] ($M = 2.19$; $SD = 1.48$; $n = 557$), »Arbeitsbelastung«[189] ($M = 1.91$; $SD = 1.39$; $n = 555$) und »Rigidität«[190] ($M = 1.54$; $SD = 1.24$; $n = 555$). Die niedrigsten Mittelwerte weisen die Konstrukte »maladaptiver Stressabbau«[191] ($M = 0.59$; $SD = 1.02$; $n = 556$), »Angst vor Imageverlust«[192] ($M = 0.83$; $SD = 1.05$; $n = 555$) und »Entscheidungsunsicherheit«[193] ($M = 0.95$; $SD = 0.79$; $n = 555$) auf.

Die Verdachtsdiagnose »berufsbedingtes Burnout-Syndrom« kann laut Manual aufgrund eines Gesamt-, Breiten- *oder* Intensitätswertes bestimmt werden, der einen bestimmten – im Vergleich zur Referenzpopulation überzufällig hohen – Wert erreicht. Dieses diagnostische Kriterium ist ein Indikator für die Empfehlung einer ärztlich-therapeutischen Intervention. Es kann strenger ($T \geq 65$) oder milder ($T > 59$) angesetzt werden, je nachdem, ob in der Stichprobe mit einer Aggravation oder Bagatellisierung der Beschwerden zu rechnen ist. Die Verteilung der Probanden auf die beiden Kategorien in Abhängigkeit vom Entscheidungskriterium ist in den *Grafiken 3* und *4* dargestellt.

---

verteilung. Im Vergleich zu einer Referenzpopulation bzw. Normstichprobe gibt ein T-Wert darüber Auskunft, wie wahrscheinlich das Erreichen eines bestimmten Rohmittelwertes hier wäre. Die Transformation erfolgt im BOSS-Manual mittels verschiedener Normtabellen. Ein Mittelwert von 1.35 entspricht $T = 56$, liegt also im Durchschnitt: $41 \leq T \leq 59$. T-Werte darunter sind unterdurchschnittlich, *T*-Werte darüber sind überdurchschnittlich.

186 Dieser Rohwert entspricht einem *T*-Wert von ca. 51, ist also ebenfalls durchschnittlich.

187 Dieser Rohwert entspricht einem *T*-Wert von ca. 57, befindet sich also im oberen Durchschnitt.

188 »Ich befinde mich in ständiger Sorge und Anspannung, dass ich meinen Job nicht bewältige.«

189 »Lange Arbeitstage werden für mich zur Qual, zum Dauerstress.«

190 »Läuft etwas nicht nach Plan, gerate ich leicht aus der Fassung.«

191 »Um beruflichen Stress abbauen zu können, greife ich auf Alkohol und/oder Medikamente zurück.«

192 »Mein positives Image im Job ist in Gefahr.«

193 »In meinen beruflichen Entscheidungen bin ich weniger treffsicher.«

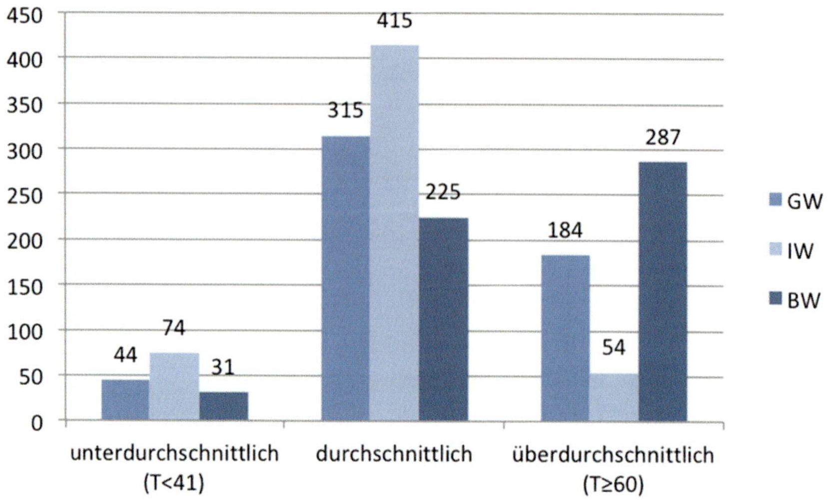

Grafik 3. *Häufigkeiten. GW: »Gesamtwert«, IW: »Intensitätswert«, BW: »Breitenwert«, Kriterium: T ≥ 60 (entspricht Mittelwerten für GW: M ≥ 1.7; IW: M ≥ 2.85; BW: M ≥ 4.0).*

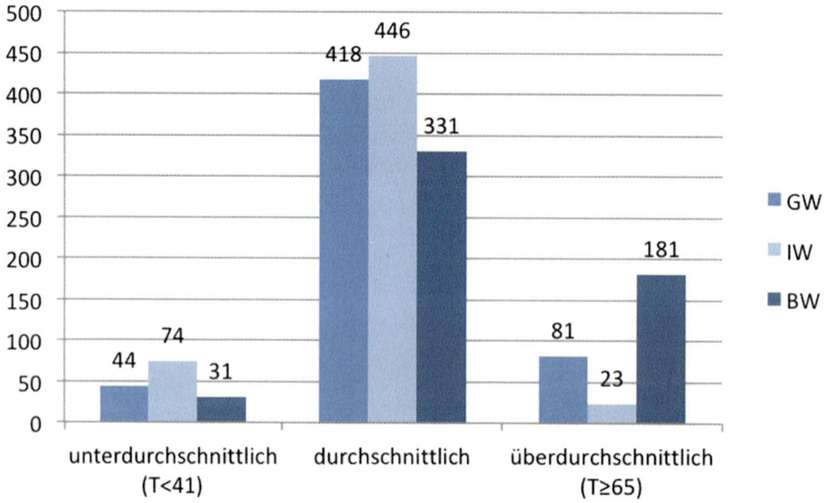

Grafik 4. *Häufigkeiten. GW: »Gesamtwert«, IW: »Intensitätswert«, BW: »Breitenwert«, Kriterium: T ≥ 65 (entspricht Mittelwerten für GW: M ≥ 2.3; IW: M ≥ 3.3; BW: M ≥ 4.2).*

Je nachdem, welches Kriterium zugrunde gelegt wird, ergeben sich unterschiedliche Häufigkeiten von Werten im klinisch relevanten Bereich (ebenfalls *Grafiken 3 und 4; n = 543; unterstrichen ist der jeweils höchste Wert):*

GW (mildes Krit., *T > 59): 184 (33,9 %)*	*GW (str. Krit., T ≥ 65): 81 (14.9 %)*
IW (mildes Krit., T > 59): 54 (9.9 %)	*IW (str. Krit., T ≥ 65): 23 (4.2 %)*
BW (mildes Krit., T > 59): 287 (52.9 %)	BW (str. Krit., *T ≥ 65):* 181 (33.3 %)

Die Entscheidung, welches Kriterium angelegt wird, ist letztlich eine politische. Ob Bagatellisierungs- oder Aggravationstendenzen vorliegen, ist schwer zu sagen. Mit der größeren Kriterienstrenge kann jedenfalls über etwas mehr als ein Drittel der Probanden (auf Basis von BW nach strengem Kriterium) ausgesagt werden, dass sie sich zumindest in einem ernst zu nehmenden *Risikostadium* befinden.

Der Begriff »Risikostadium« anstelle von »Verdachtsdiagnose« deutet bereits meine eigene Skepsis an. Nur einen der drei Werte zugrunde zu legen, ist im Sinne der Testautoren zwar zulässig für das Erstellen einer Verdachtsdiagnose.[194] Man kann (und sollte) aber über die Sinnhaftigkeit eines solchen Vorgehens durchaus streiten, denn in der Realität dürfte die *subjektive* Symptomlast von Intensitäts-, Breiten- und Gesamtwert faktisch kaum identisch gewichtet sein.[195]

Die konservativste Schätzung ergibt sich, wenn man als Schätzkriterium festlegt, dass in *mindestens zwei* der drei Kennwerte überdurchschnittliche Werte (nach dem strengen Kriterium T ≥ 65) vorliegen müssen.[196] In diese *high-risk*-Gruppe (also mindestens zwei nach strengem Kriterium überdurchschnittliche BOSS I-Kennwerte) fallen 70 (12,9 %) Probanden.[197] Sie können als im Burnout-Prozess weit fortgeschritten bezeichnet werden und sind wahrscheinlich dringend behandlungsbedürftig.

Obwohl bei 70 Probanden eine Burnout-Erkrankung gemessen wurde, gaben nur elf Probanden an, derzeit unter einem ärztlich diagnostizierten

194 Geuenich/Hagemann: BOSS (s. Anm. 2), 41.

195 Das heißt: Viele Symptome geringer Intensität (= hoher BW, niedriger IW) sollten sich in der Regel leichter ertragen lassen als zwei Symptome mit extrem starker Intensität (= niedriger BW, hoher IW).

196 Dieses Vorgehen wurde im Nachhinein durch die Empfehlung von Bianchi/Schonfeld/Laurent bestätigt: »In order to deal with the current lack of consensual diagnostic criteria for burnout, conservative cutoff scores should be used when interested in isolating cases of burnout. Choosing cutoff scores corresponding to high frequencies of symptoms and, therefore, showing close adherence to formal definitions of the state of burnout can be considered a minimal precaution for avoiding spurious conclusions regarding the overlap of burnout with depression.« (Bianchi/Schonfeld/Laurent: Burnout-depression [s. Anm. 78], 35).

197 Davon gehören 45 der HAN (15 Frauen, 30 Männer) und 25 der EKM (7 Frauen, 18 Männer) an.

Burnout-Syndrom zu leiden (siehe *Tabelle 3*). Sechs dieser elf Probanden erreichen in mindestens zwei der drei BOSS-Kennzahlen überdurchschnittliche Werte und fallen damit in die *high-risk*-Kategorie. Die verbleibenden 64 Probanden der high-risk-Gruppe sind demnach ärztlich aktuell nicht diagnostiziert. 52 Probanden der high-risk-Gruppe befinden sich zudem weder »wegen eines Burnout-Syndroms«, noch wegen »einer Depression oder einer anderen Belastungserkrankung in aktueller Behandlung« (Item PER17). Das heißt: Der größte Teil derjenigen, die deutliche Symptome eines Burnout-Syndroms aufweisen, befindet sich diesbezüglich nicht in Behandlung.

6.1.4 Ergebnisse des Francis Burnout Inventory (FBI)

Zu den Reliabilitätseigenschaften der deutschen Übersetzung ist zunächst zu sagen, dass die Performanz der beiden ins Deutsche übersetzten *Scale of Emotional Exhaustion* (SEEM) und *Satisfaction in Ministry Scale* (SIMS) im GIPP-Sample in etwa dem Niveau der englischen Version entspricht.[198]

Die mittleren Skalenwerte liegen für SEEM bei $M = 2.45$ ($SD = 0.66$; $n = 549$) und für SIMS bei $M = 3.70$ ($SD = 0.38$; $n = 547$). Dass das SIMS-Mittel das SEEM-Mittel im Schnitt übersteigt, ist beruhigend und erwartbar.

Die Zusammenhänge (vgl. wiederum *Grafik 2*) zwischen den beiden FBI-Skalen und den BOSS-Kennwerten sind signifikant. Die *Scale of Emotional Exhaustion in Ministry* (SEEM) zeigt einen positiven, signifikanten Zusammenhang mit den BOSS-Kennwerten[199] und korreliert signifikant negativ mit UWES.[200] Die *Satisfaction in Ministry Scale* (SIMS) korreliert etwas weniger stark, aber dennoch signifikant und in die vorhergesagten Richtungen mit den entsprechenden Maßen.[201] Für die Probanden der high-risk-Gruppe liegt der SEEM-Median mit $Md = 3.27$ deutlich über dem Median der restlichen Probandengruppe von $Md = 2.36$[202], demnach zeigen sie signifikant höhere

198 Für SIMS-deutsch liegt Cronbachs Alpha bei $\alpha = .82$ ($n = 547$), in der englischen Variante bei $\alpha = .85$; für SEEM-deutsch gilt: Cronbachs $\alpha = .86$ ($n = 549$), in der englischen Variante ist $\alpha = .83$; vgl. Francis/Gubb/Robbins: Work-related (s. Anm. 145); Mandy Robbins/Leslie J. Francis: Work-related psychological health and Psychological Type among Church of England Clergywomen, in: Review of Religious Research 52(1) (2010), 57–71.

199 Das bedeutet: Hohe Werte auf der SEEM gehen mit hohen Werten auf GW ($r = .732$; $p < 0.01$; $n = 536$), IW ($r = .573$; $p < 0.01$; $n = 536$) und BW ($r = .648$; $p < 0.001$; $n = 536$) einher und niedrige Werte des einen Maßes koinzidieren mit niedrigen Werten auf dem anderen Maß.

200 $r = -.524$; $p < 0.001$; $n = 548$; das heißt, dass hohe Werte auf dem einen Maß die Wahrscheinlichkeit für niedrige Werte auf dem anderen Maß sehr deutlich erhöhen.

201 Die Zusammenhänge lauten für GW: $r = -.391$; $p < 0.01$; $n = 533$; für IW: $r = -.234$; $p < 0.01$; $n = 533$; für BW: $r = -.362$; $p < 0.01$; $n = 533$; für UWES: $r = .562$; $p < 0.01$; $n = 544$.

202 »SEEM«: $Md(\text{low}, n = 466) = 2.36$, $Md(\text{high}, n = 70) = 3.27$, $U = 4141.5$, $z = -10.080$, $p < .001$, $r = -.43$. »SIMS«: $Md(\text{low}, n = 464) = 3.72$, $Md(\text{high}, n = 69) = 3.54$, $U = 10442$, $z = -4.679$, $p < .001$, $r = -.20$.

Werte für »poor work-related health«. Für SIMS ist dieser Unterschied nicht so deutlich. Die Probanden der high-risk-Gruppe (*Md* = 3.54) unterscheiden sich kaum von denen der low-risk-Gruppe (*Md* = 3.72). Diese Befunde sind insgesamt gute Indikatoren dafür, dass SEEM und BOSS I ein ähnliches Konstrukt – Burnout – erfassen. Insofern ist der FBI gut dazu geeignet, zu einer höheren Informationstiefe über die Beanspruchungslage innerhalb der Probandenklientel beizutragen. Allerdings ist der FBI nicht für klinische Diagnosen geeignet. Weiterhin aufklärungswürdig ist der unklare Zusammenhang von SIMS und SEEM im GIPP-Sample.

Hinsichtlich des Work Engagements und der Commitment-Bindung zum Reich Gottes unterscheidet sich die high-risk-Gruppe (^{M}UWES = *2.95;* ^{M}COM_RG = 5.12) ebenfalls merklich vom Rest der Probanden (^{M}UWES = *3.74;* ^{M}COM_RG = 5.41) und zwar in dem Sinne, dass sie weniger Engagement empfinden und weniger Commitment berichten.

6.1.5 Zusammenfassung: Verdachtsdiagnose »berufsbedingtes Burnout-Syndrom«

Ich fasse noch einmal zusammen (*Grafik* 5), dass bei der Hälfte (mildes Kriterium) bzw. zwei Dritteln (strenges Kriterium) aller Probanden keine Probleme mit burnout-bezogener Symptomatik bestehen. Dem strengen Kriterium folgend befindet sich das restliche Drittel in einem Risikostadium, weil hier Probanden entweder ein Durchschnittsmaß (GW), eine durchschnittliche Beschwerdeintensität (IW) oder eine Beschwerdeanzahl (BW) aufweisen, das bzw. die deutlich über den zu erwartenden Werten liegt. Unter Anlegung eines noch konservativeren Schätzkriteriums (streng erhöhte Werte in mindestens zwei Kennwerten) kann insgesamt rund 13 % der Probanden die Verdachtsdiagnose »berufsbedingtes Burnout-Syndrom« mit guten Gründen zugeschrieben werden. Der größte Teil dieser high-risk-Gruppe ist weder ärztlich diagnostiziert noch aufgrund einer Beanspruchungssymptomatik in ärztlicher Behandlung. High-risk-Probanden zeigen deutlich geringere Engagement- und Commitment-Werte. Die Differenz zwischen klinisch relevanten Verdachtsdiagnosen und derzeitiger Behandlungsquote könnte dadurch erklärt werden, dass das Burnout-Syndrom gemäß der Arbeitsdefinition dem Betroffenen selbst für lange Zeit unbemerkt bleiben kann. So könnte bei vielen Probanden ein Bewusstsein dafür, »dass etwas nicht in Ordnung ist«, durchaus vorliegen, ohne dass sie das ärztlich abklären ließen (»Das wird schon wieder!«). Dabei unterschätzen Sie möglicherweise ihr Risiko als auch die Auswirkungen einer chronischen, beruflichen Stresssituation.

Zwei Dinge sind deutlich hervorzuheben. Erstens handelt es sich bei den hier benannten Werten um Verdachtsdiagnosen und Schätzungen, die mit

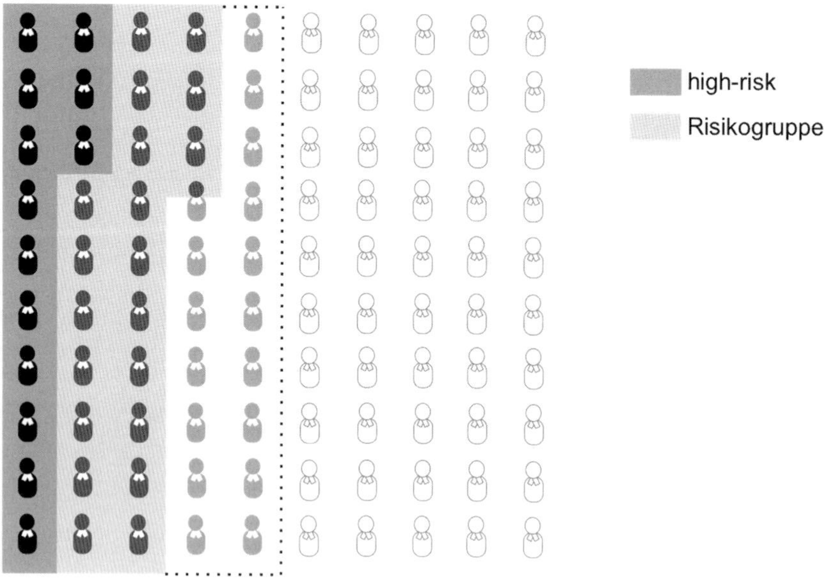

Grafik 5. *High-risk-Gruppe = strenges Kriterium in mind. zwei von drei BOSS-I-Beruf-Kennwerten erfüllt: 13 von 100; Risikogruppe = strenges Kriterium in mindestens einem BOSS-I-Beruf-Kennwert: 33 von 100; gepunkteter Bereich: mildes Kriterium erfüllt (mildes Kriterium in mindestens einem BOSS-I-Beruf-Kennwert).*

eingehenden klinisch-diagnostischen Verfahren individuell validiert werden müss(t)en, um definitivere Aussagen treffen zu können. Zweitens ist die Anlegung des strengeren Kriteriums nicht zwingend, weil die Frage nach den Antworttendenzen unbeantwortet geblieben ist.

Angesichts der korrelativen Zusammenhänge von UWES[203] und COM_RG mit den Beanspruchungsmaßen ist es wahrscheinlich, dass Ressourcen Beanspruchungen abmildernd könnten. An der Stelle sollte mit Blick auf die Interpretation dieser Ergebnisse aber nicht unerwähnt bleiben, dass eine Überidentifikation oder eine zu starke Bindung an den Arbeitskontext bzw. das Arbeitsteam einen Risikofaktor darstellen können.[204] Die Daten zur Rolle der Spiritualität im GIPP-Sample sind schwierig zu interpretieren (*Tabelle 4*).

203 Die deskriptive Statistik zu UWES lautet $M = 3.63$; $SD = .95$; $n = 554$; verglichen mit der Norm für internationale Gruppen ($M = 3.74$, $SD = 1.17$; »Average«-Kategorie: $2.89 \leq M \leq 4.66$; $n = 9\,679$) entspricht das dem erwartbaren Durschnitt (Schaufeli/Bakker: UWES [s. Anm. 4]). Das bedeutet, die GIPP-Klientel unterscheidet sich hinsichtlich des Work Engagements nicht von der Referenzpopulation.

204 Geuenich/Hagemann: BOSS (s. Anm. 2), 108.

GIS 2			GIS 1			
N	Sign.	Korr.	N	Sign.	Korr.	
507	,000	-,178**	–	–	–	(JD) Dichte
–	–	–	–	–	–	(JD) Aussicht
–	–	–	–	–	–	(JD) Mensch
–	–	–	–	–	–	(JD) Aufgabe
–	–	–	–	–	–	(DL) Autorität
–	–	–	532	,010	,112**	(DL) Fähigkeiten
529	,004	,127**	–	–	–	(DL) Aufgabe
529	,000	,199**	530	,000	,180**	(DL) Fortbildungen
–	–	–	–	–	–	(SS) VG
–	–	–	–	–	–	(SS) MA
527	,001	,139**	–	–	–	(SS) proximal
–	–	–	–	–	–	(SS) distal
–	–	–	–	–	–	Phantome
–	–	–	–	–	–	Trolle
–	–	–	–	–	–	Geister
520	,000	-,201**	–	–	–	BOSS I Beruf GW
520	,000	-,156**	–	–	–	BOSS I Beruf IW
520	,000	-,192**	–	–	–	BOSS I Beruf BW
531	,000	**,314****	531	,000	,208**	UWES
523	,000	,292**	523	,000	**,320****	COM_RG

Tabelle 4. *GIS 1:* »Ich bin ein spiritueller Mensch. *Wie sehr stimmen Sie dieser Aussage zu?«, GIS 2: »Wie stark war ihre eigene Spiritualität im Hinblick auf die letzten drei Wochen ausgeprägt?« Dargestellt sind nur signifikante Korrelationen mit einem Signifikanzniveau von .01 (2-seitig). Korrelationen mit mindestens mittlerer Stärke ($r \geq .3$) sind fettschwarz, alle weiteren sind grau eingefärbt.*

6.2 *Befund zu Cluster II »Beanspruchungsprofil«*

Es wurde bereits dargelegt, dass die Annahme berufsabhängiger Profilunterschiede in der Burnoutsymptomatik durchaus sinnvoll sein kann. Diese Unterschiede wurden bisher vor allem für die MBI-Skalen belegt. Eine genauere Auswertung der Verteilung der drei Kennwerte GW, IW und BW für die Skala *Beruf* des BOSS I gibt hier zusätzlichen Aufschluss, vor allem, wenn man der These aus dem vorangegangenen Abschnitt folgt, nach der BOSS I sensitiver für Burnout im Pfarramt sein könnte. Für die Interpretation werden wiederum T-Werte (strenges Kriterium) verwendet, weil sie es ermöglichen, Abweichungen zwischen dem GIPP-Sample und der Normstichprobe zu detektieren. Eine Abweichung von der erwartbaren Normalverteilung der T-Werte wird dann als berufsspezifischer Beanspruchungsaspekt interpretiert (vgl. *Grafik 4*).

6.2.1 Gesamtwert (GW)

Die erstellte Verteilung der Probanden-Gesamtwerte auf die Interpretationskategorien folgt leicht rechtsschief annähernd der erwartbaren Normalverteilung (viele durchschnittliche Werte, wenige über- oder unterdurchschnittliche Werte).

6.2.2 Intensitätswert (IW)

Die Verteilung der Probanden-Intensitätswerte auf die Interpretationskategorien weicht von der Normalverteilung ab. Sie ist linksschief und in den unteren Kategorien platikurtisch, also nach oben gewölbt (Schiefe 1.3; Kurtosis 4.68). Das bedeutet, dass die meisten Probanden durchschnittliche und leicht unterdurchschnittliche Intensitätswerte haben und nur wenige Probanden überdurchschnittliche Werte oder höher aufweisen.

6.2.3 Breitenwert (BW)

Die Verteilung der Probanden-Breitenwerte auf die Interpretationskategorien weicht ebenfalls von der erwartbaren Normalverteilung ab. Die Verteilung ist in den höheren Werten platikurtisch (Schiefe: 0.16; Kurtosis: -0.61). Das bedeutet: die meisten Probanden haben durchschnittliche Werte, wenige Probanden haben unterdurchschnittliche Werte, aber mehr Probanden, als laut Normstichprobe zu erwarten wäre, haben überdurchschnittliche Werte.

6.2.4 Zusammenfassung: berufsspezifisches Beanspruchungsprofil

Die Hypothese vom pfarramtsspezifischen Beanspruchungsprofil kann auch anhand der BOSS I-Kennwertverteilungen als angenommen gelten. Beanspruchung im Pfarrberuf äußert sich demnach überzufällig oft in Form hoher Breitenwerte, also in einer großen Anzahl von Symptomen.

6.3 Befund zu Cluster III »Berufsprofil«

Mit welchen inhaltlichen und strukturellen Aspekten des Pfarrberufs ist der Beanspruchungsbefund der ersten beiden Cluster assoziiert? Zur Beantwortung dieser forschungsleitenden Frage werden zuerst die Zusammenhänge der oben beschriebenen GIPP-II-Dimensionen untereinander und mit den Maßen für positiven bzw. negativen, berufsbezogenen Affekt aus den Clustern I und II dargestellt. Danach werden die Befunde zu den Arbeitsinhalten bzw. Arbeitstätigkeiten, die die Arbeitsanforderungen im Dienstalltag besonders erhöhen, benannt.

6.3.1 GIPP II-Dimensionen

	(JD) Aufg.			(JD) Mensch			(JD) Auss.			(JD) Dichte		
	N	Sign.	Korr.	N	Sign.	Korr.	N	Sign.	Korr.	N	Sign.	Korr.
(JD) Auss.									1	528	,000	**,336******
(JD) Mensch						1	547	,000	**,314******	526	,000	**,437******
(JD) Aufg.			1	545	,000	,255**	547	,008	,113**	525	,000	**,393******
(DL) Autor.	–	–	–	546	,000	-,182**	549	,000	-,219**	528	,000	-,206**
(DL) Fähigk.	550	,000	**,351******	550	,000	,270**	–	–	–	531	,000	,221**
(DL) Aufg.	–	–	–	548	,000	-,216**	551	,000	-,293**	529	,000	-,235**
(DL) Fortb.	–	–	–	–	–	–	–	–	–	530	,000	-,207**
(SS) VG	–	–	–	545	,000	-,229**	549	,000	-,268**	527	,000	-,243**
(SS) MA	–	–	–	540	,000	-,155**	–	–	–	523	,000	-,175**
(SS) prox.	–	–	–	546	,000	-,199**	549	,000	-,190**	527	,000	-,245**
(SS) dist.	–	–	–	–	–	–	–	–	–	–	–	–
(SS) Phant.	–	–	–	**545**	**,000**	**,372******	548	,000	,160**	527	,000	,243**
(SS) Trolle	–	–	–	**547**	**,000**	**,339******	550	,000	,152**	528	,000	,254**
(SS) Geister	–	–	–	550	,000	,274**	–	–	–	531	,000	,189**

Tabelle 5. ***: Korrelation ist auf dem Niveau von 0,01 (2-seitig) signifikant. Für Dimensionsinhalte siehe Tabellen 8 bis 10. Auss. = Aussicht, Aufg. = Aufgabe, Fähigk. = Fähigkeiten, Fortb. = Fortbildungen, VG = Vorgesetzter, MA = Mitarbeitende, prox. = proximal, dist. = distal, Phant. = Phantome.*

(SS) MA			(SS) VG			(DL) Fortb.			(DL) Aufg.			(DL) Fähigk.			(DL) Autor.		
N	Sign.	Korr.	N	Sign.	Korr.	N	Sign.	Korr.	N	Sign.	Korr.	N	Sign.	Korr.	N	Sign.	Korr.
																	1
														1	552	,000	,149**
											1	–	–	–	550	,000	**,319****
								1	552	,000	,236**	554	,000	**,305****	550	,000	**,375****
					1	549	,000	,160**	549	,000	,176**	–	–	–	547	,000	,261**
		1	542	,000	,260**	544	,000	,252**	544	,000	,257**	546	,004	,124**	543	,000	**,400****
543	,000	**,411****	548	,000	,210**	550	,000	,211**	550	,000	**,312****	–	–	–	548	,000	**,360****
542	,000	,173**	547	,000	**,346****	549	,000	,156**	–	–	–	–	–	–	547	,000	,160**
543	,000	-,253**	–	–	–	–	–	–	549	,000	-,181**	–	–	–	547	,000	**-,321****
544	,000	**-,300****	549	,000	-,235**	–	–	–	551	,000	-,208**	–	–	–	549	,000	**-,362****
546	,002	-,130**	–	–	–	–	–	–	554	,000	-,151**	556	,007	,115**	552	,000	-,187**

(SS) Trolle			(SS) Phant.			(SS) dist.			(SS) prox.		
N	Sign.	Korr.	N	Sign.	Korr.	N	Sign.	Korr.	N	Sign.	Korr.
											1
								1	–	–	–
					1	–	–	–	548	,000	**-,300****
		1	551	,000	**,548****	–	–	–	550	,000	**-,344****
554	,000	**,360****	552	,000	**,497****	–	–	–	552	,000	-,172**

Tabelle 5 listet die Binnenkorrelationen der GIPP-II-Subskalen auf. Die Daten sind zur leichteren Interpretation grafisch aufbereitet: Dargestellt sind nur signifikante Korrelationen auf einem Signifikanzniveau von mindestens 0.01 (2-seitig). Positive (»je mehr, desto mehr«) und negative Korrelationen (»je mehr, desto weniger«), die mindestens eine *mittlere* Stärke ($r \geq .3$) aufweisen, sind schwarz, alle anderen sind grau eingefärbt.[205]

Die Subskalen der Arbeitsanforderungen korrelieren untereinander erwartungsgemäß positiv. Mit Ausnahme der Dimension *Fähigkeiten* (grau unterlegt) gilt das auch für die Subskalen des Entscheidungsspielraumes und für die Subskalen der Dimension Soziale Unterstützung, abgesehen von der *dis-*

205 Field: Discovering (s. Anm. 160), 173; Korrelationen über *r* ffl .5 werden als hohe Effekte interpretiert.

talen Unterstützung und den drei Phänomenen *Phantome, Trolle* und *Geister* (grau unterlegt).

Die Subskalen der Arbeitsanforderung korrelieren insgesamt negativ mit den Subskalen des Entscheidungsspielraums und den Subskalen der Sozialen Unterstützung. Die Subskalen des Entscheidungsspielraums und der Sozialen Unterstützung korrelieren positiv. Die grau unterlegten Dimensionen scheinen jeweils keine Ressourcen, sondern Arbeitsanforderungen zu messen. Das könnte für die Fähigkeitsdimension (vgl. *Tabellen 5 und 6*) bedeuten, dass diese Subskala des Entscheidungsspielraums im Pfarrberuf keine uneingeschränkte Ressource darstellt (Man könnte also *zu viele* oder *zu oft neue* Fähigkeiten entwickeln müssen oder die Arbeit erfordere ein *zu hohes* Niveau an Fähigkeiten oder dergleichen). Das ist mit Blick auf das *Job Demand-Control(-Support) Model* insofern interessant, als dass dieses Modell eigentlich vorhersagt, dass Beanspruchung dann entsteht, wenn bei hohen Arbeitsanforderungen der Entscheidungsspielraum zu klein ist und nicht dann, wenn er zu groß ist.[206] Hier besteht weiterhin Forschungsbedarf. Ähnliches gilt für die distale Unterstützung, also mit Blick auf die Pfarrkonvente bzw. Kirchenkreiskonferenzen. Hier ist die Befundlage innerhalb der GIPP-Daten insgesamt unklar. Dass Trolle, Geister und Phantome keine Form der funktionalen, sozialen Unterstützung darstellen, ist evident. Sie können als eigene Arbeitsanforderungen interpretiert werden.

---

206 *Puffer-Hypothese*, vgl. Häusser et al.: Ten years on (s. Anm. 165); *Strain-Hypothese* vgl. Van der Doef/Maes: The Job (s. Anm. 165).

6.3.2 GIPP II-Dimensionen und Beanspruchungswerte

GIPP II-DIMENSION (SUBSKALA)	GW (BOSSI)	IW (BOSSI)	BW (BOSSI)	SEEM (FBI)	SIMS (FBI)	UWES
Arbeitsanforderungen						
Anforderung: Dichte	**.575****	**.547****	**.429****	**.473****	-.154**	-.208**
Anforderung: Aussicht	**.317****	**.304****	.267**	.298**	-220**	-.170**
Anforderung: Mensch	**.384****	**.365****	.293**	**.376****	-.124**	-.179**
Anforderung: Aufgabe	.171**	.208**	–	–	–	–
Entscheidungsspielraum						
Entscheidungsspielraum: Autorität	**-.313****	-.238**	**-.325****	**-.300****	**.353****	.279**
Entscheidungsspielraum: Fähigkeiten	–	.120**	-.131**	–	.203**	.158**
Entscheidungsspielraum: Aufgabe	-.284**	-.234**	-.243**	-.274**	**.306****	.288**
Entscheidungsspielraum: Fortbildungen	**-.336****	-.250**	**-.322****	-.280**	.290**	**.309****
Soziale Unterstützung						
Unterstützung: Vorgesetzter	-.223**	-.141**	-.161**	-.251**	.157**	.173**
Unterstützung: Mitarbeitende	-.280**	-.179**	–	**-.341****	**.332****	.285**
Unterstützung: proximal KV/GKR	-.242**	-.194**	–	-.263**	.242**	.207**
Unterstützung: distal PK/KKK	–	–	–	–	–	–
Unterstützung: Geister	**.329****	.228**	**.307****	**.364****	-.231**	-.190**
Unterstützung: Trolle	**.335****	.261**	.265**	**.336****	-.160**	-.110**
Unterstützung: Phantome	.206**	.188**	.153**	.236**	-.245**	-.154**

Tabelle 6. *GW = Gesamtwert, IW = Intensitätswert, BW = Breitenwert der Skala Beruf des BOSS I; SEEM = Scale of Emotional Exhaustion (FBI), SIMS = Satisfaction in Ministry Scale (FBI). UWES = Utrecht Work Engagement Scale, COM_RG = Commitment-Bindung für das Reich Gottes, KV/GKR = Kirchenvorstand/Gemeindekirchenrat, PK/KKK = Pfarrkonvent/ Kirchenkreiskonferenz. Dargestellt sind nur signifikante Korrelationen ab einem Signifikanzniveau von .01 (2-seitig). Korrelationen mit mindestens* mittlerer *Stärke (r ≥ .3) sind schwarz, alle weiteren sind grau eingefärbt. In Punkte gerahmt sind zur besseren Unterscheidbarkeit die positiven Affektmaße.*

Tabelle 6 enthält eine Übersicht über die Zusammenhänge der einzelnen Dimensionen der drei Bereiche *Arbeitsanforderungen, Entscheidungsspielraum* und *Soziale Unterstützung* aus GIPP II und den in Cluster I beschriebenen Maßen für Beanspruchung GW, IW, BW und SEEM sowie für positiven, arbeitsbezogenen Affekt SIMS und UWES (eingepunktet). Diese Tabelle ist analog zur *Tabelle 5* aufbereitet. Es sind zunächst vier Beobachtungen zu berichten.

Als *Erstes* bestehen dem Betrag nach die stärksten korrelativen Zusammenhänge zwischen den Beanspruchungsmaßen und den Subskalen der Arbeitsanforderungen. Dabei sind vor allem die drei Dimensionen *Dichte, Aussicht* und *Mensch* interessant, die positiv mit den Beanspruchungsmaßen korrelieren. Der mit Abstand robusteste Zusammenhang besteht für die Dimension Dichte.[207]

Als *Zweites* ist zu sagen, dass im Bereich des Entscheidungsspielraums die beiden Subskalen *Entscheidungsautorität* und *Fortbildungen* die größten negativen Zusammenhänge mit den Beanspruchungsmaßen und die größten positiven Zusammenhänge mit UWES aufweisen. Einen positiven Zusammenhang gibt es außerdem zwischen der Subskala *Aufgabe* und SIMS.

Als *Drittes* geht aus der Tabelle hervor, dass im Bereich der Sozialen Unterstützung die *Unterstützung durch die Mitarbeitenden* den stärksten Zusammenhang mit SEEM und SIMS aufweist. Ein Blick auf die drei »Spezialkategorien« *Trolle, Geister* und *Phantome* wiederum lässt darauf schließen, dass es starke positive Zusammenhänge mit den Beanspruchungsmaßen vor allem für Trolle und Geister gibt.[208]

Als *Viertes* sind folgende (nicht kausale!) Zusammenhänge zusammenzufassen:

- Je höher die *Arbeitsanforderungen*, desto *höher die Beanspruchung (vice versa)*
- Je höher der *Entscheidungsspielraum*, desto *niedriger die Beanspruchung (v. v.)*
- Je höher die *Soziale Unterstützung*, desto *niedriger die Beanspruchung (v. v.)*
- Bei Anwesenheit von Trollen oder Geistern erhöht sich die Auftretenswahrscheinlichkeit von Beanspruchung (v. v.).

---

207 »Dichte« erklärt rund 33 % der Varianz von GW, ca. 30 % der Varianz von IW und immerhin noch knapp 18 % der Varianz von BW.

208 Als Teilaspekt sozialer Unterstützung sei auch auf die explizite Frage nach Ehrenamtlichen im Verantwortungsbereich verwiesen: 3 Probanden (0.5 %; n = 555) geben an, in ihrem Verantwortungsbereich seien keine Ehrenamtlichen tätig. »Zu wenige« finden 215 (38.7 %). »Ausreichend viele« Ehrenamtliche sind bei 248 Probanden (44.7 %) tätig, »sehr viele« bei 89 Probanden (16 %).

Diese Zusammenhänge sind insgesamt sehr plausibel und werden durch das eingangs beschriebene Modell so auch vorhergesagt. Sie bilden ab, dass die verschiedenen Aspekte des Entscheidungsspielraums und der Sozialen Unterstützung als positive Ressourcen betrachtet werden können und dass Arbeitsanforderungen mit Beanspruchungsmaßen zusammenhängen.

Es lohnt sich, noch einmal einen Blick auf die Inhalte der Arbeitsanforderungen zu werfen. Die Anforderungs-Subskala »Dichte« beinhaltet die folgenden fünf Items:

1. »An mich werden überbordende Arbeitsanforderungen gestellt.«
2. »Ich habe genug Zeit, um meine Arbeit zu erledigen. (inv.)«
3. »Ich habe ausreichend Zeit für mein geistliches Leben. (inv.)«
4. »Selbst nach Feierabend habe ich keine Privatsphäre.«
5. »Es fällt mir leicht, das Gleichgewicht zwischen Phasen der Beanspruchung und Zeiten der Erholung zu halten. (inv.)«[209]

In der Physik wird *Dichte* als Quotient aus Masse und Volumen definiert. So ähnlich ist das auch hier: Zu viel Arbeit, zu viele Anforderungen, müssen in zu wenig Zeit bearbeitet werden. Dabei verschwimmen die Grenzen. Das Gleichgewicht zwischen Beruf und Privatleben fällt ebenso auseinander wie das Gleichgewicht zwischen Beanspruchungs- und Erholungsphasen. Die Anforderungsdichte ist hoch. Genau das drückt diese Skala aus. Die beschriebenen Zusammenhänge machen deutlich, dass an die Dichte das größte Beanspruchungsrisiko gebunden ist.[210] Hier scheint sich außerdem in jüngerer Zeit die Dynamik zu verschärfen: Insgesamt geben 73 %, also 404 Probanden (n = 553), an, dass ihre Arbeitsbelastung in den letzten fünf Jahren entweder »zugenommen« (265; 47.9 %) oder »stark zugenommen« (139; 25.1 %) hat.

---

209 »inv.« bedeutet, dass die Items 2, 3 und 5 für die Skalenberechnung invertiert werden, weil bei ihnen hohe Werte eine niedrige Kriteriumsausprägung bedeuten.

210 Das bedeutet aber nicht, dass die Dichte die Beanspruchung auch *verursacht*. Es *könnte* beispielsweise sein, dass eine hohe Beanspruchung sensibler macht für die subjektive Dichte-Einschätzung, etwa nach dem Muster: »Ich bin beansprucht (gestresst) und deswegen habe ich kaum Zeit für Erholungsphasen oder Privatsphäre« usw. Ebenfalls möglich ist die Annahme *tertium quid*, also einer unbekannten Drittvariable, die die Einflüsse moderiert oder mediiert.

6.3.3 Arbeitsinhalte und Beanspruchungswerte

TÄTIGKEITSINHALTE (»*Meine Arbeitsanforderung im Dienstalltag wird besonders erhöht durch...*«)

	GW (BOSSI)	IW (BOSSI)	BW (BOSSI)	SEEM (FBI)	SIMS (FBI)	UWES
spontan Hilfesuchende	.176**	.194**	.116**	–	–	–
spontane Seelsorgegespräche	.160**	.178**	–	–	–	–
Umgang mit Sterbenden und Kranken	–	–	–	–	–	–
Geburtstagsbesuche/Jubiläen	–	–	–	–	–	–
dringend zu beantwortende Anfragen	.225**	.285**	.148**	.163**	–	–
Berufsfremde Organisationstätigkeiten	**.357****	**.322****	.271**	**.362****	-.144**	-.193**
Vertretungsdienste für andere	.213**	.208**	.169**	.187**	–	–
spontane Hausmeistertätigkeiten	.295**	.264**	.193**	.291**	-.138**	-.119**
Naturkatastrophen	–	–	–	–	–	–
Verwaltungstätigkeiten	.255**	.273**	.213**	.234**	–	-.164**
Arbeit mit alten Menschen	.128**	.145**	–	–	–	–
Flüchtlingshilfe	–	–	–	–	–	–
Kasualien	.116**	.156**	–	–	–	–
Konfirmandenunterricht	.142**	.178**	–	–	–	–
Fahrtzeiten	.131**	.135**	.124**	.130**	–	–
kulturelle Angebote	–	–	–	–	–	–
Planung/Durchführung von GD	.118**	.139**	–	–	–	–
Motivation/Koordination v. EAs	.209**	.230**	.123**	.122**	–	–
allgemeinkirchl. Aufgaben	.148**	.191**	–	–	–	–

Tabelle 7. *Abkürzungen: siehe Legende* Tabelle 6; *GD = Gottesdiensten, EAs = Ehrenamtliche, allgemeinkirchl. = allgemeinkirchliche.*

Den vorangehenden Ausführungen schließt sich die Frage danach an, welche konkreten Inhalte diese Anforderungen umfassen, bzw. konkreter: »Wodurch wird die Arbeitsanforderung im Dienstalltag besonders erhöht?« Diese Itemformulierung basiert zum einen auf dem Befund, dass die Arbeitsanforderungen im Pfarramt grundsätzlich hoch sind, und zwar unabhängig davon, ob sie objektiv oder subjektiv erfasst werden[211] und zum anderen aus der Annahme, dass sich Arbeitsinhalte bzw. Arbeitstätigkeiten dahingehend unterscheiden lassen, wie sehr sie die alltäglichen Anforderungen verstärken.

Tabelle 7 schlüsselt die korrelativen Zusammenhänge der Arbeitsinhalte mit den Beanspruchungsmaßen auf. Sie ist ebenso zu lesen wie die *Tabellen 5* und *6*. Es fällt deutlich auf, dass die höchsten Zusammenhänge für den Punkt *berufsfremde Organisationstätigkeiten* identifiziert werden können ($.32 \leq r \leq .36$, signifikant auf dem Niveau 0.01 bei $n = 542$). Das Item lautet vollständig: »[Meine Arbeitsanforderung im Dienstalltag wird besonders erhöht durch ...] berufsfremde Organisationstätigkeiten (z. B. Küsterdienste).«

Keine relevanten Zusammenhänge mit den Beanspruchungsmaßen finden sich für die Items *Umgang mit Kranken und Sterbenden, Geburtstagsbesuche bzw. Jubiläen*, und *Tätigkeiten im Zusammenhang mit Naturkatastrophen.*

Signifikante Zusammenhänge mit allen vier negativen Beanspruchungsmaßen ergeben sich für *dringend zu beantwortende Anfragen, berufsfremde Organisationstätigkeiten, Vertretungsdienste, spontane Hausmeistertätigkeiten, Verwaltungstätigkeiten, Fahrtzeiten* und die *Motivation/Koordination Ehrenamtlicher.*

6.3.4 Ranking der Arbeitsinhalte

Interessant ist nun, diesem Befund die Zustimmungsmittelwerte der einzelnen Inhalte gegenüberzustellen. Sortiert man diese absteigend, ergibt sich folgendes Bild (*Grafik 6*).

In den unteren Bereichen befinden sich wiederum diejenigen Arbeitstätigkeiten, die keine relevanten Zusammenhänge mit den Beanspruchungsmaßen zeigen – mit Ausnahme der *Geburtstagsbesuche/Jubiläen* ($M = 4.4$), die jetzt auf den sechsten Platz gerutscht sind. Die berufsfremden Organisationstätigkeiten ($M = 4.11$) finden sich auf dem zehnten Platz, wobei die Unterschiede im Bereich der Plätze sechs bis elf gering sind.

Von besonderer Relevanz dürften die ersten fünf Plätze mit Mittelwerten um $M \sim 5.0$ (Antwortkategorie »sehr«) sein: *Verwaltungstätigkeiten* werden im Mittel ($M = 5.43$) als derjenige Aspekt betrachtet, durch den die Arbeitsanforderungen im Dienstalltag am stärksten erhöht werden. Es folgen *dringend zu beantwortende Anfragen* ($M = 5.17$), die *Planung und Durchführung von Gottesdiensten* ($M = 5.08$), die *Motivation bzw. Koordination Ehrenamtlicher* ($M = 4.98$) und *Kasualien* ($M = 4.93$).

211 Schendel: Fünfzehn (s. Anm. 116), 12.

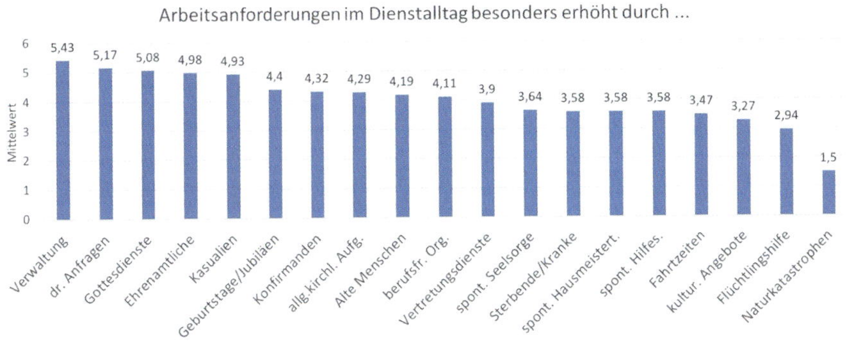

Grafik 6. *Mittelwerte (Skala 1–7) der Arbeitsinhalte. Itemfrage: »Meine Arbeitsanforderung im Dienstalltag wird besonders erhöht durch ...«.*

6.3.5 Zusammenfassung: Berufsprofil

Aspekte des Entscheidungsspielraums und der Sozialen Unterstützung im Pfarramt können als Ressourcen interpretiert werden. Arbeitsanforderungen, die empirisch besonders eng mit negativer Beanspruchung assoziiert sind, bestehen vor allem in der hohen *Dichte*, aber auch in sozialen Aspekten wie Erwartungskonflikten (*Mensch*) und der Erwartung einer Verschlechterung der eigenen Arbeitssituation (*Aussicht*). Einen wichtigen Anforderungsfaktor stellen außerdem die Phänomene Geister und Phantome dar.

Mit beanspruchungsbezogenen Maßen koinzidieren insbesondere berufsfremde Organisationstätigkeiten. Die empfundenen Arbeitsanforderungen im Dienstalltag werden besonders stark durch *Verwaltungstätigkeiten, dringend zu beantwortende Anfragen, Gottesdienstplanung/-durchführung*, die *Ehrenamtlichenkoordination/-motivation* und *Kasualien* erhöht.

7 Nähere Beschreibung der high-risk-Gruppe

Dieses Kapitel kann im Grunde als inhaltliche Erweiterung des *Clusters II – pfarramtsspezifisches Beanspruchungsprofil* verstanden werden. Diverse soziodemografische, berufs- und beanspruchungsbezogene Parameter der high-risk-Gruppe werden mittels *Mann-Whitney-U-Tests* mit der low-risk-Gruppe verglichen. Die folgenden Ausführungen fassen die in den *Tabellen 11* bis *13* sowie in den *Grafiken 7* und *8* dargestellten Ergebnisse zusammen und stellen hauptsächlich solche Unterschiede heraus, deren Effektstärke nach Cohen einen mindestens mittleren Effekt umfassen (d. h. $r \geq .3$).[212]

7.1 *Allgemeine Charakteristika*

Die high-risk-Probandengruppe unterscheidet sich in ihren soziodemografischen Parametern nur geringfügig von der low-risk-Gruppe; der Altersdurchschnitt ist tendenziell etwas (jedoch nicht signifikant) niedriger, die Geschlechterverteilung liegt ebenfalls unverändert bei etwa 1:3. Während der Verteilungsschlüssel für die landeskirchliche Zugehörigkeit in der low-risk-Gruppe bei nahezu 50:50 liegt, finden sich in der high-risk-Gruppe deutlich mehr (64.3 %) Probanden aus der HAN.

7.2 *Persönlichkeit*

Mit Blick auf die Persönlichkeit (BFI-10) erreichen high-risk-Probanden signifikant höhere Werte auf der Dimension *Neurotizismus* als low-risk-Probanden.[213]

7.3 *Beruf*

Die zentralen Tendenzen der Berufsparameter *Dienstjahre, Jahre in der aktuellen Stelle*, die *Anzahl der Gottesdienste pro Sonntag* oder *pro Woche* sowie die *Anzahl bisheriger Stellenwechsel* unterscheiden sich zwischen den Gruppen nicht signifikant.

7.4 *Beanspruchung*

High-risk-Probanden würden ihre Stelle tendenziell eher wechseln als low-risk-Probanden.[214] Keine signifikanten Unterschiede zeigen sich mit Blick auf

212 Da einige der abgefragten GIPP-Items, die für die Beschreibung der high-risk-Gruppe relevant sind, wegen ihrer Verteilung die strengen Voraussetzungen für parametrische Tests verletzen, wurde der Mann-Whitney-U-Test angewendet, der praktisch dem nicht-parametrischen Äquivalent des unabhängigen t-Tests entspricht und in seinen Voraussetzungen weniger restriktiv ist (vgl. Field: Discovering [s. Anm. 160], 540). Die zur Beurteilung der Unterschiede relevanten Größen sind der Median (Md), die U-Statistik, die in z-Statistik approximierten Werte sowie die Signifikanz und die Effektstärke r. Letzte kann als schnelle Daumenregel angewandt werden: Ein r von .1 bis .3 entspricht einem kleinen Effekt, .3 bis .5 entspricht einem mittleren Effekt, ein $r \geq .5$ entspricht einem starken Effekt (»Cohen's Conventions«), siehe Jacob Cohen, Statistical Power Analysis for the Behavioral Sciences, Hillsdale ²1988, 79–81.

213 »Neurotizismus«: Md(low) = 2.5, Md(high) = 3.5, U = 7489.5, z = -7.52, p < .001, r = .32.

214 »Würde wechseln«: Md(low) = 1.0, Md(high) = 3.0, U = 10595, z = -5.64, p < .001, r = .24.

die *Zufriedenheit mit der derzeitigen Wohnsituation* und die *Zunahme der Arbeitsbelastung während der vergangenen fünf Jahre.*

Die zentralen Tendenzen aller drei BOSS I-Kennwerte unterscheiden sich zwischen high- und low-risk-Probanden deutlich. Die größte Mittelwertsdifferenz weist der Gesamtwert[215] aus, die geringste kann für den Breitenwert[216] angegeben werden.

Bezüglich der Skalen *Arbeitsanforderungen, Entscheidungsspielraum* sowie *Soziale Unterstützung* zeigen sich erwartungskonforme Unterschiede: Die Arbeitsanforderungen[217] werden gegenüber der low-risk-Gruppe stärker als »zu hoch«, Entscheidungsspielraum[218] und Soziale Unterstützung[219] etwas häufiger (kleine Effekte) als »zu niedrig« eingeschätzt. Die high-risk-Probanden sind außerdem systematisch unzufriedener mit der Ausprägung der drei Skalen.[220]

7.5 Ressourcen

Während für die beiden Spiritualitätsitems sowie für die Commitment-Bindung keine Unterschiede der zentralen Tendenzen feststellbar sind, weisen high-risk-Probanden deutlich geringere Engagement-Werte auf als low-risk-Probanden.[221]

7.6 Berufsprofil

Mit Blick auf die Parameter des Berufsprofils unterscheiden sich die high-risk-Probanden von den low-risk-Probanden am deutlichsten hinsichtlich der Dimension *Dichte*[222], den zweitstärksten Effekt bildet der Unterschied auf der Anforderungsskala Mensch.[223]

215 GW: Md(low) = 1.1, Md(high) = 2.7, U = 226, z = -13.33, $p < .001$, r = .572.

216 BW: Md(low) = 3.5, Md(high) = 5.0, U = 3939, z = -10.40, $p < .001$, r = .446.

217 »Arbeitsanf. zu hoch«: Md(low) = 4.0, Md(high) = 6.0, U =702.5, z = -7.79, $p < .001$, r = .336.

218 »Entscheidungssp. zu niedrig« Md(low) = 2.0, Md(high) = 3.0, U =11030, z = -4.40, $p < .001$, r = .19.

219 »Soz. Unterstützung zu niedrig«: Md(low) = 2.0, Md(high) = 4.0, U = 9682.5, z = -5.49, $p < .001$, r = .23.

220 »Zufriedenheit Arbeitsanf.«: Md(low) = 5.0, Md(high) = 3.0, U = 6699.5, z = -8.24, $p < .001$, r = .35; »Zufriedenheit Entscheidungssp.«: Md(low) = 5.0, Md(high) = 5.0, U = 9516.5, z = -5.70, $p < .001$, r = .25; »Zufriedenheit Soz. Unterstütz.«: Md(low) = 5.0, Md(high) = 4.0, U = 9899.5, z = -5.53, $p < .001$, r = .23.

221 »UWES«: Md(low) = 3.77, Md(high) = 2.88, U = 9147.5, z = -6.01, $p < .001$, r = .25.

222 »Dichte«: Md(low) = 21.0, Md(high) = 27.0, U = 4935, z = -9.144, $p < .001$, r = .40.

223 »Mensch«; Md(low) = 14.0, Md(high) = 16.0, U = 9221.5, z = -5.897, $p < .001$, r = .25.

7.7 *Tätigkeitsinhalte*

Bezüglich der Tätigkeitsinhalte unterscheiden sich high-risk-Probanden von der low-risk-Gruppe im Ranking und in der Ausprägung einiger Inhalte.

7.7.1 *Unterschiede im Ranking der Tätigkeitsinhalte*

Die obersten vier sowie die untersten vier Rangplätze sind gleich besetzt, wobei in der high-risk-Gruppe die Plätze drei (Gottesdienste) und vier (Koordination/Motivation Ehrenamtlicher) ihre Ränge wechseln (*Grafik 7* im Vergleich mit *Grafik 6*).

In der mittleren Gruppe rücken die Items allgemeinkirchliche Aufgaben, berufsfremde Organisationstätigkeiten, spontane Hausmeistertätigkeiten und spontane Hilfesuchende auf höhere Ränge. Die Items Geburtstagsbesuche/Jubiläen, Konfirmandenunterricht, Arbeit mit alten Menschen, Vertretungsdienste, spontane Seelsorgegespräche und Arbeit mit Sterbenden/Kranken rücken auf niedrigere Plätze. Den stärksten Aufstieg verzeichnen berufsfremde Organisationstätigkeiten und spontane Hausmeistertätigkeiten (jeweils vier Ränge aufwärts), den stärksten Abstieg Geburtstagsbesuche/Jubiläen, Arbeit mit alten Menschen und Arbeit mit Sterbenden/Kranken (jeweils drei Ränge abwärts).

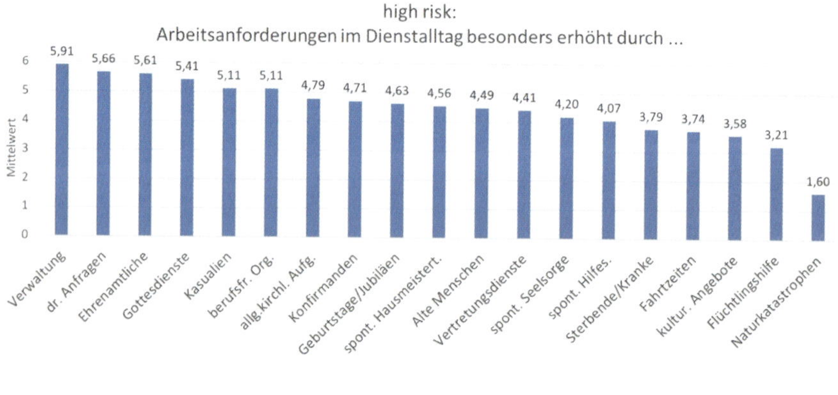

Grafik 7. *Mittelwerte (Skala 1–7) der Arbeitsinhalte. Itemfrage: »Meine Arbeitsanforderung im Dienstalltag wird besonders erhöht durch ...«,* n = *70.*

7.7.2 Unterschiede in den Ausprägungen der Tätigkeitsinhalte

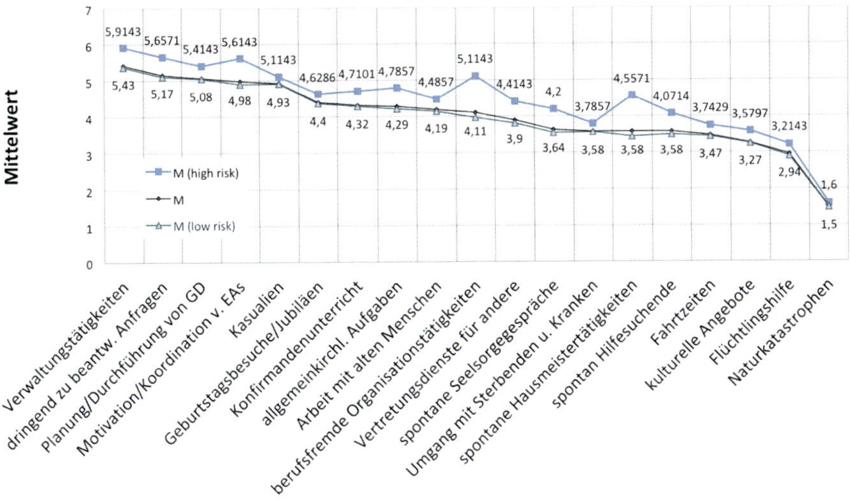

Grafik 8. *Mittelwerte (Skala 1–7) der Arbeitsinhalte. Itemfrage: »Meine Arbeitsanforderung im Dienstalltag wird besonders erhöht durch …«*

Grafik 8 verdeutlicht, dass die Mittelwerte der *Einschätzung der Erhöhung der Arbeitsanforderungen im Dienstalltag* durch die jeweiligen Tätigkeitsinhalte in der high-risk-Gruppe systematisch über den Werten der low-risk-Gruppe bzw. dem Gesamtdurchschnitt aller Probanden liegen. Die beiden Items *berufsfremde Organisationstätigkeiten*[224] und *spontane Hausmeistertätigkeiten*[225] weisen die stärkste Unterschiedmagnitude zwischen high- und low-risk-Gruppe auf, auch wenn die Effekte die mittlere-Effekt-Schwelle nicht überschreiten.

8 Diskussion

Aufbauend auf einer Reihe aktueller Studien, die sich mit Burnout im Allgemeinen und speziell im Pfarrberuf beschäftigen, liefert die GIPP-Studie neue Befunde aus einem Sample von über 500 Probanden der EKM und der HAN. Die Response-Rate von über 60 % sowie die etwa gleich großen Anteile der beiden heterogenen Subgruppen lässt den Schluss einer gewissen Repräsentativität dieser Daten für die deutsche Pfarrklientel insgesamt zu.

224 »Berufsfr. Organisationstätigk.«: $Md(\text{low}) = 4.0$, $Md(\text{high}) = 5.0$, $U = 9572$, $z = -5.777$, $p < .001$, $r = .24$.

225 »Spontane Hausmeistertätigk.«: $Md(\text{low}) = 3.0$, $Md(\text{high}) = 5.0$, $U = 100059$, $z = -5.396$, $p < .001$, $r = .23$.

8.1 Ergebnisse

Es lassen sich zwei Hauptschlüsse aus den Ergebnissen ableiten, die folgend notiert sind. Zum einen lässt die GIPP-Studie Rückschlüsse auf die Höhe der Burnout-Belastung innerhalb der Pfarrklientel zu, was auch Erkenntnisse darüber einschließt, wie sich pfarrspezifische Belastung am häufigsten äußert. Zum anderen geben die Befunde zu GIPP II Aufschluss darüber, welche pfarrspezifischen Anforderungen und Ressourcen mit den letztgenannten Parametern in systematischer Beziehung stehen.

8.1.1 Burnout im Pfarramt: häufiger und spezifisch

Burnout im Pfarramt wurde bisher vor allem durch das *Maslach Burnout Inventar* (MBI) gemessen. Vorausgehende Studien und theoretische Überlegungen stellten den Sinn dieses Maßes zur Erfassung pfarrspezifischen Burnouts infrage. Dies wird auch post hoc durch die GIPP-Ergebnisse bestätigt. Die Anwendung der Subskala Beruf aus BOSS I resultiert in drei wesentlichen Erkenntnissen.

(1) Die Schätzungen derjenigen Probanden, für die mittels verschieden strenger Kriterien die Verdachtsdiagnose »berufsbedingtes Burnout« gestellt werden kann, lässt sich auf Werte zwischen der Hälfte (mildes Kriterium für einen Kennwert), einem Drittel (strenges Kriterium für einen Kennwert) und einem Sechstel (strenges Kriterium für zwei Kennwerte) beziffern. Es wurde eine high-risk Gruppe identifiziert, die wahrscheinlich behandlungsbedürftig ist und von der sich nur sehr wenige bereits wegen einer Beanspruchungsproblematik in ärztlicher Behandlung befinden. Probanden dieser Gruppe erzielen erhöhte Werte in emotionaler Erschöpfung im Pfarrdienst (FBI-SEEM) und geringere Werte für Maße arbeitsbezogener Zufriedenheit als die anderen Probanden.

(2) Probanden unterscheiden sich darin, ob sich ihre Burnout-Symptomatik in einer hohen Gesamtbelastung, einer hohen Symptomintensität oder einer breiten Streuung äußert. Hier besteht weiterer Forschungsbedarf in der Aufklärung dieser Unterschiede, beispielsweise durch die bisher innerhalb der GIPP-Daten noch nicht ausgewerteten Faktoren Geschlecht, Alter, Berufsalter oder Familienstand.

(3) Die Art und Weise, in der sich Burnout im Pfarrberuf am häufigsten äußert, besteht in einem hohen Breitenwert, also einer hohen Anzahl verschiedener Beschwerden. Das MBI und das FBI verdecken diesen mit Blick auf die Vielfältigkeit des Pfarrberufs (wenngleich wenig überraschenden) Befund.

Pfarrspezifische Beanspruchung äußert sich nicht in hohen Gesamtmittelwerten oder einem Kardinalsymptom (wie Rückenschmerzen bei Berufen mit hohen Sitzanteilen), sondern in einer hohen Streuung von Beschwerden.

Innerhalb der GIPP-Probandenklientel unterscheiden sich high-risk- und low-risk-Probanden in einer Reihe von Merkmalen. Arbeitsbezogene Ressourcen wie der Entscheidungsspielraum, die Soziale Unterstützung und die arbeitsbezogene Zufriedenheit werden systematisch als geringer eingeschätzt. High-risk-Probanden zeigen erwartbar weniger Engagement, jedoch kaum Unterschiede in der Ausprägung ihrer Spiritualität. Die arbeitsbezogene Beanspruchung wird erwartungsgemäß als höher eingeschätzt. Als Ausdruck dessen können die systematisch erhöhten Mittelwerte der Tätigkeitsinhalte in Geltung gebracht werden. Außerdem weisen die stärksten Unterschiede die *Dichte*- und *Mensch*-Skala auf. In diesen Skalen spiegeln sich einerseits zu hohe Arbeitsanforderung in Verbindung mit zu geringen zeitlichen Ressourcen wider, andererseits Schwierigkeiten im Umgang mit anderen. Letzteres wird in allen gängigen Burnout-Definitionen als Kernmerkmal konzeptualisiert und ist insofern erwartbar.

Die Dimensionsinhalte der *Dichte*- und *Mensch*-Skalen werden zudem in den Unterschieden der Tätigkeitsinhalte gespiegelt. *Verwaltung und dringende Anfragen* (sowie die *Planung/Durchführung von Gottesdiensten* und die *Motivation/Koordination von Ehrenamtlichen*) verbleiben auf den vorderen Plätzen. In der Tendenz wird aber Unvorhersehbares, das nicht zur pfarrberuflichen Kerntätigkeit gehört (z. B. *berufsfremde Organisationstätigkeiten, spontane Hausmeistertätigkeiten*) von den high-risk-Probanden deutlich häufiger als Erhöhung der alltäglichen Anforderungen im Dienstalltag eingeschätzt, während eher Vorhersehbares wie Geburtstagsbesuche oder die Arbeit mit Kranken bzw. Sterbenden auf niedrigere Plätze rückt (wobei hier nicht klar ist, ob die Dienstanforderung durch diese Dinge einfach deshalb sinkt, weil solche Tätigkeiten eher gemieden werden).

Meinem persönlichen Eindruck nach bilden die signifikanten Unterschiede zwischen high-risk und low-risk in ihrer Tendenz das folgende Muster: Für einen burnout-erkrankten Probanden ist alles, was unvorhersehbar ist – dazu gehören vor allem Menschen – beanspruchender; ebenso alles, was nicht zum »eigentlichen Job« gehört. Außerdem fehlen transaktionale Ressourcen, um mit dieser Situation adäquat fertig zu werden. In dieser Gemengelage steigen vor allem die durchschnittliche Burnout-Belastung und die Intensität der Symptome stark an. Die Anzahl von Symptomen steigt ebenfalls, wenn auch nicht so stark, weil die Streuung ohnehin innerhalb der GIPP-Klientel hoch ist und der BW das Hauptkriterium auch für die weniger strengen Diagnosegruppen darstellt. Hier besteht meines Erachtens dringender Handlungsbedarf, vor allem, weil – wie gezeigt wurde – nicht ohne Weiteres davon ausgegangen werden darf, dass lediglich die high-risk-Probanden unter einer Burnout-Symptomatik leiden, sondern dass unter Anlegung milderer Kriterien über die Hälfte der untersuchten Probanden entsprechende Symptome zeigt.

Schließlich bleibt abzuklären, weshalb Pfarrerinnen und Pfarrer aus der HAN in der high-risk-Gruppe deutlich stärker vertreten sind. Ein möglicher Interpretationsansatz könnte die Strukturreformen betreffen, die in den alten Bundesländern erst jetzt voll greifen und insofern erfahrbar (und beanspruchender) werden, während diese Prozesse in den neuen Bundesländern bereits sehr viel weiter fortgeschritten und etabliert sind bzw. adaptiert worden sind.

8.1.2 Arbeitsanforderungen und Ressourcen im Pfarramt

Das Greifswalder Pfarrberufsinventar GIPP II identifiziert auf Basis des transaktionalen Stressmodells pfarrberufsspezifische Arbeitsanforderungen, Tätigkeitsinhalte und Ressourcen, die signifikant und systematisch mit den Maßen der berufsbezogenen Beanspruchung und der positiven Affekte koinzidieren. Als besonders aufschlussreich wurden dabei im Bereich der Anforderungen die Faktoren *Dichte, Mensch* und *Aussicht* sowie die Phänomene *Geister* und *Trolle* und die Tätigkeitsinhalte *berufsfremde Organisationstätigkeiten, Verwaltungstätigkeiten, dringend zu beantwortende Anfragen, Gottesdienstplanung/-durchführung*, die *Koordination bzw. Motivation Ehrenamtlicher* und *Kasualien* identifiziert. Als Ressourcen wurden Aspekte des Entscheidungsspielraums und der Sozialen Unterstützung identifiziert. Weiterer Forschungsbedarf besteht in der unklaren Datenlage zur Spiritualität und zur Subskala *Fähigkeitsgebrauch*, für die aufgrund der Befunde vermutet wird, dass hier ein *zu hoher* Entscheidungsspielraum vorliegen könnte, der entgegen der Vorhersagen des *Job Demand-Control(-Support) Model* nicht ent-, sondern *be*lastend wirken könnte.

8.2 Methodik

Burnout ist nicht die einzige mögliche Folge chronischen Berufsstresses.[226] Die Auswahl und Setzungen der GIPP-Methode mit dem Fokus auf das Burnout-Syndrom schränken diesen Blickwinkel ein, was mindernde Auswirkungen auf die Aussagekraft und die Generalisierbarkeit der Ergebnisse hat. Ob die in GIPP mithilfe der Operationalisierungsinstrumente erfasste Burnout-Symptomatik tatsächlich ein solches Syndrom abbildet, ist letztlich eine Frage der Gewichtung der in der Grundlegung aufgeführten Indizien. Selbst wenn

226 Nerdinger/Blickle/Schaper: A- und O-psychologie (s. Anm. 8), 524.

meiner Entscheidung bezüglich der Existenz des Burnout-Syndroms nicht Folge geleistet werden kann, ist angesichts der Befunde schwer zu leugnen, dass innerhalb des GIPP-Samples ein berufsbezogenes Beanspruchungsproblem vorliegt – und zwar relativ unabhängig davon, wie man es bezeichnen möchte.

Durch den Einsatz von Instrumenten mit guten psychometrischen Eigenschaften wurde das Ziel verfolgt, möglichst belastbare Daten abzubilden. Aufgrund der zeitlichen Projektanlage waren die Möglichkeiten zur Konstruktion noch nicht vorhandener Fragebögen und Items eingeschränkt, wodurch die Qualität dieser Daten verringert wird. Dies betrifft insbesondere die Entwicklung von GIPP II. Die Skalenkonstruktion ist abhängig von der Itemwahl und eine andere Wahl hätte andere Skalen und damit anders beschaffene Erkenntnisse hervorgebracht. Auch die Auflistung der einzelnen Tätigkeiten war möglicherweise nicht umfassend genug. Ob in beiden Aspekten die (Kern-)Tätigkeiten abgebildet wurden, die zu einer vollständigen und damit besseren Profilanalyse nötig gewesen wären, ist diskutabel.

Insgesamt liegen die Nachteile von Befragungen darin, dass ihre Aussagekraft allgemein eingeschränkt ist, weil die gewonnenen Daten verschiedenen Interpretations- und Bewertungsprozessen unterliegen. Zu diesen gehören die soziale Erwünschtheit sowie Aggravationen oder Bagatellisierung. Daran knüpft die für die Interpretation der Ergebnisse essenzielle Frage, an welcher diagnostischen Kriterienstrenge (mild, streng, konservativ/ »high-risk«) kirchenleitende Maßnahmen orientiert werden sollen.

Es kann angesichts des hohen Aufwandes, der Kosten und der möglicherweise wenig überraschenden Befunde insgesamt gefragt werden, welchen Sinn Befragungen im Pfarrberuf bzw. die Anwendung psychologischer Methoden in einer empirischen Theologie haben. Jan Hermelink diskutiert diesen Aspekt im Zusammenhang mit dem *Arbeitsbuch zur Pastorinnen- und Pastorenbefragung der Ev.-luth. Landeskirche Hannovers* und präpariert einen meines Erachtens spannenden Punkt heraus: »Ausweislich des Verfahrens der Pastorenbefragung ist die kirchliche Kultur von der Suche nach wissenschaftlich-empirischer Stützung geprägt«.[227] Einige Sätze später aber warnt er davor, die Empirie zum Leitkriterium der Erkenntnis dieser kirchlichen Kultur zu erheben: »Die kirchliche Kultur (d. h. [...] wir alle!) kommt faktisch ohne das Gegenüber des *Wortes*, der theologischen Lehre, auch der theologischen Reflexion aus – oder besser: Dieses theologische, geistliche Gegenüber vermag die

227 Jan Hermelink: Von der Kirche des Wortes zur Kirche der Selbstbefragung. Einige kirchentheoretische Rückfragen, in: Martin Laube (Hg.): Perspektiven für den Pfarrberuf. Auswertungstagung zum Diskussionsprozess über das »Arbeitsbuch zur Pastorinnen- und Pastorenbefragung der Ev.-luth. Landeskirche Hannovers«, Loccumer Protokolle 80/60, Rehburg-Loccum 2008, 295–311, hier 300.

Kirche auf der Ebene ihrer Berufs- und Strukturreflexion nicht (mehr) nachhaltig zu prägen.«[228] Es bleibt Aufgabe der Kirche, vor diesem Hintergrund die GIPP-Befunde zu diskutieren und damit umzugehen.

Ich möchte abschließend bemerken, dass kirchenverwaltendes bzw. -leitendes Handeln oft durch diejenigen bestimmt zu sein scheint, die »am lautesten rufen«. Befragungen wie GIPP, die sich durch einen vergleichsweise hohen Rücklauf auszeichnen, können auch diejenigen Pfarrerinnen und Pfarrer in den Blick bekommen und gewissermaßen zu Wort kommen lassen, die still leiden und deren Frustration mit jeder vermeintlichen Verbesserung ihrer Situation zunimmt. Die hohe Auflösung und Differenzierung der GIPP-Ergebnisse sollten Aktionismus vorbeugen, indem deutlich geworden ist, dass das Phänomen Burnout äußerst komplex und in erster Linie systemischer Natur ist: Es geht um die gesundheitlichen Folgen fehlender Balancen in einem komplexen System aus Anforderungen und Ressourcen, um die Dysbalance von Investition und Ergebnis. Weitere Forschung sowie die fortlaufende Auswertung weiterer GIPP-Befunde (beispielsweise zum Einfluss von Ressourcen im Familien- bzw. Freundeskreis oder zur kirchentheoretischen und pastoraltheologischen Interpretation der vorliegenden Empirie) sollten hier zukünftig zu einem zunehmend umfassenderen Verständnis beitragen.

228 Hermelink: Von der Kirche (s. Anm. 227), 300, kursiv im Original.

9 Anhang

9.1 Tabellen

9.1.1 ***Tabelle 8:*** *Items der vier Dimensionen der GIPP II-Skala »Arbeitsanforderungen«.*

Faktor	Name	#	Items
1	»**Dichte**«	1	An mich werden überbordende Arbeitsanforderungen gestellt.
		2	Ich habe genug Zeit, um meine Arbeit zu erledigen. (inv.)
		3	Ich habe ausreichende Zeit für mein geistliches Leben. (inv.)
		4	Selbst nach Feierabend habe ich keine Privatsphäre.
		5	Es fällt mir leicht, Gleichgewicht zw. Phasen d. Beanspruchung u. Zeiten d. Erholung zu halten. (inv.)
2	»**Aussicht**«	1	Mein eigener Arbeitsplatz ist gefährdet.
		2	Ich erfahre oder erwarte eine Verschlechterung meiner Arbeitssituation.
3	»**Mensch**«	1	An mich werden widersprüchliche Erwartungen durch andere gestellt.
		2	Ich bin oft mit Konflikten beschäftigt.
		3	In meinem Dienst passieren oft unvorhersehbare Dinge.
4	»**Aufgabe**«	1	Meine Arbeit erfordert es, schnell zu arbeiten.
		2	Meine Arbeit fordert mich mental stark.

9.1.2 **Tabelle 9**: *Items der vier Dimensionen der GIPP II-Skala »Entscheidungsspielraum«.*

Faktor	Name	#	Items
1	**»Autorität«**	1	Ich habe Einfluss auf Entscheidungen im KV/GKR.
		2	Ich habe einen kleinen Entscheidungsspielraum. (inv.)
		3	Ich habe viel zu sagen.
		4	Ich habe Einfluss auf die Gestaltung der kirchlichen Räumlichkeiten.
		5	Ich habe Einfluss auf die Entscheidungen in PK/KKK.
2	**»Fähigkeiten«**	1	Meine Arbeit erfordert es, dass ich neue Dinge lerne.
		2	Meine Arbeit fordert von mir ein hohes Niveau an Fähigkeiten.
		3	Ich bin mit vielfältigen Tätigkeiten konfrontiert.
		4	Meine Arbeit fordert von mir ein hohes Maß an Kreativität.
3	**»Aufgabe«**	1	Meine Arbeit beinhaltet viele sich wiederholende Tätigkeiten. (inv.)
		2	Ich kann gabenorientiert arbeiten.
		3	Mein Studium/Vikariat haben mich auf die meisten meiner jetzigen Aufgaben vorbereitet.
4	**»Fortbildung«**	1	Ich nehme Fortbildungen in Anspruch.
		2	Ich kann meine eigenen Fähigkeiten weiterentwickeln.

9.1.3 ***Tabelle 10:*** *Items der Dimensionen der GIPP II-Skala »Soziale Unterstützung« inkl. »Geister, Trolle und Phantome«*

Faktor	Name	#	Items
1	**»Geister, Trolle, Phantome«**	1	In der KG gibt es soziale Verflechtungen, die meine Arbeit erschweren. [= Geister, inv.]
	(Einzelitems, keine Skala)	2	In der KG gibt es eine Person, die mir meine Arbeit absichtlich erschwert. [= Trolle inv.]
		3	Einige Menschen, die längst nicht mehr da sind, spielen bei Entscheidungen in der KG noch immer eine Rolle. [= Phantome, inv.]
2	**Vorgesetzter**		*Der Vorgesetzte ...*
		1	... ist um mich bemüht.
		2	... ist aufmerksam.
		3	... verhält sich mir gegenüber ablehnend. (inv.)
		4	... hilft mir dabei, meine Arbeit zu erledigen.
		5	... ist ein(e) gute(r) Organisator(in).
		6	... ist wertschätzend.
3	**Mitarbeitende**		*Die Mitarbeitenden ...*
		1	... machen eine gute Arbeit.
		2	... sind an mir interessiert.
		3	... verhalten sich ablehnend. (inv.)
		4	... sind freundlich.
		5	... arbeiten zusammen.
		6	... helfen mir, Arbeit zu erledigen.
4	**proximal**		KV/GKR ...
		1	... arbeiten selbstständig.
		2	... nehmen mir die Arbeit ab.
		3	... denken mit.
		4	Der Austausch im KV/GKR ist hilfreich.
5	**distal**	1	Die soziale Atmosphäre in den PK/KKK ist gut.
		2	Der Austausch in den PK/KKK ist hilfreich.
		3	Ich habe oft Probleme damit, eine Vertretung zu finden. (inv.)

Tabelle 10. *KG = Kirchengemeinde, inv. = invertiert, KV = Kirchenvorstand, GKR = Gemeindekirchenrat, PK = Pfarrkonferenz, KKK = Kirchenkreiskonferenz.*

9.1.4 ***Tabelle 11:*** *Allgemeine Charakteristika der low-risk und high-risk-Gruppen.*

	low risk		**high risk**	
N = 556	**n = 486**	**n**	**n = 70**	**n**
Allgemeine Charakteristika				
Alter	51.0 ± 0.3	(n = 468)	49.4 ± 0.9	(n = 69)
männlich	330 (69.9 %)	(n = 472)	48 (68.6 %)	(n = 70)
weiblich	142 (30.0 %)		22 (31.4 %)	
verheiratet/e. P.	374 (79 %)	(n = 470)	57 (81.4 %)	(n = 70)
ledig/gesch./andere	96 (21 %)		12 (18.6 %)	
Kinder	2.1 ± 0.7	(n = 472)	2.1 ± 0.1	(n = 70)
Landeskirche				
EKM	235 (49.8 %)	(n = 472)	25 (35.7 %)	(n = 70)
HAN	237 (50.2 %)		45 (64.3 %)	

Tabelle 11. *Häufigkeiten. e. P. = eingetragene Partnerschaft, gesch. = geschieden.*

9.1.5 *Tabelle 12: Unterschiede high- vs. low-risk – Persönlichkeit, Beruf, Beanspruchung, Ressourcen.*

	Low-risk		High-risk		Mann-Whitney	
N = 556	M	SD	M	SD	z	r
Persönlichkeit						
Extraversion	3.47	.89 (n = 473)	3.38	1.06 (n = 70)	–	–
Neurotizismus	2.73	.79 (n = 473)	3.54**	.65 (n = 70)	-7.525	.322
Verträglichkeit	3.49	.67 (n = 473)	3.31*	.73 (n = 70)	–	–
Offenheit	3.89	.78 (n = 473)	3.97	.77 (n = 70)	–	–
Gewissenhaftigkeit	3.93	.77 (n = 473)	3.91	.85 (n = 70)	–	–
Beruf						
Dienstjahre	20.37	9.55 (n = 464)	18.73	8.65 (n = 69)	–	–
Jahre aktuelle Stelle	11.04	8.74 (n = 472)	10.07	7.16 (n = 70)	–	–
GD/Sonntag	1.77	.76 (n = 470)	1.57*	.75 (n = 69)	–	–
GD/Woche	2.51	1.04 (n = 469)	2.47	1.17 (n = 69)	–	–
Anzahl Stellenwechsel	1.40	1.38 (n = 470)	1.55	1.65 (n = 70)	–	–
Beanspruchung						
würde wechseln	1.70	1.15 (n = 467)	2.57**	1.36 (n = 70)	-5.646	.243
Arbeitsbelastung	3.85	.83 (n = 469)	4.20**	.87 (n = 70)	-3.525	.151
Zufried. Wohnsituation	1.76	.42 (n = 471)	1.64*	.48 (n = 70)	–	–
BOSS I GW	1.13	.62 (n = 473)	2.79**	.46 (n = 70)	-13.339	.572
BOSS I IW	1.64	.62 (n = 473)	2.96**	.47 (n = 70)	-12.369	.530
BOSS I BW	3.23	1.33 (n = 473)	4.72**	.33 (n = 70)	-10.402	.446
Anf. zu hoch	3.84	1.65 (n = 466)	5.54**	1.35 (n = 70)	-7.793	.336
mit Anf. zufrieden	4.70	1.18 (n = 468)	4.30**	1.38 (n = 68)	-8.243	.356
Entsch. zu niedrig	2.43	1.57 (n = 468)	3.42**	1.81 (n = 69)	-4.405	.190
mit Entsch. zufrieden	5.25	1.06 (n = 471)	4.30**	1.38 (n = 68)	-5.707	.245
Soz. Unt. zu niedrig	2.64	1.73 (n = 466)	4.04**	2.04 (n = 69)	-5.490	.237
mit soz. Unt. zufrieden	4.98	1.17 (n = 473)	3.98**	1.48 (n = 69)	-5.532	.237

Ressourcen						
Commitment	5.41	0.91 (n = 465)	5.12	1.14 (n = 69)	–	–
UWES	3.74	.90 (n = 471)	2.95**	.97 (n = 70)	-6.017	.258
GIS 1	6.50	1.68 (n = 454)	6.38	1.85 (n = 67)	–	–
GIS 2	5.50	1.94 (n = 453)	4.88*	2.25 (n = 67)	–	–

Tabelle 12. *Teststatistik: Mann-Whitney-U-Test in z approximiert. *: Unterschied auf dem Niveau p ﬃ 0.05 signifikant; **: Unterschied auf dem Niveau* $p \leq 0.001$ *signifikant. Effektstärke:* $r = z / (\sqrt{N})$; $N = n_{low\ risk} + n_{high\ risk}$.
GD = Gottesdienst, würde wechseln = »Wenn Sie heute die Möglichkeit hätten, Ihre Stelle zu wechseln, würden Sie es tun?«, Zufried. = Zufriedenheit, Anf. = Anforderungen, Entsch. = Entscheidungsspielraum, Soz. Unt. = Soziale Unterstützung, GIS 1 und 2: siehe Legende Tabelle 4.

9.1.6 **Tabelle 13**: *Unterschiede high- vs. low-risk – Berufsprofil/Tätigkeitsinhalte.*

	low risk		high risk		Mann-Whitney	
N = 556	**M**	**SD**	**M**	**SD**	**Z**	**r**
Berufsprofil						
A »Dichte«	20.70	5.11 (n = 450)	27.0**	3.79 (n = 69)	-9.144	.401
A »Prospektion«	6.40	3.03 (n = 470)	7.69**	2.69 (n = 69)	-3.730	.160
A »Mensch«	13.87	2.98 (n = 466)	16.1**	2.71 (n = 70)	-5.897	.254
A »Aufgabe«	10.59	1.72 (n = 466)	11.34**	1.37 (n = 70)	-3.624	.156
ES »Autorität«	24.58	4.69 (n = 471)	22.98*	4.62 (n = 70)	–	–
ES »Fähigkeit«	23.03	2.98 (n = 472)	23.37	2.89 (n = 70)	–	–
ES »Aufgabe«	11.67	2.53 (n = 470)	10.68*	2.33 (n = 70)	–	–
ES »Fortbildung«	9.90	2.29 (n = 470)	8.50**	2.33 (n = 70)	-4.670	.200
SU »Trolle«	2.44	1.80 (n = 472)	3.77**	2.31 (n = 68)	-4.601	.197
SU »Geister«	3.14	1.60 (n = 471)	3.55*	1.91 (n = 70)	–	–
SU »Phantome«	2.83	1.65 (n = 473)	4.11**	1.72 (n = 68)	-4.369	.187
SU »Vorgesetzter«	27.30	7.68 (n = 468)	23.79**	8.41 (n = 69)	-3.280	.141
SU »Mitarbeitende«	32.94	4.75 (n = 465)	30.27**	5.90 (n = 68)	-3.702	.160
SU »proximal«	23.58	4.97 (n = 470)	22.26*	5.77 (n = 68)	-1.995	.086
SU »distal«	11.95	2.59 (n = 471)	11.65	2.93 (n = 67)	–	–
Tätigkeitsinhalte						
spontan Hilfesuchende	3.49	1.34 (n = 472)	4.07**	1.26 (n = 70)	-3.355	.144
spontane Seelsorge	3.54	1.36 (n = 473)	4.20**	1.21 (n = 70)	-4.014	.172
Sterbende/Kranke	3.56	1.37 (n = 473)	3.78	1.47 (n = 70)	–	–
Geburtstage/Jubiläen	4.37	1.48 (n = 472)	4.62	1.46 (n = 70)	–	–
dringende Anfragen	5.11	1.27 (n = 473)	5.65**	.89 (n = 70)	-3.322	.142
berufsfr. Organ.	3.96	1.58 (n = 472)	5.11**	1.33 (n = 70)	-5.777	.248
Vertretungsdienste	3.81	1.40 (n = 470)	4.41**	1.33 (n = 70)	-3.219	.138
spont. Hausmeistert.	3.44	1.58 (n = 473)	4.55**	1.46 (n = 70)	-5.396	.231
Naturkatastrophen	1.49	.90 (n = 472)	1.60	.90 (n = 70)	–	–
Verwaltungstätigkeiten	5.36	1.28 (n = 472)	5.91**	1.04 (n = 70)	-3.533	.151
Arbeit m. Alten	4.14	1.52 (n = 472)	4.48	1.36 (n = 70)	–	–
Flüchtlingshilfe	2.90	1.62 (n = 472)	3.21	1.53 (n = 70)	–	–

Kasualien	4.91	1.27 (n = 473)	5.11	1.24 (n = 70)	–	–
Konfirmandenunt.	4.28	1.43 (n = 470)	4.71*	1.29 (n = 70)	–	–
Fahrtzeiten	3.44	1.62 (n = 469)	3.74	1.77 (n = 70)	–	–
kultur. Angebote	3.24	1.38 (n = 472)	3.57*	1.42 (n = 69)	–	–
Planung/Durchf. GD	5.05	1.42 (n = 472)	5.41*	1.27 (n = 70)	–	–
Ehrenamtliche	4.89	1.35 (n = 473)	5.61**	.90 (n = 70)	-4.228	.181
allg.kirchl. Aufgaben	4.22	1.45 (n = 471)	4.78*	1.49 (n = 70)	–	–

Tabelle 13. *Teststatistik: Mann-Whitney-U-Test in z approximiert; *: Unterschied auf dem Niveau p ffi 0.05 signifikant; **: Unterschied auf dem Niveau* $p \leq 0.001$ *signifikant. Effektstärke:* r = z / (√N)*;* N = $n_{low\ risk} + n_{high\ risk}$.
A = Arbeitsanforderungen, ES = Entscheidungsspielraum, SU = Soziale Unterstützung, berufsfr. Organ. = berufsfremde Organisationstätigkeiten, spont. Hausmeistert. = spontane Hausmeistertätigkeiten, Konfirmandenunt. = Konfirmandenunterricht, kultur. = kulturelle, Durchf. = Durchführung, allg.kirchl. = allgemeinkirchliche.

Benjamin Stahl, Silvia Neumann

Stadt, Land, Frust?

Wie unterscheiden sich Stadt- und Landpfarramt?

Nachdem die Daten zunächst insgesamt untersucht wurden, um die Spezifika der Belastungserscheinungen im Pfarramt aufzudecken und eine *high-risk*-Gruppe näher beschreiben zu können, wird nun das Augenmerk auf den Unterschied zwischen Stadt- und Landpfarramt gelegt.

Die grundlegende Unterscheidung zwischen Stadt und Land wird in dieser Studie mit Hilfe statistischer Marker zur Einwohnerdichte und Erreichbarkeit von Mittelzentren in Pkw-Minuten getroffen.[1] Die evangelischen Landeskirchen in Deutschland haben ein flächendeckendes Organisationsprinzip. In nahezu allen Landeskirchen existieren Verteilungsschlüssel bzw. Ausgleichsmechanismen, die eine geringere Bevölkerungs- und Kirchenmitgliederdichte berücksichtigen. Um die flächendeckende Organisation aufrechtzuerhalten, werden Pfarrstellen unterschiedlich bemessen.[2] Diese Ausgleichsmechanismen und der Fakt, dass die ländlichen Räume flächenmäßig den größten Anteil des bundesdeutschen Gebiets ausmachen, führen dazu, dass es insgesamt weniger Stadtpfarrer als Landpfarrer gibt.[3] Dies spiegelt sich auch konsequent in unseren Daten wider.

Als Ausgangspunkt für den Vergleich der Stadt- und Landpfarrer soll die Beschreibung von Alex/Schlegel dienen. Hier wird die spezifische Not der Landpfarrer beschrieben:

---

1 Die Stichprobe wird, wie im Beitrag von Stahl in diesem Band beschrieben (Kap. 7 u. 8), nach Stadt und Land aufgeteilt. Den folgenden Ausführungen liegen deshalb maximal 187 Datensätze »Stadtpfarrergruppe« und 420 Datensätze »Landpfarrergruppe« zugrunde (für einzelne Auswertungen immer mit »N« angegeben). Insofern hier das Landpfarramt als parochiales Pfarramt bzw. Flächenpfarramt besonders im Blick ist, wurden diejenigen Datensätze aussortiert, in denen der Anteil eines Funktionspfarramts bei 50 % liegt. Die Arbeitsbelastung und das Belastungserleben auf solchen geteilten Stellen wären eine weitere intensive Betrachtung wert, die hier leider nicht geleistet werden kann.

2 Vgl. bspw. die Berechnungsgrundlagen für Personalstellenanteile in der Evangelisch-Lutherischen Landeskirche Sachsens (Hg.): Kirche mit Hoffnung in Sachsen. Struktur und Berufsfeld – Grundlagen zur künftigen Struktur- und Stellenplanung und zur Weiterentwicklung der Berufsfelder im Verkündigungsdienst innerhalb der Evangelisch-Lutherischen Landeskirche Sachsens, Dresden: 2016, 11.

3 Der Anteil der ländlichen Gebiete liegt bei 60,6 %, vgl. URL: <https://www.bbsr.bund.de/BBSR/DE/Raumbeobachtung/Raumabgrenzungen/deutschland/gemeinden/raumtypen2010_vbg/Raumtypen2010_alt.html> (2.3.2019, 6:32 Uhr).

> »So stiegen die Anforderungen im Zuge von Strukturvergrößerungen mit Blick auf eine wachsende Anzahl an Predigtstellen und damit von Gottesdiensten bzw. mehr Gremien und Gruppen (mit weniger werdenden Teilnehmenden). Mit einem geographisch größeren Verantwortungsbereich stiegen ebenfalls die Verwaltungsanforderungen für Friedhöfe und Liegenschaften sowie die Kommunikationsaufgaben und Logistikanforderungen. [...] Zudem fällt den Pfarrpersonen – sowohl von Seiten der Kirchenleitung als auch von Seiten der Gemeinde – die Rolle des Koordinators und Umsetzers von Strukturveränderungen zu. Konstant bleibt meist gleichzeitig die traditionelle Erwartungshaltung, religiös in bekannten Formen versorgt zu werden. [...] ›Die Strukturveränderungen führen zu einer permanenten Mehrbelastung durch Aufgaben und Erwartungen.‹«[4]

Insofern hier Besonderheiten des Landpfarramts geschildert werden, ist davon auszugehen, dass sich an den genannten Punkten Stadt- und Landpfarramt deutlich voneinander unterscheiden. Weiterhin liegt die Vermutung nahe, dass diese Besonderheiten zu einer Mehrbelastung der Landpfarrer führen. Beides sind plausible Annahmen. Unsere Studie soll nun dazu dienen, diese Annahmen zu prüfen.

Deswegen werden zuerst einige der Annahmen von Alex/Schlegel – da, wo es möglich ist – mit unseren Daten überprüft. Die leitende Frage ist: Wie groß sind die Unterschiede zwischen Stadt- und Landpfarramt?

In einem zweiten Schritt wird überprüft, ob der Faktor »Land« zu einer Mehrbelastung führt. Dazu wurden die Daten mittels einer hierarchischen Regressionsanalyse berechnet. Dieses Verfahren gibt außerdem Aufschluss darüber, wie die Zusammensetzung der Be- und Entlastungsfaktoren für den jeweiligen Kontext aussieht. Es wird also möglich, ein städtisches und ländliches Belastungsprofil zu erstellen.

Diese kontextspezifischen Belastungsprofile ermöglichen dann einen dritten Schritt: Die Analyse von Ansatzpunkten für organisationale Maßnahmen, die der Verbesserung der Arbeitsgesundheit im Land- und Stadtpfarramt dienen. Dazu sollen im dritten Teil dieses Beitrags wiederum gezielt deskriptive Daten herangezogen werden.

4 Martin Alex/Thomas Schlegel (Hg.): Mittendrin! Kirche in peripheren ländlichen Regionen, BEG 21, Neukirchen-Vluyn 2014, 24, zitieren: Annegret Freund/Ralf-Peter Fuchs/Matthias Rost u. a.: Bei dir ist die Quelle des Lebens. Überlegungen und Anregungen für eine Gemeindekirche von morgen. Ein Arbeitspapier der Ev.-Luth. Kirche Thüringens, 2009, 21.

1 Unterschiede zwischen Stadt- und Landpfarrergruppe

1.1 Personenbezogene Unterschiede in der Stadt- und Landpfarrergruppe

Zu Beginn der Beschreibung der Stadt- und Landgruppe soll ein Blick auf die Geschlechter- und Altersverteilung geworfen werden.

In Bezug auf die Geschlechterverteilung kann festgehalten werden, dass Frauen relativ gesehen häufiger in der Stadt als auf dem Land zu finden sind. Der Anteil von Frauen an der Gruppe Stadtpfarramt beträgt 39 % (N = 187), während der Anteil von Frauen an der Gruppe Landpfarramt 33 % (N = 420) beträgt.

Schaut man auf die Altersverteilung, ergibt sich ein interessanter Befund (vgl. Abb. 1). Dargestellt ist die prozentuale Verteilung der Pfarrer, die zuvor in Altersclustern von fünf Jahren unterteilt wurden (N_{Stadt} = 187, N_{Land} = 414). In der Stadt befindet sich relativ gesehen eine ältere Klientel, da hier weniger 30- bis 44-Jährige vorhanden sind, dafür aber mehr von denen, die über 55 Jahre alt sind. Inwiefern das mit einer internen Hierarchie der Stellen zu tun hat, in der Stadtstellen bevorzugt werden und als Aufstieg gelten, der in den beamtenähnlichen Verhältnissen mit der zunehmenden Dienstzeit kommt, oder mit der allgemeinen Praxis, jüngere Pfarrer zunächst auf Landstellen zu entsenden, kann hier nur als Vermutung geäußert werden. Immerhin ist der Befund auffällig, insofern er sich gegen den Trend in der Bevölkerung verhält. Hier ist der Altersdurchschnitt in den Städten wesentlich geringer als auf dem Land. Insgesamt zeigt sich eine Belegschaft, die in die Jahre gekommen ist. Schaut man auf diejenigen, die über 50 Jahre alt sind, dann sind das in der Stadt 67 %

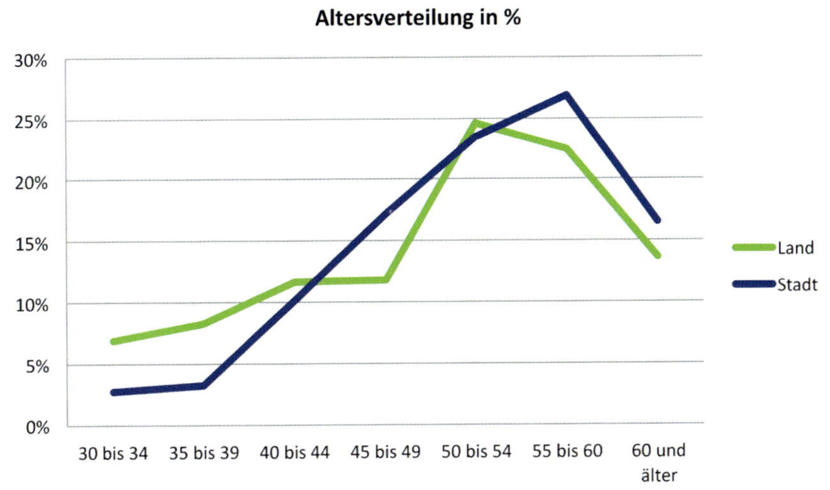

Abbildung 1

der Belegschaft und auf dem Land 61 % der Belegschaft. In den nächsten 15 Jahren scheiden damit rund zwei Drittel der jetzt aktiven Pfarrer aus dem Dienst aus.

1.2 Strukturelle Unterschiede zwischen Stadt- und Landpfarrergruppe

Abb. 2 zeigt die Anzahl der Kirchenmitglieder pro Pfarrstelle aufgeteilt nach Stadt- und Landpfarrern. Trotz der absolut höheren Anzahl von Landpfarrern (N = 419) im Vergleich zu Stadtpfarrern (N = 187) zeigt sich eine deutlich unterschiedliche Verteilung innerhalb der Gruppen: Die Mehrheit der Landpfarrer arbeitet in Gemeinden mit bis zu 1 500 Kirchenmitgliedern, während Stadtpfarrer mehrheitlich in Gemeinden zwischen 1 500 und 4 000 (und mehr) Kirchenmitgliedern arbeiten. Hier zeigt sich recht deutlich der eingangs genannte Ausgleichsmechanismus: Landpfarrer sind für weniger Kirchenmitglieder zuständig, haben aber dafür – nach Alex/Schlegel – mehr Predigtstätten, Gottesdienste, Liegenschaften etc.

Hinsichtlich der Predigtstätten können wir diese Sichtweise mit unseren Daten belegen: Stadtpfarrer (N = 178) haben in der Regel eine bis zwei Predigtstätten in ihrem Verantwortungsbereich: 43 % der Stadtpfarrer sind lediglich für eine Predigtstätte zuständig. 28 % der Stadtpfarrer haben zwei Predigtstätten, der Rest mehr. Das heißt, dass eine Mehrheit von 71 % für ein bis zwei Predigtstätten zuständig ist.

Für die Landpfarrer (N = 405) sieht das anders aus. Hier haben nur 21 % eine Predigtstätte und 18 % zwei Predigtstätten. Die Mehrheit von 61 % ist für drei und mehr Predigtstätten zuständig – wobei die meisten Landpfarrer zwi-

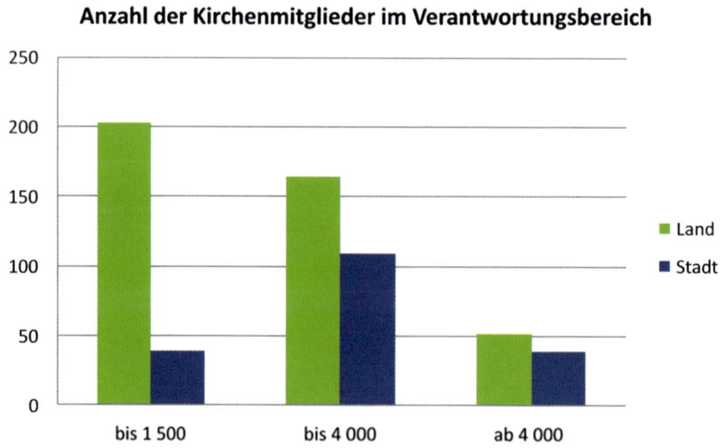

Abbildung 2

schen drei und acht Predigtstätten haben. Die Anzahl der wöchentlichen und sonntäglichen Gottesdienste zeigt dementsprechend bei den Landpfarrern eine höhere Taktzahl. So sind die Landpfarrer also für weniger Kirchenmitglieder, aber mehr Orte zuständig.

Alex/Schlegel sprechen außerdem von einem »geographisch größeren Verantwortungsbereich«. Dies lässt sich auch anhand unserer Daten zeigen: Die entfernteste Predigtstätte auf dem Land (N = 420) erreichen die meisten in 15 bis 20 Minuten – seltener sind Fahrzeiten bis zu einer halben Stunde und mehr. Im Vergleich dazu erreichen die meisten Stadtpfarrer (N = 187) ihre entfernteste Predigtstätte innerhalb von 10 Minuten und weniger.

57 % der Landpfarrer melden dementsprechend auch zurück, dass die Fahrzeiten die Arbeitsanforderungen im Dienstalltag mindestens mäßig erhöhen. Bei Stadtpfarrern erhöhen die Fahrzeiten die Arbeitsanforderungen nur unwesentlich, denn die Fahrzeiten sind hier in der Regel in einem Bereich, der ihre Kraft und Zeit nicht nennenswert beansprucht.

Diese Beschreibungen markieren Unterschiede, die die Mehrheiten der jeweiligen Pfarrergruppe hinter sich haben. Festzuhalten ist aber auch, dass es Landpfarrer mit nur einer Predigtstelle gibt, und Stadtpfarrer, die lange fahren müssen und für mehrere Orte zuständig sind. Die Gruppen sind in dieser Hinsicht plural, jedoch lassen die großen Mehrheiten dann doch typische Tendenzen – wie hier dargestellt – erkennen. Damit ist auch ein Großteil der Bereiche genannt, in denen wir hinsichtlich der Struktur signifikante Unterschiede zwischen Stadt- und Landpfarrern entdeckt haben.[5]

1.3 Unterschiede bei den Arbeitsanforderungen zwischen Stadt- und Landpfarrergruppe

Alex/Schlegel gehen – im Einklang mit der pastoraltheologischen Forschung – weiterhin davon aus, dass mit den strukturellen Voraussetzungen auch erhöhte Arbeitsanforderungen einhergehen. Sie verweisen dabei vor allem auf die Gottesdienste sowie Verwaltungs- und Organisationstätigkeiten. Für beide Bereiche soll ein Stadt-Land-Vergleich durchgeführt werden.

Fragt man die Stadt- und Landpfarrer (N_{Stadt} = 187, N_{Land} = 419), inwiefern die Planung und Durchführung von Gottesdiensten ihre Arbeitsanforderungen erhöhen, zeigt sich folgendes Antwortverhalten (vgl. *Abb. 3*).[6]

5 Hinzuzufügen ist, dass diese Unterschiede theoriekonform sind, da ja unsere Hauptunterscheidungsmerkmale für Stadt und Land stark auf die Unterschiede in Bevölkerungsdichte und Entfernungen abheben.

6 Man mag zwischen Stadt- und Landgruppe unterschiedliche Werte in den Diagrammen erkennen. Zu fragen ist allerdings, inwiefern die unterschiedlichen Werte eher aus Zufall entstehen oder einen wirklichen Unterschied darstellen. In der Statistik gibt es dafür Konventionen und Verfahren, die bei der

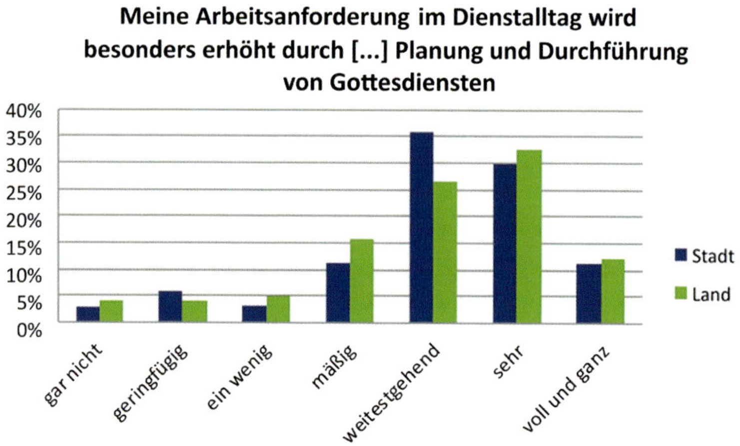

Abbildung 3

Im Vergleich wird deutlich, dass die Antworten der Stadt- und Landpfarrer ein sehr ähnliches Muster ergeben. Die Landpfarrer stimmen eher zu, dass die Arbeitsanforderungen durch die Gottesdienstplanung und -durchführung erhöht werden, wenn man auf die höchsten Werte für die Zustimmung (»sehr«/»voll und ganz«) schaut. Für die Stadtpfarrergruppe bedeutet Gottesdienstplanung und -durchführung zum großen Teil »weitestgehend« eine Erhöhung der Arbeitsanforderung. Insgesamt sind die Unterschiede statistisch nicht signifikant.[7] Beide Gruppen melden durch die Einschätzung von eher hohen Arbeitsanforderungen zurück, dass sie im Dienstalltag viel mit Gottesdienst beschäftigt sind. Das spricht an dieser Stelle erst einmal für einen sinnvollen Personaleinsatz, denn hier werden die Pfarrer gefordert, wofür sie im Besonderen da sind – es heißt noch nicht, dass damit Überlastungen einhergehen.

Weitestgehend gleich sind beide Gruppen ($N_{Stadt} = 187$, $N_{Land} = 420$) hinsichtlich der Rückmeldungen zum Anstieg der Arbeitsanforderungen durch Verwaltungstätigkeiten (vgl. Abb. 4).[8]

Interpretation der Werte helfen. Man fragt nach überzufälligen – d. h. signifikanten – Unterschieden. Erst wenn solche Signifikanztests einen bestimmten Wert für die Abweichung erreichen, spricht man von statistisch signifikanten Unterschieden. Dies ist für Abb. 3 u. 4 nicht der Fall. Im weiteren Verlauf des Textes ist das Wort »signifikant« ein Marker dafür, dass es sich um statistisch getestete und in diesem Sinne bedeutsame Unterschiede handelt (konventionell wird ein p-Wert unter 0,05 als statistisch signifikant eingeschätzt).

7 Bei einem Mittelwertvergleich: $M_{Stadt} = 5{,}064$ (SD = 1,397), $M_{Land} = 5{,}026$ (SD = 1,479), T = 0,296, df = 604, $p_{(2\text{-seitig})} = 0{,}767$.

8 Zur Auseinandersetzung, was sich hinter der breiten Formulierung »Verwaltungstätigkeiten« alles

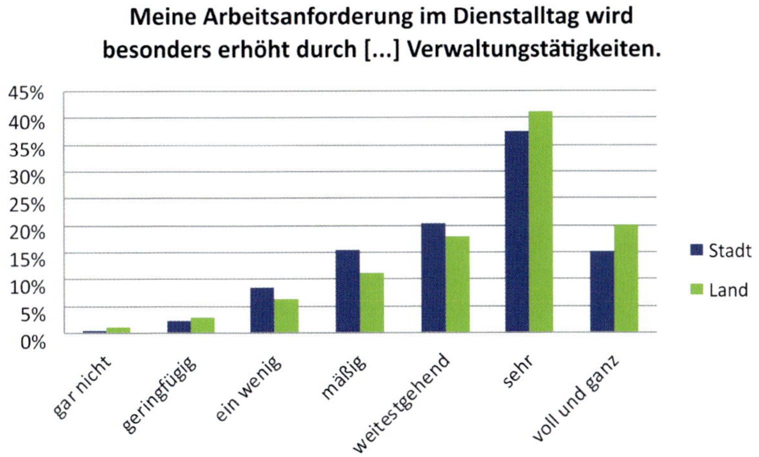

Abbildung 4

Das Antwortverhalten in beiden Gruppen verläuft auch hier erstaunlich parallel. Die Unterschiede sind aus statistischer Sicht vernachlässigbar gering.[9] Erstaunlicher ist jedoch die Stärke, mit der beide Gruppen zurückmelden, dass Verwaltungstätigkeiten die Arbeitsanforderungen stark erhöhen.[10] Denn hier zeigt sich insgesamt eine Verschiebung an. Während in älteren Studien zur Berufszufriedenheit von Pfarrern normalerweise der Gottesdienst und ähnliche Tätigkeiten an oberster Stelle der Arbeitsanforderungen standen, zeigt unsere Studie, dass diese Position nun von »Verwaltungstätigkeiten« besetzt ist.[11] Diese Verschiebung kann ein Hinweis auf einen möglichen ungünstigen Personaleinsatz sein: Wenn Pfarrer nicht in ihren Kernkompetenzen am meisten gefordert sind, sollte das zu denken geben, da dies meist auf die eine oder andere Weise kostspielige Entwicklungen zuungunsten einer Organisation sind.[12]

---

verstecken könnte und was diesbezüglich aus kirchenleitender Sicht getan werden kann und getan wird: vgl. den Beitrag von Ahnert-Sundermann in diesem Band.

9 Bei einem Mittelwertvergleich: M_{Stadt} = 5,263 (SD = 1,303), M_{Land} = 5,450 (SD = 1,334), T = -1,599, df = 604, $p_{(2\text{-seitig})}$ = 0,107 (statistisch nicht signifikant).

10 Vgl. den Beitrag von Hanser, Kap. 6.3.4.

11 Vgl. bspw. Manuel Kronast: Antworten – Fragen – Perspektiven. Ein Arbeitsbuch zur Pastorinnen- und Pastorenbefragung der Evangelisch-lutherischen Landeskirche Hannovers, in: Stefan Bölts/Wolfgang Nethöfel (Hg.): Pfarrberuf heute: Befragungen und Studien zum Pfarrberuf. Netzwerk Kirche 5, Berlin 2010, 67. Hier rangieren die Verwaltungstätigkeiten nicht im oberen Bereich der pfarramtlichen Stressoren.

12 Vgl. Ewald Scherm/Stefan Süß: Personalmanagement, München ^{3}2016, 54.

Es müsste allerdings durch weitere Forschung überprüft werden, ob sich hier ein Trend abzeichnet. Außerdem wäre aufzuklären, was sich hinter der Chiffre »Verwaltungstätigkeiten« alles verbirgt. In unserer Studie müssen wir davon ausgehen, dass »Verwaltungstätigkeiten« als eine Art Containerbegriff aufgefasst wurde. Mit Alex/Schlegel gesprochen, könnte hier eine Zunahme von Verwaltungstätigkeiten im Sinne der Erhöhung des Aufkommens von Verwaltung durch mehr Gebäude, Liegenschaften, mehr Gremienarbeit, damit einhergehende Erhöhung logistischer sowie kommunikativer Anforderungen und die Rolle des Koordinators und Umsetzers in Strukturprozessen gemeint sein. Das, was alles als Verwaltung oder Organisationstätigkeiten aufgefasst werden kann, ist arbeitsmäßig auf sehr unterschiedlichen Ebenen angesiedelt und bedarf deswegen auch unterschiedlicher Maßnahmen. Während man von einfachen Verwaltungstätigkeiten durch Weiterbildung und Erhöhung des Stellenumfangs der Verwaltungsmitarbeiter Entlastung schaffen kann, wird die Organisation eines Strukturprozesses ganz andere Unterstützungssysteme benötigen. Eine präzisere Vorstellung wäre durch weitere Forschung zu erhalten. Wir können hier zumindest feststellen, dass die Pfarrer stark zum Ausdruck bringen mit Dingen befasst zu sein, die eine Überprüfung des Personaleinsatzes als sinnvoll erscheinen lassen.

Weiterhin wird von Alex/Schlegel beobachtet, dass Landpfarrer durch die Strukturveränderungen organisational herausgefordert werden, mit den gleichbleibenden Erwartungen der Kirchenmitglieder umgehen müssen und in diesen Veränderungsprozessen nicht nur kommunikativ herausgefordert sind. Vereinfacht gesagt, ist das Potential größer, mit Konflikten beschäftigt zu sein. Allerdings ist festzuhalten, dass Stadtpfarrer eher durch Konflikte belastet werden als Landpfarrer. So melden Stadtpfarrer (N = 186) zurück, dass ihre Arbeitsanforderungen im Dienstalltag durch Konflikte mäßig bis weitestgehend (M = 4,5; SD = 1,188) erhöht werden. Landpfarrer hingegen (N = 419) erleben durch Konflikte nur eine mäßige Erhöhung (M = 4,3; SD = 1,192) der Arbeitsanforderungen in ihrem Dienstalltag.[13] Der Unterschied zwischen beiden Gruppen ist statistisch signifikant.[14]

Hinsichtlich der Arbeitsanforderungen lässt sich zusammenfassend festhalten, dass die geringen Ausprägungen der Unterschiede erstaunlich sind und nicht erwartungskonform mit derzeitigen Hypothesen der Forschung sind. Denn trotz der eingangs genannten Unterschiede zwischen Stadt und Land sind die Antwortmuster bei diesen Fragen nach den Arbeitsanforderungen im Großen und Ganzen erstaunlich ähnlich.

---

13 Mittelwerte können einen Wert von 1 bis 7 annehmen, da die Items mit einer 7-stufigen Skala erfasst wurden. Vgl. bspw. dazu Abb. 20: »Wie belastend ist Einsamkeit«.

14 $T = 2{,}281$, $df = 603$, $p_{(2\text{-seitig})} = 0{,}023$.

1.4 Unterschiede bei Belastungsmarkern in der Stadt- und Landpfarrergruppe

Es ist unsere Hypothese, dass die Landpfarrer aufgrund der für sie typischen Arbeitsbedingungen, die durch vergangene Strukturreformen entstanden, stärker belastet sind als Stadtpfarrer. Dieser Hypothese soll nun nachgegangen werden. Dazu werden einzelne Sachverhalte, die mit Belastungserleben in Zusammenhang stehen, dargestellt. Insofern es sich hier um die Darstellung einer Häufigkeitsverteilung von einzelnen Items handelt, wird die Stichprobe lediglich beschrieben. Die Darstellung in diesem Unterkapitel liefert also Hinweise auf Belastungen, macht aber noch keine Aussagen darüber, worauf diese zurückzuführen sind.

Vergleicht man nun das Antwortverhalten auf die Frage: »Meine Arbeitsbelastung hat in den letzten 5 Jahren ... (stark) zugenommen, weder noch, (stark) abgenommen«, dann zeigt sich lediglich ein marginaler Unterschied zwischen Stadt (N = 187) und Land (N = 416; vgl. *Abb. 5* u. *6*).

Während 34 % der Stadtpfarrer angeben, dass ihre Arbeitsbelastung in den letzten fünf Jahren stark abgenommen, abgenommen oder zumindest weder zu- noch abgenommen hat, behaupten das nur 26 % der Landpfarrer von sich. So erlebten mehr Landpfarrer die letzten fünf Jahre als Jahre der Zunahme von Arbeitsbelastung.

In der Arbeits- und Organisationspsychologie gilt die Absicht, seine Stelle zu wechseln, als Anzeichen für Unzufriedenheit und Belastung. Vergleicht man die Stadt- und Landpfarrer (N_{Stadt} = 187, N_{Land} = 413) in dieser Hinsicht, lassen sich drei interessante Beobachtungen machen (vgl. *Abb. 7*).

Als Erstes ist festzustellen, dass 72 % der Stadtpfarrer und 64 % der Landpfarrer nicht die Absicht haben, die Stelle zu wechseln.[15] In dieser Hinsicht meldet die große Mehrheit zurück, dass sie mit der momentanen Stelle einigermaßen zufrieden sind. Zweitens zeigen rund 40 % der Landpfarrer an, dass sie unzufrieden und belastet sind und die Stelle wechseln wollen – bei den Stadtpfarrern trifft das nur auf 30 % zu.[16] Drittens ist interessant, von welchem

---

15 Fragt man nach den Stellenwechseln, die Pfarrer in ihren Dienstjahren schon vollzogen haben, dann zeigt sich, dass ein Drittel (33 %) der Landpfarrer nie die Stelle gewechselt haben. Bei den Stadtpfarrern trifft das nur auf 17 % zu. Allerdings haben 39 % der Stadtpfarrer ihre Stelle einmal gewechselt (der Rest häufiger). Bei den Landpfarrern trifft ein einmaliger Wechsel auf 30 % zu. So zeigt sich, dass Landpfarrer in der Tendenz weniger häufig die Stelle wechseln als Stadtpfarrer.

16 Dieser Indikator hat eine Parallele: Fragt man danach, in welcher Umgebung häufiger Pfarrer zu finden sind, die zur Risikogruppe (rund 33 % der Pfarrer – nicht *high-risk*-Gruppe, das sind rund 13 %; vgl. den Beitrag von Hanser in diesem Band, Kap. 6.1.1) gehören, dann gibt es hier einen statistisch signifikanten Unterschied (N = 592; Chi^2 = 5,424; $pFisher_{(2\text{-seitig})}$ = 0,021): Es zeigt sich, dass 30,3 % in der Stadt und 40,2 % auf dem Land der Risikogruppe zugeordnet werden können. Damit ist allerdings

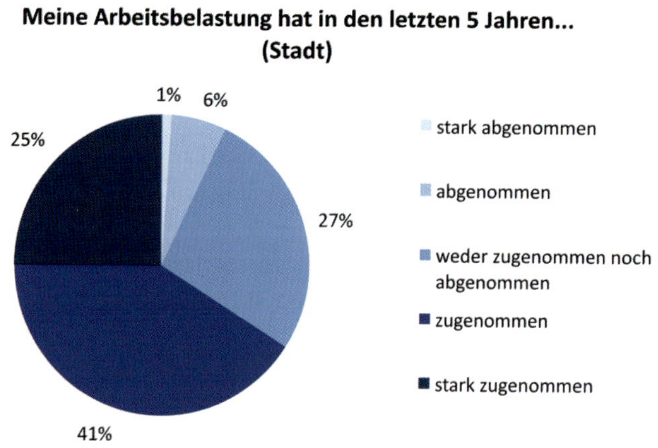

Abbildung 5

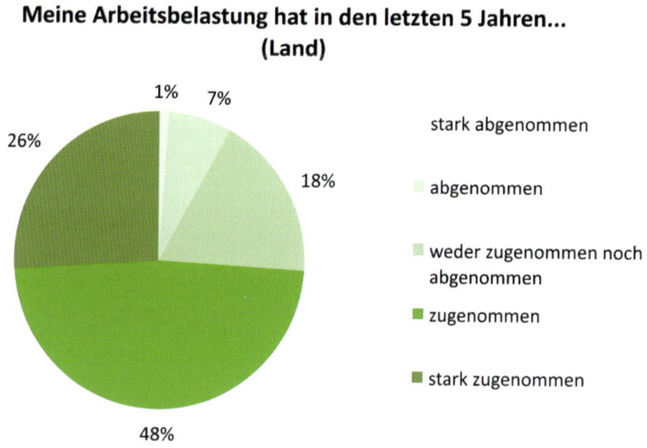

Abbildung 6

Kontext aus die Pfarrer zu welchem Zielkontext wechseln wollen. Es zeigt sich, dass Funktionspfarrämter in beiden Gruppen das begehrteste Wechselziel sind. Weiterhin zeigt sich auch, dass Stadtpfarrer es sich weniger häufig vorstellen können, in ein Landpfarramt zu wechseln, sie bleiben lieber in städtischen Verhältnissen. Landpfarrer können es sich am ehesten vorstellen, wieder in ein Landpfarramt zu gehen. Sie würden aber zu einem ähnlich hohen Prozentsatz in ein Stadtpfarramt wechseln. Insgesamt wird so eine Tendenz

noch nicht gesagt, dass die Umgebung »Land« stärker zur Belastung beiträgt (vgl. dazu die Ausführungen in Kap. 2 dieses Beitrags).

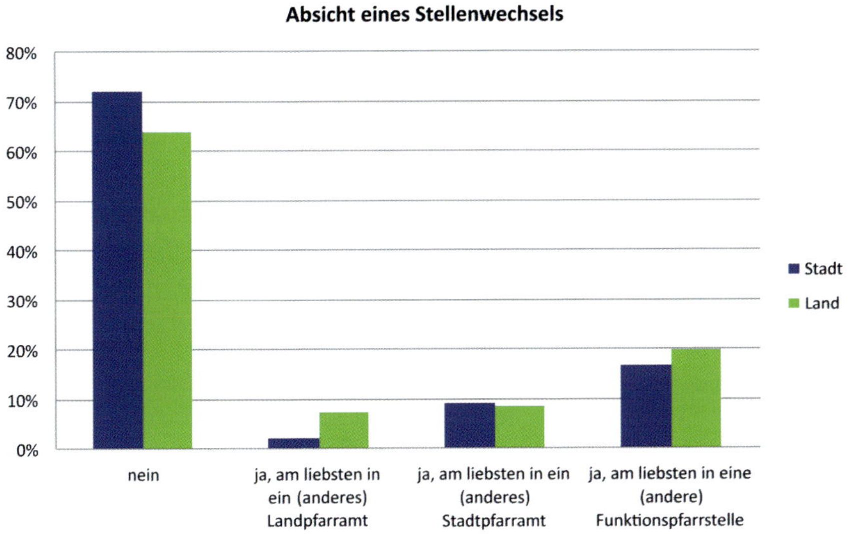

Abbildung 7

sichtbar, die auf eine kleine Hierarchie der Stellen hinweist: zuerst kommt das Funktionspfarramt, dann das Stadtpfarramt und zum Schluss das Landpfarramt. So kann man für die Analyse der Wechselabsicht festhalten, dass Landpfarrer eher belastet sind als Stadtpfarrer und Landpfarrstellen auch weniger begehrt sind als andere Pfarrstellen.

Schaut man jedoch auf ärztlich gestellte Diagnosen, dann ist die Gruppe der Stadtpfarrer (N = 187) leicht häufiger betroffen. Hier hatten rund 13 % eine Erkrankung in der Vergangenheit oder eine aktuelle Burnoutdiagnose, während auf dem Land (N = 418) der aktuelle und in der Vergangenheit liegende Anteil der Betroffenen bei 11 % lag.[17] Es zeigen sich hinsichtlich der Belastung bzw. Belastungserkrankungen eher geringe Abweichungen zwischen Stadt- und Landpfarrern, denn die Unterschiede liegen größtenteils im unteren einstelligen Prozentbereich. Wie schon vermerkt, bedarf es zur tatsächlichen Feststellung, ob der Faktor »Land« stärker zur Belastung beiträgt, anderer Berechnungen. Deswegen kommt im zweiten Abschnitt das Verfahren der hierarchischen Regressionsanalyse zum Einsatz.

17 Aktuell von einem Burnoutsyndrom betroffen waren rund 1 % der Stadtpfarrer und rund 2 % der Landpfarrer. Eine aktuelle ärztlich diagnostizierte depressive Erkrankung lag bei rund 2 % der Stadtpfarrer (N = 182) und rund 4 % der Landpfarrer (N = 416) vor. Diese Tendenz ändert sich, wenn man frühere Diagnosen hinzunimmt, zu Ungunsten der Stadt. Es muss Spekulation bleiben, ob früher erkrankte Landpfarrer dann eher in ein Stadtpfarramt wechseln und so diese geringfügige Verschiebung zustande kommt. Insgesamt bleibt festzuhalten, dass die Unterschiede äußerst gering sind.

2 Arbeitsbelastung der Stadt- und Landpfarrer im Vergleich

Wie lässt sich nun die Arbeitsbelastung von Stadt- und Landpfarrern vergleichen? Hierfür wurde von uns ein Modell aus der Arbeits- und Organisationspsychologie für das Pfarramt aufbereitet. Es handelt sich um das Job-Demand-Control-Support-Modell (JDCS), welches in seiner Grundausformung auf Karasek/Theorell zurückgeht.[18]

Dieses Modell misst die Arbeitsanforderungen eines Berufs (*job demands*) und setzt sie ins Verhältnis zu den Freiheiten bzw. dem Entscheidungsspielraum (*control*) und der arbeitsbezogenen sozialen Unterstützung (*social support*) eines Arbeitnehmers. Die Grundidee dabei ist, dass hohe Arbeitsanforderungen durch einen hohen Entscheidungsspielraum und hohe soziale Unterstützung kompensiert werden können. Der Vorhersage gemäß müsste dann beispielsweise ein Informatiker, der komplexe Dinge programmieren soll (hohe Arbeitsanforderungen) und ständig gesagt bekommt, was er wie in seinem Projekt zu tun habe, sowie keine Weiterbildungen in Anspruch nehmen darf (niedriger Entscheidungsspielraum), und der von den Kollegen auch noch gemieden und vom Chef benachteiligt wird (niedrige soziale Unterstützung), mit der Zeit Engagement und Einsatzfreude verlieren und beginnen wird, Überlastungserscheinungen zu zeigen. Es ist durch viele Studien belegt, dass eine ungünstige Konstellation im JDCS-Modell mit Burnout korreliert und auch mit einer geringeren Schaffenskraft und Zufriedenheit der Angestellten einhergeht.

Die korrelativen – nicht kausalen – Zusammenhänge zwischen Berufsprofil und Belastung wurden für die Gesamtstichprobe bei Hanser dargestellt.[19] Nun folgt ein weiterer Analyseschritt, der die inneren Zusammenhänge des JDCS-Modells im Pfarramt untersucht, um festzustellen, welche Aspekte des Modells jeweils stärker mit einem Burnout-Risiko korrelieren. Methodisch gesehen handelt es sich hierbei um die Rechnung einer hierarchischen Regressionsanalyse.[20]

In unserer hierarchischen Regressionsanalyse werden allgemeine Faktoren (Alter, Geschlecht, Umgebung) und die im JDCS-Modell genannten Faktoren auf ihre Auswirkung auf Burnout Zug um Zug getestet. Es werden in die Gleichung nacheinander – Block für Block – immer mehr Faktoren eingebaut (darum: »hierarchisch«). So können Aussagen über deren Wirkung in der

18 Robert A. Karasek Jr./Töres Theorell: Healthy work, stress, productivity, and the construction of the working life, New York 1990; vgl. Beitrag Hanser, Kap. 4.2.3.

19 Vgl. den Beitrag Hanser, Kap. 6.3.2.

20 Vgl.: Dieter Urban/Jochen Mayerl: Angewandte Regressionsanalyse. Theorie, Technik und Praxis, Studienskripte der Soziologie, Wiesbaden ^{5}2018.

Anwesenheit der in die Gleichung aufgenommenen Faktoren getroffen werden. Damit wird es möglich, Faktoren zu identifizieren, die besonders stark dazu beitragen, dass es zu Überlastungserscheinungen kommt.

Zwei Fragen schließen sich daran an: (1) Was trägt der Faktor »Stadt- oder Landumgebung« aus? (2) Wirken die Faktoren, die in der Stadt zur Be- oder Entlastung beitragen, anders als auf dem Land? – Gibt es also kontextspezifische Belastungsprofile?

2.1 *Trägt die Umgebung »Landpfarramt« stärker zur Belastung bei als die Umgebung »Stadtpfarramt«?*

Im Folgenden wird die Gruppe im »Risikostadium« untersucht. Es wird gefragt, welche Faktoren besondere Auswirkungen auf diese Gruppe von 33,3 % unserer Probanden haben.

In einem ersten Block der hierarchischen Regression werden allgemeine Faktoren und deren Auswirkung getestet. Wir fragten nach Alter, Geschlecht, Familienstand und in welcher Umgebung (Land verglichen mit Stadt) Pfarrer arbeiten.

Das Ergebnis dieser Analyse ist in *Tabelle 1*, Block 1 dargestellt.[21] Es zeigt sich, dass alle genannten Faktoren keinen relevanten Einfluss darauf haben, zur Burnout-Risikogruppe zu gehören ($Chi^2 = 4{,}309$; $df = 5$; $p_{(2\text{-seitig})} = 0{,}506$; $R^2 = 0{,}011$; $N = 514$). Dieses Modell weist mit R2 = 0,011 eine geringe Effektstärke auf.[22] Es zeigt sich, dass das Modell mit p = 0,506 statistisch nicht signifikant ist.[23] Das bedeutet: Fragt man, ob Alter, Geschlecht (Frauen verglichen mit Männern), Familienstand (»in Beziehung« und »geschieden« verglichen mit »ledig«) und die Umgebung (Land verglichen mit Stadt) im Modell einen Unterschied zeigen, dann ist die Antwort: nein.[24]

Wir haben also keinen nennenswerten Unterschied durch den Faktor »Land« hinsichtlich der Arbeitsbelastung ausmachen können. Die Umgebung »Land« trägt somit nicht zu einer Mehrbelastung bei.[25] Dieses Ergebnis ist erstaunlich, da es den stark plausiblen Annahmen widerspricht. Die in der pastoraltheologischen Forschungsliteratur weit verbreitete Annahme, dass Landpfarrer aufgrund der besonderen Situation der ländlichen Räume belas-

21 Die Tabellen befinden sich im Anhang zu diesem Beitrag.

22 Zur Einschätzung von R2: R2 = 0,0196 (kleiner Effekt); $R^2 = 0{,}1304$ (mittlerer Effekt); $R^2 = 0{,}2592$ (großer Effekt). Vgl. Jacob Cohen: A Power Primer, Psychological Bulletin 112/2 (1992), 155–159, hier: 159.

23 Ein p-Wert, der gegen 0 tendiert, gilt als stark. Ein p-Wert ab 0,05 markiert die Grenze dessen, was konventionell als statistisch signifikant betrachtet wird.

24 In Anbetracht der großen Stichproben und der relativ guten Power für die Stadt-Land-Gruppe von rund 0,7 kann der Einfluss von der Umgebung (Stadt/Land) vernachlässigt werden.

25 Wald = 1,737; df = 1; $p_{(2\text{-seitig})} = 0{,}187$; OR = 1,305; Power $(1-\beta) = 0{,}704$.

teter sind als Stadtpfarrer – die auch die hier zu überprüfende Hypothese darstellt –, kann damit als falsifiziert gelten.[26]

2.2 *Gibt es unterschiedliche Belastungsprofile für das Land- und Stadtpfarramt?*

Offen bleibt nun die zweite Frage, ob die Faktoren, die auf die Be- und Entlastung einwirken, in der Stadt- und Landgruppe unterschiedlich sind und unterschiedliche Wirkstärken entfalten. Dazu wurden erneut hierarchische Regressionsanalysen berechnet – allerdings beziehen sie sich dieses Mal auf die jeweiligen Teilgruppen. Die Ergebnisse für die Landgruppe sind in *Tabelle 2* dargestellt und die Ergebnisse für die Stadtgruppe in *Tabelle 3*.[27]

2.2.1 *Belastungsprofil des Landpfarramts*

Zuerst wird die Landpfarrergruppe betrachtet. Die Ergebnisse der Landpfarrergruppe (N = 352) sind in *Tabelle 2* zusammengefasst. Erwartungsgemäß zeigen die Kontrollvariablen Alter, Geschlecht und Familienstand auch hier keine Auffälligkeiten bzw. keinen signifikanten Einfluss auf die Chance, zur Risikogruppe zu gehören (vgl. *Abb. 8*).[28]

Abbildung 8

An dieser Stelle ist zu erläutern, dass die Ergebnisse der einzelnen Faktoren hinsichtlich des Risikos, zur Belastungsgruppe zu gehören, als (traurige) Chance angegeben werden. Die Ausgabe der Ergebnisse als Chance hat methodische Gründe.[29] Insofern hier eine Fall-Kontroll-Studie durchgeführt

26 Vgl. Beitrag Stahl, Kap. 5.

27 Die Tabellen befinden sich im Anhang zu diesem Beitrag.

28 Für Block 1 (vgl. *Tab. 2*): $Chi^2 = 3{,}420$ mit $df = 4$; $p = 0{,}490$ und $R^2 = 0{,}013$ bei $N = 352$.

29 Normalerweise erwartet man hier die Angabe eines relativen Risikos. Diese Angaben können aber nur über Langzeitstudien generiert wierden. Solange keine Langzeitstudien vorliegen, kann lediglich mit

wurde, kann nur eine Risikogruppe mit einer Nicht-Risikogruppe verglichen werden. Die unterschiedlichen Faktoren, die mit der Erkrankung oder Belastung im Zusammenhang stehen, werden ins Verhältnis gesetzt (bspw. ein hoher Entscheidungsspielraum mit einem niedrigen). So ergeben sich Chancen, unter Anwesenheit bestimmter Faktoren eher der Risikogruppe zuzufallen oder eben nicht. Diese Chancen werden als OR »*odds ratio*« angegeben.[30]

Im zweiten Block (vgl. *Tab. 2*, Block 2) wird der Faktor »soziale Unterstützung« eingeführt. Dieser Faktor aus dem Modell von Karasek/Theorell wird von uns aufgrund der Ergebnisse aus der englischsprachigen Forschung zum Landpfarramt mit größerer Aufmerksamkeit behandelt, da sich für Aspekte, die im Zusammenhang mit sozialer Unterstützung stehen, ein positiver Einfluss gezeigt hat.[31] In unseren Analysen zeigt dieser Faktor im Landpfarramt ebenfalls einen statistisch signifikanten Einfluss mit $Chi^2 = 23{,}001$; $df = 1$; $p_{(2\text{-seitig})} < 0{,}001$; $R^2 = 0{,}09$.

Es ist festzuhalten, dass auf dem Land eine hohe soziale Unterstützung unter Abwesenheit der Faktoren »Entscheidungsspielraum« und »Arbeitsanforderungen« einen positiven Einfluss hat. Mit OR = 3,006 haben Landpfarrer mit niedriger sozialer Unterstützung im Vergleich zu Landpfarrern mit hoher sozialer Unterstützung ein um 201 % gesteigertes Risiko, zur Gruppe mit Burnout zu gehören.

Werden nun in einem dritten Block (vgl. *Tab. 2*, Block 3, Abb. 10) noch die Faktoren »Arbeitsanforderungen« und »Entscheidungsspielraum« eingeführt, dann zeigt sich, dass der dritte Block mit $Chi^2 = 34{,}329$; $df = 2$; $p_{(2\text{-seitig})} < 0{,}001$; $R^2 = 0{,}215$ ebenfalls einen signifikanten Einfluss hat, der mit R2 = 0,215 eine mittlere bis große Effektstärke besitzt.

Im dritten Block zeigen sich für die OR folgende Verhältnisse mit statistischer Signifikanz[32]: Landpfarrer mit niedrigem Entscheidungsspielraum im Vergleich zu Landpfarrern mit hohem Entscheidungsspielraum haben bei OR = 1,689 eine um 69 % erhöhte Chance, zur Risikogruppe zu gehören. Landpfarrer mit niedriger sozialer Unterstützung haben im Vergleich zu Landpfarrern mit hoher sozialer Unterstützung bei OR = 2,407 eine um 141 % erhöhte

---

Verhältnisbestimmungen (Chancen) von aktuellen Gruppen der »Betroffenen« und »Gesunden« gearbeitet werden (vgl. Anm. 30).

30 OR = odds/ratio: Ein OR ist das Verhältnis zweier Chancen bzw. Odds. Wie stark verändert sich die Chance, zur Gruppe Y = 1 (Risikogruppe) zu gehören, wenn sich X (unabhängige Variable, bspw. *job demands*) um eine Einheit ändert? OR = 1 bedeutet dann: die Chance (*odd*), zur Risikogruppe zu gehören, ist identisch für beide Gruppen; OR > 1: Verhältnis 1 ist größer; OR < 1: Verhältnis 2 ist größer.

31 Vgl. den Beitrag von Stahl in diesem Band, Kap. 4.

32 Es ist nicht möglich, die Werte für OR miteinander zu vergleichen und daraus eine Rangfolge des Einflusses zu erstellen. Hier ist es lediglich möglich, innerhalb der Blöcke festzustellen, welchen Einfluss eine niedrige Ausprägung eines Faktors im Vergleich zur hohen Ausprägung desselben Faktors hat.

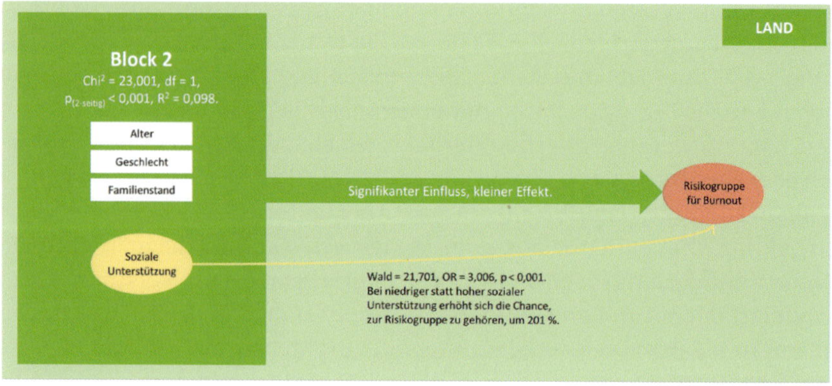

Abbildung 9

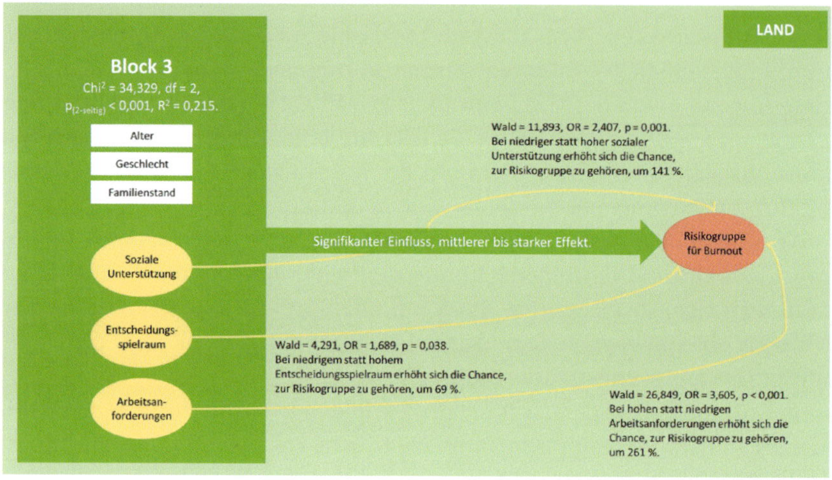

Abbildung 10

Chance, zur Risikogruppe zu gehören.[33] Landpfarrer mit hohen Arbeitsanforderungen haben im Vergleich zu Landpfarrern mit niedrigen Arbeitsanforderungen bei OR = 3,605 eine um 261 % erhöhte Chance, zur Risikogruppe zu gehören.

33 Im Vergleich zum zweiten Block zeigt sich eine Veränderung der Werte für die soziale Unterstützung. Damit ist ein Hinweis auf eine mögliche Mediation gegeben.

2.2.2 *Belastungsprofil des Stadtpfarramts im Vergleich*

Als Nächstes wird die Stadtgruppe (N = 162) betrachtet. Wie schon bei der Regressionsanalyse für Landpfarrer zeigt auch hier der erste Block mit den Variablen Geschlecht, Alter und Familienstand keinen relevanten Einfluss (vgl. *Tab. 3*, Block 1, Abb. 11). Alle diese Faktoren haben also auch in der Stadtgruppe keinen relevanten Einfluss darauf, zur Risikogruppe zu gehören.

Im zweiten Block kommt nun wieder der Faktor »Soziale Unterstützung« hinzu. Im Kontext des Stadtpfarramtes zeigt sich nun bei unseren Berechnungen, dass soziale Unterstützung durch Haupt- und Ehrenamtliche keinen Einfluss hat (vgl. *Tab. 3*, Block 2 u. Abb. 12). Der Block ist mit $Chi^2 = 3{,}001$; df = 4; $p_{(2\text{-seitig})} = 0{,}083$; $R^2 = 0{,}037$ statistisch gesehen nicht relevant.[34] Es wird deutlich, dass soziale Unterstützung im Stadtpfarramt nicht den erwarteten positiven Einfluss hat.

Werden nun in einem dritten Block (vgl. Tab. 3, Block 3 u. Abb. 13) noch die Faktoren »hohe Arbeitsanforderungen« und »niedriger Entscheidungsspielraum« in die Gleichung eingeführt, dann zeigt sich mit aller Deutlichkeit die Relevanz dieser Faktoren ($Chi^2 = 34{,}426$; df = 2; $p_{(2\text{-seitig})} < 0{,}001$; $R^2 = 0{,}297$). Mit $p < 0{,}001$ ist der Einfluss des dritten Blocks hoch signifikant. Außerdem zeigt sich für $R^2 = 0{,}297$ eine hohe Varianzaufklärung, resp. ein großer Effekt.

Unter der Anwesenheit der Faktoren »Entscheidungsspielraum« und »Arbeitsanforderungen« zeigt sich in Block 3, dass »soziale Unterstützung« keinen statistisch signifikanten Einfluss hat.[35] Allerdings zeigt sich eine Veränderung der Werte für soziale Unterstützung im Vergleich zu Block 2 (vgl. *Tab. 3*, Block 2 u. 3). Dies ist ein Hinweis darauf, dass hier eine Mediation vorliegen

Abbildung 11

34 So kann hier nur der Vollständigkeit halber festgehalten werden, dass mit $R^2 = 0{,}037$ ein kleiner Effekt (statistisch mit $p_{(2\text{-seitig})}$ 0,083 nicht signifikant) gefunden wurde und dass sich bei niedriger sozialer Unterstützung im Vergleich mit hoher sozialer Unterstützung die Chance um 83 % erhöht, zur Risikogruppe zu gehören (vgl. *Tab. 3*, Block 2).

35 Wald = 0,328; df = 1; $p_{(2\text{-seitig})} = 0{,}567$ für N = 162.

Abbildung 12

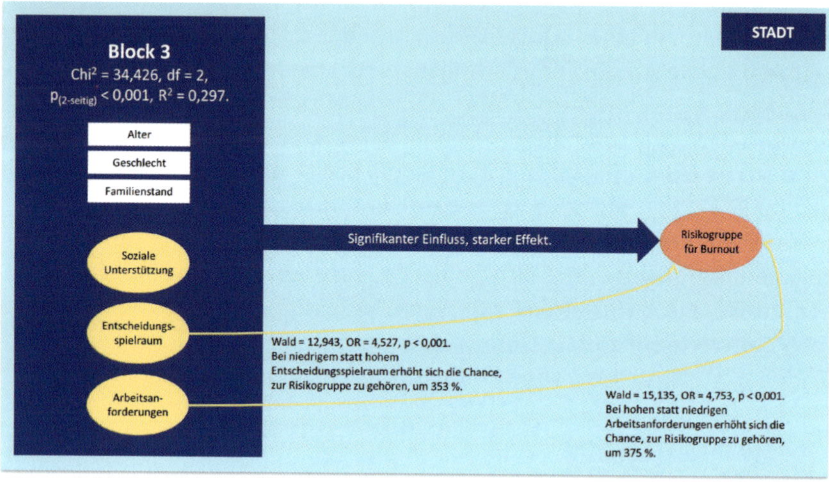

Abbildung 13

könnte – also zwei Faktoren sich in Bezug auf das Risiko, zur Gruppe mit Burnout zu gehören beeinflussen. Diesem Hinweis wird später nachgegangen.[36]

Zunächst ist festzuhalten, was die Faktoren »Entscheidungsspielraum« und »Arbeitsanforderungen« austragen. Personen mit hohen Arbeitsanforderungen in der Stadt haben, im Vergleich zu Personen mit niedrigen Arbeitsanforderungen, mit OR = 4,753 eine Chance von 375 %, zur Risikogruppe zu gehören.[37] Personen mit niedrigem Entscheidungsspielraum in der Stadt haben,

36 Vgl. Kapitel 3.3 in diesem Beitrag.

37 Hohe Arbeitsanforderungen: Wald = 15,135; df = 1; $p_{(2\text{-seitig})} < 0{,}001$.

im Vergleich zu Personen mit hohem Entscheidungsspielraum, mit OR = 4,527 eine Chance von 353 %, zur Risikogruppe zu gehören.[38] Mit anderen Worten: In der Stadtgruppe sind vor allem hohe Arbeitsanforderungen und ein niedriger Entscheidungsspielraum für das Risiko verantwortlich, zur Gruppe mit Anzeichen für Burnout zu gehören.

Die OR-Werte sind für die Arbeitsanforderungen in Stadt und Land jedes Mal am höchsten. Wie gesagt, kann man die ORs nicht miteinander vergleichen. Hier sei auf die vertiefende Analyse von Völz/Stahl verwiesen. Völz/Stahl können belegen, dass dieser Faktor in der Tat den größten von uns gemessenen Einfluss auf die Gesundheit im Pfarramt hat.[39]

Im Gegensatz zum Stadtpfarramt ist im Landpfarramt soziale Unterstützung eine einflussreiche Ressource. Aufgrund dieses Befundes ergeben sich für Stadt und Land unterschiedliche Profile. In der Stadt trägt derzeit die soziale Unterstützung nicht zur Entlastung bei – hier zeigen sich Reduktion der Arbeitsanforderungen und Erhöhung des Entscheidungsspielraums als wirksam. Auf dem Land haben alle drei Faktoren Einfluss, so dass eine Erhöhung von Entscheidungsspielraum, sozialer Unterstützung und Reduktion der Arbeitsanforderungen das Risiko mindern, zur Gruppe mit auffälligen Werten für Burnout zu gehören.

3 Praktisch-theologische Analyse der Ansatzpunkte zur Verbesserung der Arbeitsgesundheit von Pfarrern

Nachdem ein Unterschied im Profil von Stadt- und Landpfarramt herausgestellt wurde, soll sich eine Analyse anschließen, die klären hilft, wie diese Ergebnisse als Ansatzpunkte für mögliche Verbesserungen der Arbeitsgesundheit dienen könnten. Insbesondere soll dabei der Unterschied beim Einfluss der sozialen Unterstützung im Stadt- und Landpfarramt berücksichtigt werden. Die Befunde zu diesem Faktor geben zu denken und bedürfen einer praktisch-theologischen Interpretation.

Soziale Unterstützung wurde in unserer Studie in unterschiedlicher Hinsicht erfasst.[40] Grundlage für die obigen Rechnungen ist die Unterstützung durch haupt- und ehrenamtliche Mitarbeiter vor Ort. Eine hohe soziale Unterstützung wird demnach durch entsprechend hohe Ratings bei den folgenden Items erfasst (vgl. Abb. 14):

38 Niedriger Entscheidungsspielraum: Wald = 12,943; df = 1; $p_{(2\text{-seitig})} < 0{,}001$.

39 Vgl. den Beitrag von Völz/Stahl in diesem Band, Kap. 3.

40 Vgl. Beitrag Hanser, Kap. 9.1.3.

Die Mitarbeitenden...	...machen eine gute Arbeit.
	...sind an mir interessiert.
	...verhalten sich ablehnend (invertiert).
	...sind freundlich.
	...arbeiten zusammen.
	...helfen mir, Arbeit zu erledigen.

Abbildung 14

Die Auswirkung einer in diesem Sinne niedrigen sozialen Unterstützung wurde durch die Auswertung der Regressionsanalyse dargelegt: Auf dem Land erhöht eine niedrig ausgeprägte soziale Unterstützung die Chance, zur Gruppe mit Burnoutrisiko zu gehören, in der Stadt ist kein Einfluss feststellbar.

Nun soll gefragt werden, wie überhaupt die Anzahl an Haupt- und Ehrenamtlichen über Stadt und Land verteilt ist. Diese Häufigkeitsverteilungen geben Aufschluss darüber, wie es in quantitativer Hinsicht um die soziale Unterstützung bestellt ist. Danach wird gefragt, ob sich anhand unserer Daten ein qualitativer Unterschied bei der sozialen Unterstützung im Stadt-Land-Unterschied nachweisen lässt. Abschließend wird darüber nachgedacht, inwiefern sich aus den Befunden Ansatzpunkte für hilfreiche Maßnahmen ergeben könnten.

3.1 Quantitative Verteilung der haupt- und ehrenamtlichen Mitarbeiter nach Stadt und Land

Untersucht man anhand unserer Daten das Vorhandensein weiterer hauptamtlicher Mitarbeiter im Stand-Land-Vergleich, ergibt sich ein Bild mit klarer Tendenz: Auf dem Land gibt es in jedem Bereich weniger Mitarbeiter (vgl. Abb. 15–18, N = 606). Am geringsten ist der Unterschied bei den Mitarbeitern im Verkündigungsdienst. Hier sind Stadt und Land ähnlich aufgestellt. In allen anderen Bereich sieht man jedoch, wie die Landpfarrergruppe im Hinblick auf soziale Unterstützung durch weitere Hauptamtliche ins Hintertreffen gerät: Mitarbeiter im technischen Dienst gibt es in dieser Gruppe rund 25 % weniger[41], Mitarbeiter im Verwaltungsdienst sind 17 % weniger. 8,1 % der Landpfar-

41 Dementsprechend sind Landpfarrer statistisch signifikant öfters mit »spontanen Hausmeistertätigkeiten und Havarien« beschäftigt. Mittelwertvergleich für Stadt (N = 187; M = 3,3; SD = 1,628) und Land (N = 420; M = 3,688; SD = 1,616): T = -2,579; df = 605; $p_{(2\text{-seitig})}$ = 0,010.

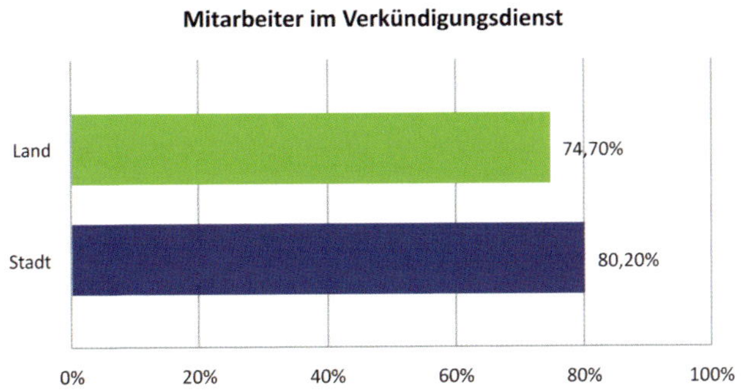

Abbildung 15

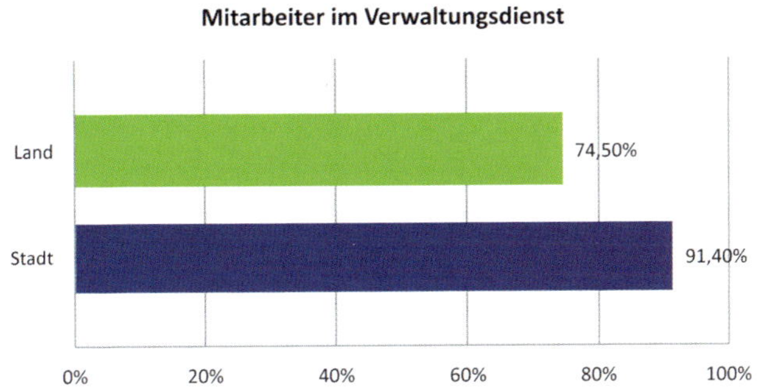

Abbildung 16

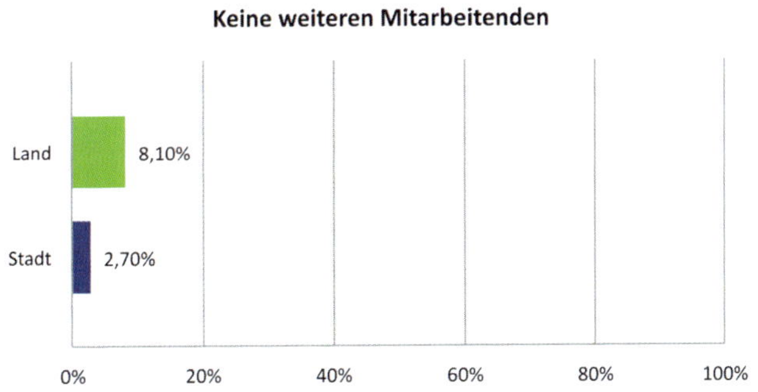

Abbildung 17

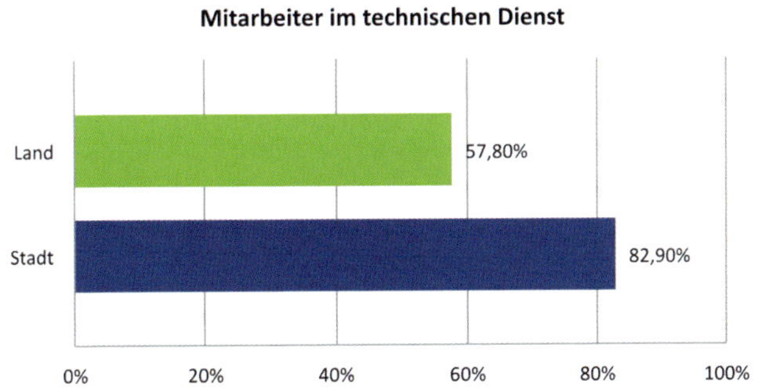

Abbildung 18

rergruppe müssen ohne weitere hauptamtliche Mitarbeitende auskommen, in der Stadtpfarrergruppe trifft dies auf lediglich 2,7 % zu.

Schaut man auf die Ehrenamtlichen, dann lässt sich auch hier feststellen, dass auf dem Land in der Tendenz weniger Ehrenamtliche vorhanden sind. Abb. 19 zeigt die Antworten auf die Fragen, wie viele Ehrenamtliche sich nach Einschätzung der Pfarrer in ihrem Dienstgebiet befinden. Positiv ist festzuhalten, dass sowohl in der Stadtgruppe als auch in der Landgruppe weit über die Hälfte einschätzen, dass mindestens »ausreichend viele« Ehrenamtliche vorhanden sind.[42] Allerdings zeigt das Diagramm auch, dass die Landpfarrergruppe in der Tendenz eher feststellt, dass es »zu wenige« oder »keine« Ehrenamtlichen gibt (Land: 43,5 %, Stadt: 32,5 %). Stadtpfarrer haben demnach quantitativ mehr soziale Unterstützung.

Schaut man hinsichtlich der sozialen Unterstützung einmal über den arbeitsbezogenen Bereich hinaus, zeigt sich eine weitere Konstellation, die für die Landpfarrergruppe ungünstig ist (vgl. Abb. 20). »Einsamkeit« ist eher auf dem Land ein Problem als in der Stadt. Auf dem Land wird »Einsamkeit« zwar als wenig oder geringfügig belastend erlebt, aber es besteht ein signifikanter Unterschied zur Stadtgruppe.[43]

Betrachtet man diese Häufigkeitsverteilungen und Einschätzungen der Pfarrer, dann sind zwei Dinge festzuhalten: Zum einen gibt es einen quantitativen Unterschied hinsichtlich der sozialen Unterstützung im Pfarramt und zum anderen ist dieser Unterschied eher moderat einzuschätzen.

Vor dem Hintergrund dieses Befundes ist es erstaunlich, dass soziale Unterstützung – bemessen an der Zustimmung zu Aussagen wie: »Die Mitarbeitenden ... a) machen eine gute Arbeit, b) sind freundlich« etc.[44] – auf dem Land

---

42 Dieser quantitative Vorteil in der Stadt schlägt sich auch auf die Arbeitsanforderungen nieder. Die Arbeitsanforderungen in der Stadt werden durch die »Motivation und Koordination von Ehrenamtlichen« im Vergleich zum Landpfarramt signifikant erhöht. Mittelwertvergleich für Stadt (N = 186) und Land (N = 420): $M_{Stadt} = 5{,}2$ (SD = 1,243), $M_{Land} = 4{,}9$ (SD = 1,330); T = 3,039; df = 604; $p_{(2\text{-seitig})} = 0{,}002$.

43 Mittelwertvergleich zwischen Stadt (N = 186) und Land (N = 418) für »Belastung durch Einsamkeit« (statistische Kennwerte für die Abb. 20): $M_{Stadt} = 2{,}505$ (SD = 1,604); $M_{Land} = 2{,}976$ (SD = 1,776); T = 3,095, df = 602; $p_{(2\text{-seitig})} = 0{,}002$. Außerdem haben Landpfarrer auch signifikant weniger die Möglichkeit, mit Menschen außerhalb der Gemeinde über ihre Arbeit ins Gespräch zu kommen: $M_{Stadt} = 4{,}962$ (SD = 1,550); $M_{Land} = 4{,}486$ (SD = 1,743); T = 3,357; df = 604; $p_{(2\text{-seitig})} = 0{,}001$ für $N_{Stadt} = 186$ u. N_{Land} 420. Dies wird kirchliches Personalmanagement im Landpfarramt berücksichtigen müssen, um die Ressource »soziale Unterstützung jenseits des Dienstes« nicht durch eine allzu starke Entflechtung aus sozialen Beziehungen zu schwächen. Wiederum erschwerend kommt hinzu, dass die Landpfarrer auch keine Privatsphäre und keine Rückzugsorte haben. Mittelwertvergleich zwischen Stadt (N = 187) und Land (N = 418) auf einer 7-stufigen Skala für »Selbst nach Feierabend habe ich keine Privatsphäre«: $M_{Stadt} = 3{,}9$ (SD = 1,585); $M_{Land} = 4{,}3$ (SD = 1,648); T = -2,126; df = 603; $p_{(2\text{-seitig})} = 0{,}034$. Darin liegt eine besondere Herausforderung des Landpfarramts.

44 Vgl. die Auflistung der Items unter Kap. 3.

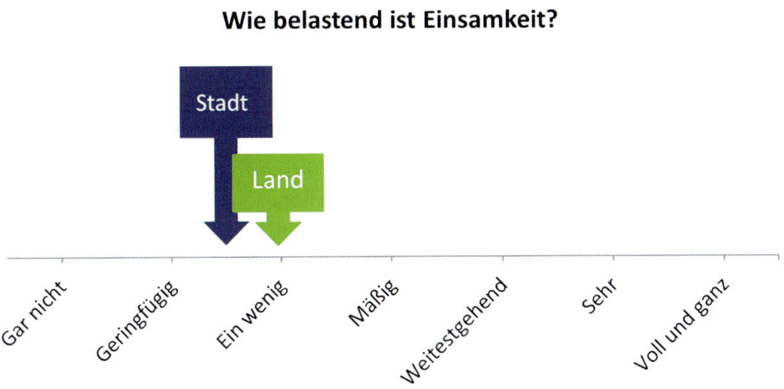

Abbildung 20

entlastend wirkt und in der Stadt nicht. In der Stadt ist sogar das Gegenteil der Fall: Eine erhöhte soziale Unterstützung in dem genannten Sinne führt zu erhöhten Werten für Burnout, wie im Beitrag von Völz/Stahl aufgedeckt werden konnte.[45] Quantitativ mehr Haupt- und Ehrenamtliche sind demnach kein Vorteil für das Stadtpfarramt im Hinblick auf die arbeitsbezogene Gesundheit. Man kann hier festhalten, dass eine quantitative Erhöhung der sozialen Unterstützung durch Bildung von Pfarrteams, Programme zur Gewinnung von Ehrenamtlichen und Ähnliches zumindest für die Stadt, wo es quantitativ mehr soziale Unterstützung gibt als auf dem Land, nicht auszureichen scheint, wenn soziale Unterstützung im Stadtpfarramt als Ressource gegen Burnout wirken soll.

Natürlich kann es sein, dass die soziale Unterstützung auf dem Land qualitativ besser ist. Dies wäre allerdings kontraintuitiv, da davon auszugehen ist, dass in der Stadt eher eine gebildetere Klientel zu vermuten ist. Trotzdem soll in einem nächsten Schritt die Einschätzung der Qualität der sozialen Unterstützung im Stadt-Land-Vergleich betrachtet werden.

45 Vgl. Beitrag Völz/Stahl, Kap. 3.

3.2 Qualitative Einschätzung der sozialen Unterstützung im Stadt-Land-Vergleich

Hinsichtlich der qualitativen Unterschiede in der sozialen Unterstützung ist festzuhalten, dass es erstaunlich wenige deutliche Abweichungen in Bezug auf die Einschätzung der sozialen Unterstützung in Stadt und Land gibt. In den meisten Fällen liegen die Werte des Landes hinsichtlich der Qualität knapp unterhalb der Stadtgruppe. Diese Unterschiede sind jedoch weder groß noch statistisch signifikant. Im Folgenden werden deswegen nur die Werte zur sozialen Unterstützung auf dem Land dargestellt, um einen Eindruck zur Bewertung der sozialen Unterstützung in unserer Stichprobe zu bekommen.

Fragt man allgemein nach der Zufriedenheit mit der sozialen Unterstützung im Landpfarramt, erhält man auf einer Skala von 1 bis 7 den Mittelwert 4,8 – also ein »weitestgehend« (vgl. Abb. 21).[46] Nach Einschätzung der Landpfarrer dürfte es gern noch etwas mehr sein – dies wird vor allem deutlich, wenn man fragt, ob die soziale Unterstützung zu hoch ist. Da lautet die Antwort nämlich eher nein (Mittelwert 1,7).[47]

Fragt man nach der Unterstützung und Arbeitsfähigkeit des Kirchenvorstands, fällt auf, dass die Werte für den Kirchenvorstand hinter denen anderer haupt- und ehrenamtlicher Unterstützung zurückfallen. Dass der Kirchenvorstand »Arbeit abnimmt« und »selbstständig« ist, wird im Schnitt von der Landpfarrergruppe nur als »mäßig« (beide Mittelwerte: 4,1) eingeschätzt.[48] Die Arbeit der haupt- und ehrenamtlichen Mitarbeiter vor Ort wird hingegen mit einem Mittelwert von $M_{Land} = 5{,}4$ (SD = 0,892; N = 420) als »weitestgehend« gut eingeschätzt.[49] Und wenn man auf die Dienstvorgesetzten schaut,

---

46 Die (folgenden) Wertangaben beziehen sich auf jeweils andere Fragen, aber haben die gleiche Skaleneinteilung wie die hier aufgeführte Abbildung zur Zufriedenheit mit der sozialen Unterstützung.

47 Beide Items unterscheiden sich nicht signifikant für Stadt und Land: »Ich bin mit der sozialen Unterstützung in meinem Beruf zufrieden.«: $M_{Stadt} = 4{,}925$ (SD = 1,136); $M_{Land} = 4{,}783$ (SD = 1,308); T = 1,422; df = 602; $p_{(2\text{-seitig})} = 0{,}156$ für $N_{Stadt} = 186$, $N_{Land} = 420$; »Die soziale Unterstützung in meinem Beruf ist zu niedrig.«: $M_{Stadt} = 2{,}749$ (SD = 1,717) $M_{Land} = 2{,}892$ (SD = 1,870); T = -0,702; df = 598; $p_{(2\text{-seitig})} = 0{,}483$ für $N_{Stadt} = 183$; $N_{Land} = 415$.

48 »Die Kirchenvorstände nehmen mir Arbeit ab.«: $M_{Stadt} = 4{,}097$ (SD = 1,360) $N_{Stadt} = 186$; $M_{Land} = 4{,}138$ (SD = 1,414) für $N_{Land} = 420$; T = -0,336; df = 604; $p_{(2\text{-seitig})} = 0{,}737$; »Die Kirchenvorstände arbeiten selbstständig.«: $M_{Stadt} = 4{,}328$ (SD = 1,329) $N_{Stadt} = 186$; $M_{Land} = 4{,}100$ (SD = 1,375) für $N_{Land} = 420$; T = 1,902; df = 604; $p_{(2\text{-seitig})} = 0{,}058$. Es besteht für beide Items kein signifikanter Unterschied zwischen Stadt und Land.

49 »Die Mitarbeitenden machen eine gute Arbeit.«: $M_{Stadt} = 5{,}462$ (SD = 0,833); $M_{Land} = 5{,}350$ (SD = 0,892); T = 1,459; df = 604; $p_{(2\text{-seitig})} = 0{,}145$ – kein signifikanter Unterschied zwischen Stadt (N = 186) und Land (N = 420).

Zufriedenheit mit der sozialen Unterstützung im Landpfarramt

Abbildung 21

dann zeigt sich zwar eine gewisse Zufriedenheit mit der Zugewandtheit des Vorgesetzten im Landpfarramt, aber sein Wirken wird nur als »ein wenig« (M_{Land} = 3,0; SD = 1,604; N = 420) hilfreich für die Arbeit vor Ort empfunden.[50]

Wie gesagt, unterscheiden sich hier die Einschätzungen der Land- und Stadtpfarrergruppe nicht signifikant. Beim Betrachten dieser Werte entsteht der Eindruck, dass die qualitative Beurteilung der sozialen Unterstützung durch die Pfarrer als weitestgehend zufriedenstellend wahrgenommen wird. Das heißt einerseits, dass sich die soziale Unterstützung auf einem guten Level befindet, und andererseits wäre eine Erhöhung der sozialen Unterstützung trotzdem wünschenswert, denn zu hoch ist sie auf keinen Fall. Diesbezüglich ist einer der wenigen Werte anzuführen, bei denen sich Stadt- und Landpfarramt hinsichtlich der sozialen Unterstützung signifikant unterscheiden: Landpfarrer haben es schwerer, eine Vertretung zu finden, obwohl – quantitativ gesehen – der Unterschied von allen Mitarbeitern im Stadt-Land-Vergleich bei den Mitarbeitern im Verkündigungsdienst prozentual am geringsten ausfiel.[51] In dieser Hinsicht schlägt die dünnere Personaldecke auf dem Land deutlich zu Buche.

Insgesamt unterscheidet sich die soziale Unterstützung in qualitativer Hinsicht im Stadt- und Landpfarramt kaum. Soziale Unterstützung im Stadtpfarramt ist also keineswegs qualitativ geringer einzuschätzen als auf dem Land. Warum entfaltet dann diese Ressource nicht die plausible und erwartbare Wirkung? Für diesen Sachverhalt soll es nun einen Erklärungsversuch geben.

50 »Der bzw. die Vorgesetzte hilft mir dabei, meine Arbeit zu erledigen.«: M_{Stadt} = 3,000 (SD = 1,768); M_{Land} = 3,045 (SD = 1,604); T = -0,310; df = 604; $p_{(2\text{-seitig})}$ = 0,757. Kein signifikanter Unterschied zwischen Stadt (N = 186) und Land (N = 420).

51 »Ich habe keine Probleme damit, eine Vertretung zu finden«: M_{Stadt} = 5,452 (SD = 1,724) N_{Stadt} = 186, M_{Land} = 5,086 (SD = 1,739) für N_{Land} = 418; T = 2,39; df = 602; $p_{(2\text{-seitig})}$ = 0,017 (signifikant).

3.3 *Erklärungsversuche für die theorieinkonforme und unerwartete Wirkung des Faktors soziale Unterstützung*

Nachdem nun herausgearbeitet wurde, dass die soziale Unterstützung in der Stadt weder quantitativ (im Gegenteil!) noch qualitativ hinter der sozialen Unterstützung auf dem Land zurückfällt und dennoch keinen positiven Einfluss auf Belastungserscheinungen in der Stadt hat, ist nach Erklärungsversuchen für diesen Sachverhalt zu suchen.

Man könnte annehmen, dass Pfarrer die soziale Unterstützung im Beruf durch Ehren- und Hauptamtliche zu positiv einschätzen. Dies würde bedeuten, dass die soziale Unterstützung dann generell niedrig ist und deswegen keinen positiven Einfluss ausübt. Dem steht aber entgegen, dass dies für die Landgruppe nicht der Fall ist. Hier ist die soziale Unterstützung hilfreich. Außerdem geht auch aus dem Beitrag von Völz/Stahl hervor, dass soziale Unterstützung in der Stadt sich positiv auf die Ressourcen auswirkt, aber eben auch die Belastungserscheinungen vergrößert.[52]

Eine weitere Möglichkeit der Erklärung wäre, dass die soziale Unterstützung in der Stadt durch einen Einflussfaktor mediiert wird. Es zeigte sich ja, dass die Werte für soziale Unterstützung sich von Block 2 zu Block 3 in der Stadtgruppe änderten. Dies kann ein Hinweis auf eine Mediation sein – also der Hinweis darauf, dass soziale Unterstützung mit einem anderen Einflussfaktor in der Wirkung auf Burnout gekoppelt ist.[53]

Um hier von einer Mediation ausgehen zu können, müssen drei Voraussetzungen erfüllt sein: Die erste Voraussetzung ist ein signifikanter Einfluss des Faktors (bspw. »Entscheidungsspielraum«) auf das Burnout-Risiko mittels isolierter logistischer Regression. Die zweite Voraussetzung ist ein signifikanter Einfluss des potentiellen Mediators (bspw. »soziale Unterstützung«) auf das Burnout-Risiko mittels isolierter logistischer Regression. Die dritte Voraussetzung ist eine bedeutsame Korrelation zwischen dem Faktor und dem potentiellen Mediator (bspw. zwischen »soziale Unterstützung« und »Entscheidungsspielraum«).[54] Die Voraussetzungen in der Stadtgruppe wer-

52 Vgl. Beitrag Völz/Stahl, Kap. 3, Abb. 2: »Mitarbeiter«: Je mehr soziale Unterstützung durch Haupt- und Ehrenamtliche, desto höher die Belastungserscheinungen (β = .26* zu BOSS I) und desto höher die Ressourcen (β = .24* BOSS III).

53 Bei einem Mediationseffekt wird der Zusammenhang zweier Variablen durch einen Mediator vermittelt: X > Y > Z.

54 Für die isolierte logistische Regression mit sozialer Unterstützung durch haupt- und ehrenamtlich Mitarbeitende zeigt sich für eine einseitige Fragestellung bei einer Fehlerwahrscheinlichkeit von alpha = .5 eine signifikante Varianzaufklärung (N = 172; OR = 1,833; Wald = 3,183; $p_{(2\text{-seitig})}$ = 0,074; $p_{(1\text{-seitig})}$ = 0,037; KI = 0,942–3,566). Für die isolierte logistische Regression mit Arbeitsanforderungen

den für den Faktor Entscheidungsspielraum im Zusammenhang mit sozialer Unterstützung erfüllt.[55] Allerdings gibt es nur den Hinweis auf einen schwachen Mediationseffekt, da nur eine geringe Effektstärke beim Zusammenhang von sozialer Unterstützung und Entscheidungsspielraum gefunden wurde.[56] Es wäre sinnvoll, darüber nachzudenken, inwiefern der Entscheidungsspielraum und die soziale Unterstützung im Stadtpfarramt gekoppelt sind.

An dieser Stelle müsste eine neue und vertiefte Forschung beginnen, um neue Hypothesen aufzustellen, die dann wieder erforscht und getestet werden. Um dazu einen Beitrag zu leisten, soll als Nächstes praktisch-theologisch reflektiert werden, wie sich dieser Sachverhalt erklären lassen könnte.

3.4 *Kontextspezifische Maßnahmen zur Verbesserung der Situation im Stadt- und Landpfarramt*

Aus praktisch-theologischer Sicht ist die Annahme sinnvoll, dass die soziale Unterstützung durch Ehrenamtliche und Hauptamtliche vor Ort und der Faktor Entscheidungsspielraum zusammenhängen und auf Belastungserscheinungen einwirken. Um dies zu plausibilisieren, seien die provokant formulierten Thesen von Wegner aufgerufen.[57] Wegners Beitrag will als Skizze verstanden werden, weil er »begründete Vermutungen äußert«, aber noch keine »evidenten Zusammenhänge« darstellen kann, da hierzu bisher Forschung fehlt.[58] Er legt damit einen Erklärungsversuch für die momentane Situation hinsichtlich der gestiegenen Belastungserscheinungen vor:

---

zeigt sich für eine einseitige Fragestellung bei einer Fehlerwahrscheinlichkeit von alpha = .5 eine signifikante Varianzaufklärung (N = 168; OR = 5,228; Wald = 19,872; $p_{(2\text{-seitig})}$ < 0,001; KI = 2,526–10,817). Für die isolierte logistische Regression mit Entscheidungsspielraum zeigt sich für eine einseitige Fragestellung bei einer Fehlerwahrscheinlichkeit von alpha = .5 eine signifikante Varianzaufklärung (N = 173, OR = 4,738; Wald = 17,428; $p_{(2\text{-seitig})}$ < 0,001; KI = 2,283–9,835).

55 Zur Prüfung der dritten Voraussetzung wurde ein Chi^2 Test durchgeführt und der Fischer-Wert ausgewertet, da es sich um eine 2 × 2 Kreuztabelle handelt. Für den Chi^2 Test von sozialer Unterstützung und Arbeitsanforderungen ergab sich keine signifikante Korrelation (N = 175; $pFischer_{(2\text{-seitig})}$ = 0,648; $pFischer_{(1\text{-seitig})}$ = 0,337; Phi = -0,043; pPhi = 0,566). Für den Chi^2 Test von sozialer Unterstützung und Entscheidungsspielraum ergab sich eine signifikante Korrelation (N = 179; $pFischer_{(2\text{-seitig})}$ = 0,011; $pFischer_{(1\text{-seitig})}$ = 0,007; Phi = 1,195; pPhi = 0,009). Welcher der beiden Faktoren nun welchen beeinflusst und ob eine solche Beeinflussung sinnvoll erklärt werden kann, ist nur inhaltlich zu beantworten und nicht mit statistischen Mitteln.

56 Chi^2 Test für SS-Ma x DL (in der Stadt): N = 179; Chi^2 = 6,838 mit df = 1 und $pFisher_{(2\text{-seitig})}$ = 0,011; Phi = 0,195 mit $pPhi_{(2\text{-seitig})}$ = 0,009.

57 Gerhard Wegner: Neue kirchliche Sozialformen und religiöse Entrepreneure. Eine Skizze, in: Christiane Moldenhauer/Jens Monsees (Hg.): Die Zukunft der Kirche in Europa, Neukirchen-Vluyn 2016, 62–77.

58 Wegner: Sozialformen (s. Anm. 56), 62.

> »Ein kleiner Exkurs: Interessant ist an dieser Stelle, dass die Stresserfahrung und das Entstehen von Burn-Out-Phänomenen stark mit der gestiegenen Arbeitsbelastung, aber dann an zweiter Stelle auch mit der Zunahme von Erwartungen aus der eigenen Gemeinde begründet wird. Die für die Kirche insgesamt so entscheidenden Phänomene, wie die Überalterung der Gemeinde, die Reduktion von Teilnehmerzahlen oder der allgemeine Geltungsverlust der Kirche in der Öffentlichkeit, spielen in dieser Hinsicht eine sehr viel geringere Rolle. Es ist nicht ganz deutlich, was genau hinter dieser Einschätzung steckt, es scheint aber so zu sein, dass Stresssituationen vor allen Dingen mit Defiziten in der eigenen Organisationsfähigkeit im Hinblick auf die bestehenden Erwartungen zu tun haben – viel weniger mit der Bewältigung des allgemeinen religiösen und kirchlichen Niedergangs. Es könnte auch sein, dass die Erwartungen der Kirchenmitglieder mittlerweile dermaßen gesteigert sind, dass Pastoren trotz aller Professionalität sie kaum noch erfüllen können. Wie dem auch im Einzelnen sei: Die Tatsache, dass Pastorinnen und Pastoren ein Problem im Umgang mit Erwartungen haben – die ja doch eigentlich etwas Positives sind! –, irritiert und unterstreicht die Diagnose einer strukturellen Pathologie. Es scheint so zu sein, dass sehr viel gearbeitet wird, aber dieses Arbeiten irgendwie seltsam diffus verbleibt.«[59]

Dieses Zitat von Wegner und unsere Forschungsergebnisse kann man nun in einen sich gegenseitig erhellenden Zusammenhang bringen:

1. Wegner referiert die gestiegene Arbeitsbelastung als Grund für die Entstehung von Burnout im Pfarramt. Unsere Studie zeigt in aller Deutlichkeit, dass die Dichte der Arbeitsanforderungen derzeit am stärksten zu Belastungserscheinungen und berufsbedingten Belastungserkrankungen beiträgt.
2. An zweiter Stelle ruft Wegner Erwartungen aus der Gemeinde auf, »die ja doch eigentlich etwas Positives sind!« Unsere Studie zeigt, dass im Stadtpfarramt, wo mehr Haupt- und Ehrenamtliche vorhanden sind, die damit einhergehenden Erwartungen nicht in Form von sozialer Unterstützung von den Pfarrern aufgenommen werden können. Soziale Unterstützung und damit einhergehende Erwartungen erweisen sich damit als ambivalent. Im Landpfarramt ist das anders.
3. Wegner hält auch fest, dass die negativen Entwicklungen der Kirche als ganzer eine geringere Auswirkung auf die Belastungserscheinungen von Pfarrern haben. Unsere Studie zeigt in diesem Sinne ähnlich, dass die ländliche Umgebung – als die herausforderndere für die kirchliche Organisation – keine höheren Belastungswerte mit sich bringt.
4. Wegner ruft dann die Organisationsfähigkeit der Pfarrer auf und markiert ein Defizit, welches er für erhöhte Belastungserscheinungen im Pfarrberuf

59 Wegner: Sozialformen (s. Anm. 56), 74.

verantwortlich macht. Wegner führt diesbezüglich noch aus, wie hoch die Ablehnung von Leitung und Management in Bezug auf sich selbst und die Kirche als Organisation unter Pfarrern sei.[60] Pointiert hält er fest: »Es gibt so etwas wie ›Erschöpfungsstolz‹. Den Pastoren ist [...] durchaus bewusst: ›Wer nicht leiden will, muss leiten.‹«[61] Dies berührt den Aspekt des Entscheidungsspielraums in unserer Studie. Es ist auffällig, dass gerade im Stadtpfarramt der Aspekt der Autorität im Faktor »Entscheidungsspielraum« vergleichsweise stark wirksam ist und Belastungserscheinungen mindert.[62] Mit anderen Worten: Wer zur Entlastung von Stadtpfarrern beitragen will, sollte Fortbildungen in Führung und Leitung in Erwägung ziehen. Dies ist nach unseren Ergebnissen an sich sinnvoll, weiterhin trägt es die Chance in sich, auch die soziale Unterstützung im Stadtpfarramt zu erhöhen – ganz im Sinne von: »Wer nicht leiden will, muss leiten.«
5. Wegner führt auch aus, dass evtl. die Erwartungen der Kirchenmitglieder zu hoch geworden seien und trotz aller Professionalität nicht mehr erfüllt werden könnten. Damit berührt er das Thema Überforderung von der Seite der Kirchenentwicklung. Es ist das eine, Pfarrern gezielte Hilfestellungen für die jetzige Situation anzubieten – notwendigerweise sollten dazu aber grundlegende Dinge geändert werden, die zu dieser Situation führen. Solange das Modell »Mose« (Einer für Alle) statt ein durch Leitungsdenken und Organisationsentwicklung verbessertes »Eph-4-Modell« (Einige fürs Ganze) der *modus operandi* im Pfarramt ist, sind bestimmte Belastungserscheinungen nur bedingt zu reduzieren.[63]

Diese Ausführungen zeigen, dass die Vermutungen von Wegner mehr als sinnvoll sind und sich durch unsere Studie erhärten. Mehr noch: Die aufgezeigten Zusammenhänge zeigen nicht nur – wie Wegner vermutet –, dass die »Strukturpathologie« des Pfarramts schwerwiegende organisationale Konsequenzen hat, sondern dass die Leitungsverweigerung im Pfarramt auch zum Schaden für die Pfarrer selbst wird.[64] Nun wird man die Leitung von Pfarrern nicht einfach einfordern können – zumal hier Widerstand zu vermuten ist. Vorzuschlagen ist aber, dieses Thema fest in der Aus-, Fort- und Weiterbildung zu verankern und über eine Verpflichtung dieser Angebote nachzudenken. Denn kybernetische Fähigkeiten, wie Regional- und Gemeindeentwicklung,

60 Wegner: Sozialformen (s. Anm. 56), 73.

61 Wegner: Sozialformen (s. Anm. 56), 75.

62 Vgl. dazu den Beitrag von Völz/Stahl, Kap. 3, Abb. 2. Zusammenhang von Autorität mit BOSS I: $\beta = -.27^*$.

63 Dazu ausführlich: vgl. den Beitrag von Herbst in diesem Band.

64 Vgl. Wegner: Sozialformen (s. Anm. 56), 72ff. Darunter auch die Bemerkung: »Die Pastoren und Pastorinnen betonen so ihre eigene Autonomie auf Kosten der Gesamtorganisation der Kirche«.

die zu sinnvollen Reduktionen führen, sowie Führung und Leitung von haupt- und ehrenamtlichen Mitarbeiterteams, erweisen sich als Stellschraube für eine gesündere Zukunft der kirchlichen Organisation und des Pfarramts – vor allem in der Stadt.

Im Landpfarramt ist die Sachlage etwas anders. Hier wirkt soziale Unterstützung durch haupt- und ehrenamtliche Mitarbeiter vor Ort wunschgemäß – sie reduziert die Wahrscheinlichkeit, an Burnout zu erkranken, und fördert Ressourcen.[65] Eine naheliegende Vermutung ist, dass auf dem Land traditionelle Zuschreibungen vorhanden sind, die die Autorität des Pfarramts stärken und deswegen soziale Unterstützung besser eine positive Wirkung entfalten kann. Gegen diese Plausibilisierung sprechen einige Sachverhalte.

Zum einen fußen diese Sachverhalte auf einem Bild vom Land, das zwar als kulturelles Deutemuster noch zur Verfügung steht, aber immer weniger in der Wirklichkeit zu finden ist. Auch der in dieser Studie zugrunde gelegte Begriff von Land bzw. die Füllung der Kategorie Land geben keinen Anlass, dass mit Land eine traditionelle Werthaltung einhergeht. Die ländlichen Räume haben sich in den letzten Jahrzehnten in dieser Hinsicht deutlich verändert, und es ist zu beobachten, dass die urbanisierte deutsche Gesellschaft kein traditionelles Landleben mit Prägekraft mehr kennt. Damit ist eine ländliche Traditionsorientierung als Ursache für die positive Wirkung des Zusammenhangs von Entscheidungsspielraum und sozialer Unterstützung im Landpfarramt nicht anzunehmen.

Auf dem Land wirkt zum anderen ein anderer Faktor des Entscheidungsspielraums entlastend: Hier geht es weniger um Autorität, als um die Möglichkeit, eigene Fähigkeiten einzusetzen und weiterzuentwickeln.[66] Bedenkt man die hohe Dichte der Arbeitsanforderungen auf dem Land und den Befund, dass auf dem Land quantitativ weniger soziale Unterstützung vorhanden ist und deswegen auch schwieriger Vertretungen zu finden sind, dann ist es einleuchtend, dass Pfarrer dort in der Tendenz für viele Dinge zuständig sind, die nicht nur ihren Fähigkeiten und Neigungen entsprechen. Dies wiegt hier schwerer als in der Stadt. Entlastung bringt dann die im kleineren Maß vorhandene soziale Unterstützung einerseits und andererseits die Möglichkeit, sich neue Fähigkeiten anzueignen.

Im Landpfarramt – wo eine tendenziell jüngere Pfarrklientel zu finden ist – ist deswegen ein breiteres Fortbildungsangebot sinnvoll. Besonders zu

65 Vgl. dazu auch den Beitrag von Völz/Stahl, Kap. 3, Abb. 1. Zusammenhang von Mitarbeiter und BOSS 1: $\beta = .20^*$, Zusammenhang von Mitarbeiter und BOSS III (Ressourcen): $\beta = .34^*$.

66 Vgl. dazu Beitrag von Völz/Stahl in diesem Band: Kap. 3, Abb. 1. Der zum Entscheidungsspielraum gehörende Faktor »Fähigkeiten« mindert Belastung ($\beta = -.20^*$) und erhöht Ressourcen (BOSS III: $\beta = .26^*$ u. Engagement: $\beta = .19^*$).

berücksichtigen wäre der Sachverhalt der Dichte bei den Arbeitsanforderungen: Umgang mit Zeit, Selbstmanagement und Work-Life-Balance sind Themen, von denen Pfarrer im Dienstalltag auf dem Land profitieren könnten.

Allerdings muss dabei bedacht werden, dass es für Pfarrer auf dem Land relativ gesehen nicht einfach wird, Weiterbildungsangebote in Anspruch zu nehmen, wenn sie keine Vertretungen finden oder Entlastung für die vielen Aufgaben bekommen. Dies erschwert nämlich die Teilnahme an geeigneten und notwendigen Weiterbildungen sowie die Regelung von Urlauben und Ähnlichem. Hier wäre unter anderem über angepasste Weiterbildungsformate nachzudenken, die den betroffenen Personen evtl. die Reisezeiten ersparen. So könnten »*trainings on the job*« oder »*near the job*« – also Formate in der Nähe des Dienstortes oder im Dienstalltag – hilfreich sein, denn im Landpfarramt ist ja auch die Distanz zu zentralen Angeboten mit zu bedenken.[67] Eine Beispielidee für den Bereich Arbeitsgesundheit wäre das Ausbilden einiger Pfarrer zu kollegialen Gesundheitscoaches, die mit benachbarten Pfarrern eine Arbeitsplatzbegehung durchführen, entsprechende Hinweise für Verbesserung und Entlastung geben und bei der Implementierung gesundheitsfördernder Verhaltensweisen beratend zur Seite stehen.

Im Landpfarramt könnte man dann auch noch über die Möglichkeit zur Erhöhung der sozialen Unterstützung nachdenken. Derzeit wird eine quantitative Erhöhung der sozialen Unterstützung oft unter dem Stichwort »Teampfarramt« diskutiert. Es ist diesbezüglich denkbar – wenn auch offen –, dass eine quantitative Erhöhung der sozialen Unterstützung auf dem Land zu ähnlichen Effekten wie in der Stadt führen könnte und sich also nicht nur positiv bemerkbar macht. Zumindest müssen solche Teampfarrämter qualitativ gefördert und mit angemessenen Leitungsprinzipien ausgerüstet werden, um die Chance auf einen entlastenden Einfluss zu erhöhen. Dies gilt auch für den Bereich in der Arbeit mit Ehrenamtlichen. So müssen neue Organisationsstrukturen geschaffen werden, um in solchen diversifizierten Teams (bzw. Dienstgemeinschaften aus Haupt- und Ehrenamtlichen) sinnvoll arbeiten zu können. Gleichzeitig wird man eine Reduktion und Fokussierung der pfarramtlichen Tätigkeiten in Angriff nehmen müssen. Diese kann auf verschiedenen Wegen erreicht werden. Insgesamt wird man dabei um kirchenentwicklerische Maßnahmen des bewussten Rückzugs und hoffnungsvollen Neuaufbaus nicht umhinkommen. So wird eine kybernetisch gut ausgebildete Pfarrerschaft, die bereit und fähig ist, in inhaltlich und anstellungsmäßig diversifizierten Teams zu arbeiten, nötiger denn je.

---

67 Vgl. Dirk Holtbrügge: Personalmanagement, Wiesbaden [7]2018, 145.

Es ist nicht vorhersagbar, dass angedachte Maßnahmen zur Erhöhung des Entscheidungsspielraums und der Verbesserung der sozialen Unterstützung im Landpfarramt die gewünschte Wirkung entfalten. Hierfür wird weitere Forschung und Monitoring nötig sein, um auf der Grundlage eines tieferen Verständnisses die Maßnahmen immer weiter zu verbessern. Schon jetzt aber können Maßnahmen auf Grundlage der Ergebnisse unserer Studie verbessert und neu geschaffen werden.

Anhang

Tabelle 1 *Zusammenfassung der hierarchischen Regressionsanalyse zur Vorhersage berufsbedingten Burnouts (BOSS I Beruf) (N = 514) durch soziale Unterstützung durch Mitarbeiter (SS-Ma), Arbeitsanforderung (JD) und Entscheidungsspielraum (DL) für Pfarrer, die sowohl in ländlichen als auch städtischen Räumen tätig sind.*

	Wald	df	Sig.	Exp(B) (OR)	95% Konfidenzintervall für EXP(B)		Omnibus-Tests der Modellkoeffizienten			Modell-Zusammen-Fassung	
					Unterer Wert	Oberer Wert	Chi^2	df	Omnibus sig.	Nagel-kerkes R^2	Power
Block 0											
Konstante	34,116	1	0,000	0,586							
Block 1							4,309	5	0,506	0,011	
Geschlecht (1 = weiblich)	0,930	1	0,335	0,825	0,558	1,220					0,704 (kl. PE)
Alter	0,023	1	0,879	1,002	0,980	1,024					0,996 (kl. PE)
Familienstand	1,175	2	0,556								
Familienstand (verheiratet oder eingetragene Partnerschaft)	0,262	1	0,609	1,181	0,625	2,232					0,704 (kl. PE)
Familienstand (geschieden)	1,142	1	0,285	1,662	0,654	4,221					0,704 (kl. PE)
Umgebung	1,737	1	0,187	1,305	0,878	1,938					0,704 (kl. PE)
Konstante	2,046	1	0,153	0,403							
Block 2							25,057	1	0,000	0,076	
Geschlecht (1 = weiblich)	0,802	1	0,370	0,832	0,557	1,244					
Alter	0,030	1	0,862	1,002	0,980	1,025					
Familienstand	1,573	2	0,455								
Familienstand (verheiratet oder eingetragene Partnerschaft)	0,388	1	0,533	1,230	0,641	2,361					
Familienstand (geschieden)	1,542	1	0,214	1,831	0,705	4,755					
Land	1,347	1	0,246	1,271	0,848	1,906					
Niedrige soziale Unterstützung durch Mitarbeiter (SS-Ma)	23,954	1	0,000	2,584	1,767	3,780					0,9999977 (mtl. PE)
Konstante	5,143	1	0,023	0,222							
Block 3							66,302	2	0,000	0,232	
Geschlecht (1 = weiblich)	0,228	1	0,633	0,901	0,586	1,384					
Alter	0,251	1	0,616	1,006	0,982	1,032					
Familienstand	1,460	2	0,482								
Familienstand (verheiratet oder eingetragene Partnerschaft)	0,522	1	0,470	1,291	0,646	2,580					
Familienstand (geschieden)	1,460	1	0,227	1,879	0,675	5,224					
Land	0,552	1	0,457	1,179	0,764	1,819					
Niedrige soziale Unterstützung durch Mitarbeiter (SS-Ma)	10,625	1	0,001	1,996	1,317	3,026					
Hohe Arbeitsanforderungen (JD)	43,843	1	0,000	3,960	2,635	5,951					1 (gr. PE)
Niedriger Entscheidungsspielraum (DL)	14,249	1	0,000	2,238	1,473	3,399					0,9999714 (mtl. PE)
Konstante	14,291	1	0,000	0,059							

Anmerkungen. AV = BOSS I Beruf, eingeteilt in zwei Gruppen (Risikogruppe/Rest). Risikogruppe beinhaltet alle Vpn mit $T \geq 65$ für mindestens einen der drei BOSS I Kennwerte (Gesamtwert, Intensitätswert, Breitenwert). Referenzgruppe für AV: Rest-Gruppe. Referenzgruppe für Geschlecht: männlich. Referenzgruppe für Familienstand: ledig. Referenzgruppe für Umgebung (Land): Stadt-Gruppe. Referenzgruppe für SS-Ma: hohe soziale Unterstützung durch Mitarbeiter. Referenzgruppe für JD: niedrige Arbeitsanforderungen. Referenzgruppe für DL: hoher Entscheidungsspielraum. SS-Ma, JD und DL wurden mittels Mediansplit in je zwei Gruppen mit jeweils hoher und niedriger Ausprägung eingeteilt. Populationseffekt (PE): kl., mtl., gr. PE = kleiner (OR = 1,68), mittlerer (OR = 3,47), großer (OR = 6,71) geschätzter Populationseffekt.

Tabelle 2 *Zusammenfassung der hierarchischen Regressionsanalyse zur Vorhersage berufsbedingten Burnouts (BOSS I Beruf) (N = 352) durch soziale Unterstützung durch Mitarbeiter (SS-Ma), Arbeitsanforderung (JD) und Entscheidungsspielraum (DL) für Pfarrer, die in ländlichen Räumen tätig sind.*

		Wald	df	Sig.	Exp(B) (OR)	95% Konfidenz-intervall für EXP(B)		Omnibus-Tests der Modell-koeffizienten			Modell-Zusammen-Fassung	
						Unterer Wert	Oberer Wert	Chi²	df	Omnibus sig.	Nagel-kerkes R²	Power
Block 0												
	Konstante	16,995	1	0,000	0,637							
Block 1								3,420	4	0,490	0,013	
	Geschlecht (1 = weiblich)	1,718	1	0,190	0,728	0,453	1,170					0,54 (kl. PE)
	Alter	0,137	1	0,711	1,005	0,980	1,030					0,97 (kl. PE)
	Familienstand	0,692	2	0,708								
	Familienstand (verheiratet oder eingetragene Partnerschaft)	0,458	1	0,499	1,297	0,611	2,751					0,54 (kl. PE)
	Familienstand (geschieden)	0,637	1	0,425	1,559	0,524	4,642					0,54 (kl. PE)
	Konstante	1,443	1	0,230	0,437							
Block 2								23,001	1	0,000	0,098	
	Geschlecht (1 = weiblich)	1,291	1	0,256	0,753	0,461	1,229					
	Alter	0,081	1	0,776	1,004	0,978	1,030					
	Familienstand	1,082	2	0,582								
	Familienstand (verheiratet oder eingetragene Partnerschaft)	0,690	1	0,406	1,390	0,639	3,022					
	Familienstand (geschieden)	1,011	1	0,315	1,781	0,578	5,490					
	Niedrige soziale Unterstützung durch Mitarbeiter (SS-Ma)	21,701	1	0,000	3,006	1,892	4,776					0,9997 (mtl. PE)
	Konstante	4,358	1	0,037	0,220							
Block 3								34,329	2	0,000	0,215	
	Geschlecht (1 = weiblich)	0,385	1	0,535	0,849	0,507	1,423					
	Alter	0,240	1	0,624	1,007	0,979	1,036					
	Familienstand	1,162	2	0,559								
	Familienstand (verheiratet oder eingetragene Partnerschaft)	0,529	1	0,467	1,348	0,603	3,013					
	Familienstand (geschieden)	1,150	1	0,284	1,913	0,584	6,264					
	Niedrige soziale Unterstützung durch Mitarbeiter (SS-Ma)	11,893	1	0,001	2,407	1,461	3,966					
	Hohe Arbeitsanforderungen (JD)	26,849	1	0,000	3,605	2,219	5,855					1 (gr. PE)
	Niedriger Entscheidungsspielraum (DL)	4,291	1	0,038	1,689	1,029	2,774					0,99898 (mtl. PE)
	Konstante	10,383	1	0,001	0,074							

Anmerkungen. AV = BOSS I Beruf, eingeteilt in zwei Gruppen (Risikogruppe/Rest). Risikogruppe beinhaltet alle Vpn mit T ≥ 65 für mindestens einen der drei BOSS I Kennwerte (Gesamtwert, Intensitätswert, Breitenwert). Referenzgruppe für AV: Rest-Gruppe. Referenzgruppe für Geschlecht: männlich. Referenzgruppe für Familienstand: ledig. Referenzgruppe für Land-Gruppe: Stadt-Gruppe. Referenzgruppe für SS-Ma: hohe soziale Unterstützung durch Mitarbeiter. Referenzgruppe für JD: niedrige Arbeitsanforderungen. Referenzgruppe für DL: hoher Entscheidungsspielraum. SS-Ma, JD und DL wurden mittels Mediansplit in je zwei Gruppen mit jeweils hoher und niedriger Ausprägung eingeteilt. Populationseffekt (PE): kl., mtl., gr. PE = kleiner (OR = 1,68), mittlerer (OR = 3,47), großer (OR = 6,71) geschätzter Populationseffekt.

Tabelle 3 *Zusammenfassung der hierarchischen Regressionsanalyse zur Vorhersage berufsbedingten Burnouts (BOSS I Beruf) (N = 162) durch soziale Unterstützung durch Mitarbeiter (SS-Ma), Arbeitsanforderung (JD) und Entscheidungsspielraum (DL) für Pfarrer, die in städtischen Räumen tätig sind.*

		Wald	df	Sig.	Exp(B) (OR)	95% Konfidenzintervall für EXP(B)		Omnibus-Tests der Modellkoeffizienten			Modell-Zusammen-Fassung	
						Unterer Wert	Oberer Wert	Chi²	df	Omnibus sig.	Nagel-kerkes R²	Power
Block 0												
	Konstante	18,541	1	0,000	0,486							
Block 1								1,343	4	0,854	0,012	
	Geschlecht (1 = weiblich)	0,033	1	0,856	1,067	0,528	2,157					0,28 (kl. PE)
	Alter	0,095	1	0,757	0,993	0,947	1,040					0,72 (kl. PE)
	Familienstand	1,150	2	0,563								
	Familienstand (verheiratet oder eingetragene Partnerschaft)	0,040	1	0,841	0,884	0,266	2,941					0,28 (kl. PE)
	Familienstand (geschieden)	0,505	1	0,477	1,930	0,315	11,821					0,28 (kl. PE)
	Konstante	0,056	1	0,813	0,743							
Block 2								3,001	1	0,083	0,037	
	Geschlecht (1 = weiblich)	0,014	1	0,907	1,043	0,512	2,128					
	Alter	0,041	1	0,839	0,995	0,949	1,043					
	Familienstand	1,203	2	0,548								
	Familienstand (verheiratet oder eingetragene Partnerschaft)	0,039	1	0,844	0,886	0,264	2,971					
	Familienstand (geschieden)	0,543	1	0,461	1,991	0,319	12,423					
	Niedrige soziale Unterstützung durch Mitarbeiter (SS-Ma)	2,946	1	0,086	1,808	0,919	3,554					0,97 (mtl. PE)
	Konstante	0,326	1	0,568	0,475							
Block 3								34,426	2	0,000	0,297	
	Geschlecht (1 = weiblich)	0,001	1	0,975	1,013	0,453	2,263					
	Alter	0,024	1	0,877	1,004	0,951	1,061					
	Familienstand	0,240	2	0,887								
	Familienstand (verheiratet oder eingetragene Partnerschaft)	0,005	1	0,943	1,053	0,257	4,320					
	Familienstand (geschieden)	0,174	1	0,677	1,538	0,203	11,624					
	Niedrige soziale Unterstützung durch Mitarbeiter (SS-Ma)	0,328	1	0,567	1,256	0,575	2,743					
	Hohe Arbeitsanforderungen (JD)	15,135	1	0,000	4,753	2,167	10,422					0,99897 (gr. PE)
	Niedriger Entscheidungsspielraum (DL)	12,943	1	0,000	4,527	1,988	10,305					0,91 (mtl. PE)
	Konstante	3,175	1	0,075	0,057							

Anmerkungen. AV = BOSS I Beruf, eingeteilt in zwei Gruppen (Risikogruppe/Rest). Risikogruppe beinhaltet alle Vpn mit T ≥ 65 für mindestens einen der drei BOSS I Kennwerte (Gesamtwert, Intensitätswert, Breitenwert). Referenzgruppe für AV: Rest-Gruppe. Referenzgruppe für Geschlecht: männlich. Referenzgruppe für Familienstand: ledig. Referenzgruppe für Land-Gruppe: Stadt-Gruppe. Referenzgruppe für SS-Ma: hohe soziale Unterstützung durch Mitarbeiter. Referenzgruppe für JD: niedrige Arbeitsanforderungen. Referenzgruppe für DL: hoher Entscheidungsspielraum. SS-Ma, JD und DL wurden mittels Mediansplit in je zwei Gruppen mit jeweils hoher und niedriger Ausprägung eingeteilt. Populationseffekt (PE): kl., mtl., gr. PE = kleiner (OR = 1,68), mittlerer (OR = 3,47), großer (OR = 6,71) geschätzter Populationseffekt.

Henrike Völz, Benjamin Stahl

Vertiefende Analysen

Belastende und präventive Einflussfaktoren auf die psychische Gesundheit im Pfarrberuf – Ein Vergleich von Stadt- und Landpfarramt anhand von Strukturgleichungsmodellen

Im kommenden Kapitel wird eine der zentralen Fragestellungen der »GIPP-Studie« anhand eines komplexen statistischen Verfahrens – der Strukturgleichungsmodelle – erneut betrachtet und ausgewertet. Die Frage, inwiefern Unterschiede in der psychischen Gesundheit von Pfarrern durch Arbeitsanforderungen und von der subjektiv wahrgenommenen sozialen Unterstützung beeinflusst werden, ist von weitreichender Bedeutung. Sie stellt die Voraussetzung dar, um das Problem der großen Belastung im Pfarramt reduzieren zu können. Auch die Frage, ob ein großer Handlungs- und Entscheidungsspielraum eher als Ressource oder als weitere Belastung empfunden wird, ist von großem Interesse.[1] Dabei wird in Anlehnung an die Untersuchungen von Stahl/Neumann berücksichtigt, ob bedeutsame Unterschiede zwischen der psychischen Belastung in städtisch-zentralen Regionen und ländlich-peripheren Räumen existieren. Zunächst wird aus Gründen der Verständlichkeit und Transparenz, sowie der Nachvollziehbarkeit der Ergebnisse eine überblicksartige Einführung in die statistische Methode gegeben. Es folgt eine kurze Erläuterung, weshalb sich das Verfahren für die Auswertung dieser vielschichtigen Zusammenhänge anbietet und worauf bei der Interpretation und Aussagekraft der Ergebnisse geachtet werden sollte. Im Anschluss an die methodische Einleitung werden die Hypothesen der GIPP-Studie, welche in den Strukturgleichungsmodellen überprüft werden, aufgeführt. Das Kapitel wird mit der Darstellung der Ergebnisse abgeschlossen, sowie mit deren Diskussion und den sich daraus ergebenden Implikationen für eventuelle strukturelle Anpassungen im Pfarramt.

1 Strukturgleichungsmodelle – Eine kurze methodische Einführung für Fachfremde

Der Begriff »Strukturgleichungsmodell« bezeichnet ein statistisches Verfahren, welches aufgrund spezieller korrelativer Zusammenhänge Aussagen über

1 Vgl. dazu die Gedanken im Beitrag von Hanser in diesem Band: Hanser, Kap. 6.3.1.

kausale Beziehungen zwischen verschiedenen Variablen ermöglicht.[2] Folglich sind mit dieser Methode Aussagen über Ursache-Wirkungs-Beziehungen möglich. Sie eröffnet das Potenzial, komplexe Modelle, also solche mit mehreren Ursache-Wirkungsbeziehungen, auf ihre Gültigkeit zu prüfen. Dies ist nach Bollen einer der Gründe, weshalb sich Strukturgleichungsmodelle großer Beliebtheit in vielen Forschungskreisen erfreuen. Denn die Anwendung dieses statistischen Verfahrens folgt einer intuitiven Logik des Wissenschaftlers und eignet sich zur Beantwortung vieler komplexer Forschungsfragen, bei denen es eine Vielzahl von Faktoren zu berücksichtigen gilt. Der Forscher Kenneth A. Bollen beschrieb im Hinblick auf die Anwendung von Strukturgleichungsmodellen:

> »If a model is consistent with reality, then the data should be consistent with the model. But if the data are consistent with the model, this does not imply that the model corresponds to reality.«[3]

Diese Aussage enthält verschiedene relevante Aspekte, die ihre Gültigkeit auch nach 30 Jahren nicht verloren haben und auf wichtige Grenzen des Verfahrens hindeuten. So ist es nicht möglich, anhand der statistischen Analysen abzuleiten, dass das a priori postulierte Modell (d.h. die spezifische Konfiguration an theoretischen Annahmen zu den Zusammenhängen von Variablen und Parametern) in der Wirklichkeit existiert. Das heißt, es ist nicht möglich, eine spezifische Konfiguration von theoretischen Annahmen, die in den modellierten und damit zu testenden Beziehungen von Variablen und Parametern ihren Ausdruck finden, als wahr zu bewerten. Lediglich die Aussage über die Eignung des Modells für die Erklärung verschiedener Phänomene im Datensatz ist zulässig. Es besteht die Möglichkeit, dass andere Modelle existieren, die ebenfalls passend wären und demnach auf Alternativhypothesen zutreffen (d.h. solche Zusammenhänge, die nicht Teil des getesteten Modells waren). Folglich werden Strukturgleichungsmodelle auch als diskonfirmatorische Verfahren bezeichnet. Ziel ist demnach nicht die Suche eines Modells, welches die Datenlage erklären kann.

Bei der Arbeit mit Strukturgleichungsmodellen sollte berücksichtigt werden, dass lediglich von probabilistischer Kausalität gesprochen werden kann. Eine Veränderung in einer Variable, in der GIPP-Studie wäre dies beispielsweise eine gesteigerte Dichte an Arbeitsanforderungen, würde nicht bei allen

2 Rex. B. Kline: Principles and practice of structural equation modeling, New York 2015; Andy P. Field: Discovering statistics using SPSS for windows. Advanced techniques for the beginner, London 2000.

3 Kenneth A. Bollen: Structural equations with latent variables, New York 1989, URL: <https://www.theanalysisfactor.com/three-myths-truths-about-model-fit-in-cfa> (21.3.2019, 18:00 Uhr).

(abhängigen) Variablen die gleiche Veränderung bewirken. Um nicht nur das Zusammenhängen mehrerer Variablen zu überprüfen, sondern ebenfalls eine kausale Beziehung zu beschreiben, ist eine differenzierte theoretisch fundierte Grundlage der postulierten Hypothesen unabdingbar und stellt eine notwendige Bedingung für die Anwendung von Strukturgleichungsmodellen dar. Die umfassende theoretische Hinführung zu den in diesem Kapitel aufgestellten Hypothesen wurde von Hanser dargestellt.[4]

Strukturgleichungsmodelle unterscheiden sich in vielfacher Hinsicht von anderen statistischen Analyseverfahren, wie beispielsweise von ebenfalls häufig verwendeten Regressions- oder Varianzanalysen. Ein Vorteil gegenüber anderen statistischen Methoden ist die Möglichkeit, latente Variablen, d. h. nicht direkt beobachtbare Variablen, wie Einstellungen, Persönlichkeitsmerkmale, Fähigkeiten in der Analyse zu betrachten. Dies ermöglicht beispielsweise die Untersuchung der kausalen Wirkung von Konstrukten wie »sozialer Unterstützung« auf die »Dichte an Arbeitsanforderungen« im Pfarramt, wie sie im Rahmen der GIPP-Studie durchgeführt wird. Eine zusätzliche Stärke der Methode ist die immanente Annahme, dass jede Messung eines psychologischen Konstrukts fehlerbehaftet sei. Eine perfekte Abbildung »dysfunktionaler psychischer Beanspruchungen« durch einen Fragebogen, wie beispielsweise die Burnout Screening Skalen (BOSS I), ist nicht möglich. Dies wird mit der statistischen Auswertung von Strukturgleichungsmodellen berücksichtigt, was zu einer realistischeren Betrachtung komplexer Sachverhalte führt.

Neben all den Vorzügen, welche die Arbeit dieser statistischen Auswertungsmethode mit sich bringt, sollten verschiedene Aspekte in der Anwendung dringend berücksichtigt werden. Eine unsaubere Anwendung jedes Verfahrens verringert jeglichen wissenschaftlichen Wert der durchgeführten Analysen. Generell gilt die Aussage: »Garbage in, Garbage out«. Gemeint ist, dass die Qualität der untersuchten Daten die Qualität der Untersuchungsergebnisse bedingt. Das heißt, dass neben der theoretischen Fundiertheit der Hypothesen, sowie einer präzisen Formulierung, ebenso die psychometrischen Eigenschaften der Messinstrumente von Bedeutung für die Aussagekraft der Ergebnisse sind. Eine weitere häufig von Wissenschaftlern vernachlässigte Tatsache ist der »confirmation bias«. Darunter ist die Neigung zu verstehen, Informationen so auszuwählen, dass sie den eigenen Erwartungen entsprechen. Dieser Fehlschluss sollte bei der Interpretation der Ergebnisse berücksichtigt werden. Eine weitere notwendige Voraussetzung für die Arbeit mit Strukturgleichungsmodellen ist eine hinreichend große Stichprobe, da statistische Schätzungen bei zu kleinen Untersuchungen ungenau sind. Die in der GIPP-Studie erhobene Fallzahl von 690 macht eine Vernachlässigung dieses

4 Vgl. den Beitrag von Hanser in diesem Band: Hanser, Kap. 3–5.

methodischen Problems möglich. Ein Nachteil von zu großen Stichproben ist jedoch, dass selbst marginale Effekte signifikant erscheinen, weshalb bei der Interpretation von Ergebnissen neben der statistischen Signifikanz ebenfalls die Größe der Effektstärken berücksichtigt werden sollte.[5]

Für eine kurze theoretische Hinführung zu den hier durchgeführten Analysen wird im Folgenden das bereits von Hanser[6] und Stahl/Neumann[7] erläuterte Job-Demand-Control-Support-Modell (JDCS) von Karasek/Theorell[8] dargestellt, auf das sich bei der Untersuchung der Arbeitsbelastung im Pfarramt theoretisch bezogen wurde. Dem Modell folgend wird in der Studie der Zusammenhang zwischen Beanspruchungen im Arbeitskontext und dem arbeitsbezogenen Entscheidungs- bzw. Handlungsspielraum betrachtet. Der Grundgedanke ist, dass eine eingeschränkte Autonomie sowie Handlungsunfähigkeit, verbunden mit ausbleibender sozialer Unterstützung durch das Arbeitsumfeld, das Ausmaß an wahrgenommener Belastung erhöhen, Stresssymptome begünstigen und infolgedessen das Risiko für die Entwicklung einer Depression erhöhen. In Bezug auf die Anwendung des Strukturgleichungsmodells wird demnach überprüft, ob die Annahmen des JDCS-Modells sich auch bei den Pfarrern, die im Rahmen der GIPP-Studie befragt wurden, bewähren.

2 Fragestellung und Hypothesen

Im folgenden Abschnitt erfolgt eine Beschreibung der Hypothesen, deren gerichtete korrelative Zusammenhänge in einem Strukturgleichungsmodell überprüft wurden. Wie bereits erwähnt, ist die umfassende theoretische Hinführung zu den psychologischen Konstrukten im Beitrag von Hanser in diesem Band nachzulesen. Sowohl eine differenzierte Betrachtung und Diskussion des Burnout-Syndroms in Abgrenzung zur Depression als auch eine detaillierte Beschreibung der methodischen Vorgehensweise des Projekts wird dort

5 Auf einige weitere Limitationen sowie methodische Einschränkungen muss verwiesen werden, um eine Fehlinterpretation der Ergebnisse zu vermeiden: Die Stichprobe von $n = 690$ gilt für die Rechnung eines Strukturgleichungsmodells als angemessen. Es sollte jedoch darauf verwiesen werden, dass mit $n = 418$ die Gruppe der Landpfarrer deutlich größer ausfiel, verglichen mit der Stichprobe der Stadt $n = 187$. Aufgrund der kleineren Stichprobe der Stadtgruppe wurden einzelne Zusammenhänge, wie beispielsweise der zwischen der Dichte an Arbeitsanforderungen und dem Engagement ($\beta = -.43$), statistisch nicht signifikant. Dies ist durch einen zu hohen Standardfehler zu erklären, der als Maß für die Präzision der Parameterschätzung gilt. So sollten bei der Interpretation der Unterschiede zwischen Land- und Stadtpfarramt die ungleichen Gruppengrößen berücksichtigt werden.

6 Vgl. den Beitrag von Hanser, Kap. 3.

7 Vgl. den Beitrag von Stahl/Neumann, Kap. 2.

8 Robert A. Karasek/Töres Theorell: Healthy Work. Stress, Productivity, and the Reconstruction of Working Life, New York 1990.

vorgenommen. Einige Ergebnisse der GIPP-Studie weisen darauf hin, dass insbesondere eine gesteigerte Dichte an Arbeitsanforderungen einen entscheidenden Einfluss auf dysfunktionale Beanspruchungen und Belastungssymptome im Pfarramt hat. Des Weiteren wird aufgrund vorheriger Analysen vermutet, dass protektive Faktoren wie das Commitment bzw. Engagement im Beruf, als auch die Zufriedenheit gegenüber der Arbeit im Pfarramt durch eine hohe wahrgenommene soziale Unterstützung gefördert werden, jedoch wiederum durch die Dichte der Arbeitsanforderungen in ihrer Wirkung reduziert werden. Hanser diskutierte bereits die Zusammenhänge zwischen der »Utrecht Working Engagement Scale« (UWES), d. h. des Arbeitsengagements und des Commitments, und den erhobenen Beanspruchungsmaßen. Sie schlussfolgerte, dass Ressourcen wahrgenommene Beanspruchungen abmildern können.[9]

Es ist daher von großem Interesse, zu untersuchen, welche Wirkung eine gesteigerte soziale Unterstützung (als eine wesentliche Ressource im Pfarramt) bei Pfarrern auf die Arbeitsanforderungen und auf die wahrgenommene Belastung und Erschöpfung hat. Ferner wird die soziale Unterstützung durch hauptamtliche Mitarbeitende und Ehrenamtliche und deren Einfluss sowohl auf das Engagement, die Zufriedenheit, als auch auf eventuelle Beanspruchungsfolgen untersucht. Ob der subjektiv wahrgenommene Entscheidungsspielraum eher als Ressource oder Belastung aus Sicht der Pfarrer dient, wird ebenfalls betrachtet. Die beschriebenen Zusammenhänge werden zudem auf eventuelle Stadt-Land Unterschiede getestet.

Die Einflussfaktoren Geschlecht, Alter, sowie die fünf Persönlichkeitseigenschaften des empirisch gut belegten Fünf-Faktoren-Modells (»Big 5«) werden bei den Analysen ebenfalls berücksichtigt. Der bisherige Forschungsstand lässt vermuten, dass keine Geschlechterunterschiede bezüglich der emotionalen Arbeitsanforderungen und den daraus entstehenden Beanspruchungsmaßen existieren. Das Alter betreffend zeigten bisherige Arbeiten, dass ältere Pfarrer sich als weniger belastet einschätzen, da sie aufgrund jahrelanger Erfahrung im Pfarramt eine gewisse Routine im Arbeitskontext erreicht haben. Deskriptive Häufigkeitsverteilungen machen deutlich, dass die Berufsgruppe der Pfarrer auf dem Land deutlich jünger ist als in urban-städtischen Regionen. An dieser Stelle sei auf die umfassenden Beschreibungen der deskriptiven Häufigkeitsverteilungen von Stahl/Neumann hingewiesen.[10]

9 Vgl. den Beitrag von Hanser, Kap. 6.1.5.

10 Vgl. den Beitrag von Stahl/Neumann in diesem Band: vor allem Kap. 3 (Praktisch-theologische Analyse der Ansatzpunkte zur Verbesserung der Arbeitsgesundheit von Pfarrern).

Extraversion und Neurotizismus gelten als zwei der fünf Hauptdimensionen der Persönlichkeit, die in der Persönlichkeits- und differenziellen Psychologie unter dem Begriff »Big 5« untersucht werden. Unter einer hohen Ausprägung in Neurotizismus wird eine stabile und überdauernde Persönlichkeitseigenschaft bezeichnet, die durch eine ausgeprägte Ängstlichkeit, emotionale Labilität und Gehemmtheit charakterisiert ist.[11] Den Gegenpol auf dieser Dimension bildet Extraversion, eine auf die Umgebung gewandte Haltung, die den Austausch in sozialen Kontexten aufsucht, gesellig, aktiv und auch risikofreudig ist. Diese Persönlichkeitseigenschaften wurden in zahlreichen Modellen angewendet und können anhand eines Persönlichkeitstests erfasst werden.

In der GIPP-Studie wurde der BFI-10 verwendet, der eine Kurzform des umfangreichen NEO-PI-R darstellt und lediglich die 5 Hauptfaktoren abbildet.[12] Wie sich aus diesen Beschreibungen ableiten lässt, ist die Annahme etabliert, dass eine hohe Ausprägung in Neurotizismus mit einer erhöhten subjektiven Belastung durch Arbeitsanforderungen im Pfarramt verbunden ist. Extravertierten Menschen wird hingegen nachgesagt, dass sie auch mit herausfordernden Situationen und unerwarteten Gegebenheiten einen funktionalen Umgang finden. In Bezug auf die Persönlichkeitsfaktoren besteht im kirchlichen Raum die weit verbreitete Annahme, dass die subjektiv wahrgenommenen, zu hohen Belastungen im Pfarrberuf durch gewisse strukturelle Persönlichkeitseigenschaften der Pfarrer bedingt sind. Folglich wird die Verantwortung häufig ausschließlich bei den Betroffenen gesehen, wohingegen strukturelle Gegebenheiten des Berufs missachtet werden.

3 Ergebnisse und Schlussfolgerungen

Die Ergebnisse der Rechnung des Strukturgleichungsmodells zeigten eine allgemein akzeptable bis gute Modellpassung.[13]

Die Zusammenhänge wurden in Abb. 1 und 2 visualisiert.[14] Dargestellt sind statistisch signifikante (Werte mit *) und auffällige Zusammenhänge (Werte

11 Jürgen Hennig: Neurotizismus, in: Hannelore Weber/Thomas Rammsayer (Hg.): Handbuch der Persönlichkeitspsychologie und Differentiellen Psychologie, Göttingen 2005, 251–256.

12 Vgl. die ausführliche Beschreibung des Persönlichkeitsinventars: Hanser, Kap. 3.2.1.

13 Dies wurde anhand verschiedener Kriterien für die Anpassungsgüte des Modells beurteilt, wie des Comparative-Fit-Index (Land: CFI = .82; Stadt: CFI = .79) oder des Root Mean Square Error of Approximation (Land: RMSEA = .05; Stadt: RMSEA = .06).

14 Die Begriffe auf der linken Seite der Darstellung (Dichte, Mensch etc.) beziehen sich auf das von uns adaptierte Job-Demand-Control-Support-Modell. Die hinter den Begriffen stehenden Items befinden sich in tabellarischer Darstellung im Beitrag von Hanser (vgl. Hanser, Kap. 9.1.1, 9.1.2 und 9.1.3).

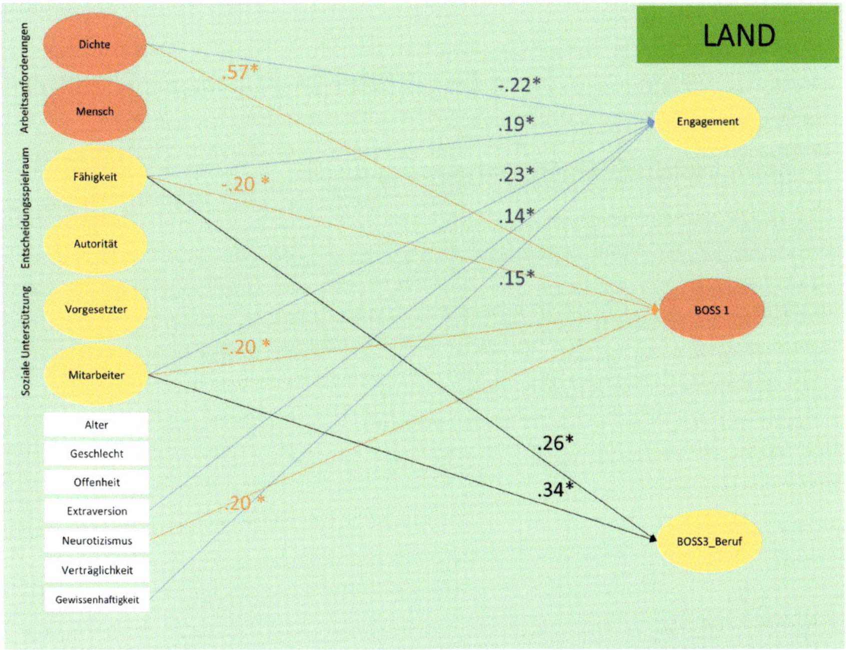

Abbildung 1

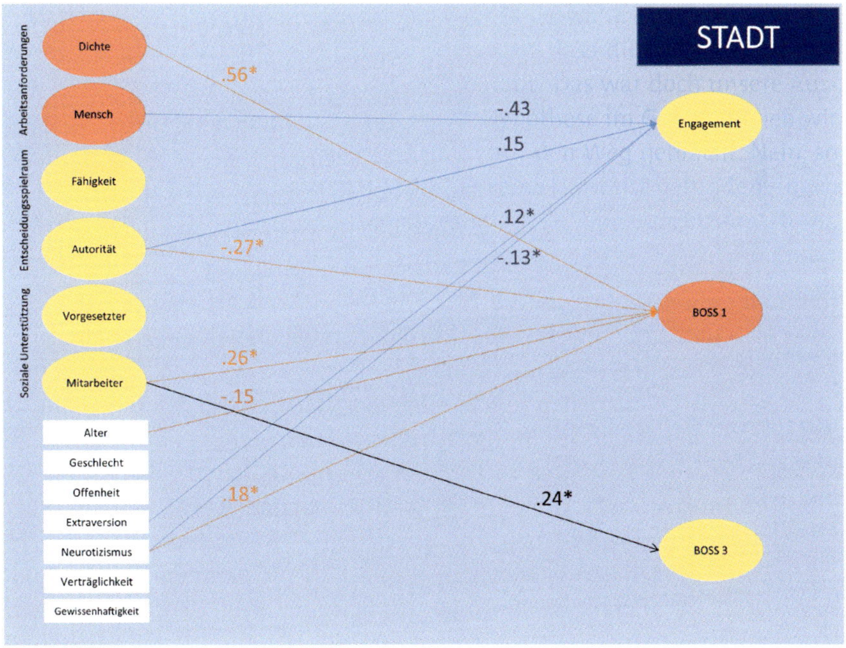

Abbildung 2

ohne *) – das heißt auch, dass verwendete Skalen, die hier unverbunden sind, keinen bedeutenden Einfluss im Rahmen des Modells aufweisen konnten. Sie werden deswegen in der Auswertung vernachlässigt. Immerhin ist festzuhalten, dass in Stadt und Land unterschiedliche Faktoren Einfluss haben und so weitere Unterschiede im Berufs- und Belastungsprofil von Stadt- und Landpfarramt aufgedeckt werden konnten.

Auf der rechten Seite in den Abb. 1 und 2 befinden sich die positiven und negativen Beanspruchungsfolgen: einerseits ist hier »Engagement« zu nennen – erfasst über die oben genannte »Utrecht Working Engagement Scale« (UWES) sowie BOSS III – ein Teilinventar der Burnout-Screening-Skalen, das Ressourcen erfasst. Beide Inventare erfassen Aspekte, die Pfarrer im Dienst positiv stimmen und wünschenswert sind.

Negative Beanspruchungsfolgen werden über das Inventar BOSS I erfasst, dem Instrument zur Erfassung des Burnout-Syndroms, das bereits ausführlich dargestellt wurde.[15]

Im Folgenden werden nun die Ergebnisse dargestellt. Hier ist die Höhe der Ausprägung der einzelnen Werte ausschlaggebend für den Einfluss bzw. die Stärke des Zusammenhangs im Modell. Für die kausalen gerichteten Zusammenhänge werden die standardisierten Pfad- bzw. Regressionskoeffizienten: die »Beta-Gewichte« angegeben. Aufgrund der Standardisierung ist es erlaubt, die Werte miteinander zu vergleichen. Ein Beta-Gewicht von beispielsweise $\beta = .60$ bedeutet inhaltlich, dass bei Erhöhung des Prädiktors (z. B. Dichte an Arbeitsanforderungen) sich die abhängige Variable (beispielsweise die Belastung) um einen Wert erhöht, der dem Anteil von .60 ihrer Standardabweichung entspricht. Eine positive Zahl steht für einen »je mehr, desto mehr«-Zusammenhang, eine negative Zahl für einen »je mehr, desto weniger«-Zusammenhang. Um die Übersichtlichkeit der Abbildungen zu erhöhen, kommt ein einfaches Farbsystem zum Einsatz: Arbeitsanforderungen und Belastungen werden in Rottönen dargestellt, Ressourcen im Pfarramt und erwünschte Folgen der Arbeit in Gelbtönen – Aspekte wie Alter und Persönlichkeit bleiben weiß. Die Farben der Linien dienen einer eindeutigen Zuordnung zu den Werten im Modell.

Es ergab sich erwartungsgemäß folgender Zusammenhang: Die Dichte an Arbeitsanforderungen scheint einen bedeutsamen Einfluss auf die subjektiv wahrgenommene Belastung zu nehmen. Dies zeigte sich sowohl bei Pfarrern auf dem Land als auch in der Stadt gleichermaßen. In beiden Stichproben erwies sich die Dichte an Arbeitsanforderungen als wichtigster Faktor, die beispielsweise mit den Items abgebildet wurde: »An mich werden überbordende Arbeitsanforderungen gestellt«, oder: »Es fällt mir leicht, Gleichgewicht zwi-

---

15 Vgl. den Beitrag von Hanser in diesem Band: Hanser, Kap. 4.2.1.

schen den Phasen der Beanspruchung und Zeiten der Erholung zu halten«. Dies war der wichtigste Faktor, der zu einer erhöhten Burnout-Belastung im Pfarrberuf führt.[16]

Zudem wurde ein negativer Zusammenhang zwischen den Anforderungen, die sich durch das Pfarramt ergeben, und dem Arbeitsengagement gefunden. Dieser Befund weist darauf hin, dass mit steigenden Arbeitsanforderungen das Engagement sinkt. Im städtischen Kontext scheinen besonders die Arbeitsanforderungen durch soziale Faktoren (»Mensch«), wie beispielsweise die Belastung durch Konflikte mit Kollegen oder die Tatsache, dass häufig widersprüchliche Erwartungen durch das Umfeld an die Person herangetragen werden, von zentraler Bedeutung zu sein.[17] Hingegen wird das Arbeitsengagement auf dem Land eher durch allgemeinere Anforderungen gemindert, wie einem fehlenden Ausgleich zwischen Arbeit und Erholung.[18]

In Bezug auf das Maß an sozialer Unterstützung, die Pfarrer bei der Ausübung ihrer Arbeit erfahren, zeigte sich lediglich auf dem Land ein bedeutsamer Einfluss auf das Engagement.[19] Dies kann jedoch auch durch die sehr viel kleinere Stichprobe der Stadtgruppe erklärt werden.[20] Erwartungsgemäß führt in ländlich-peripheren Regionen eine gesteigerte soziale Unterstützung durch Mitarbeiter und Ehrenamtliche zu einer geringeren Belastung.[21] Betrachtet man dieses Ergebnis zusammen mit dem Umstand, dass Pfarrer in ländlichen Regionen weniger durch Haupt- oder ehrenamtliche Mitarbeiter unterstützt werden (siehe hierzu Stahl/Neumann), wird die Notwendigkeit deutlich, die personelle Unterstützung auszubauen und so die hohen Belastungsausprägungen zu reduzieren.

Der Befund bei der Stadtgruppe, dass sich eine größere Unterstützung sowie eine wertschätzende Haltung der Mitarbeiter in einer größeren Belastung zeigt, ist überraschend und erklärungsbedürftig.[22] Hypothetisch könnte man vermuten, dass eine große Zahl an freundlichen und zugewandten Mitarbeitern und Ehrenamtlichen die Anzahl der Projekte und relevanten Themen für die Pfarrer erhöht. Weiterhin könnte man vermuten, dass Pfarrer nicht dazu neigen, Unterstützer abzuwerten, so dass sich hier eventuell eine zu positive Sicht auf die soziale Unterstützung niederschlägt. Diese Überle-

16 Stadt: $\beta = .56^*$, Land: $\beta = .57^*$.

17 Aufgrund eines hohen Standardfehlers (Maß für die Präzision der Schätzung) in dem Strukturgleichungsmodell der Stadtgruppe wurde dieser Zusammenhang jedoch nicht signifikant ($\beta = -.43$).

18 $\beta = .22^*$.

19 Soziale Unterstützung und Engagement auf dem Land: $\beta = .23^*$.

20 Hier sei nochmals auf die eingangs detaillierter aufgeführten Limitationen der durchgeführten Analysen hingewiesen.

21 Soziale Unterstützung und Belastung auf dem Land: $\beta = -.20^*$.

22 Soziale Unterstützung und Belastung in der Stadt: $\beta = .26^*$.

gungen könnten den Befund einer erhöhten Arbeitsbelastung durch soziale Unterstützung im Stadtpfarramt erklären.

Der Pfarrberuf ist ein sozialer Beruf – gerade das Gemeindepfarramt kann nicht sinnvoll ohne soziale Unterstützung durch Haupt- und Ehrenamtliche funktionieren. Eine Reduktion der sozialen Unterstützung erscheint im Kontext des Pfarrberufs deswegen nicht sinnvoll. Darum sind Fortbildungsmaßnahmen in diesem Bereich angebracht, um soziale Unterstützung im Stadtpfarramt als Ressource zu erschließen. Denn eine hohe Zahl an Ehrenamtlichen fordert neben Teamfähigkeit auch die Bereitschaft, Verantwortung und Aufgaben zu delegieren. Inwiefern diese Eigenschaften und Fähigkeiten im Rahmen der theologischen Ausbildung berücksichtigt werden, bzw. sie einer stärkeren Gewichtung bedürfen, gilt es zu hinterfragen. Hier kann man sich des Eindrucks nicht erwehren, dass die Förderung von Teamfähigkeit, sowie Leitung und Ehrenamtsmanagement ausbaufähig ist. Kirchlicherseits könnten gezielte Weiterbildungsmöglichkeiten zum Thema »Ehrenamtsmanagement« verpflichtend angeboten werden, worauf bereits von Stahl/Neumann hingewiesen wurde.[23]

Sowohl auf dem Land als auch in der Stadt zeigt sich hingegen ein einheitlicher Trend, dass die soziale Unterstützung sich in einer größeren Zufriedenheit und mehr Ressourcen in den vier Lebensbereichen Beruf, eigene Person, Familie und Freunde niederschlägt.[24] Dass eine gesteigerte Zufriedenheit und Ausgeglichenheit sich positiv auf die Motivation und das Commitment im beruflichen Kontext auswirkt, ist allgemein anerkannt und wurde ebenso im JDCS-Modell beschrieben. Folglich sprechen diese Befunde insgesamt für den Nutzen einer ausgebauten sozialen Unterstützung der Pfarrer in ländlich-peripheren Regionen, die es zu fördern gilt.

Im Hinblick auf den wahrgenommenen Entscheidungsspielraum, der mit Items wie: »Ich bin mit vielfältigen Tätigkeiten konfrontiert«, oder: »Meine Arbeit erfordert es, dass ich neue Dinge lerne« erfasst wurde, zeigte sich ein bedeutsamer positiver Zusammenhang mit dem Engagement in peripher-ländlichen Regionen. Ferner wurde deutlich, dass ein größerer Entscheidungsspielraum, besonders im Kontext kreativer Gestaltungsmöglichkeiten, zu einer geringeren Belastung führt und sich positiv auf Zufriedenheit und Ressourcen auswirkt.[25] Diese Ergebnisse lassen die Schlussfolgerung zu, dass

23 Vgl. den Beitrag von Stahl/Neumann in diesem Band: Kap. 3.4 (Kontextspezifische Maßnahmen zur Verbesserung der Situation im Stadt- und Landpfarramt).

24 Soziale Unterstützung und Zufriedenheit und Ressourcen: Land $\beta = .34^*$; Stadt $\beta = .24^*$. Dies ist ein weiterer Grund dafür, die soziale Unterstützung in der Stadt nicht quantitativ zu verringern, sondern durch Fort- und Weiterbildungen zu verbessern.

25 Entscheidungsspielraum und Engagement Land: $\beta = .19^*$; Entscheidungsspielraum und Belastung Land: $\beta = .20^*$; Entscheidungsspielraum und Zufriedenheit/Ressourcen Land: $\beta = .26^*$.

ein hohes Maß an wahrgenommener Autonomie im Pfarramt sowie die Möglichkeit, sich im Rahmen von Weiterbildungen oder Workshops fortzubilden, eine allgemein positive Wirkung auf die Gesundheitsförderung im Arbeitskontext hat. Diese Ergebnisse stehen im Einklang mit den Annahmen, wie sie von Karasek/Theorell im JDCS-Modell konstatiert wurden. Im urbanen Raum erwies sich der Zusammenhang auf die reduzierte wahrgenommene Belastung durch ein gesteigertes Gefühl der Einflussnahme auf Entscheidungen im KV/GKR als bedeutsam.[26]

Aufgrund dieser Ergebnisse ergeben sich weitere sinnvolle Ansatzpunkte für mögliche Fort- und Weiterbildungsmaßnahmen, die das Potential zur Verbesserung der Arbeitsgesundheit in sich tragen. Führen und Leiten in der Kirche scheint für den städtischen Bereich ein sinnvolles Weiterbildungsfeld zu sein, welches sowohl zur Verbesserung der kirchlichen Organisationsfähigkeit im momentanen Strukturwandel sowie zur Entlastung von Stadtpfarrern beitragen kann. Für den ländlichen Bereich scheinen Weiterbildungsmaßnahmen schon an sich als Entlastung zu wirken. Sie sind dann besonders sinnvoll, wenn sie dazu führen, die Work-Life-Balance zu fördern sowie helfen Freiraum zu schaffen, damit Pfarrer kreativ und konzentriert an Projekten arbeiten können.[27]

Sowohl für die Arbeit auf dem Land als auch in der Stadt weisen die Ergebnisse auf einen sehr geringen Einfluss der Persönlichkeit von Pfarrern auf deren psychische Gesundheit hin. Für ländliche Regionen zeigte sich, dass ein hohes Maß an Gewissenhaftigkeit sowie Extraversion mit einem leicht erhöhten Engagement im Arbeitskontext einhergehen.[28] Der einzige Unterschied in diesem Zusammenhang zum urbanen Arbeitsumfeld bestand darin, dass sich dort anstelle der Gewissenhaftigkeit, die Persönlichkeitseigenschaft Neurotizismus mindernd auf das Engagement im Pfarrberuf auswirkt.[29] Diese Ergebnisse widerlegen die weit verbreitete Annahme, dass eine gewisse Persönlichkeitsstruktur der Pfarrer die Ursache der hohen arbeitsbedingten Belastungsquoten darstellt. Vielmehr kann die Empfehlung ausgesprochen werden, die herrschenden Strukturen im Pfarramt zu hinterfragen und die soziale Unterstützung sowie fehlende Leitungs- bzw. »Managementqualitäten« zu fördern, um die hohen Beanspruchungsfolgen im Pfarramt langfristig bedeutsam zu reduzieren. Im Hinblick auf das Alter der Pfarrer wurde die bestehende Annahme, dass ein fortgeschrittenes Alter sich in einer geringen Belastung widerspiegelt, nur für die Arbeit in der Stadt bestätigt.[30] Dies ist

26 Entscheidungsspielraum und Belastung Stadt: $\beta = -.27^*$.

27 Vgl. den Beitrag von Stahl/Neumann in diesem Band: Kap. 3.4 (Kontextspezifische Maßnahmen zur Verbesserung der Situation im Stadt- und Landpfarramt).

28 Extraversion und Engagement Land: $\beta = .14^*$; Gewissenhaftigkeit und Engagement Land: $\beta = .15^*$.

29 Extraversion und Engagement Stadt: $\beta = .12^*$; Neurotizismus und Engagement Stadt: $\beta = .13^*$.

30 Alter und Belastung Stadt: $\beta = -.15$.

möglicherweise dadurch zu klären, dass sich durch die langjährige Erfahrung, auch im Kontext struktureller Herausforderungen, eine Routine eingestellt hat und somit der Umgang mit beispielsweise auch unvorhersehbaren Ereignissen keine Überforderung darstellt.

Abschließend lässt sich anhand des Modells die Hypothese bestätigen, dass eine zunehmende Dichte an Arbeitsanforderungen sich in höheren Belastungsquoten im Pfarramt zeigt. Sowohl der Entscheidungsspielraum als auch die soziale Unterstützung durch Haupt- und Ehrenamtliche scheinen von zentraler Bedeutung zu sein, wenn es um das Arbeitsengagement und die Zufriedenheit im Pfarrberuf geht. Folglich lassen diese Faktoren potenzielle Stellschrauben erkennen, anhand derer das langfristige Ziel erreicht werden kann: eine Reduzierung der hohen psychischen Beanspruchungsfolgen für Pfarrer sowohl in ländlichen als auch in urbanen Regionen. Dazu zählt neben strukturellen Reformen der theologischen Bildung, in deren Rahmen Fortbildungen/Workshops mit Themeninhalten wie beispielsweise der Personalführung oder Teamfähigkeit berücksichtigt werden, auch eine Entlastung vor Ort durch die Einstellung unterstützender Mitarbeiter, an denen es speziell in ländlich-peripheren Räumen mangelt.

Die hier genannten Maßnahmen sind als Vorschläge gedacht, um das Problem der weitreichenden Belastung unter Pfarrern zu adressieren. In Anbetracht der Altersverteilungen im Pfarrberuf, die deutlich machen, dass innerhalb von zehn Jahren ein großer Teil der heutigen Pfarrer in den Ruhestand geht, erscheint die Debatte um die Gesundheitsförderung als zentral und notwendig, um auch nachfolgenden Generationen den Weg ins und im Pfarramt zu erleichtern.

Michael Herbst

»Trachtet zuerst« nach mündigen Gemeinden …

Kirchentheoretische Reflexionen und Folgerungen aus der Greifswalder Studie

1 Einleitung: »Du machst dich zu müde«[1]

Das Thema »Burnout« ist der Sache nach alles andere als neu. Auch die Tatsache, dass geistliche Leiter in besonderer Weise und auffällig häufig davon betroffen sind, fällt nicht erst jetzt und nicht nur Theologen auf. Matthias Burisch verweist in seinem Standardwerk über Burnout nicht nur auf den ermatteten Propheten Elia (wie vor ihm schon Traugott Ulrich Schall[2]), sondern auch auf Mose, der das Volk Israel aus Ägypten führte.[3] Für diesen Beitrag zum Thema Burnout ist Burischs Hinweis in mehr als einer Hinsicht fruchtbar zu machen:[4]

- Burisch sieht in Mose auch ein antikes Beispiel für einen Menschen, der unter einer zu großen Last erschöpft zu kollabieren droht. Dabei bezieht er sich weniger auf den Stress bei der Flucht aus Ägypten und auch nicht (was durchaus denkbar wäre) auf die wachsende Frustration durch ein wankelmütiges und kaum je zufriedenzustellendes Volk, das Mose führen sollte. Er bezieht sich vielmehr auf Moses richterliche Aufgaben, von denen in Ex 18 die Rede ist. Diese Aufgaben verlangten vollen Einsatz »vom Morgen bis zum Abend.«[5] Befragt, warum er so lange sitzen und Recht sprechen müsse, antwortet Mose mit dem Verweis auf die endlosen Anforderungen durch das Volk. Später (in einer zweiten, ganz ähnlichen Episode) wird in einem geradezu eruptiven Gebet Moses kritische Seelenlage vernehmbar.

1 Ex 18,18 nach der Übersetzung von Martin Luther, in der Revision von 2017 (wie alle Bibeltexte in diesem Beitrag).

2 Vgl. Traugott Ulrich Schall: Erschöpft - müde - ausgebrannt. Überforderung und Resignation: vermeiden – vermindern – heilen, (Perspektiven für die Seelsorge 8) Würzburg 1993. Vgl. auch Michael Herbst: Beziehungsweise. Grundlagen und Praxisfelder evangelischer Seelsorge, Neukirchen-Vluyn ^{2}2013, 423–425.

3 Vgl. Matthias Burisch: Das Burnout-Syndrom - Theorie der inneren Erschöpfung. Berlin/Heidelberg/New York ^{5}2014, 7 f.

4 Vgl. auch den Hinweis im Beitrag von Anja Hanser, Kap. 3.2.

5 Ex 18,13.

Er ist tatsächlich gefährdet: »Warum bekümmerst du deinen Knecht? Und warum finde ich keine Gnade vor deinen Augen, dass du die Last dieses ganzen Volkes auf mich legst?«[6] Das Gottesbild verdunkelt sich, weil Mose es so erlebt, dass Gott ihm allein viel zu viel auferlegt. Er resigniert und hat geradezu suizidale Gedanken: »Ich vermag all das Volk nicht allein zu tragen, denn es ist mir zu schwer. Willst du aber doch so mit mir tun, so töte mich lieber...«[7]

- Da tritt in der Erzählung der wohlmeinende und lebenserfahrene Schwiegervater Moses auf, Jitro, der sich das ganze Treiben erst einmal anschaut und dann kopfschüttelnd auf Mose zugeht. Bei Burisch bekommt Jitro den Titel eines »Feuerwehrmannes«, der allerdings »hilflos mit ansehen muss, wie seine guten Ratschläge den Prozess des Ausbrennens überhaupt nicht beeinflussen.«[8]
- In dieser Deutung muss man ihm nicht unbedingt folgen, auch wenn es durchaus der Erfahrung aus der Seelsorge mit geistlichen Leitern entspricht, dass sie sich schwer tun, von dieser oder jener Arbeitslast auch nur lassen *zu wollen*. Mose hingegen scheint ja auf seinen klugen Schwiegervater gehört zu haben.[9] Jitro zeigt nämlich glaubhaft und überzeugend die individuellen und kollektiven Folgeschäden einer solchen Überarbeitung auf. Das Problem hat ja nicht allein Mose:

> »Es ist nicht gut, wie du das tust. Du machst dich zu müde, dazu auch das Volk, das mit dir ist. Das Geschäft ist dir zu schwer, du kannst es allein nicht ausrichten.«[10]

- Interessant ist jedenfalls der Lösungsansatz, den Jitro wählt. Jitro belässt es nicht bei *individuellen Ratschlägen*. Er rät Mose weder zu mehr Ruhe oder Achtsamkeit, noch empfiehlt er eine weiterbildende Maßnahme. Er schickt Mose auch nicht auf eine Retraite in die Wüste. In unserer Diktion wären das eher »pastoraltheologische« Lösungsansätze. Sein Vorschlag berührt vielmehr *die Strukturen des gemeindlichen Zusammenlebens*. Er äußert massive Zweifel an der Rollenzuschreibung, die Mose in eine so prekäre Lage brachte. Diese Rollenzuschreibung sieht Mose allein mit und vor dem Volk. Es ist übrigens zu beachten, dass sich Mose und das Volk in dieser Zuschreibung wohl einig waren. Jitro nicht! Jitro schlägt einen massiven Umbau des gemeindlichen Lebens vor. Nicht allein Mose soll sich

6 Num 11,11.
7 Num 11,14 f.
8 Burisch: Das Burnout-Syndrom (s. Anm. 3), 7.
9 Vgl. Ex 18,24; »Mose gehorchte dem Wort seines Schwiegervaters ...«
10 Ex 18,17.18.

> ändern, achtsamer, effizienter, professioneller, schneller, kompetenter werden. Das Volk muss sich ändern. In unserer Diktion geht es Jitro um einen kirchentheoretisch verankerten und darum auch gemeindeentwickelnden Lösungsansatz. Dieser Ansatz führt hier vom einsamen und überforderten »Ich« zum »Wir« des vielfältig begabten Gottesvolkes. In der Erzählung (sowohl in Ex 18 als auch in Num 11) werden nun die Aufgaben neu verteilt. Mose wird auf seine Kernkompetenz verwiesen, das Volk zu lehren und dessen Anliegen vor Gott zu tragen, also auf Lehre/Verkündigung und Gottesdienst/Gebet. Mose strukturiert um und verteilt einen großen Teil der Last auf die Schultern »von redlichen Leuten, die Gott fürchten«.[11] Es entsteht ein System mit verschiedenen Graden an Verantwortung für unterschiedlich große Gruppen im Volk. In Num 11 ist das damit verbunden, dass Gott selbst »etwas Geist« von Mose wegnimmt und auf die neuen Leitungspersonen verteilt.[12] Sie werden somit nicht nur zu »Delegierten« des Mose, sondern zu geistlichen, ja prophetischen Leitern, auf denen Gottes Geist ebenso ruht wie auf Mose.

Damit ist eine interessante Spur gelegt: Unter Umständen führen allein auf das Individuum fokussierte Lösungsansätze nicht zum Ziel »Pfarrdienst ohne Burnout«. Niemand bestreitet, dass es sinnvoll und notwendig ist, das Individuum zu motivieren und zu unterstützen, das Nötige für sich selbst zu tun. Unter Umständen sind diese Überlegungen also zwar notwendig, aber nicht hinreichend. Will sagen: Es braucht einen breiteren und umfassenderen Ansatz. Sonst könnte man in die klassische Falle einer zu kurz greifenden Strategie tappen: »Today's problems come from yesterday's ›solutions‹«.[13]

Darum nimmt dieser Beitrag die Greifswalder GIPP-Studie zum Anlass, um über notwendige kirchentheoretische Perspektiven nachzudenken, die über eine eng geführte pastoraltheologische Sicht hinausgehen. In einem ersten Schritt (1) sollen die »naheliegenden pastoraltheologischen Optionen« gewürdigt werden. Anschließend sollen (2) die Schattenseiten des Naheliegenden betrachtet bzw. die von Burnout bedrohten oder betroffenen Pfarrpersonen als Indexpatienten in Augenschein genommen werden. Dabei wird auch die systemische Falle einer rein individuellen Perspektive analysiert. Schließlich wird (3) der größere Kontext der Gemeindeentwicklung eröffnet und eine Lösung vorgetragen, die Veränderungen im System »Kirche« vorschlagen und in ihnen *einen* Schlüssel zur Lösung der pastoralen Überlastungssyndrome erblicken. Etwas augenzwinkernd im Blick auf den entscheidenden Hebel für die Problemlösung ließe sich die Pointe so im Sinne von Mt 6,33 zusammen-

11 Ex 18,21.

12 Vgl. Num 11,17.25.

13 Peter Senge: The fifth discipline. The art and practice of the learning organization, New York ³2010, 57.

fassen: Trachtet zuerst nach mündigen Gemeinden, so wird euch obendrein eine vitale Pfarrerschaft zufallen.

2 Die individuellen Lösungsansätze

2.1 Die eine naheliegende Option: Unsere Pfarrer sorgen besser für sich selbst

Wenn man klassische Beschreibungen der Symptome eines Burnouts zur Hand nimmt, kommt man relativ schnell zu bestimmten Lösungsvorschlägen. Burisch etwa greift zu der Energie-Metapher, der sich der Burnout verdankt: Demnach ist ursächlich für einen Burnout »eine lang dauernd zu hohe Energieabgabe für zu geringe Wirkung bei ungenügendem Energienachschub.«[14]

Für den pastoralen Berufssektor bestätigt Gunter Schendel im Wesentlichen diese Symptomatik eines Burnouts, wenn er die hohe Arbeitsbelastung und zunehmende Arbeitsverdichtung im Verein mit der ambivalent zu bewertenden hohen Autonomie dieses Berufsstandes und der Entgrenzung der Arbeit als Hauptursachen eines pastoralen Burnouts in der vor ihm durchgesehenen Studie benennt.[15]

Unsere Studie zeigt spezifische Ausprägungen dieser Symptomatik:

- Arbeitsbelastung: Unsere Studie belegt einen hohen Breitenwert bei den BOSS I Skalen[16], also eine hohe Zahl beruflicher Belastungen, so dass auch bei einer strengen Anwendung der Kriterien etwas mehr als ein Drittel der Probanden in unserer Studie in einem ernst zu nehmenden Risikostadium sind. Als besonders belastend werden Verwaltungstätigkeiten und dringende Anfragen erlebt, vor den typisch pastoralen Tätigkeitsfeldern wie Gottesdienst, Kasualien oder Betreuung von Ehrenamtlichen und Konfirmandenarbeit. Immerhin 2 von 5 Befragten bezeichneten ihre Arbeitsbelastung als zu hoch.
- Geringe Wirkung mit Folgen: Wir sehen ein deutlich gemindertes »Commitment« (UWES)[17] und eine reduzierte »Satisfaction in Ministry« (FBI)[18] bei

14 Burisch: Das Burnout-Syndrom (s. Anm. 3), 9. Vgl. zum Bild aus der Kernenergietechnik: Martin Grabe: Zeitkrankheit Burnout. Warum Menschen ausbrennen und was man dagegen tun kann, Marburg ^{3}2008, 9.

15 Vgl. Gunther Schendel: Fünfzehn Jahre Vermessung des Pfarrberufs: Pfarrerinnen und Pfarrer im Modus der Veränderung, in: Gesegnet und gesendet. Lebensweltliche und empirische Einsichten zur Zukunft des Pfarrberufs. 3. Fachtagung der Landkirchen-Konferenz der EKD am 13. September 2016 in Kassel, in: epd-Dokumentation 15–16 (2017), 11–16 (hier: 11 f.).

16 Vgl. a. a. O., Kap. 3.2.6.

17 Vgl. a. a. O., Kap. 4.2.1.

18 Vgl. a. a. O., Kap. 4.2.1.

diesen Probanden mit hohem Risiko. Wir sehen darüber hinaus eine nicht zu unterschätzende Belastung durch »Phantome, Geister und Trolle«.[19]

- Ungenügender Energienachschub: Wir sehen insgesamt eine starke Belastung durch die Arbeitsanforderungen und hohe Arbeitsdichte, nun aber auch in Verbindung mit erlebter Verknappung der Zeit für geistliches Leben, Erholung oder Privatsphäre.[20]
- Darüber hinaus zeigen sich auch protektive Faktoren wie ein guter Entscheidungsspielraum und eine ausreichende soziale Unterstützung. Weiterbildung[21] und Unterstützung durch Mitarbeiter spielen dabei hervorragende Rollen. Genau diese protektiven Faktoren fallen bei den besonders belasteten Probanden aber auch besonders schwach ausgeprägt aus.

Man müsste dann doch eigentlich nur folgende Fragen beantworten:

1. Zu hohe Energieabgabe: Wie helfen wir/sich Pfarrer[n], ihre Energieabgabe in vernünftigen Grenzen zu halten oder mindestens die Zeiten zu hoher Energieabgabe zu begrenzen?
2. Zu geringe Wirkung: Was können wir/Pfarrer tun, um wirksamer zu arbeiten: also effizienter und effektiver zu wirken?
3. Zu schwacher Energienachschub: Was ist nötig, damit Pfarrer ausreichend neue Energie bekommen?

Und zu jeder dieser Fragen gibt es sinnvolle Antworten, die eine notwendige Anpassung der pastoralen Überzeugungen, Haltungen und Handlungsweisen nach sich ziehen könnte. Hier soll nur ausschnittweise auf entsprechende pastoraltheologische Empfehlungen verwiesen werden.

1. Grenzen setzen: Pfarrer lernen, Grenzen zu setzen und nicht jedem inneren Drang oder jeder äußeren Erwartung nachzugeben.[22] Sie wissen um den schwach strukturierten Berufsalltag mit vielem, das nicht einfach planbar ist. Aber sie halten sich an einiges, das für sie nicht verhandelbar ist (wie z. B. ein freier Tag, ausreichend Urlaub und Zeit zu Gebet und Reflexion), und sie limitieren die Daueraufgaben, für die sie sich bereit erklären, auf ein menschliches Maß. Sie üben sich darin, ja *und* nein zu sagen, wenn von ihnen mit mehr oder weniger großer Dringlichkeit Engagement verlangt wird.
2. Sich bilden: Pfarrer gönnen sich Auszeiten, nehmen sich Zeit für Lektüre und Reflexion, bilden sich vor allem regelmäßig weiter und bekommen so neue Impulse für ihren Dienst. Sie arbeiten an ihren Schwächen, mehr

19 Vgl. Beitrag Hanser, Kap. 4.2.3.

20 Vgl. Beitrag Hanser, Kap. 6.3.2.

21 Darauf verweist besonders Peter Böhlemann in seinem Kommentar in diesem Band.

22 Vgl. auch Henry Cloud: Boundaries for Leaders. Why some people get results and others don't, New York 2013.

aber noch vergrößern sie ihre Kompetenzen hinsichtlich ihrer Stärken.[23] Sie nehmen Supervision in Anspruch und pflegen einen guten kollegialen Austausch. Sie schätzen auch die Möglichkeit des Mentoring, des Coaching, der Geistlichen Begleitung oder der Seelsorge und Beichte.

3. Energienachschub: Sie erkennen in gesunder Selbstsorge eine nötige Tugend, die nichts mit Eigensucht oder Bequemlichkeit zu tun hat. Sie wissen, was ihnen gut tut und den »Energietank« wieder füllt.[24] Sie pflegen gute Beziehungen außerhalb des Dienstes, entwickeln eine tragfähige Spiritualität, tun etwas für ihre Gesundheit, haben ein befriedigendes Hobby und justieren ihre eigenen Ziele und Prioritäten regelmäßig nach.

Das alles ist Gegenstand in der Aus-, Fort- und Weiterbildung. Das Nötige wird sozusagen eingeübt, bevor »das Kind im Brunnen liegt«. Ist es aber in den Brunnen gefallen, sind dies Themen der beruflichen Rehabilitation und der seelsorglichen Begleitung beim Wiedereinstieg in die pastoralen Aufgaben. Am Ende geht es um den Aufbau, die Förderung und Erhaltung oder die Wiederherstellung von Resilienz im Pfarrberuf. Es geht auch um die notwendige Selbstwirksamkeitserwartung[25]: »Ich kann etwas ändern!«

Schließlich wird dies vermehrt auch Gegenstand kirchlicher Personalführung sein mit dem Ziel, eine gesunde »Belegschaft« zu erhalten. Damit ändert sich auch Personalführung von einem vorwiegend Stellen verwaltenden Tun hin zur »Personalentwicklung«. Diese Perspektive wird im Folgenden näher erläutert. Denn die Kehrseite dieser ersten Überlegung besteht darin, dem eh schon stark belasteten Einzelnen nun auch die Verantwortung für die Änderung seiner Lage *allein* zuzuschreiben. Mose wäre verzweifelt!

2.2 *Noch eine naheliegende Option: Unsere Kirche sorgt besser für ihre Pfarrer*

Einen großen Schritt weiter kommen wir sicher, wenn wir Pfarrer nicht nur allein in der Verantwortung sehen, besser für sich zu sorgen, sondern auch die Kirchen als Arbeitgeber in den Blick nehmen und fragen, worin der kirchliche Anteil an einer günstigeren Berufsgestaltung liegen könnte.[26]

Gespräche mit Theologen (besonders vor oder in den ersten Amtsjahren) einerseits und Personalverantwortlichen in den Landeskirchen andererseits zeigen hier zuweilen sehr unterschiedliche Erwartungen und Wahrnehmun-

23 Vgl. Fredmund Malik: Führen – Leisten – Leben. Wirksames Management für eine neue Zeit, Stuttgart/München [14]2002, 114–134.

24 Vgl. Gordon MacDonald: Building below the waterline. Strengthening the life of a leader, Peabody 2011.

25 Vgl. Albert Bandura: Self-efficacy: The exercise of control, New York 1997.

26 Diese Aspekte beleuchtet Anja Hanser in ihrer Dissertation, wenn sie die Befunde der GIPP-Studie mit Blick auf die Kirche als Arbeitgeber unter Anwendung eines ethisch fundierten Verantwortungsbegriffs reflektiert. Vgl. Anja Hanser in diesem Band, Kap. 8.2.

gen. Während sich manche Nachwuchs-Pfarrpersonen eher etwas vernachlässigt fühlen, die Kirche als Arbeitgeberin ambivalent erleben und sich vor allem mehr Rücksicht auf die komplexen, auch partnerschaftlich-familiären Lebenssituationen und insgesamt mehr Für- und Seelsorge erhofft hätten (sozusagen die Evangeliums-Seite der Kirche), beklagen Personalverantwortliche in den Kirchen auf der Seite des Nachwuchses überzogene Erwartungen, geringe Belastbarkeit und ein mangelndes Verständnis für den institutionellen Charakter der Kirche als Arbeitgeberin (sozusagen die »Gesetzes-Seite« der Kirche).

Andererseits kann man nicht übersehen, dass die Kirchen in den letzten Jahren die Überlastungsphänomene im Pfarrberuf wahr- und ernstgenommen haben und mit unterschiedlichen Maßnahmen zur Prävention (Gesundheit im Pfarrberuf[27]) oder Rehabilitation[28] reagiert haben.

In unterschiedlich großer Ausprägung gibt es über diese Maßnahmen hinaus weitere Bemühungen, die mehr oder weniger auf Überlastungserscheinungen reagieren sollen und können:

1. Weiterbildung: Neben der theologischen Weiterbildung und der Förderung von bestimmten Kenntnissen und Fertigkeiten für den pastoralen Dienst (»skills«) sind vermehrt Angebote der Pastoralkollegs wahrzunehmen, die der Selbstreflexion, der geistlichen Selbstleitung[29] und der zielorientierten und ressourcenadäquaten Nachjustierung des eigenen Dienstes gewidmet sind. Verbindlichkeit wie Inanspruchnahme der pastoralkollegialen Angebote schwanken freilich erheblich.
2. Nicht nur Praktische Theologen im akademischen Bereich[30], sondern auch Landeskirchen[31] befassen sich mit einem revidierten Bild des Pfarrberufs, das auf veränderte Lebensbedingungen, gedehnte Zuständigkeitsberei-

27 Vgl. z. B. URL: <https://www.evangelisch-in-westfalen.de/angebote/beratung/fuer-sie-persoenlich/gesund-im-pfarramt> (03.10.2018, 11:23 Uhr). Oder URL: <http://www.pfarrerverband.de/download/vorlage_gesundheitsmanagement.pdf> (03.10.2018, 12:34 Uhr). Vgl. auch Andreas Rohnke: Gesundheitsmanagement und Salutogenese im Pfarrberuf. Empirische Studie und Analyse von Gesundheitsressourcen und Belastungspotentialen, (Empirie und Kirchliche Praxis 14) Frankfurt/M. 2015.

28 Vgl. z. B. URL: <https://www.schwanberg.de/Respiratio> (03.10.2018, 13:34 Uhr).

29 Vgl. zu Begriff und Sache: Gerhard Wegner: Was ist geistliche Leitung? Zehn Vorschläge zur Verständigung über Führung in Kirche und Diakonie, in: PTh 96 (2007), 185–200.

30 Vgl. z. B. Christian Grethlein: Pfarrer – ein theologischer Beruf, Frankfurt/M. 2009; Isolde Karle: Der Pfarrberuf als Profession. Eine Berufstheorie im Kontext der modernen Gesellschaft, Gütersloh 2001; Nikolaus Schneider/Volker A. Lehnert: Berufen – wozu? Zur gegenwärtigen Diskussion um das Pfarrbild in der Evangelischen Kirche, Neukirchen-Vluyn 2009; Ulrike Wagner-Rau: Auf der Schwelle. Das Pfarramt im Prozess kirchlichen Wandels, Stuttgart 2009.

31 Vgl. z. B. URL: <https://www.pfarrbild-baden.de (03.10.2018, 15:30 Uhr). Oder URL: <https://www.evangelisch-in-westfalen.de/fileadmin/microsites/pfarramt/dokumente/2_1_Schlussbericht_Landessynode 2017-Das_Pfarramt_in_der_Dienstgemeinschaft_finaleVersion.pdf> (03.10.2018, 12:04 Uhr).

che und komplexe Aufgabenfülle im Dienst reagiert und eine realistische und attraktive Vorstellung vom Dienst des Pfarrers »nach menschlichem Maß«[32] vor Augen führt. Dabei stellt sich die Frage, wie aus hinsichtlich der Arbeitsbelastung nachdenklichen *Papieren* eine *mentale Veränderung*, also eine Korrektur des kirchlichen »mindsets« wird, also der von vielen Pfarrpersonen, Gemeindegliedern und Leitungsgremien *geteilten* Überzeugung, dass Pfarrpersonen die primären, gelegentlich auch solitären Garanten kirchlichen Lebens zu sein hätten.

3. Eine größere Rolle spielen dabei konkrete Dienstvereinbarungen, die im Unterschied zu den oft sehr weitreichenden Pfarrstellen-Ausschreibungen[33] das Verpflichtende benennen und auch möglichst verbindlich begrenzen. In Bayern etwa wird – im Einklang mit der Kirchenordnung – postuliert:

> »Künftig soll nun jede Pfarrerin und jeder Pfarrer der Evangelisch-Lutherischen Kirche in Bayern den Dienst auf der Grundlage einer individuellen Dienstordnung tun.«[34]

   Angestrebt wird eine wöchentliche Durchschnittsarbeitszeit von 48 Stunden, die freilich schwanken kann, aber eben um diese 48 Stunden »oszillieren« soll. Solche Ordnungen, die auf der Erfahrung beruhen, was im Pfarralltag alles anfällt und wie viel Zeit dieses Anfallende verlangt, sollen im Konsens der Beteiligten (also auch der gemeindlichen und kirchlichen Leitungsgremien) erstellt, erprobt und überprüft werden.

4. Interessant sind auch Überlegungen, Pfarrer gerade im Bereich der in unserer Studie als besonders belastend erlebten Verwaltungstätigkeiten zu unterstützen, indem etwa Gemeindekuratoren[35] sich (oft für mehrere Gemeinden) der Aufgaben annehmen, die z.B. mit Gebäuden, Finanzen oder Personal zu tun haben. Oft sind sie auch vor Ort Ansprechpartner, wenn z. B. im Dorf kein Pfarrer mehr wohnt. Im Pommerschen Evangelischen Kirchenkreis wurde den Gemeinden beispielsweise eine Pfarramtsassistenz

32 URL: <http://www.berufsbild-pfr.de/files/files/Handreichung%20für%20die%20Erstellung%20von%20Dienstordnungen.pdf> (03.10.2018, 12:20 Uhr).

33 Vgl. Sonja Keller: »Vieles ist im Fluss. Vieles wird neu werden.« Die Organisationssemantik und das Amt des Pastors als theologisch leitendem Hermeneuten, in: PTh 106 (2017), 28–37.

34 URL: <http://www.berufsbild-pfr.de/files/files/Handreichung%20für%20die%20Erstellung%20von%20Dienstordnungen.pdf> (03.10.2018, 15:20 Uhr), 9.

35 Im Ehrenamt z.B. in der Hannoverschen Landeskirche, URL: <https://www.kirchliche-dienste.de/arbeitsfelder/ehrenamt/wir_fuer_sie> (03.10.2018, 16:30 Uhr). Als Erprobungsraum in einem Anstellungsverhältnis in Mitteldeutschland, URL: <https://www.erprobungsraeume-ekm.de/erprobungsraeume/gemeindekurator-fuer-die-foerderung-des-ehrenamtes.html> (03.10.2018, 14:12 Uhr).

für Verwaltungsbelange angeboten, die mit zusätzlichen 20 %-Stellenanteilen Entlastung für Pfarrer schaffen soll.[36] Diese Bemühungen leuchten aus mehreren Gründen ein. Zum einen gehören diese Tätigkeiten nicht zu den pastoralen Kernkompetenzen. Zum anderen sind es gerade aufwändige Gebäudesanierungen, die die Arbeitskraft über Gebühr von direkten pastoralen und gemeindeentwickelnden Tätigkeiten abhalten.

5. Schwerer zu fassen als diese relativ konkreten und gut sichtbaren Maßnahmen ist eine seelsorgliche Einwirkung auf das Selbstbild von Pfarrern. Hier kämen nicht nur Fragen kirchlicher Personalführung, sondern auch rechtfertigungstheologische Aspekte ins Spiel. Wenn Gerhard Wegner vom »Erschöpfungsstolz«[37] eines Berufsstandes spricht, wenn er darüber nachdenkt, dass Pastoren sich als »lustvoll überfordert«[38] erleben, gerne leiden, Leitung durch Vorgesetzte ablehnen, ein hohes Autonomiebewusstsein aufweisen und darum auf dem Primat des Selbstausdrucks beharren[39] und – konsequenterweise – überzeugt sind, »dass sie die Überkomplexität bzw. die Diversität ihrer Aufgaben nur alleine mittels ihrer persönlichen Ressourcen bewältigen können«[40], dann scheint doch im Aufbau dieses mentalen Modells vom Pfarrberuf einiges schief gelaufen zu sein. Man kann also unter einem Zustand leiden – und zugleich enorme Bestätigung daraus gewinnen. Ich leide zwar, leiste aber auch Großes, und darum und solange bin ich »o.k.«. Demgegenüber gelte es nicht nur, verbindlichere Vorgaben annehmen zu wollen bzw. mindestens zu dulden und ein gesünderes »Organisationsvertrauen«[41] aufzubauen (das auch!), sondern vor allem die Freiheit der Kinder Gottes und die Rechtfertigung allein aus Gnade auch hinsichtlich des eigenen Berufes zu durchdenken, zu glauben und in Anschlag zu bringen. Der amerikanische Psychiater Henry Cloud sieht darin nicht nur eine theologische Tugend, sondern einen Aspekt persönlicher Integrität (im Sinne von Ganzheit): Er empfiehlt, Leistung und Ergebnisse richtig einzuordnen. »›Decatastrophize‹ the outcome.«[42] Anders gesagt: Menschen mit einer »integrierten Persönlichkeit« wollen fruchtbar arbeiten, aber unterscheiden zwischen den Ergebnissen ihrer Arbeit und ihrem Wert, auch dem eigenen Selbstwertgefühl. »Outcomes

36 Vgl. URL: <http://www.kirche-mv.de/KKR-PEK-Empfehlung-zur-Einfuehrung-der-Pfarrassist.8955.0.html> (23.10.2018, 17:07 Uhr).

37 Gerhard Wegner: Religiöse Kommunikation und Kirchenbindung. Ende des liberalen Paradigmas?, Leipzig 2014, 142.

38 Wegner: Religiös (s. Anm. 37), 139.

39 Vgl. zu dieser Liste: A. a. O., 137–145.

40 A. a. O., 141.

41 A. a. O., 140.

42 Henry Cloud: Integrity. The courage to meet the demands of reality, New York 2006, 183.

are separate from the person, and the people who perform have a stable sense of self no matter what happens.«[43] Das Umgekehrte ist für Henry Cloud die Mutter aller Probleme bzw. »the underlying sickness«.[44] Menschen gediehen dann nur durch Anerkennung und seien leicht zu verunsichern. In großer Nähe zur reformatorischen Unterscheidung von Werk und Person formuliert Cloud:

> »The cure is always to find acceptance and love in one's weakness and failure, and therefore discover that you are not what you do, but who you are. When we are loved for what we are, not for what we do, then we have a character based on being and not doing. That is where the contrast between ›human being‹ and ›human doing‹ comes from.«[45]

Das – als geistliche Übung oder/und als Thema seelsorglicher Wegbegleitung – immer wieder durchzubuchstabieren und auf Fragen der pastoralen Lebensführung hin auszulegen, wäre ein guter, notwendiger Beitrag zur Heilung für einen pastoralen Zustand, den Gerhard Wegner präzise beschreibt: »Leiden ist das zentrale Medium pastoraler Selbstrechtfertigung.«[46]

3 Die Schattenseite des Naheliegenden

Was aber, wenn nicht die Pfarrpersonen *allein* das Problem sind? Was, wenn die Selbstsorge von und die Fürsorge für Pfarrpersonen nicht die *hinreichende* Lösung ist?

3.1 Der Pfarrer als Symptomträger und Index-Patient?

Ein Blick auf die *Familientherapie* kann hier einen Schritt weiterführen. Die folgende Situation aus der familientherapeutischen Praxis kann dazu wertvolle Hinweise geben: Da wird ein Kind im Grundschulalter der Kinder- und Jugendpsychotherapeutin vorgestellt, weil es wieder angefangen hat einzunässen. Im Laufe der Therapie wird deutlich, dass dieses Kind mit seinem Bettnässen etwas erreicht: Die Eltern, die sich sonst oft streiten, reden wieder miteinander, suchen Lösungen und wenden sich dem Kind aufmerksam zu. Krank

43 Cloud: Integrity (s. Anm. 42), 183.
44 A. a. O., 188.
45 A. a. O., 189.
46 Wegner: Religiös (s. Anm. 37), 142.

ist in diesem Fall das »System« der Familie. Das Kind, das als Bettnässer der Therapeutin vorgestellt wurde, ist eben »nur« ein Symptomträger, der »identifizierte Patient«, aber nicht allein der Patient oder gar der, der die Probleme verschuldet. Patient ist das Kind nur als Teil eines familiären Systems. Und sein »problematisches Verhalten« ist eher Folge als Ursache (sofern man sinnvoll von Ursachen und Folgen reden kann). Und dann ist es wiederum selbst Ursache (und insofern keineswegs nur passiv): Um das Symptom herum bildet sich ein besorgtes, fürsorgliches System.[47] Heilung bringt hier (hoffentlich!) eine Klärung der familiären Dynamiken, der geheimen oder offenbaren »Spielregeln« des Miteinanders und eine Umstellung der familiären Kommunikation. Nüchtern gesprochen: Nicht das System wird saniert, wohl aber einiges im Umgang miteinander.[48]

> »Das psychische Symptom z.B. eines Familienmitglieds wird als Mittel aufgefasst, mit welchem dieser Symptomträger auf die Familie Einfluss nimmt. Es wird eine Änderung der Kommunikationsregeln in der Familie angestrebt, um den systemstabilisierenden Charakter des Symptoms entbehrlich zu machen.«[49]

Stellen wir uns also vor, der Pfarrer sei so ein Index-Patient, der wortwörtlich durch sein als problematisch bewertetes Erleben und Verhalten den Finger in die Wunde legt, weil im »System« Kirche etwas nicht gut läuft, ja sogar krank ist und darum auch krank macht. Stellen wir uns vor, unser Problem »Burnout« hätte eine »Funktion«: dass sich die Kirche kümmert und sorgt, damit unter Umständen aber auch das Problem verstetigt.

Dann wäre der pastoraltheologische bzw. individuelle Ansatz nicht nur *beschränkt hilfreich*, er wäre unter Umständen geradezu *problemverschärfend*, wenn er dem Pfarrer vermittelt: Du trägst für dieses Problem die Verantwortung, weil Du nicht ausreichend gelernt hast, Grenzen zu setzen, effektiv und effizient zu arbeiten, für Deine Seele und Deinen Leib zu sorgen, Dich weiterzubilden usw. Daran musst Du jetzt arbeiten! Was wir tun können, ist vor allem Unterstützung, damit Du daran arbeiten kannst. Notfalls machen wir auch strengere Vorgaben, was Deine Arbeitsschwerpunkte und Arbeitszeiten angeht. Und wenn Du erkrankst, sorgen wir für Rehabilitation und danach schicken wir Dich zu Fachleuten, die Dir helfen, Dich selbst besser zu leiten. Das mag alles auch richtig und nötig sein, aber es ist eben nicht hinreichend,

---

47 Vgl. Christoph Morgenthaler: Systemische Seelsorge. Impulse der Familien- und Systemtherapie für die kirchliche Praxis, Stuttgart [5]2013, Position 1744.

48 Vgl. Arist von Schlippe/Jochen Schweitzer: Lehrbuch der systemischen Therapie und Beratung, Göttingen [3]1997, 102.

49 Uwe Henrik Peters: Lexikon Psychiatrie, Psychotherapie, Medizinische Psychologie, München 2004, 302.

unter Umständen sogar problemverschärfend, wenn diese Maßnahmen für sich alleine stehen, sich aber im »System« Kirche nichts ändert.

Dann wäre nicht der pastoraltheologische Ansatz hilfreich, der eben unmittelbar an der Person des Pfarrers ansetzt und im Blick auf das Problem, also das, was unerwünscht ist und verändert werden soll, aber auch veränderlich erscheint, Hilfen sucht.[50] Dann müsste man tatsächlich nach dem »System« (sichtbare) Kirche fragen und nach den Spielregeln, die in ihr gelten.

Was könnte dann das problematische, geradezu maligne Spiel sein, das wir in der Kirche spielen und auf das ausgebrannte Pfarrer verweisen?

3.2 Überbewerteter Pfarrdienst, unterschätzte Gemeinde

Worin besteht aber das maligne Spiel? Nach meiner Überzeugung liegt das Problem in einem über Jahrhunderte gepflegten, mindestens willig hingenommenen oder sogar enthusiastisch gefeierten und gegen alle Kritik verteidigten Bild von der Gemeinde und ihrem Hirten. Das unterentwickelte Bild von der Gemeinde sieht die Gemeinde im Wesentlichen als einen Anlass zur (pastoralen!) *Betreuung*[51] und weniger zur (gabenorientierten) *Beteiligung*. Dabei sind es nicht allein die Pfarrpersonen, die dieses »Idealbild« ihres Berufes vertreten: Gemeinden begeben sich oft nur zu willig unter die fürsorgliche Pflege ihrer Pfarrpersonen, kirchlich Leitende heben die Schlüsselstellung des Pfarrberufs als Notwendigkeit hervor und der eine oder andere Vertreter der akademischen Pastoraltheologie liefert theologische Rechtfertigungen dafür. Und schließlich »funktioniert« es doch schon so lange so! Dabei ist das unterentwickelte Bild von der Gemeinde der Grund für das überentwickelte Bild vom Pfarrer (und umgekehrt). Es ist, wie es mit systemischen Zusammenhängen immer ist: Wir haben sie geformt, aber irgendwann haben sie angefangen, uns zu formen.[52]

Diese Zusammenhänge sind schon oft beschrieben worden, weshalb hier einige Hinweise genügen sollen.[53]

---

50 Von Schlippe/Schweitzer: Lehrbuch (s. Anm. 48), 103: »Ein Problem ist etwas, das von jemandem einerseits als unerwünschter und veränderungsbedürftiger Zustand angesehen wird, andererseits aber auch als prinzipiell veränderbar.«

51 Klaus Douglass vergleicht diese Einschätzung mit Eltern, die ihrem Kind sagen, es müsse doch nicht laufen lernen, die Eltern könnten das doch stellvertretend für das Kind tun. Vgl. Klaus Douglass: Die neue Reformation. 96 Thesen zur Zukunft der Kirche, Stuttgart 2001, 135. Vgl. ebenso Bernhard Petry: Wie wir uns denken, so schallt es heraus. Pastorale Selbstbilder und die Zusammenarbeit mit Ehrenamtlichen, in: PTh 91 (2002), 95–105, besonders 97.

52 Vgl. Senge: The fifth discipline (s. Anm. 13), 343.

53 Vgl. z. B. Michael Herbst: Missionarischer Gemeindeaufbau in der Volkskirche, (BEG Bd. 8) Neukirchen-Vluyn [5]2010, u. a.

- Entwürfe von der Kirche kommen dann zwar nicht ohne Pfarrer, wohl aber ohne die zum Handeln ermächtigte Gemeinde aus.
- Pastoraltheologien thematisieren einsame Pfarrpersonen und haben kaum einmal andere kirchliche Berufe im Blick.
- Der Verzicht auf solche Vorhaben wie »Gemeindeaufbau« wird zuweilen mit starken Worten begründet, was aber dazu führt, dass sich die Last auf den Schultern der Pfarrpersonen noch mehr steigert, weil dieser Verzicht keineswegs mit bescheideneren Vorstellungen vom kirchlichen Leben einhergeht.[54]
- Kirchliche Strukturreformen machen in der Regel die Bezahlbarkeit und (künftig vermehrt) die Verfügbarkeit von Pfarrpersonen zur Bedingung der Möglichkeit selbstständigen kirchlichen Lebens vor Ort. Der Zuschnitt von Kirchengemeinden bzw. der Druck, zu fusionieren und zu konzentrieren, hängen damit unmittelbar an der Frage: Haben wir genügend Pfarrpersonen?
- Zugleich wird das »Ideal« der flächendeckenden *Versorgung* mit pastoralen (!) Dienstleistungen aufrecht erhalten, auch wenn dies den Druck auf die Pfarrer erhöht oder zu geradezu homöopathischen Dosierungen dieser Versorgung führt.
- Wer die Gemeinde als Gemeinschaft stark macht, muss sich dann vorhalten lassen, er huldige überkommenen, bürgerlichen und vereinskirchlichen Vorstellungen[55], die von der Mehrzahl der Kirchenmitglieder nicht geteilt oder gewünscht werden.
- Besonders da, wo die Stärke der Kirche in den Kasualien gesehen wird, verschwindet die sich versammelnde, begabte und gesandte Gemeinde vom Radar kirchentheoretischer Überlegungen. Ein distanziertes und nur »bei Gelegenheit« aktualisiertes Verhältnis der Getauften zur unter Wort und Sakrament versammelten Gemeinde wird damit zum Normalfall erklärt.[56] Obwohl diese distanzierte, aber kirchlich treue Weise der Zugehörigkeit zur Kirche schrumpft, hofft man dann auf diese Mitglieder auch als künftige Stabilisatoren der Kirche.[57] Dies unterschätzt, dass der christ-

54 Vgl. die dezidierte Kritik an Vorstellungen wie »Gemeindeaufbau« z. B. bei Ulrike Wagner-Rau: Begrenzen und öffnen. Perspektiven für das Pfarramt in einer gastfreundlichen Kirche, in: PTh 93 (2004), 450–465.

55 Vgl. Jan Hermelink: Kirchliche Organisation und das Jenseits des Glaubens. Eine praktisch-theologische Theorie der evangelischen Kirche, Gütersloh 2011, 144–151.

56 Vgl. z. B. Gerald Kretzschmar: Kirchenbindung. Praktische Theologie der mediatisierten Kommunikation, Göttingen 2007.

57 Vgl. z. B. Gerald Kretzschmar: Mitgliederorientierung und Kirchenreform. Die Empirie der Kirchenbindung als Orientierungsgröße für kirchliche Strukturreform, in: PTh 101 (2012), 152–168.

liche Glaube eine »soziale Praxis« ist[58], also von einem Wort lebt, das sich niemand selbst sagen kann, und gerade in der fortschreitenden Minorisierung der hiesigen Christenheit der Bestätigung durch andere Glaubende regelmäßig bedarf. Zudem kann man mindestens für Ostdeutschland die vermeintliche Stabilität des Kasualbegehrens der Kirchenmitglieder in Frage stellen.[59]

- Das überentwickelte Bild des Pfarrers sieht in diesem den Garanten kirchlichen Lebens. Er hat den kirchlichen Schlüsselberuf inne.[60] Er garantiert die religiöse Qualität im Gasthaus Kirche.[61] Er ist der kompetente Begleiter an den entscheidenden Weggabelungen des Lebens und sorgt für angemessene religiöse Rituale auf den Höhepunkten und in den tiefen Tälern des Daseins. Er *ist* in gewisser Weise die Kirche[62]: »Kirche ist da, wo PfarrerInnen sind.«[63] Wenn im Pfarrhaus das Licht brennt, dann ist die gemeindliche Welt in Ordnung. Klaus Raschzok seufzte vernehmlich, als er einmal zusammenstellte, was durchschnittliche Pfarrer darzustellen haben: als »Virtuosen, Moderatoren, Manager, Entertainer, Spirituale, Experten oder auch als exemplarische Gemeindeglieder, als Therapeuten, Motoren, Begleiter, Anbieter, Vermittler, Erklärer oder Kommentatoren«[64] seien sie gefragt. Kritisch und ironisch benennen Nikolaus Schneider und Volker Lehnert diese Erwartungen als »illusionäre Charismenkumulation«.[65]
- Das System erhält sich selbst am Leben: Die Pfarrer sind die entscheidenden Akteure in der Kirche, weil die anderen entweder nicht da oder nur zu betreuen sind. Die anderen können bestenfalls Hilfsdienste leisten, bleiben Betreute oder müssen auch gar nicht da sein, solange die Pfarrer die

58 So Martin Laube: Religion als Praxis. Zur Fortschreibung des christentumssoziologischen Rahmens der EKD-Mitgliedschaftsstudien, in: Heinrich Bedford-Strohm/Volker Jung (Hg.): Vernetzte Vielfalt. Kirche angesichts von Individualisierung und Säkularisierung. Die fünfte EKD-Erhebung über Kirchenmitgliedschaft, Gütersloh 2015, 35–49 (hier: 48).

59 Vgl. auch Michael Domsgen: Kirche in Ostdeutschland. Ein Plädoyer nicht nur für die Regionalisierung der Kirchentheorie, in: Peter Bubmann/Birgit Weyel: Kirchentheorie. Praktisch-theologische Perspektiven auf die Kirche, (VWGTh 41) Leipzig 2014, 63–79, 72.

60 So durchgängig: Kirchenamt der EKD (Hg.): Kirche der Freiheit. Perspektiven für die Evangelische Kirche im 21. Jahrhundert. Ein Impulspapier des Rates der EKD, Hannover 2006, z. B. 71.

61 Vgl. Wagner-Rau: Begrenzen (s. Anm. 34), 450–465.

62 Jan Hermelink: Pastorales Wirken im Spannungsfeld von Organisation, Person und »geistlicher« Darstellung. Aktuelle Tendenzen der Fremd- und Selbstwahrnehmung, in: PTh 97 (2008), 384–403 (hier: 390f).

63 Reinhard Kähler: Gottes angestellte Kleinhändler. Der Pastorinnen und Pastoren Zukunft in Ostdeutschland, in: PTh 93 (2004), 437–449 (hier: 440).

64 Klaus Raschzok: Ordination als Berufung und Lebensarbeit. Zu einem vernachlässigten Aspekt gelebter Spiritualität im Pfarrberuf, in: ThBeitr 33 (2002), 138–154, 139.

65 Schneider/Lehnert: Berufen? (s. Anm. 30), 63.

entscheidenden Akteure sind. Natürlich ist das zugespitzt und wird vielen hoch engagierten Ehrenamtlichen nicht gerecht – und auch vielen Pfarrern nicht, die sich um die »Zurüstung der Heiligen zum Dienst« (Eph 4,11f) mühen. Aber an vielen kirchlichen Orten dürfte es zutreffen.
Für viele »Reformen« dürfte zusätzlich gelten: Die Pfarrer sind völlig überfordert, weil die schrumpfenden (vor allem peripheren, ländlichen) Gebiete, in denen sie diesen solitären Dienst tun sollen, immer mehr gedehnt werden. Die Gebiete müssen immer mehr gedehnt werden, weil es keine Gemeinschaften von aktiven Christen vor Ort gibt, weil die Präsenz des Christlichen immer mehr ausgedünnt wird und die Pfarrer nicht mehr nachkommen.

- Freilich ist hier eine vorsichtige Verzögerung des Gedankengangs notwendig. Aus dem bisher Gesagten könnte man auch zu unterkomplexen Lösungen verführt werden. Eine solche unterkomplexe Lösung wäre z.B. eine simple Lastenverschiebung auf das Ehrenamt. Schon jetzt beobachten wir Überlastungsprobleme auch bei hochengagierten Ehrenamtlichen. Ohne eine ergebnisoffene Klärung dessen, was eine Gemeinde tun soll, will und kann, wird der Appell an das Ehrenamt nur die Probleme verschieben oder auf verständliche Abwehrreaktionen der potenziellen ehrenamtlichen Lastenträger stoßen. Ehrenamtliche dürfen nicht billiger Ersatz für den pastoralen Dienst sein. Natürlich wird es auch darum gehen, mehr Menschen für (in Umfang und Zeit) überschaubare ehrenamtliche Dienste zu gewinnen und sie gut zuzurüsten und zu begleiten. Aber ohne eine mutige Klärung der Schwerpunkte des gemeindlichen Dienstes wäre auch das für das hier verhandelte Problem eine Sackgasse. Unterkomplex, ja geradezu naiv wäre auch die Vorstellung, die Bedeutung des pastoralen Dienstes generell in Frage zu stellen. Diese zweite, in die Irre führende Lösung wird aber m.E. von niemandem ernsthaft ins Spiel gebracht.

Jetzt kommt es entscheidend darauf an, die Dinge in der rechten Ordnung zu benennen: Warum ist das alles ein Problem? Vordergründig könnten wir ja meinen, es sei ein Problem, weil dieser Zustand eines überzogenen Pfarrbildes und eines unterentwickelten Gemeindebildes alle Versuche unterläuft, Pfarrer zu entlasten, die Burnout-Gefahren einzudämmen und eine verträgliche Berufspraxis auch im geistlichen Amt zu ermöglichen. Dann wäre allerdings die begabte und gesandte Gemeinde nur eine Funktion des gesunden Pfarrberufs – und es wäre nichts gewonnen. Verräterisch ist dann die Redeweise, man müsse die Pfarrerin entlasten oder der Pfarrer solle doch lernen, manche Arbeiten auch zu delegieren. Dahinter lugt hervor: Besser wäre es natürlich, Pfarrer könnten das selbst, besser, angemessener, »schöner« machen. Dann ginge es nach der Melodie: Trachtet nach entlasteten Pfarrern, dann bekommt ihr auch noch eine aktivere Gemeinde obendrauf! Das Ergebnis könnte nur enttäuschen, denn die Probleme liegen tiefer, wie ein letzter Abschnitt in diesem Kapitel zeigen wird.

3.3 Today's problems come from yesterday's solutions

Betrachten wir diese Zusammenhänge also noch einmal systemisch. Eine schöne Formulierung von Peter Senge illustriert, worum es jetzt geht: »Today's problems come from yesterday's ›solutions‹.«[66] Was wir gestern für eine Lösung hielten, entpuppt sich heute als das Problem.

Ein trauriges, aber illustratives Beispiel kann z. B. die Polizei einer Stadt bieten, wenn sie erfolgreich die Kleindealer von Drogen von einem bestimmten Platz vertreibt. Damit scheint das Problem gelöst. Nach kurzer Zeit aber zeigt sich, dass die Dealer einfach ihren Markt von Platz A nach Platz B verlegt haben (dort aber zunächst weit weniger unter polizeilicher Beobachtung stehen als auf Platz A!).[67]

Peter Senge gibt sehr treffende Formulierungen für untaugliche Lösungen, die unerwünschte Symptome bekämpfen, auf den ersten Blick auch erfolgreich zu sein scheinen, manchmal aber im Ergebnis das grundlegende Problem eher verschlimmern. Es geht dann nach der Star Wars-Logik: »Das Imperium schlägt zurück ...«.

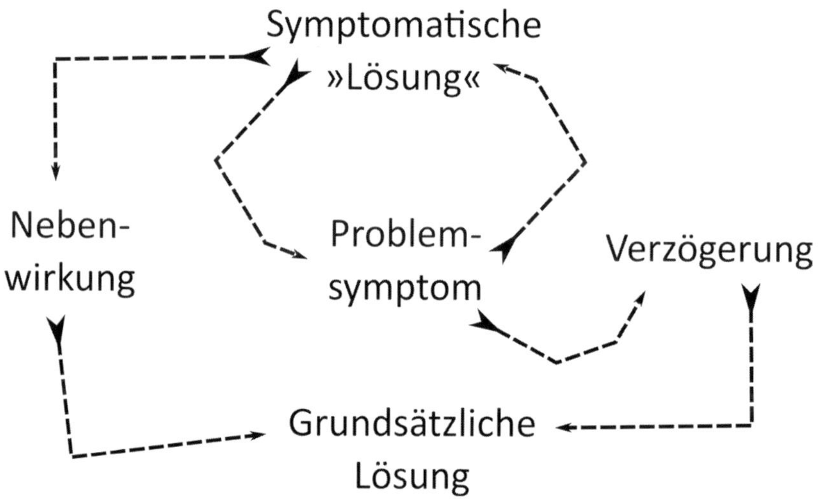

Abb. 1: Peter Senge: Die fünfte Disziplin, 135.

66 Senge: The fifth discipline (s. Anm. 13), 57.
67 Vgl. Senge: The fifth discipline (s. Anm. 13).

Wir können es auch an einem Problem sehen, das ganz in der Nähe unserer grundlegenden Frage verortet ist:[68] Da ist z.B. jemand überarbeitet. Er ist erschöpft, das ist das Symptom. Eine grundsätzliche Lösung würde Zeit kosten und schmerzhafte Entscheidungen, Verzicht und Prioritäten. Aber es gibt ja auch leichtere Lösungen, die die Symptome mildern. Man kann noch etwas mehr arbeiten (»push harder«), sich mit Tabletten wachhalten oder die letzten freien Zeiten opfern. Kurzfristig hilft das. Mit Verzögerung wird aber der hohe Preis eingefordert: Beziehungen und Gesundheit leiden, der Druck steigt, die Entlastung bleibt aus. Die Lösung ist schlimmer als das Problem. Oder mit Peter Senge: »The harder you push, the harder the system pushes back.«[69] Zudem treten Nebenwirkungen ein. Die Nebenwirkung der symptomatischen Lösung hat einen verstärkenden Effekt: Sie macht das Ergreifen einer grundsätzlichen Lösung schwerer. Die Nebenwirkung des Versuchs, sich einfach noch mehr anzustrengen, besteht dann z.B. in der resignativen Feststellung: »Jetzt komm mir nicht auch noch mit noch komplizierteren Lösungen! Siehst Du denn nicht, dass ich einfach nicht mehr kann?«[70]

In unserem Fall wäre das Symptom der überarbeitete, auch in mancher Sicht desillusionierte Pfarrer. Symptomatische Lösungen mühen sich nun, den Pfarrer wiederaufzurichten, ihn fit zu machen für einen schweren, anspruchsvollen Beruf (siehe unter 1.1 und 1.2). Wahrscheinlich wird das auch zwischenzeitlich Entlastung bringen. Es geht dem Pfarrer besser. Er fasst wieder Mut. Aber irgendwann kommt dann die nächste Strukturreform, die dem Dienstbereich unseres Pfarrers zwei weitere Dörfer, Friedhöfe oder Predigtstätten zuschlägt. Oder es kommt ein neuer Pfarrplan – mit derselben Wirkung. Dann schlägt das Imperium zurück.

Bei unserem Thema liegt das Problem in der Problemverschiebung. Noch einmal: Was, wenn nicht der überarbeitete, ausgebrannte Pfarrer das eigentliche Problem darstellt? Was, wenn die Ertüchtigung des leidenden Dieners Gottes gar nicht die Lösung sein kann, weil das Problem woanders liegt?

Also müsste man zur grundlegenden statt zur symptombezogenen Lösung greifen. Aber Obacht: Der Verzögerungsfaktor ist auch hier zu beachten. Auch der Gewinn einer grundlegenden Lösung stellt sich nicht sofort ein. Unter Umständen könnte man sogar denken: »Das hilft nicht nur nicht, es kostet auch noch zusätzlich Kraft!« Und das stimmt ja auch. Und dann meldet sich die Nebenwirkung: »Was soll ich denn noch alles tun?«

68 Vgl. Senge: The fifth discipline (s. Anm. 13), 58.

69 Senge: The fifth discipline (s. Anm. 13).

70 Die abgedruckte Grafik ist zur Vereinfachung der Grafik in der deutschen Übersetzung nachempfunden: Peter Senge: Die fünfte Disziplin. Kunst und Praxis der lernenden Organisation, Stuttgart [11]2011, 135.

Das Fatale aber ist: Hier, genau hier läge der Hebel zu einer grundlegenden Veränderung. Darum geht es nun im dritten und letzten Kapitel dieses Beitrags.

4 Konsequenzen: Gemeinde entwickeln – pastorale Dienste adaptieren

Im Grunde genommen ergeben sich die Konsequenzen aus dem Gesagten fast von selbst. Man könnte jetzt alle Maßnahmen benennen, die die Gemeinde in ihrer Begabung ernst nimmt und in ihrer Verantwortung für das eigene Leben auch in die Pflicht nimmt. Es geht um den Weg »vom Ich zum Wir«[71]. Hier darf natürlich auf eine reiche Ehrenamtskultur in der Kirche verwiesen werden.[72] Das ist eine gute Ausgangsbasis für das Folgende.

Im Detail könnte nun hier vieles erwähnt werden: etwa die konsequente Umorientierung gemeindlichen Handelns auf Teamstrukturen, wo immer das möglich ist, oder die Verstärkung von Schulungen für Ehrenamtliche. Das alles setzt voraus, man wolle möglichst viele lokale Orte kirchlichen Lebens erhalten. Denkbar ist natürlich auch, dass an manchen Stellen der Anspruch flächendeckender kirchlicher Versorgung nicht durchzuhalten ist und auch »kirchliche Brachen« hinzunehmen sind. Wo aber noch »ein geknicktes Rohr und ein glimmender Docht« sind (nach Jes 42,3), gäbe es auch Hoffnung, mehr Menschen für die Pflege des gemeindlichen Lebens zu gewinnen. Das alles wäre aber noch nicht die eigentliche Pointe. Zudem könnte es den Eindruck erwecken, es gehe doch nur um Entlastungsversuche für Pfarrer mit Burnout-Risiko. Manchen kirchlichen Ermunterungen zum Thema Ehrenamt eignet auch eine gewisse »Lückenbüßer-Semantik«.[73]

Es geht vielmehr um eine veränderte kirchliche Mentalität. Um diese zu implementieren, sind vielfältige komplexe Maßnahmen vonnöten, die bei der Aus-, Fort- und Weiterbildung der Pfarrer beginnen, kirchenleitende, nicht zuletzt bischöfliche Reden über das Wesen der Kirche einschließen[74] und bis zur Konzipierung von kirchlichen Reformprozessen reichen, vor allem aber eine Umlenkung von Ressourcen auf die Förderung lebendigen, mündigen

71 Vgl. Michael Herbst: Geistliche leiten im Team – Der Weg vom Ich zum Wir, in: ders.: Kirche mit Mission. Beiträge zu Fragen des Gemeindeaufbaus, Neukirchen-Vluyn 2013, 51–67.

72 Vgl. Maria Sinnemann: Engagement mit Potenzial. Sonderauswertung des vierten Freiwilligensurveys für die evangelische Kirche, Hannover 2017.

73 Von dieser Tonlage ist auch das EKD-Impulspapier »Kirche der Freiheit« (2006) nicht frei: Vgl. EKD: Kirche der Freiheit (s. Anm. 60), 68.

74 Vgl. Alexandra Eimterbäumer: Kirchenleitung durch das Wort. Eine empirisch-homiletische Untersuchung ephoraler Predigten zur Visitation, (APrTh 72) Leipzig 2018.

Christseins fordern.[75] Nicht zuletzt werden auch neue, beweglichere, deregulierte Formen des hauptamtlichen Dienstes vonnöten sein und ein neues Zusammenspiel der verschiedenen kirchlichen Berufe.

Exemplarisch kann man diese Erneuerung der Mentalität am Beispiel der »Erprobungsräume« in der Evangelischen Kirche in Mitteldeutschland zeigen.[76] Sie sind ein Versuch, experimentellen Formen kirchlichen Lebens einen Frei- und Schutzraum zu eröffnen und die Reichweite der christlichen Botschaft auch in von traditionellen Gemeinden nur schwer erreichbare Segmente der Gesellschaft zu verlängern. Sie funktionieren unter anderem durch eine geistlich inspirierte, auf einen Kontext bezogene, missionarisch formatierte Weise des Kircheseins, und sie folgen in einem oder mehreren Aspekten nicht der volkskirchlichen Logik (Gebäude, Personal, Finanzierung). Höchst unterschiedliche Projekte sind in einem Wettbewerbsverfahren als Erprobungsräume anerkannt worden. Ein wesentlicher Aspekt aber ist, dass Erprobungsräume nicht nach pfarrzentrierter Versorgungslogik funktionieren. Sie leben davon, dass Christen inspiriert wurden, und aufbrechen und eine neue Weise des Kircheseins wagen. Allerdings geschieht dies nicht ohne hauptamtliche Unterstützung – wodurch die komplizierte Gemengelage wieder deutlich wird: Hauptamtliche (nicht unbedingt Pfarrpersonen) bleiben wichtig, aber ihr Dienst verschiebt sich in Richtung verstärkter Bemühungen um das »Empowerment« der Christenmenschen vor Ort. Solche Unternehmungen lassen sich nicht kirchenamtlich verordnen. Aber kirchliche Leitung kann ihnen einen Schutzraum gewähren, sie begleiten und unterstützen. Die Reformen in der Kirche brauchen ein gutes Zusammenspiel von »bottom up« und »top down«. Sie sind ja aufeinander angewiesen: Leitungen in der Kirche, die Freiräume gewähren, Ressourcen bereitstellen, flexible Ordnungen schaffen und Unterstützung sowie Begleitung organisieren einerseits, lokale und regionale Initiativen mit Mut und Leidenschaft, unternehmerischem Geist und einer gehörigen Portion »commitment« andererseits. Eines aber ist klar: Will man mehr »Erprobungsräume«, wächst also der Wunsch nach Erneuerung von Parochien und nach neuen Formen von Gemeinde jenseits der parochialen Logik, dann braucht es auch mehr motivierte und im Glauben gereifte Christenmenschen.[77] Die Entwicklung von lokal anwendbaren »Vertiefungs«-Modulen und

75 Vgl. zu diesem Thema: Michael Herbst/Benjamin Stahl: Kingdom Learning. Ein deutsch-englischer Beitrag zum Thema »lebendiges mündiges Christsein« (»discipleship«), in: ThBeitr 49 (2018), 220–242.

76 Vgl. Andreas Möller/Thomas Schlegel: Die Erprobungsräume der Evangelischen Kirche in Mitteldeutschland, in: Brennpunkt Gemeinde 69 (2016), 106–108.

77 Ähnlich formuliert es Paul Zulehner, der der Überzeugung Ausdruck verleiht, die Kirche habe eigentlich an nichts Mangel, außer daran, überzeugte, neue Christen gewinnen zu können. Paul M. Zulehner: Neue Schläuche für jungen Wein. Unterwegs in eine neue Ära der Kirche, Ostfildern 2017, 50, zitiert dabei das Papier der Deutschen Bischofskonferenz »Zeit zur Aussaat« aus dem Jahr 2000: »Unserer

die Einrichtung von regionalen oder landeskirchenweiten Ehrenamtsakademien sind darum als Ergänzung zu den Erprobungsräumen zu empfehlen.

Exemplarisch kann man diese umfassende mentale Erneuerung auch am Beispiel der Idee einer regiolokalen Kirchenentwicklung zeigen.[78] Dieses Modell versucht die oft konflikthafte Spannung von Kirche in der Region und Kirche vor Ort auszubalancieren. Am Greifswalder Institut (IEEG) und im EKD-Zentrum für Mission in der Region[79] wird dabei die Kirche in der Region neu und positiv gewürdigt. In einer Region kann es zentrale Orte geben, die gut ausgestattet sind und viele Dienstleistungen für alle vorhalten. Es kann profilierte Gemeinden geben, die über die Grenzen der Parochie hinaus attraktiv sind. Es kann natürlich auch trans-parochiale Erprobungsräume geben. Gemeinden können sich durch Kooperation gegenseitig stärken, z. B. die wenigen Konfirmanden vor Ort mit denen anderer Orte in einem attraktiven Modell von Konfirmandenarbeit versammeln. Auch in diesem Modell werden die strukturellen Anpassungsmaßnahmen der Kirche nicht obsolet. Nicht jeder Ort wird »seinen« Pfarrer haben können. Manche Orte werden bei seit Langem darniederliegendem kirchlichem Leben nur noch auf Nachfrage hin versorgt werden.

Aber wo immer es Interesse und Bereitschaft gibt, können lokale Gruppen von Christen die Verantwortung für das kirchliche Leben in ihre Hände nehmen. Sie können einfache Liturgien miteinander feiern, zusammen in der Bibel lesen und beten. Sie können Menschen besuchen und sich für das Gemeinwesen einsetzen. Sie können Kinder im Glauben unterweisen. Sie können..., aber: Können sie wirklich? Solche Bereitschaft und Fertigkeit erwächst nicht aus Appellen. Sie bedarf der geistlichen Motivation, der Begleitung, Schulung, des Feedbacks, der Beratung. In der regiolokalen Kirchenentwicklung funktioniert dies nach dem Prinzip kommunizierender Röhren: Die Rolle der Christenmenschen vor Ort ändert sich in dem Maß, in dem sich auch die Rolle der Pfarrer ändert. Sie werden ja nicht bedeutungslos, aber ihr Dienst ändert sich (nebenbei: auch zum eigenen Wohlbefinden). Sie werden in der Regel im Blick auf diese kleinen lokalen Gemeindekerne nicht mehr der Hirte vor Ort sein, sondern eher den apostolischen Besuchsdienst wahrnehmen. Sie werden ab und

katholischen Kirche in Deutschland fehlt etwas. Es ist nicht das Geld. Es sind auch nicht die Gläubigen. Unserer katholischen Kirche in Deutschland fehlt die Überzeugung, neue Christen gewinnen zu können. Das ist derzeit der schwerste Mangel.« Vgl. im Original: Sekretariat der Deutschen Bischofskonferenz: »Zeit zur Aussaat«. Missionarisch Kirche sein, Die deutschen Bischöfe 68, Bonn 2000.

78 Vgl. Michael Herbst/Hans-Hermann Pompe: Regiolokale Kirchenentwicklung. Wie Gemeinden vom Nebeneinander zum Miteinander kommen können, Dortmund 2017.

79 Das EKD-Zentrum »Mission in der Region« beendete seine Arbeit am 31.12.2018. Thematisch wird das Erarbeitete nun in der neuen Evangelischen Arbeitsstelle für missionarische Kirchenentwicklung und diakonische Profilbildung (midi) fortgeführt.

an predigen, aber sicher die aktiven Gemeindemitarbeiter besuchen, beraten, schulen, ermutigen, manchmal auch trösten, Konflikte bearbeiten helfen usw. Dafür müssen sie aber auch freigesetzt werden. Hier zeigt sich, wie nötig das Zusammenspiel der Maßnahmen, die wir schon im ersten Kapitel benannt haben, mit dieser Mentalitätsveränderung ist.

Das alles gilt natürlich auch für »normale Kirchengemeinden«. Denn das hier Beschriebene kommt der Bestimmung der Gemeinde Jesu, ihrem Charakter als vielfach charismatisch begabter Leib Christi weitaus näher als das überkommene (und überlebte) Modell der pfarrzentrierten Betreuungskirche. Aber das ist seit Langem das »ceterum censeo« der Protagonisten des missionarischen Gemeindeaufbaus.[80] Die Rolle der Pfarrer soll wieder auf zwei Aspekte fokussiert sein: auf Verkündigung, Lehre, Sakramentsverwaltung einerseits und auf leitende Funktionen in der Entwicklung der Gemeinde, vor allem bei der Zurüstung der Heiligen zum Dienst, andererseits. Dann kann die Gemeinde »erbaut« werden durch die vielfach begabte Gemeinde, durch ihre musikalischen, leitenden, seelsorglichen, katechetischen, evangelistischen, diakonischen Gaben.

Das führt uns zum Schluss zu einem biblischen Text, der das hier Gemeinte zusammenfasst und einige weitere Aspekte hinzufügt. In Eph 4,11–16 ist es die Aufgabe der verschiedenen leitenden Dienste in der Gemeinde, nicht selbst die Gemeinde zu erbauen, sondern die Heiligen zum Dienst zuzurüsten, so dass durch ihren Dienst die Gemeinde erbaut wird. In diesem Zusammenhang wird auch das persönliche Wachstum der Christen in der Wahrheit und in der Liebe, ihre Mündigkeit, ihre Urteilsfähigkeit und ihr Zusammenhalt adressiert.

Dieser kurze Abschnitt im Epheserbrief gibt wertvolle Hinweise für die Kirche der Zukunft mit (der Nebenwirkung von) Pfarrern ohne Burnout: Vitale Gemeinden brauchen demnach verschiedene leitende Dienste. Das lenkt den Blick nicht nur auf Pfarrer, sondern ebenso auf die, die als Kirchenmusiker oder Gemeindereferenten ausgebildet sind oder z.B. Fachleute im pädagogischen oder diakonischen Bereich sind. Darüber hinaus ist an neue flexible Anstellungsverhältnisse zu denken, für die es eine milde Deregulierung im kirchlichen Arbeitsrecht braucht,[81] also temporäre partielle Anstellungen, so etwa einen Wechsel aus dem Ehrenamt in eine teilzeitliche Beschäftigung, oder – wie im Fall von Gemeindekuratoren – eine teilzeitliche Anstellung von Menschen mit der hier gerade benötigten Expertise.

80 Vgl. z. B. Herbst: Gemeindeaufbau (s. Anm. 53); Douglass: 96 Thesen (s. Anm. 51); Ralph Kunz: Aufbau der Gemeinde im Umbau der Kirche, (Theologische Studien NF 11) Zürich 2015; Johannes Zimmermann: Gemeinde zwischen Individualität und Sozialität. Herausforderungen für den Gemeindeaufbau im gesellschaftlichen Wandel, (BEG 3), Neukirchen-Vluyn ²2009.

81 Diesen Gedanken verdanke ich meinem Kollegen Benjamin Stahl.

Dabei müssten wir uns allerdings klarmachen, dass die oben beschriebene Zuschreibung der Gemeinde als eine Art »betreutes Wohnen« die verheißene Wirklichkeit der Gemeinde als Leib Christi, als ausreichend, ja überschwänglich mit Charismen gesegnete Geschwisterschaft, als Gesandtschaft Christi in der Welt, als Brief, in dem Menschen das Evangelium lesen können, weit unterschreitet. Zwar gilt, dass es immer (!) auch Menschen gibt, die im Wesentlichen Betreuung brauchen und dass nicht jeder und jede zu jeder Zeit ein aktives Mitarbeiten ermöglichen kann. Dennoch weisen uns Schrift und Bekenntnis in die Richtung einer unter Wort und Sakrament versammelten, für den Dienst begabten, Gott gemeinsam lobenden, betenden und in die Welt gesandten Zeugnisgemeinschaft. In dieser Gemeinschaft ist auch Bedarf und Raum für den pastoralen Dienst. Ralph Kunz resümiert, die aktive Gemeinde sei »kein frommes nice to have. Sie ist der Grund, warum es Kirche gibt.«[82] So geht es nun nach der Melodie: Trachtet nach vitalen Gemeinschaften, dann werdet ihr auch gesunde, nach menschlichem Maß mitwirkende Pfarrer haben. Anders gesagt: Wird das System gesünder, geht es auch dem Symptomträger besser! Umgekehrt können diese Überlegungen erhellen, warum die zuvor beschriebenen Maßnahmen der Entlastung und Neujustierung des pastoralen Dienstes nicht allein ausreichen, um das Problem dieses Berufsstandes zu lösen. Die Not des Pfarrberufes »indiziert« eben das größere Problem!

Vor allem aber ermuntern und ermahnen die Aussagen in Eph 4 dazu, es nicht bei Lippenbekenntnissen und Appellen zu belassen. Das hier Vorgetragene setzt voraus, vitale Gemeinden mit im Glauben gestärkten und im Gebrauch ihrer Gaben gebildeten Christenmenschen ins Zentrum der kirchlichen Bemühungen zu rücken.

5 Fazit

Dieser Beitrag ist kein Versuch, die im ersten Kapitel benannten pastoraltheologischen, auf den Einzelnen bezogenen Maßnahmen gegen Burnout-Erkrankungen im Pfarrberuf zu diskreditieren. Im Gegenteil: Diese Maßnahmen sind wertvoll, zielführend und notwendig, wenn sie strategisch mit dem Umbau der Gesamtorganisation Kirche verwoben sind. Deswegen sind sie nicht zu verwechseln mit dem im zweiten Kapitel kritisierten Festhalten an einem malignen Pfarr- und Gemeindebild. Unsere Studie zeigt uns die Dringlichkeit von umfassenden und vielfältigen Maßnahmen, um den Berufsstand der Pfarrer für die, die schon im aktiven Dienst sind, zu einer erfüllenden, anspruchsvollen, aber nicht krankmachenden Beschäftigung zu machen, für die aber,

82 Kunz: Aufbau (s. Anm. 80), 94.

die für die Berufswahl »Pfarrerin/Pfarrer« gewonnen werden sollen, zu einer attraktiven, herausfordernden, aber nicht ängstigenden Option. Nötig ist ein ganzes Bündel von Maßnahmen, von denen nur einige wenige hier skizziert werden konnten.

Freilich scheint uns die Problematik an Burnout (und anderen Belastungskrankheiten) leidender Pfarrer nur das Symptom eines tiefer liegenden Problems zu sein: einer Unterbewertung von vitalen Gemeinden und einer mangelnden Allokation von Ressourcen für die Bildung von Getauften zu lebendigen und mündigen Christen. So notwendig die individuellen Maßnahmen sind, so wenig hinreichend sind sie allein. Das Symptom Burnout ruft vielmehr nach der im dritten Kapitel skizzierten grundlegenden Neubesinnung auf die Bedeutung lebendiger Gemeinden und nach einer erheblich verstärken Bemühung um die entsprechenden Bildungsprozesse. Oder: Trachtet nach mündigen Gemeinden, und Ihr werdet gesunde, resiliente und mit Freude arbeitende Pfarrer (freilich mit Verzögerung) obendrein bekommen. Bei Mose hat es ja geklappt.

Martin Grabe

Kommentar aus psychiatrisch-psychosomatischer Sicht

Entstehung von Belastungserkrankungen und Möglichkeiten der Prävention

Die von 2014 bis 2018 durchgeführte GIPP-Studie hat das Verdienst, in gleich zwei evangelischen Landeskirchen (Hannover und Mitteldeutschland) erstmalig mit sorgfältig erwogenen Erhebungsinstrumenten Daten zum Thema der beruflichen Belastung/des Burnouts und eines pfarramtsspezifischen Belastungsprofils gewonnen zu haben.

Die Rücklaufquote war mit über 60 % im Vergleich zu anderen Studien außerordentlich hoch, was sicherlich nicht zuletzt an der durchdachten und anregenden Präsentation der Fragen lag.

Die Ergebnisse sind alarmierend. Grundsätzlich ähnliche Resultate lieferte die in der Arbeit zitierte Studie von Bauer/Schächtele/Pfeifer in Baden 2008/2009 – und es ist ernüchternd, dass sich in den vergangenen zehn Jahren bundesweit offensichtlich nichts an der misslichen Situation im Pfarrberuf getan hat. Auch wenn die direkte Vergleichbarkeit fehlt, deuten die Zahlen eher auf eine Verschlechterung hin als auf eine Verbesserung. Etwa 13 % der Probanden gehören zur »high-risk-Gruppe« und nur ein geringer Prozentsatz befindet sich in Behandlung.

High-risk-Pfarrer unterscheiden sich in einigen Merkmalen von ihren Kollegen:

- Die Arbeitsdichte wird höher eingeschätzt (Menge im Vergleich zur verfügbaren Zeit),
- arbeitsbezogene Ressourcen wie der Entscheidungsspielraum und soziale Unterstützung werden als geringer eingeschätzt,
- sie zeigen weniger Engagement,
- haben Schwierigkeiten im Umgang mit Menschen.

Im Tätigkeitsprofil wird Unvorhersehbares, das nicht zu den Kernaufgaben gehört, wie berufsfremde Organisationstätigkeiten und spontane Aufgaben, als besonders belastend empfunden im Vergleich zu nicht betroffenen Kollegen. Diese Ergebnisse decken sich weitgehend mit bisherigen Burnout-Forschungen.

Ich möchte im Folgenden versuchen, die Ergebnisse aus klinischer Sicht noch etwas stärker in ein Burnout-Modell einzuordnen, das die meines Erachtens zum Verständnis unerlässlichen psychodynamischen Gesichtspunkte mit einbezieht.

Zunächst noch einmal zur medizinischen Diagnose »Burnout«: Es gibt sie nicht. Es gibt in der ICD 10 die genannte beschreibende Z-Bezeichnung, aber keine definierte Störung dieses Namens. So bleibt im Bereich »Burnout« immer eine gewisse Unschärfe und ich finde den Titel »Belastungserkrankungen« deshalb glücklich gewählt. Die erwähnten »ärztlichen Burnout-Diagnosen« gehen vermutlich eher auf Arzt-Patienten-Gespräche zurück, in denen sie gefallen sind, werden sich aber nicht in Krankenakten verifizieren lassen. Insofern macht beim jetzigen Stand der medizinischen Klassifikationen auch eine Abgrenzung von Depression und Burnout nicht viel Sinn.

So liegt auch bei Hanser unter 3.2.5 im zweiten Burisch-Zitat (»Der Depressive kann wirklich nicht«) aus psychiatrischer Sicht eine offensichtliche Verwechslung vor. Hier wird aus Sicht der ICD eine »depressive Episode« höheren Schweregrades mit einer »Dysthymia« verglichen, die tatsächlich eine deutlich andere Therapie erforderlich macht. Im ersten Fall geht es um eine Depressivität aus vorwiegend neurophysiologischen Gründen, die stützende Psychotherapie und Medikamente braucht. Im zweiten Fall geht es um eine Depressivität aufgrund innerer und äußerer Konflikte, die aufdeckende Psychotherapie und durchaus anregende Herausforderung zur Eigeninitiative benötigt.

Diagnostiziert werden muss immer anhand der Symptome, die ein Betroffener mitbringt. Und die können bei einem fortgeschrittenen Burnout-Prozess durchaus unterschiedlich aussehen. Im häufigsten Fall entwickeln Menschen eine Depression, die sogenannte »Erschöpfungsdepression«, andere aber auch eine Angstkrankheit und viele, fast alle begleitend, psychosomatische Symptome. Letztere können gelegentlich auch ganz im Vordergrund stehen. Entsprechend muss zunächst einmal diagnostiziert werden.

Sehr sinnvoll ist der Begriff »Burnout« jedenfalls als Modell zur Entstehung von Krankheit. Als solches ist er auch Betroffenen gut vermittelbar. Dass Burnout längst zum Modebegriff geworden ist, halte ich für kein großes Problem. Sehr viele unserer Patienten auf meinen psychosomatischen Stationen kommen zunächst mit dieser selbst gestellten Diagnose. Wir widersprechen ihnen nicht, sind aber offen dafür, was sich wirklich herausstellen wird. Und oft ist es eben kein Burnout-Prozess, sondern eine psychische Erkrankung aus ganz anderem Grund. Immerhin hat die gesellschaftliche Akzeptanz von Burnout für Betroffene den Gewinn, dass sie eher zu der Tatsache stehen können (wenn auch unter diesem Label), psychisch erkrankt zu sein. Das gilt meiner Beobachtung nach auch für Pfarrer ihren Gemeinden gegenüber. Auf unseren psychotherapeutisch-psychosomatischen Stationen befinden sich praktisch immer Angehörige dieser Berufsgruppe, oft mehrere, und tatsächlich in der Mehrzahl mit einem Burnout-Hintergrund.

1 Burnout als Modell zur Entstehung von Krankheit

In erster Annäherung lässt sich sagen, dass Burnout da eintritt, wo ein Mensch über lange Zeit zu viel Energie abgibt bei ungenügendem Energienachschub. Zum Problem wird es dadurch, dass Betroffene in der Regel nicht merken, dass sie schon länger nicht mehr ausreichend »nachladen«. Stattdessen arbeiten sie immer weiter in der vorgegebenen Richtung. Betroffene merken schon, dass irgendetwas nicht stimmt und dass es ihnen nicht gut geht. Sie denken nur meist, dass sie das durch noch größere Anstrengungen in den Griff bekommen können. Und irgendwann ist dann der Punkt erreicht, wo nichts mehr geht.

Idealismus, Arbeitseifer und Begeisterung verwandeln sich in einen Zustand chronischer Erschöpfung. Das geschieht oft über Jahre und in mehreren Phasen. Der Erschöpfungszustand ist gekennzeichnet durch Antriebs- und Leistungsschwäche, Gedächtnisstörungen, Niedergeschlagenheit und Müdigkeit. Hinzu kommt eine erhöhte Anfälligkeit für Infektionen und verschiedenste psychosomatische Beschwerden.

Häufig betroffen sind Menschen, die an sich besonders hohe Anforderungen stellen und über einen langen Zeitraum viel Engagement in ihre Tätigkeit investieren. Sie brennen aus, wenn sie gleichzeitig längst nicht im erwarteten Maß Erfolg und Anerkennung erhalten. Das ist oft in sozialen und helfenden Berufen der Fall, wie etwa bei Sozialarbeitern, Lehrern, Ärzten und eben Pfarrern. Es gibt allerdings keine Berufsgruppe, in der Burnout nicht vorkommt. Aber auch allein das Gefühl, dass nirgends sinnvoller beruflicher Einsatz möglich und erwünscht ist, kann Burnout-artige Entwicklungen verursachen (heute auch Bore-Out genannt) – z. B. bei Arbeitslosen.

Am Anfang eines Burnout-Prozesses steht normalerweise ein Überengagement. Doch das an sich ist noch nicht die Ursache. Es gibt durchaus die Möglichkeit, dass sich Menschen über Jahre und mit allen Anzeichen dafür, dass sie sich gut dabei fühlen, stark für eine Sache engagieren.

Ein Burnout-Prozess beginnt erst da, wo investierte Energie nicht erneuert wird. Das heißt, dass Burnout dort beginnt, wo es ein Missverhältnis gibt

- zwischen Idealen und Möglichkeiten,
- zwischen Anstrengungen und Erfolgen,
- zwischen positiven und negativen Rückmeldungen.

Burnout entsteht also nicht da, wo Belastungen auf Menschen zukommen, sondern wo diese Belastungen in Form von chronischem Distress ertragen müssen.

Jedoch geraten bemerkenswerterweise manche Personen in einer bestimmten beruflichen oder sozialen Umgebung in einen Burnout, während andere – in gleicher Umgebung – keine Ansätze dafür zeigen. Insofern möchte ich jetzt, aus tiefenpsychologischer Perspektive, der Frage nachgehen, welche spezifischen Gründe es dafür geben kann, dass Menschen ein Burnout-Syndrom entwickeln. Das dargestellte Modell entspricht unserer langjährigen klinischen Erfahrung in der stationär-psychotherapeutischen Arbeit.[1]

Drei hauptsächliche Ursachengruppen lassen sich unterscheiden: die »inneren Antreiber«, die »äußeren Antreiber« und mangelnde Fähigkeiten.

1.1 Die »inneren Antreiber«

Diese Ursachengruppe – um es gleich zu sagen – ist die weitaus wichtigste. Denn: Ein erwachsener Mensch bestimmt selbst, in welcher Umgebung er sich dauerhaft aufhält, also welchen äußeren Antreibern er sich aussetzt und auch, was er erlernt, also wie gut er sich für eine Tätigkeit ausrüstet. Das Entscheidende ist die Frage, was ihn innerlich antreibt.

Es geht im Tiefsten immer um die Wünsche, anerkannt und gemocht zu werden. Allerdings ist das den Betroffenen kaum bewusst. Auch wenn sie auf der rationalen Ebene äußern könnten, dass selbstverständlich jeder Mensch auch anerkannt werden möchte, so ist ihnen völlig verborgen, welch eine lebensbestimmende und lebensdeformierende Durchschlagskraft diese Wünsche entfalten können, wenn sie unbewusst wirksam sind.

Dass solche Wünsche so mächtig werden können, hat immer mit Versagungssituationen in der Kindheit zu tun. Je früher sie stattgefunden haben, desto schwerwiegender sind die Auswirkungen und desto weniger davon ist den Betroffenen bewusst.

Die wichtigsten Konstellationen sind folgende:

a) kann es um eine in der Kindheit offengebliebene Sehnsucht nach Anerkennung durch den Vater gehen. Der war vielleicht viel zu sehr mit der eigenen Arbeit beschäftigt, als dass er für die Kinder angemessen hätte präsent sein können. Vielleicht war er auch aus einer Selbstunsicherheit heraus oft zynisch, wodurch die Kinder sich klein und lächerlich gemacht fühlten. Viele Menschen versuchen nicht nur in der Kindheit, sondern ihr ganzes Leben hindurch noch, diese Sehnsucht nach väterlicher Anerkennung zu füllen: durch besondere Erfolge, durch Erreichen offizieller Anerkennung, durch Karriere. Aber es reicht nie. Unbewusste Kindheitswünsche sind so riesig, dass man sie nicht auf diesem Wege erfüllt bekommt.

---

1 Siehe dazu Martin Grabe: Zeitkrankheit Burnout. Warum Menschen ausbrennen und was man dagegen tun kann, Marburg ²2013.

b) kann es um einen empfundenen Mangel an mütterlicher Zuwendung gehen. Das wäre dann der Aspekt des Gemocht-werdens. Vielleicht war die Mutter überfordert, selbst an ihrer Grenze, und hatte deshalb nur selten ein Lächeln für das Kind übrig und keine richtige Aufmerksamkeit diesem gegenüber. Manche Mütter lehnen ihre Kinder auch bewusst oder unbewusst ab. Das macht die Situation für das Kind noch extremer. Auf diesem Hintergrund könnte ein Mensch z. B. eine Helferpersönlichkeit entwickeln. Indem er anderen hilft, sichert er sich deren Wertschätzung und Liebe, was ja sein offengebliebenes Hauptbedürfnis ist. Weil der Bedarf aber nicht gestillt werden kann, muss er sich immer wieder und immer mehr von dieser Droge holen. Das Helfen wird zur Sucht. Schmidbauer beschreibt das ausführlich in seinem einschlägigen Buch.[2]
c) bewirken auch die äußeren Umstände viel. Dazu gehört u.a. die Stellung in der Geschwisterreihe. Älteste Geschwister sind oft leistungsorientiert und entwickeln eine hohe Verantwortungsbereitschaft, während jüngere Geschwister sich leichter in Rivalitätskämpfe verwickeln. Beides kann im späteren Leben zum Burnout-Motor werden.

Aber auch Armut oder Außenseitertum der Familie kann Auswirkungen auf eine spätere übertriebene Leistungsorientierung haben.

Die Färbung der Leistungsorientierung ist dabei jedes Mal anders. Im ersten Fall (der Suche nach väterlicher Anerkennung) geht es eher um Selbstbehauptung und öffentlichen Erfolg, was durchaus einen aggressiven Akzent hat. Im zweiten (Sehnsucht nach mütterlicher Zuwendung) um idealistisch wirkendes Helfen und Liebesbedürfnis, also eher eine depressive Orientierung. Im Fall der älteren Geschwister steht ein hohes Verantwortungsbewusstsein im Vordergrund und im Fall der Geschwisterrivalität wieder eher eine aggressive Ausprägung. In vielen Fällen ist die Motivation bei Burnout-Betroffenen eine Mischung aus verschiedenen dieser Faktoren.

Gemeinsam ist aber allen, dass es sich nicht um bewusste Motivationen handelt, die Betroffenen unmittelbar zugänglich wären. Oft werden diese Burnout-Motoren erst im Laufe einer Therapie deutlich. Es ist eine Sache der Selbsterfahrung, des Sich-selbst-Kennenlernens, wie viel Menschen von diesen wirksamen Mechanismen wahrnehmen.

Oft sind es die Krisen des Lebens, die dadurch, dass Menschen mit all den Selbstverständlichkeiten ihres Alltags an eine definitive Grenze stoßen, deutlich machen, dass tieferes Nachdenken über die eigenen Motive vonnöten ist.

---

2 Wolfgang Schmidbauer: Hilflose Helfer. Über die seelische Problematik der helfenden Berufe, Reinbek bei Hamburg [13]1992.

Aber auch die »äußeren Antreiber« haben einen eigenen Stellenwert. Sie werden allerdings erst dann besonders schädlich, wenn sie sich mit inneren Antreibern verbünden.

1.2 »Äußere Antreiber«

Mit äußeren Antreibern meine ich den Druck, der sich aus der sozialen Situation oder aus dem Berufsumfeld ergibt. Dieser kann mehr oder weniger groß sein, ist in manchen Berufsumfeldern allerdings in den letzten Jahren derartig gestiegen, dass die meisten Menschen darin auf Dauer nicht gesund bleiben können.

Beispielsweise, wenn in Umbruchsituationen keiner mehr weiß, ob es in einem Vierteljahr seinen Arbeitsplatz überhaupt noch gibt. Gleichzeitig werden oft besondere Leistungen verlangt. Ist aber ein Projekt endlich erfolgreich abgeschlossen, interessiert es keinen mehr, weil die Ausrichtung der Organisation inzwischen schon wieder verändert wurde.

Wir haben in den letzten Jahren sehr viele sehr fähige Manager in der Klinik behandelt, die unter solchen Umständen restlos ausgebrannt sind.

Für die Entwicklung eines Burnout-Syndroms ist dabei nicht so sehr der primäre Stress zuständig, also die eigentlichen Arbeitsanforderungen, sondern der sekundäre: das Gefühl der Hilflosigkeit, des Preisgegebenseins, des Nichtbeachtetwerdens. Deshalb kommt und kam auch gerade in großen, bürokratischen Behörden, wo sicherlich nicht allzu effektiv gearbeitet wird, die »innere Kündigung« besonders häufig vor. Weil Menschen merken, dass keiner ihre Leistungen wahrnimmt, keiner ihre Kreativität will und sie stattdessen immer wieder blockiert werden.

Es gibt inzwischen glücklicherweise eine ganze Reihe von Studien darüber, wie in Organisationen die Umgangskultur so gestaltet werden kann, dass die Mitarbeiter nicht ausbrennen. Was generell dabei herauskam, lässt sich auf eine kurze Formel bringen: *Mitarbeitende brauchen das Gefühl, in einem verlässlichen Rahmen selbst lohnende Prozesse steuern zu können.*

Insbesondere die Einführung einer klaren Struktur kann helfen, sekundären Stress zu mindern. Alle wissen viel eher, woran sie sind. In einem Arbeitsumfeld muss offen und erkennbar definiert sein, was zu einer Aufgabe dazugehört und was nicht. Insbesondere in kirchlicher Arbeit, die stark auf ehrenamtliche Tätigkeiten angewiesen ist, wird diese offene Definition oft gemieden. Der Grund ist die stille Hoffnung, dass der/die Betreffende doch jedenfalls die Arbeit noch zu Ende machen möge, noch eine plötzlich entstandene Aufgabe auch noch übernehmen möge (»eins geht noch«), Material aus eigenen Beständen mitbringen möge usw. Und der Pfarrer müsse da doch mit gutem Beispiel vorangehen. Wer es wagt, klar zu definieren, sorgt dafür, dass allerhand stille Hoffnungen und Ansprüche beerdigt werden müssen. Das könnte zunächst für allerhand Unmut sorgen, z.B. von Gemeindegliedern und von Kirchenvorständen. Aber langfristig wäre es ein erheblicher Schutzfaktor vor einer Burnout-Entwicklung.

Rein unter wirtschaftlichen Gesichtspunkten müsste Burnout-Prophylaxe ein ganz wichtiges Anliegen jedes Arbeitgebers sein. Es ist schwer zu schätzen, welcher Riesenbetrag durch Frühpensionierungen, krankheitsbedingte Fehlzeiten, Neueinstellungen, verminderte Arbeitsleistung und »Ansteckung« durch Kollegen mit frustrierter Grundhaltung verloren geht. Letztlich bezahlen wir alle in der Solidargemeinschaft dafür.

Leitungspersonen haben hier vor allem drei Aufgaben:

1. dafür zu sorgen, dass der Druck für die Mitarbeiter nicht größer wird als gesund ist.

   Das heißt manchmal z.B., dass ein Vorgesetzter eine Lieblingsidee fallen lassen muss, weil einfach die Manpower für die Umsetzung fehlt.

2. jederzeit für klare Strukturen zu sorgen.

   Es gehört dazu, Urlaub für unantastbar zu erklären und ebenso für eine frühzeitige, offene und gerechte Verteilung von Ressourcen zu sorgen, wie Fortbildungen und Gelder. Manchmal kann es auch eine Mutprobe sein: Mitarbeitende an die Ausführung von Aufgaben zu erinnern, die ich bisher »mal eben« noch mit übernommen habe.

3. darauf zu achten, dass der Gesprächsfaden zu den Mitarbeitenden nicht abreißt.

   Entscheidend sind hier professionelle Mitarbeitergespräche. Burnout-Betroffene können sicherlich lange im Verborgenen bleiben und es selbst nicht merken. In einem guten Mitarbeitergespräch dagegen kann man praktisch nicht übersehen, wenn ein Betroffener frustriert von seinem Arbeitsumfeld erzählt, zynisch oder aggressiv von Mitarbeitenden und Gemeindegliedern berichtet. Wo möglich, sollten auch Teamgespräche stattfinden. Mitarbeiter sollten immer in Teams zusammengebracht werden. Entscheidungen sollten, wo möglich, miteinander gefällt werden, und wo das nicht geht, so transparent wie möglich gemacht werden. Es sollte immer Raum dafür sein, dass vernünftige Vorschläge Gehör finden, und zwar völlig hierarchieunabhängig. Denn das führt zu identifizierten Mitarbeitern, die ihr kreatives Potential einbringen mögen.

Diese Punkte sind für Pfarrer immer in doppelter Hinsicht zu verstehen. Weil vom Burnout dieser Berufsgruppe die Rede ist, gelten die Sätze primär für Vorgesetzte. Aber jeder im Pfarramt ist auch Vorgesetzter – und wenn auch nur für eine kleine Gruppe Ehrenamtlicher. Dort gelten ebenso diese Regeln. Gute Leitung »nach unten« zu praktizieren ist ebenso burnout-prophylaktisch, wie gute Leitung »von oben« zu erfahren!

1.3 Mangelnde Fähigkeiten

Der dritte Grund für Burnout kann auch schlicht und einfach sein, dass jemand seiner Aufgabe nicht gewachsen ist. So sind frustrierende Berufserlebnisse vorprogrammiert.

Dazu ließe sich pragmatisch sagen: Dann sollte er sich entweder nachqualifizieren oder wechseln. Wie jeder aus der Erfahrung weiß, ist das Problem in der Praxis verzwickter. Denn: Meist hat es Gründe, dass ein Mensch mehr wollte als er kann, und deswegen in eine Aufgabe hineingeraten ist, die ihn überfordert. Und das sind in der Regel keine äußeren Gründe. Wir kommen doch wieder bei den inneren Antreibern an.

2 Was kann einen Menschen vor Burnout schützen?

Eine Burnout-Prophylaxe muss da ansetzen, wo eine Person Gefahr läuft, sich immer stärker in ein erhöhtes Engagement hineinzusteigern, und ein krankmachendes Missverhältnis zwischen Engagement und Erfolg droht.

Das bedeutet, dass ein Mensch Abstand braucht zu dem, was er da tut. Am besten werden Dinge getan, wenn ein kleiner Schuss Spielerisches dabei ist. Kreativ und ein wenig spielerisch kann ich aber nur dann mit Dingen und auch Arbeit umgehen, wenn ich das Gefühl habe, dass meine Existenz nicht davon abhängt. Ich brauche andere Bereiche, die ebenfalls wichtig sind, die ein Gegengewicht bilden. Nur dann kann ich dem Sog, der von der Arbeit ausgeht, dem Druck, der von meinen inneren Antreibern ausgeht, etwas entgegensetzen. Der wichtigste Bereich sind hier Beziehungen. Gute Beziehungen zu Menschen, zu Lebewesen, zur Natur, zur Kunst. Dazu gehört auch ein gutes Hobby, womit ich eine Beschäftigung meine, bei der ich mich selbst vergessen kann und bei der ich mich wohlfühle.

Situationen, in denen ich mich wohlfühle, sollte ich gezielt immer wieder aufsuchen. Um der Arbeit nicht ausgeliefert zu sein, weil es irgendwann auch nichts ernstzunehmendes anderes mehr gibt, brauchen diese Bereiche Raum. Nur wenn Beziehungen und Hobby ausreichend Raum bekommen, haben sie auch genug Gewicht, um mich vor der Arbeit zu schützen. Es zählt nicht, was wir vielleicht theoretisch gerne machen, wenn wir real keine Zeit dafür haben. Nur, was tatsächlich seinen Platz in unserem Wochen-Stundenplan bekommt, kann zum burnout-prophylaktischen Gegengewicht werden.

Gleichzeitig verwandelt sich die Arbeit, wenn sie nicht mehr alles ist. Wenn uns zwischendurch ein nettes Gespräch mit Freunden vom Vortag einfällt, oder dass wir am Wochenende mal einen Ausflug machen könnten – dann hat uns die Arbeit nicht in ihrer Gewalt. Sondern wir bewegen uns in ihr als eigene, ganze Person. Erstaunlicherweise gelingt die Arbeit aus diesem Gefühl heraus besser als sonst.

Wie burnout-resistent ich bin, hängt insgesamt damit zusammen, wie stabil ich außerhalb meiner Arbeit in Sinn- und Beziehungszusammenhänge eingebunden bin. Hier spielt die spirituelle Ebene eine wichtige Rolle. Aber auch diese nur dann, wenn sie als Beziehungsmöglichkeit wahrgenommen und genutzt wird. Theorie hat leider keine burnout-protektive Wirkung.

Wenn ein Burnout-Prozess läuft, ist es nicht einfach, wieder hinauszukommen. Sich einmal Zeit zu nehmen, um über die eigene Situation nachzudenken, ist für einen Betroffenen eine paradoxe Forderung. Gerade Zeit hat er ja nicht. Was muss nicht noch alles erledigt werden? Burnout-Kandidaten fühlen sich meist unersetzlich. Auch wenn es fast keiner zugeben würde.

Manchmal braucht es heftige Krisen, wie z. B. eine schwere Krankheit, bis Menschen verstehen, dass jetzt ja schließlich auch andere ihre Arbeit machen und sie vorher also auch nicht unersetzlich gewesen sein können. Besser ist es natürlich, zwischendurch immer wieder einmal bewusst Pausen einzuplanen, um darüber nachzudenken, ob sich unser Leben eigentlich in der Balance befindet. Das empfehle ich hiermit ausdrücklich!

Und wenn Betroffene merken, dass sie mit Bordmitteln nicht mehr weiterkommen, dann ist es wichtig, eine therapeutische Hilfe in Anspruch zu nehmen. Es gibt immer noch eine große Hemmschwelle gegenüber psychotherapeutischen Angeboten in unserem Land. Und es wäre nicht schlecht, wenn Pfarrer hier ein gewisses Vorbild wären: Menschen zu sein (oder zu werden?), die bei Bedarf auch Hilfe in Anspruch nehmen können.

Es geht darum, dass der auf Pflicht und Ideale verengte Blick sich wieder weiten darf. Lebensbereiche, die uns als individuelle Person gut tun, müssen wieder ihr Recht und ihre Zeit bekommen.

Unsere Arbeit kann Freude machen. Aber wir müssen ihr Grenzen zuweisen und einen angemessenen Platz im Leben.

Gunther Schendel

Kommentar: Werkzeuge für den Umbau des Pfarrberufs

Der Ertrag der Greifswalder Studie zum ländlich-peripheren Pfarramt

1 Inventare für eine nötige Inventur

Zweifelsohne, die GIPP-Studie trifft einen Nerv. Die Frage nach den gesundheitlichen Belastungen im Pfarrberuf gerät in ganz unterschiedlichen Kontexten verstärkt in den Blick. Da berichtet eine Wochenzeitung prominent über die Überlastungsdepression einer Landpastorin; die Überschrift lautet: »Geweint habe ich heimlich«.[1] Da etablieren verschiedene kirchliche Akteure ein jährliches Forum »Pfarramt und Gesundheit«, um den Austausch über Präventionsansätze voranzutreiben.[2] Und da findet der Gedanke der Salutogenese, also der Gesundheitsförderung, Eingang in landeskirchlich erarbeitete Leitbilder des Pfarrberufs.[3]

Zugleich füllt die GIPP-Studie aber auch eine Lücke. Denn die Forschungslage zum Thema ist bislang sehr disparat. Die derzeit vorliegenden Studien arbeiten mit ganz unterschiedlichen Fragestellungen und Instrumenten.[4] In einigen wenigen Studien geht es um die Erfassung des Burnout-Grades,[5] wäh-

1 Konstanze Nastarowitz/Hannes Leitlein: »Geweint habe ich heimlich«, URL: <https://www.zeit.de/2017/32/seelsorger-magdalena-smetana-depression> (20.3.2019, 11:30 Uhr).

2 Evangelische Fachstelle für Arbeits- und Gesundheitsschutz (EFAS), URL: <https://www.efas-online.de/pfarramt-und-gesundheit> (20.3.2019, 11:30 Uhr).

3 Vgl. Ev.-Luth. Kirche in Bayern (Hg.): Gut, gerne und wohlbehalten arbeiten. Handreichung für die Erstellung von Dienstordnungen für Pfarrerinnen und Pfarrer der Evangelisch-Lutherischen Kirche in Bayern, München 2015, 12, URL: <http://www.berufsbild-pfr.de/files/files/Handreichung für die Erstellung von Dienstordnungen.pdf> (20.3.2019, 11:30 Uhr).

4 Zu den entsprechenden Studien vgl. Gunther Schendel in: Zufrieden – gestresst – herausgefordert. Pfarrerinnen und Pfarrer unter Veränderungsdruck, Leipzig 2017, 51–93; sowie ders.: Eine beeindruckende Befragung – eine Chance zum Vergleich. Ein evangelischer Kommentar zur Deutschen Seelsorgestudie, in: Zeitschrift für Pastoraltheologie 37 (2017), 115–131.

5 Andreas von Heyl: Zwischen Burnout und spiritueller Erneuerung. Studien zum Beruf des evangelischen Pfarrers und der evangelischen Pfarrerin, Frankfurt/M. 2003; Sibylle Heicke: Zusammenhänge zwischen Arbeitsbelastung und Burnout-Syndrom bei Pfarrern der Selbständigen Ev.-Luth. Kirche (SELK), Diplomarbeit Hochschule Zittau/Görlitz 2011, URL: <http://www.selk.de/download/Heicke-Burnout.pdf> (20.3.2019, 11:30 Uhr).

rend andere Arbeiten nach »medizinisch relevanten stressbedingten Gesundheitsstörungen« bzw. nach der »arbeitsbezogenen Gesundheit« im Pfarrberuf fragen.[6] Die GIPP-Studie hat in diesem Kontext ein doppeltes Profil. Zum einen orientiert sie sich explizit am Burnout-Syndrom, also an einem anschlussfähigen, wenn auch sehr pluriformen und nicht unbestrittenen Konzept.[7] Und zum anderen konzentriert sich die Studie auf das ländlich-periphere Pfarramt, wendet den Blick also auf die Regionen, in denen sich angesichts des kirchlichen Strukturwandels und der Peripherisierung ländlicher Räume der höchste berufliche Belastungsdruck vermuten lässt.

Um die Gesundheitsbelastung im Pfarrberuf zu messen und das Landpfarramt sauber abgrenzen zu können, wartet die Greifswalder Studie gleich mit zwei eigens entwickelten Inventaren zum peripheren Pfarramt auf (GIPP I und II). *Inventare* sind Findmittel, in der Psychologie »ein Verzeichnis bestimmter Kriterien zur Durchführung von Tests«.[8] In diesem Beitrag soll es darum gehen, die GIPP-Inventare unter die Lupe zu nehmen: Sind sie geeignete Findmittel, oder blenden sie relevante Faktoren aus? Im Mittelpunkt soll aber die Frage nach den bereits vorliegenden Ergebnissen stehen: Was erbringt die *Inventur*, und was bedeuten diese Ergebnisse nicht nur für Fragen der Prävention, sondern auch für das Pfarrbild und die Kirchenentwicklung?

2 Die »Findmittel« und was sie leisten

2.1 GIPP I: Die peripheren Räume im Blick

In der Diskussion um die Kirchenentwicklung ist ein neues Interesse an den ländlichen Räumen zu verzeichnen.[9] Die ländlichen Räume geraten nicht nur deshalb in den Blick, weil demographischer Wandel, wirtschaftliche Struk-

6 Joachim Bauer u.a.: Belastungserleben und Gesundheit im Pfarrberuf. Eine Untersuchung in der Evangelischen Landeskirche Baden, in: Deutsches Pfarrerblatt 9/2009, 460–466; Andreas Rohnke: Gesundheitsmanagement und Salutogenese im Pfarrberuf. Empirische Studie und Analyse von Gesundheitsressourcen und Belastungspotenzialen, Frankfurt/M. 2015, 113.

7 Zur Anschlussfähigkeit: Mit einem Konzept des Burnout-Syndroms arbeitet auch die katholische Deutsche Seelsorgestudie (vgl. Eckhard Frick u.a.: Erste Ergebnisse der Seelsorgestudie, 4, URL: <http://seelsorgestudie.com/dokumente?150430_Erste_Ergebnisse_neu.pdf> [20.3.2019, 11:30 Uhr]). Zum Widerspruch gegen das Konzept: Gegen solche Zweifel an der Schlüssigkeit verweisen die Autoren der GIPP-Studie u.a. auf seine besondere Stärke, nämlich die Unterscheidung zwischen Belastungserkrankungen und Formen der Depression (auch wenn es hier Überschneidungen gibt).

8 Art. Inventar (Begriffsklärung), URL: <https://de.wikipedia.org/wiki/Inventar_(Begriffsklärung)> (20.3.2019, 11:30 Uhr).

9 Birgit Hoyer: Seelsorge auf dem Land. Räume verletzbarer Theologie (Praktische Theologie heute, 119), Stuttgart 2011; Ralf Kötter: Das Land ist hell und weit. Leidenschaftliche Kirche in der Mitte der Gesellschaft, Berlin 2015; Frieder Dünkel/Michael Herbst/Thomas Schlegel (Hg.): Think rural! Dynamiken des

turveränderungen und der gerade in peripheren Räumen typische Rückbau kirchlicher Strukturen hier für einen erheblichen Veränderungsdruck sorgen. Sie werden auch als Räume von Innovation entdeckt: »Beispiele von Kirche in ländlichen Räumen erweisen sich als Vorreiter wichtiger Innovationen/Veränderungen für die Kirche überhaupt.«[10] Der Blick auf das Landpfarramt ist also auch deshalb interessant, weil wir hier nicht nur die potentiellen Leidtragenden einer bestimmten Entwicklung zu Gesicht bekommen. Wir sehen auch die potentiellen Träger von kirchlicher Innovation.

Die Beschäftigung mit dem Landpfarramt ist also ohne Zweifel relevant. Aber damit ist noch nicht die Frage geklärt: Wie definiere ich »Land« eigentlich? Die Autoren der GIPP-Studie knüpfen an die Kriterien der Siedlungsgeographie an, die die Einwohnerdichte als entscheidendes Kriterium für *Ländlichkeit* und die Entfernung zu den Zentren als Kriterium für die periphere bzw. zentrale Lage heranziehen. Eine Grundentscheidung bei der Entwicklung von GIPP I ist die Abkehr von der Orientierung an den *Oberzentren*, wie sie für die Raumtypologie des Bundesinstituts für Bau-, Stadt- und Raumforschung (BBSR) kennzeichnend ist. Stattdessen nimmt GIPP I die Entfernung zu den *Mittelzentren* als zentralen Indikator für die Lage. Mit dieser Entscheidung reagiert das Studiendesign auf die Besonderheit der Kirchen, in denen die Befragung stattfand: Hierbei handelt es sich um zwei Landeskirchen mit z. T. sehr peripheren Regionen (Evangelische Kirche in Mitteldeutschland, Evangelisch-lutherische Landeskirche Hannovers). Zudem haben Mittelzentren (oft Kreisstädte) gerade in ländlich-peripheren Räumen eine wichtige Funktion. Das gilt auch für die kirchlich-funktionalen und diakonischen Strukturen, die hier (meist auf Kirchenkreisebene) in besonderer Dichte angesiedelt sind.[11]

Mit dieser Konstruktion von GIPP I fokussiert sich die Greifswalder Studie auf die ländlich-*peripheren* Räume – eine sinnvolle Entscheidung. Das Untersuchungsdesign trägt der Einsicht Rechnung, dass im ländlichen Raum die Lage tatsächlich der entscheidende Faktor ist. Dieser Faktor entscheidet, ob eine Region zum »Speckgürtel« einer Metropole gehört oder sich »am Rand«, im infrastrukturellen »Nirgendwo«, befindet.

Zudem verdienen die *peripheren* Räume aus kirchlicher, aber auch aus gesellschaftlicher Sicht eine besondere Beachtung. Was die kirchlichen Verhältnisse angeht, so gerät gerade in den peripheren Regionen das bisherige Parochialsystem an seine Grenzen; einige Kirchenkreise reagieren darauf

Wandels in peripheren ländlichen Räumen und ihre Implikationen für die Daseinsvorsorge, Wiesbaden 2016.

10 Kirchenamt der EKD (Hg.): Freiraum und Innovationsdruck. Der Beitrag ländlicher Kirchenentwicklung in »peripheren Räumen« zur Zukunft der evangelischen Kirche, Leipzig 2016, 395.

11 Hilke Rebenstorf/Petra Angela Ahrens/Gerhard Wegner: Potenziale vor Ort. Erstes Kirchengemeindebarometer, Leipzig 2015, 77.

z.B. mit der Etablierung eines Kirchenkreispfarramts oder der Bereitstellung bestimmter Entlastungsmöglichkeiten.[12]

Dazu kommt die gesamtgesellschaftliche Perspektive. Schon die Verfasser der EKD-Studie »Freiraum und Innovationsdruck« hatten zutreffend notiert, dass Peripherisierung nicht nur mit dem Verlust an ökonomischer und infrastruktureller Substanz einhergeht, sondern vor allem einem »Bedeutungs- und Machtverlust« gleichkommt;[13] das ist ein Umstand, der aktuellen Wahlanalysen zufolge auch die rechtspopulistische Option begünstigt.[14] Die EKD-Studie verweist darauf, dass »Lücken Freiräume« eröffnen können, und mahnt die kirchlichen Akteure, diese Freiräume wahrzunehmen.[15] All das zeigt: Der Blick auf die peripheren Räume spitzt die Frage nach den Belastungen und Herausforderungen, aber auch nach den Ressourcen im Pfarrberuf deutlich zu.

2.2 *GIPP II: Von der Vermessung der Belastungen und Ressourcen im Pfarrberuf*

GIPP II ist ein Findmittel, das dem Aufspüren der im Pfarrberuf relevanten Belastungen und Ressourcen dienen soll. Das Instrument verbindet zwei positive Eigenschaften: zum einen die solide Fundierung in einem anerkannten Modell aus der Arbeitswissenschaft, und zum anderen die Adaptierung des Modells und dazu passender Inventare für den Pfarrberuf.

Das theoretische Fundament der Studie ist das erweiterte Job-Demand-Control-Support-Modell nach Robert Karasek u.a.[16] Dieses Modell geht davon aus, dass für die Arbeitsbelastung nicht nur die Dichte und die Art der Arbeitsanforderungen eine Rolle spielen; wesentlich sind auch der Entscheidungsspielraum und die soziale Unterstützung. Das heißt: Der Blick dieses Modells ist nicht nur defizitorientiert. Mit seiner Übernahme wird von vornherein markiert: Pastoren müssen keineswegs nur die Opfer jener Entwicklung sein, die sich z.B. mit den bekannten Stichworten »Arbeitsverdichtung«

12 Etablierung des Kirchenkreispfarramts z. B. im Kirchenkreis Lüchow-Dannenberg (Ev.-luth. Landeskirche Hannovers); Schaffung eines regionalen »Verwaltungs-Managements« als Vorschlag in: Institutionsberatung Evangelisch-Lutherische Kirche in Norddeutschland (Hg.): Das ländliche Pfarramt attraktiv gestalten. Eine Dokumentation, Kiel 2015, 10, URL: <https://www.institutionsberatung.de/fileadmin/user_upload/baukaesten/Baukasten_Institutionsberatung/Dokumente/LaendlPfarramt_2015.pdf> (20.3.2019, 11:30 Uhr).

13 Kirchenamt der EKD: Freiraum (s. Anm. 10), 21.

14 Vgl. Christian Franz/Marcel Fratzscher/Alexander S. Kritikos: AfD in dünn besiedelten Räumen mit Überalterungsproblemen stärker, DIW Wochenbericht 8/2018, URL: <https://www.diw.de/documents/publikationen/73/diw_01.c.578543.de/18-8-3.pdf> (20.3.2019, 11:30 Uhr).

15 Kirchenamt der EKD: Freiraum (s. Anm. 10), 405.

16 Vgl. Hanser, Kap. 4.2.3.

und »Entgrenzung« zusammenfassen lässt. Vielmehr signalisiert dieses Modell: Es gibt bestimmte Stellschrauben zur Verbesserung der beruflichen Situation; sie können – so jedenfalls die Annahmen des Modells – in der externen Unterstützung genauso liegen wie in dem Entscheidungsspielraum auf dem jeweiligen Arbeitsplatz.

Das spezifische Profil von GIPP II besteht darin, dass es vorhandene Inventare zu den arbeitsbezogenen Belastungen und Ressourcen aufnimmt und sie entschieden an die Besonderheiten des Gemeindepfarramts anpasst. So finden sich in GIPP II – neben einer Abfrage von pfarramtstypischen Tätigkeiten – auch Fragen zur Spiritualität. Zudem wird in der Studie berücksichtigt, dass Unterstützung (oder das Gegenteil davon) nicht nur von den Mitarbeitenden und den Vorgesetzten kommen kann: Im Soziogramm einer Kirchengemeinde können auch noch ganz andere Faktoren eine Rolle spielen. Darum fragt GIPP II auch schwierige und unüberschaubare Konstellationen ab – im Studiendesign tragen diese Konstellationen übrigens die kreativen Bezeichnungen »Trolle«, »Geister« und »Phantome«.

Damit liegt mit GIPP II ein Instrument vor, das vorliegende Inventare sinnvoll adaptiert und erweitert (u.a. das englische Francis Burnout Inventory zum Clergy Burnout). Mit seiner Orientierung am Job-Demand-Control-Support-Modell nimmt es außerdem Seiten des Pfarramts in den Blick, die bei bisherigen Befragungen eher im Schatten standen: Zu nennen wären hier die persönlichen Aussichten im Beruf, die beruflichen Anforderungen durch den Umgang mit anderen Menschen oder auch der Blick auf die Machtdimension des Pfarrberufs (Einfluss in verschiedenen Gremien und auf Gestaltung kirchlicher Räumlichkeiten). Mit Letzterem kommen möglicherweise auch Ressourcen in den Blick, die für die Kirchenentwicklung von Bedeutung sein können.

3 Eine Berufsgruppe im Belastungszustand – wichtige Ergebnisse und ihre Bedeutung

3.1 Burnoutgefährdung ist kein Randphänomen

Die Inventare, mit denen die GIPP-Studie aufwartet, sind unserem Eindruck nach hochreflektierte und vielversprechende Findmittel. Umso gespannter fällt nun der Blick auf die ersten Ergebnisse der Inventur![17] Einige Ergebnisse der GIPP-Studie lassen sofort aufmerken. Wenn es um die Verdachtsdiagnose »berufsbedingtes Burnout-Syndrom« geht, befindet sich – gemessen mit der Burnout-Screening-Skala BOSS I – ein Drittel aller befragten Pfarrer mindestens in einem ernstzunehmenden Risikostadium. 12,9 Prozent der

17 Die Sonderauswertung zum Landpfarramt lag dem Kommentator noch nicht vor.

Befragten aus »Stadt« und »Land« gehören zur Hochrisikogruppe (high-risk). Das bedeutet: Jeder achte Pfarrer aus den Untersuchungsregionen in Mitteldeutschland und Niedersachsen ist aller Wahrscheinlichkeit nach dringend behandlungsbedürftig![18]

Bemerkenswert ist auch das Ergebnis der Studie, dass sich der größte Teil der Pfarrer aus der Hochrisikogruppe derzeit *nicht* in einer entsprechenden ärztlichen Behandlung befindet; hier muss ein entsprechendes Problembewusstsein offenbar erst noch geschaffen werden. Und wenn sich ein Drittel der Berufsgruppe mindestens in einem Risikostadium befindet, dann unterstreicht das die Bedeutung des Themas Burnout – und damit auch der Burnoutprävention. Um es deutlich zu sagen: Burnoutgefährdung ist im Pfarrberuf kein Randphänomen; wenn man das »milde Kriterium« nach BOSS I heranzieht, bestehen lediglich bei der Hälfte der Pfarrer keine Probleme mit stressbezogener Problematik.

3.2 Welche Ergebnisse sind neu?

Wirklich neu ist der Hinweis der GIPP-Studie auf eine spezifische Krankheitssymptomatik, die bei der Berufsgruppe der Pfarrer mit einer erhöhten Burnoutbelastung einhergeht: Im Vergleich mit Menschen aus anderen Berufen schlägt sich die Belastung hier weniger in einem bestimmten Symptom nieder, sondern sie zeigt sich eher in einer hohen Streuung gesundheitlicher Beschwerden. Möglicherweise trägt diese breite Streuung dazu bei, dass stressbelastete Pastoren einfach »weiterwursteln« und sich nicht so schnell in eine entsprechende Behandlung begeben.

Was sagt die Studie Neues zu den Belastungen und Ressourcen im Pfarrberuf? Aufschlussreich ist die Profilierung der Hochrisikogruppe. Befragte aus dieser Gruppe nehmen nicht nur – verglichen mit den low-risk-Probanden – die Dichte der Arbeit als beanspruchender wahr; für sie ist auch der Umgang mit anderen Menschen problematisch, jedenfalls dann, wenn es um das Reagieren auf vielfältige Anforderungen geht. Hier drückt sich wohl jene Depersonalisierung aus, die zu den Grunddimensionen des MBI gehört. Diese

18 Andreas von Heyl hatte 2001 mit dem Maslach Burnout Inventory (MBI) für 9,1 Prozent der Pfarrer in der Evangelisch-Lutherischen Landeskirche in Bayern einen hohen Burnout-Grad auf mindestens zwei von drei Skalen festgestellt (Andreas von Heyl: Zwischen Burnout und spiritueller Erneuerung. Studien zum Beruf des evangelischen Pfarrers und der evangelischen Pfarrerin, Frankfurt/M. 2003, 274). – Zwischen den Inventaren BOSS I und dem MBI bestehen »erwartungskonforme Zusammenhänge« (so die Auskunft des Verlags, in dem BOSS I erscheint: Hogrefe Verlagsgruppe: Testzentrale. Neuerscheinungen und Neuauflagen 2015, Bern 2014, 32 [URL: <https://issuu.com/hogrefegroup/docs/test_neuerscheinungen-ch-web> (20.3.2019, 11:30 Uhr)]). Jedoch ist der Vorteil von BOSS I seine Messung an einer Normstichprobe (ebd.).

Depersonalisierung ist nicht nur für die Betroffenen problematisch, sondern stellt auch für die sinnvolle Berufsausübung ein Problem dar, insofern es sich beim Pfarrberuf um eine im Wesentlichen *kommunikative Berufspraxis* handelt.[19]

Dass die ungeliebten Verwaltungsaufgaben bei den Belastungen ganz vorne stehen – und zwar bei allen Befragten, nicht nur bei der Hochrisikogruppe –, überrascht nicht. Nach Rohnkes aktueller Studie ist der Anteil der Kerntätigkeiten ein wesentlicher Beitrag zur arbeitsbezogenen Gesundheit.[20] Beobachtungen wie diese unterstreichen die Bedeutung der aktuellen Pfarrbildprozesse in vielen Landeskirchen, die freilich mit der Reduzierung der Verwaltungsaufgaben nicht die Aufgaben der (geistlich reflektierten) Leitung und Koordinierung aus dem Pfarrbild ausscheiden sollten.[21] Insofern muss es aufmerksam machen, dass nach der GIPP-Studie auch die Koordination und Motivation Ehrenamtlicher zu den zentralen beruflichen Belastungsfaktoren gehört. Die faktisch notwendige Veränderung des Berufsbilds muss offenbar stärker reflektiert, begleitet und »trainiert« werden. Hier liegt die Chance von Personalentwicklung, Fortbildung und Coaching, aber auch die Notwendigkeit theologischer Diskussion.

Als wichtigste *Ressourcen* identifiziert die GIPP-Studie die Faktoren Entscheidungsautorität, Fortbildungen und die Unterstützung durch die Mitarbeitenden. Alle diese Faktoren sind wichtig für die berufliche Identifikation und korrelieren mit verminderten Beanspruchungsmaßen. Diese Ergebnisse entsprechen der Beschreibung des Pfarrberufs als einer weithin selbstständigen Profession; Dienstvorgesetzte spielen hier offensichtlich keine wesentliche Rolle. Bemerkenswert ist allerdings die Beobachtung, dass dieses Bild an einer Stelle auch einen Riss aufweist: Der Fähigkeitsgebrauch, die Möglichkeit zu Einsatz und Entwicklung eigener Fähigkeiten, ist hier nicht nur Ressource, sondern auch Belastung. Dieses Ergebnis widerspricht den Annahmen des Job-Demand-Control-Support-Modells, könnte aber ein Hinweis auf die als überfordernd empfundene Vielfalt der Tätigkeiten sein.[22]

Dass die GIPP-Studie zur Ressource Spiritualität keine aussagekräftigen Ergebnisse erbrachte, ist zwar bedauerlich, muss aber im Spiegel anderer Studien nicht verwundern: Nach Rohnke und der katholischen Seelsorgestudie ist Spiritualität zwar eine Ressource, steht aber weder zur arbeitsbezogenen Gesundheit noch zur Stressempfindung in einem statistisch relevan-

19 Vgl. Gerhard Wegner: Ohne sie geht es nicht – aber geht es mit ihnen? Pastorinnen und Pastoren als professionelle kirchliche Akteure, in: Schendel: Zufrieden (s. Anm. 4), 45.

20 Rohnke: Gesundheitsmanagement (s. Anm. 6), 175.

21 Diese Dimensionen spielen z. B. im aktuellen Zehn-Punkte-Programm der hannoverschen Pfarrvertretung keine Rolle (Hannoversches Pfarrvereinsblatt 3/2018, 9–13).

22 Vgl. Schendel: Zufrieden (s. Anm. 4), 29.

ten Zusammenhang. Vielmehr hat Spiritualität hiernach eine Bedeutung als Form von Coping, einem reaktiven Umgang mit gesundheitlichen Beeinträchtigungen.

4 Entlastung und Profil in verstärkter Vernetzung? – abschließende Überlegungen

Was bedeuten diese Ergebnisse für die Diskussion um das Profil des Pfarrberufs und die weitere Kirchenentwicklung? Abschließend sollen einige Überlegungen und Anregungen skizziert werden.

- Die GIPP-Studie zeigt eine Berufsgruppe im Belastungszustand. Dramatisch ist dabei der hohe Anteil von Betroffenen, die wegen Burnouts nicht in Behandlung sind oder bei denen die Belastung unter einer ganzen Spanne gesundheitlicher Beeinträchtigungen verborgen ist. Wie können Pfarrer, um den bayerischen Profilprozess zu zitieren, »gut, gerne und wohlbehalten« ihre Arbeit tun?[23] Das Bewusstsein für Burnout und Burnoutprävention muss geschärft werden; soviel ist klar. Aber was sind die entscheidenden Stellschrauben, die die Arbeitssituation von Pastoren positiv verändern können?

  Ein zentraler Ansatzpunkt ist hier die *Dichte* der beruflichen Anforderungen (hohe Arbeitsanforderungen, wenig Freizeit und Erholungszeiten): Zwischen dieser Dichte und der Beanspruchung bzw. der Erschöpfung bestehen enge statistische Zusammenhänge. Umso problematischer ist natürlich, dass drei von vier Pastoren in den letzten fünf Jahren eine zunehmende Arbeitsverdichtung wahrnehmen. Aber es geht nicht nur um die Dichte der Arbeit, sondern auch um die (im Pfarralltag oft unvorhersehbare und mit konflikthaften Entscheidungen verbundene) *Vielfalt* der beruflichen Anforderungen – darum das verbreitete Interesse an der Konzentration auf die sogenannten Kerntätigkeiten. Als positive Stellschrauben lassen sich bestimmte Ressourcen anführen (beruflicher Entscheidungsspielraum, Fortbildungen und die Unterstützung im Team). Jedoch kann die Bedeutung dieser Ressourcen nicht darüber hinwegtäuschen, dass gerade die Reduzierung der Arbeitsdichte einen entscheidenden Ansatzpunkt darstellt.
- Auffällig ist die geringe Bedeutung, die die Pastoren der Unterstützung durch die Vorgesetzten beimessen. Dies kann damit zusammenhängen, dass die Superintendenten aus der subjektiven Perspektive der Gemeindepastoren »weit weg« sind und an der eigenen Arbeitssituation wenig

23 Ev.-Luth. Kirche in Bayern: Gut, gerne und wohlbehalten (s. Anm. 3), 12.

ändern können. In bemerkenswertem Kontrast zu diesem Ergebnis steht ein Befund aus der Lippischen Landeskirche: Die dort befragten Pfarrer haben ganz deutliche Vorstellungen von einer strukturellen Klärung der Arbeitsbedingungen formuliert – und vor allem haben sie diese Erwartungen recht konkret an die unterschiedlichen Ebenen der kirchlichen Organisation adressiert![24] Auffälligerweise war dieses Interesse an struktureller und auch inhaltlicher Klärung (Stellenbeschreibungen für Teilstellen, Vertretungsregelungen, Prioritätendiskussion der Landeskirche etc.) eng mit dem Interesse an beruflicher Eigenverantwortung verbunden. Erwartet wurde offenbar ein hilfreicher struktureller Rahmen, der dieses eigenverantwortliche Handeln ermöglicht. Dieses Beispiel zeigt: Die Entscheidungsautorität der Pfarrer, strukturelle Regelungen und eine Debatte über den Auftrag der Kirche lassen sich nicht gegeneinander ausspielen. Darum ist ein umfassender Ansatz sinnvoll, wie ihn z. B. die Ev.-Luth. Kirche in Bayern mit ihrer Verbindung von Kirchenentwicklung, Pfarrbildprozess und konkreten Tools zur Erstellung von Dienstvereinbarungen geht.[25] Dazu gehören auch Angebote der Salutogenese und der Personalentwicklung.

- Als kybernetischer Hintergrund sind Konzepte wie die von Steffen Schramm erhellend, die den rapiden *Wandel* nachzeichnen, in dem sich die deutschen Landeskirchen und damit auch die Kontexte und Rollen der Pfarrer aktuell befinden. Dieser Wandel lässt sich mit folgenden Schlagworten beschreiben: Vom versäulten Nebeneinander von Kirchengemeinden und funktionalen Diensten zur Integration und Vernetzung verschiedener kirchlicher Handlungsformen. In diesem Zusammenhang, der durch kooperatives Handeln geprägt ist, verändert sich auch die Arbeit der Gemeindepastoren: »Aus dem Einzelkämpfer des Parochialmodells wird im Netzwerkmodell ein teilautonomer Akteur eines Netzwerks. Aus dem Generalisten wird der ›Generalist mit Schwerpunkt‹«, der als Teil des »Netzwerk[s] der beruflichen und ehrenamtlichen Mitarbeitenden« figuriert.[26] Bei allen Vorbehalten, die einem solchen Konzept gegenüber formuliert werden können (drohende Binnenorientierung und Effizienzverluste von Pfarrteams,[27] potentielle Gefährdung von »Entrepeneurship«[28]): Anregend sind solche Überlegungen dennoch, weil sie die Entlastung durch

24 Schendel: Zufrieden (s. Anm. 4), 77f. (Ergebnisse einer SI-Befragung mit Fokusgruppen).

25 Die Tools siehe in: Ev.-Luth. Kirche in Bayern: Gut, gerne und wohlbehalten (s. Anm. 3).

26 Steffen Schramm: Kirche als Organisation gestalten. Kybernetische Analysen und Konzepte zur Struktur und Leitung evangelischer Landeskirchen, Berlin 2015, 552f. und 571.

27 Jantine Nierop: Eine Gemeinde, mehrere PfarrerInnen. Reflexionen auf das mehrstellige Pfarramt aus historischer, empirischer und akteurtheoretischer Perspektive (Praktische Theologie heute 151), Stuttgart 2016.

28 Schramm: Kirche (s. Anm. 25), 557.

Kooperation und den Abschied von der Allzuständigkeit mit (freilich veränderter) Entscheidungsautorität und der Möglichkeit zur Schwerpunktsetzung verbinden. Selbstüberforderung von Pfarrern und die Aufhäufung »anstrengender Berufsbilder«[29] können so nicht verhindert werden. Durch die Schärfung der theologisch-hermeneutischen Kompetenz[30] als der »spezifischen Funktion« des Pfarramts[31] könnte aber ein klares und damit attraktives und relevantes Berufsbild wiedergewonnen werden.

! „Hermeneut":
Auslegen (Aus-legen),
Dolmetschen

29 Stephan Pohl-Patalong: Die diffuse Vielfalt der Erwartungen. Beobachtungen von Organisationsberatern zu den Stressfaktoren im pastoralen Beruf, in: Schendel: Zufrieden (s. Anm. 4), 101.

30 Besonders ausformuliert von Jan Hermelink: Kirche leiten in Person. Beiträge zu einer evangelischen Pastoraltheologie, Leipzig 2014, 14–17. Für Hermelink geht diese Kompetenz keineswegs nur in der »Traditionshermeneutik« auf; wichtiger ist hier die »Situationshermeneutik« (34).

31 Schramm: Kirche (s. Anm. 25), 556.

Philipp Elhaus

Kommentar: Schlüsselrolle für welches Schloss? – Kirchentheoretische Beobachtungen

Das Dilemma der Schlüsselrolle

Seit Anfang der Kirchenmitgliedschaftsuntersuchungen begleitet die stereotype Zuschreibung der »Schlüsselrolle« die Reflexion auf die Bedeutung der Pfarrer im kirchlichen System und wird entsprechend in pastoraltheologischen Entwürfen, landeskirchlichen Pfarrbildern, berufsständigen Organisationen und freien Initiativen aufgegriffen.[1] So einhellig damit die exponierte Rolle der Pastoren hervorgehoben wird, so unterschiedlich und z.T. widersprüchlich ist jedoch die inhaltliche Füllung. Ob Konzentration auf den Kern der pfarramtlichen Aufgaben, Intendant bzw. Spielertrainer im Blick auf die Freisetzung der Gaben der Gemeinde oder Religionsexperte im öffentlichen Raum[2] – immer verknüpfen sich die jeweiligen Pfarrbilder mit ihren deskriptiven und normativen Anteilen mit entsprechenden Vorstellungen über die Aufgabe der Kirche in den verschiedenen Kontexten. Und im jeweiligen Kirchenbild mischen sich theologische Grundierungen in der perspektivischen Wahrnehmung ihrer Vertreter mit der Farbpalette der Mentalitätslagen der Kirchenmitglieder und einem sich wandelnden religionskulturellen Rahmen. So führt das Leitbild einer begleitenden Kirche im Lebenslauf und Jahreskreis zu kirchlichen Qualitätsoffensiven bei den Gottesdiensten und Kasualien. Der Spielertrainer einer partizipativen Gemeindekirche braucht Kenntnisse im Freiwilligenmanagement, Coaching und organisationalen Leitungshandeln. Und als religiöser Vertreter einer öffentlichen Kirche muss man die Spielregeln zivilgesellschaftlicher Akteure beherrschen. Diese Fülle der verschiedenen Selbst- und Fremdwahrnehmungen und divergenter Anforderungsprofile

1 Seit Peter Krusches Aufsatz »Der Pfarrer in der Schlüsselrolle«, in: Joachim Matthes (Hg.): Erneuerung der Kirche – Stabilität als Chance, Gelnhausen/Berlin 1975, 161–188 zieht sich der Begriff durch den pastoraltheologischen Diskurs und wurde auch in der KMU 5 aufgenommen; vgl. Heinrich Bedford-Strohm/Volker Jung (Hg.): Vernetzte Vielfalt. Kirche angesichts von Individualisierung und Säkularisierung. Die fünfte EKD-Erhebung über Kirchenmitgliedschaft, Gütersloh 2015, 454.

2 Damit fasse ich eine Fülle von Ansätzen in drei holzschnittartigen Typen zusammen. Faktisch umfassen verschiedene Facetten und auch Mischungsverhältnisse ein sehr weites Spektrum. Vgl. Nikolaus Schneider/Volker A. Lehnert: Berufen – wozu? Zur gegenwärtigen Diskussion um das Pfarrbild in der Evangelischen Kirche, Neukirchen-Vluyn 2009.

scheint mir ein entscheidender Faktor in der benannten Aufgabendichte in der Studie »Stadt-Land-Frust?« zu sein.[3] Dass alle drei Pfarrbildtypen jeweils noch unterschiedliche primäre Bezugsgruppen haben – Kasualgemeinde, Mitarbeiterschaft, Zivilgesellschaft im jeweiligen Sozialraum –, erhöht den Divergenzgrad. So drängt sich ein Eindruck auf, der wie ein »basso continuo«[4] den pastoralen Berufsdiskurs begleitet: Es ist die Diffusität der unterschiedlichen Kirchen- und damit auch pastoralen Rollenbilder, die dazu führt, dass Pastoren »von der Rolle« geraten.

Der Hinweis auf die Schlüsselrolle wird damit zum Problem.[5] Denn die mit amtstheologischen und berufsprofessionellen Anteilen aufgeladene Bedeutung als Schlüsselperson gewährt zwar ein mitunter narzisstisch anmutendes Alleinstellungsmerkmal, kippt aber tendenziell zur Überforderung. Angesichts der Vielzahl von zu öffnenden Türen scheint immer ein Schlüssel zu wenig vorhanden. Und dieses frustrierende Grundmoment wird von einem Klima des Relevanzverlustes der kirchlich vermittelten Religiosität noch zusätzlich verstärkt. Zudem muss sich das pastorale Handeln dem allgemeinen gesellschaftlichen Erwartungsdruck des »Besonderen« stellen.[6] Hier im Rahmen einer pastoralen Ich-AG als Religionsvirtuose analog zum unternehmerischen Selbst der Kirche eine Trendwende herbeiführen zu wollen, kann nur zur hektischen Lähmungsstarre führen.[7]

Mit der Schlüsselrolle verbinden sich daher Macht- und Ohnmachtsmomente, zentrale Handlungsmöglichkeiten und schmerzhafte Grenzerfahrungen.[8] Die Reduktion auf das »Kerngeschäft« hilft angesichts des ungeklärten Kerns bzw. der differenten leitenden Kirchenbilder nicht weiter. Und auch der bedenkenswerte Versuch, den Pfarrer aus der amtszentrierten Binnenperspektive zugunsten der Förderung des Leitbildes einer auf dem Priester-

3 Vgl. Beitrag Hanser, Kap. 6.3.2. Dichte ist m. E. an dieser Stelle eine Interpretation an der Oberfläche der Daten; in der Tiefe kommt die Dichte natürlich aufgrund der Diffusion in Kirchen-, Pfarrbild etc. zustande. Vgl. auch als Abgleich dazu die Analysen des Sozialwissenschaftlichen Instituts zu zahlreichen empirischen Erhebungen unter Pfarrern, Gunter Schendel (Hg.): Zufrieden. Gestresst. Herausgefordert. Pfarrerinnen und Pfarrer unter Veränderungsdruck, Leipzig 2017, bes. 94–158 sowie ders.: Eine beeindruckende Studie – eine Chance zum Vergleich. Ein evangelischer Kommentar zur deutschen Seelsorgestudie, ZPTh 37, 2017, 115–131.

4 So sehr treffend Ralph Kunz: »Auf diesem schmalen Felsgrat kann man nur gehen!«. Pfarrberuf und Pfarramt im Wandel begriffen, ThLZ 143, 2018, 5.

5 Vgl. Christian Grethlein: Kirchenreform und Pfarrberuf. Vom »Schlüsselproblem« zum »Schlüsselberuf« und wieder zurück, PTh 106, 2017, 13–17.

6 Nach Andreas Reckwitz: Die Gesellschaft der Singularitäten, Berlin 2017.

7 Vgl. die hellsichtigen Analysen von Birgit Klostermeier: Das unternehmerische Selbst der Kirche. Eine Diskursanalyse, Berlin 2011.

8 Vgl. Ulrike Wagner-Rau: Wichtiger und unwichtiger zugleich: Pfarrberuf und religiöser Wandel, PTh 105, 2016, 169–184.

tum aller Gläubigen basierten Kirche zu befreien, führt nicht an der Tatsache vorbei, dass auch bei dieser Schlüsselübergabe dem Pfarrer bzw. der Pfarrerin eine Schlüsselfunktion zukommen wird.[9] Eine Übergabe, die dann freilich nicht als Delegation, sondern als Relegation, als eine Rückgabe der Verantwortung verstanden werden müsste.[10]

1 Orientierungsversuche im transitorischen Raum

Stimmt die Hypothese, dass sich im diffusen Anforderungsprofil an das Pfarramt zugleich differente Kirchenbilder niederschlagen, so stellt sich die Frage nach den umgreifenden Faktoren. Welche gesamtkirchliche Situation führt zu der Verdichtung von differenten Ansprüchen?

Die Großkirchen befinden sich im Umbruch.[11] Soziologische Makrotrends wie Individualisierung und Pluralisierung führen zu einer Verschiebung des religiösen Feldes. Grundmuster der Zugehörigkeit wandeln sich vom Modus des generationalen Erbes hin zur persönlichen Wahl. Den institutionellen Abbrüchen versuchen die Kirchen mit organisationalen Maßnahmen in einer Mischung aus Strukturanpassungen und mitgliederorientierten Qualitätsoffensiven zu begegnen. Die Mitgliederentwicklung macht jedoch deutlich, dass der Weg in eine Minderheitenkirche unausweichlich ist. Zeichnen sich mit den Begriffen der »öffentlichen Theologie«[12] und der »Kirche in der Diaspora«[13] schon Leitbegriffe für den zukünftigen Horizont ab, so wird die Bedeutung der verschiedenen Sozialformen für die Zukunft der Kirche noch sehr kontrovers diskutiert. Es ist vor allem die Ortsgemeinde als kirchliche Grundform, um die sich entsprechende Debatten ranken – und in allen Diskursen ist es das Pfarrerbild, das als eine wichtige Stellschraube erscheint.[14]

Aus pastoraltheologischer Perspektive beschrieb Ulrike Wagner-Rau diesen Übergang als Schwellensituation.[15] Damit knüpft sie unmittelbar am Bild der Tür an. Mit dieser Metaphorik scheint sie mir – neben einer Fülle an nach

9 So Grethlein: Kirchenreform (s. Anm. 5), 17.

10 Mit Christian Hennecke: Wandel hoch zwei – zehn Wegmarken ins Neuland, in: Philipp Elhaus u.a. (Hg.): Kirche². Eine ökumenische Vision, Würzburg/Hannover 2013, 275.

11 Vgl. exemplarisch: Hans-Hermann Pompe/Benjamin Stahl: Entdeckungen der Kirche im Umbruch, KiA 21, Leipzig 2016.

12 Vgl. Florian Höhne: Öffentliche Theologie. Begriffsgeschichte und Grundfragen, Leipzig 2015.

13 Vgl. Michael Bünker: Kirche in Europa als Minderheiten- und Missionskirche, in: Christiane Moldenhauer/Jens Monsees (Hg.): Die Zukunft der Kirche in Europa, BEG 22, Neukirchen 2016.

14 Vgl. den aktuellen Beitrag von Gerhard Wegner: Von der Anstalt zum Akteur, in: ders.: Wirksame Kirche. Sozio-theologische Studien, Leipzig 2019, 262–311.

15 Ulrike Wagner-Rau, Auf der Schwelle, Stuttgart ²2012.

wie vor aktuellen Beobachtungen – aber dem Problem der Diffusität angesichts der vielen »Türen« nicht zu entgehen. Für treffender als die Türschwelle halte ich das Bild eines transitorischen Raumes wie z. B. eines Flughafens. Er ist durch Gleichzeitigkeit des Ungleichzeitigen gekennzeichnet. Wer ankommt oder abfliegt, ist nicht offensichtlich. Eine Fülle von Ein- und Ausgängen macht unzählige Optionen deutlich. Eindeutigkeit stellt sich weder auf den ersten noch auf den zweiten Blick ein. Der transitorische Raum ist ein Raum sui generis. Er steht nicht für Herkunft oder Neuland. Er ist Übergangssituation, in der sich Abschiedsschmerz und Aufbruchssehnsucht mischen.

So verdichten sich in der Diffusität der unterschiedlichen Pfarrbilder die Orientierungsversuche der kirchlichen Organisation im transitorischen Raum des Übergangs. Eine realistische Platzanweisung könnte dazu beitragen, dass Pfarrer den systemischen Ort im Transit nicht nur als Defizit begreifen, den sie durch ihre Arbeit zu überwinden hätten. Pfarrer sind Teil des Systems und haben damit Anteil an den Suchbewegungen im komplexen Gelände, mit all ihren ambivalenten Seiten – wie z. B. auch Verantwortliche aus der mittleren Ebene oder der Kirchenleitung.[16] Eine solche Standortbestimmung kann davor bewahren, die Verantwortung für die entsprechende Überforderung entweder regressiv nur bei sich selbst zu suchen, noch aggressiv der Kirchenleitung zuzuschreiben. Wobei sich die jeweiligen transitorischen Räume des Übergangs regional und kontextuell sehr unterscheiden können. Vielleicht ist die geringere Anzahl Betroffener innerhalb der Burnout-Risikogruppe in der EKM im Vergleich zur Evangelisch-lutherischen Landeskirche Hannovers damit zu erklären, dass sich in der Pfarrerschaft der EKM bestimmte Anpassungsprozesse an neue Kontexte und Strukturen aufgrund der fortgeschrittenen strukturellen Veränderungen einer Minderheitenkirche bereits eingestellt haben.[17] Angesichts der Vielzahl der Kontexte von Stadt und Land, der Diversität ländlicher Räume, der Differenzen bei demographischen Entwicklungen, Mitgliedschaftszahlen und Sozialräumen zwischen Ostfriesland und dem Harz in der Evangelisch-lutherischen Landeskirche Hannovers müssen Entwürfe für das Ganze zerbrechen und erhöhen damit nur das Gefühl der Orientierungslosigkeit.

---

16 Zum Agieren im komplexen Gelände vgl. Isabel Hartmann/Reiner Knieling: Gemeinde neu denken: Geistliche Orientierung in wachsender Komplexität, Gütersloh 2014.

17 Vgl. Beitrag Hanser, Kap. 7.1.

2 Wegen Umbau geöffnet – Ausblicke in kontextuelle Kirchenlandschaften

Ein Masterplan für Kirchenentwicklung eignet sich daher ebenso wenig wie ein einheitliches Pfarrbild, um den Herausforderungen der Zukunft im komplexen Feld zu begegnen. Strategisch sinnvoller sind regionale Ansätze, die sich auf die Anforderungen der jeweiligen Kontexte einlassen. Es geht darum, kreative Strukturen und angepasste Berufsrollen zu entwickeln, um angesichts der sich wandelnden Rahmenbedingungen den kirchlichen Auftrag der Kommunikation des Evangeliums zu erfüllen. Bemerkenswerte Beispiele liegen bereits vor. Das Konzept einer »regiolokalen Kirchenentwicklung«[18] stellt einen Versuch dar, die Vielzahl unterschiedlicher Formen kirchlichen Lebens in einer Region in ein konstruktives Miteinander zu bringen. Das Kirchenkreispfarramt im Kirchenkreis Lüchow-Dannenberg sucht nach flexiblen Lösungen des Personaleinsatzes in einem ländlich-peripheren Raum.[19] Dies führt zu Verschiebungen der Rollenarchitektur von Haupt- und Ehrenamtlichen.[20] Die Landeskirche ermöglicht diesen Prozess durch eine Erprobungsverordnung und zeigt damit exemplarisch die Rolle der Kirchenleitung an: Ermöglichungsräume für kontextuelle Prozesse und Experimente zu schaffen im Blick auf Strukturen, Kooperationsformen, Berufsbilder und Engagementformen. Der mittleren Ebene wird dabei als Gestaltungsraum auch bei der Entwicklung von kontextualisierten Pfarrbildern in Zukunft höhere Bedeutung zukommen.

Pfarrbilder wird es daher in Zukunft nur noch im Plural geben.[21] Da diese jeweils auch kontextuell geprägt werden und daher sehr verschieden sein können, muss mit diesem Plural nicht das Bild des Generalisten verbunden sein, das nur allzu schnell zum Universaldilettanten karikiert. Ein vielfältiges Aufgabenprofil kann daher in Zukunft auch zu einer weiteren Ausdifferenzierung von unterschiedlichen Pfarrämtern führen, die sich jeweils auf territoriale, funktionale und kategoriale Aspekte konzentrieren.[22] Ein gesegnetes Tun und Lassen würde sich dann auf unterschiedliche Tätigkeitsprofile verteilen.

---

18 Michael Herbst/Hans-Herrmann Pompe: Regiolokale Kirchenentwicklung, ZMiR-Klartext, Dortmund 2017.

19 Siehe dazu die entsprechende Erprobungsverordnung unter URL: <https://www.kirchenrecht-evlka.de/document/37843> (26.09.2018, 11:30 Uhr).

20 Vgl. zur verschobenen Rollenarchitektur Eberhard Hauschildt: Lernen von der Zukunft des Pfarrberufs in den »hinterletzten Dörfern«, in: Gunter Schendel (Hg.): Zufrieden. Gestresst. Herausgefordert. Pfarrerinnen und Pfarrer unter Veränderungsdruck, Leipzig 2017, 241–251.

21 Zur Bedeutung einer entsprechenden »pluralitätstauglichen« Pastoraltheologie vgl. Jan Hermelink: Kirche leiten in Person, Leipzig 2014, 9–38 (bes. 36).

22 Vgl. Ralph Kunz: Schmaler Felsgrat (s. Anm. 4), 18.

Als Konstante sollten dabei pastoraltheologische Parameter dienen, die regional und funktional flexibel ausgestaltet werden können: die Entwicklung von auftragsorientierten Kernhaltungen statt einer Reduzierung auf Kern-Handlungen.[23] Es geht darum, sich selbst und anderen Kirche als Ereignis des Evangeliums bzw. als Vollzug der Kommunikation des Evangeliums zu erschließen.

3 Kirche erschließen

Kirche zu erschließen ist zunächst eine Grundhaltung der eigenen theologischen Existenz. Sich Kirche zu erschließen in den Vollzügen eigener pastoraler Praxis ist dabei ein ebenso passiv-rezeptives Erlebnis wie eine theologisch gedeutete Erfahrung. Dies wird sich daher immer als besondere »Kirchenöffnung« beschreiben lassen. Kirche als Raum des Evangeliums öffnet sich und erschließt wiederum mich als von Gott Angesprochenen, der sich und seine Welt neu verstehen und gestalten darf.

So aufgeschlossen gilt es nun, Kirche mit anderen und für andere zu erschließen. In diesem Sinne ist und bleibt der Pfarrberuf ein Schlüsselberuf. Aber nicht exklusiv, sondern inklusiv. Im Miteinander unterschiedlicher pfarramtlicher Dienste, in der Kooperation mit anderen Berufsgruppen, im Zusammenspiel von haupt- und ehrenamtlicher Tätigkeit. Denn Kirche zu erschließen wurzelt als auftragsgemäße Grundhaltung in der Taufe. Diese versetzt uns in den transformativen Christus-Raum, in dem nicht nur die Unterschiede zwischen religiöser Herkunft, Ethnie, Geschlecht (Gal 3,28), sondern auch die von Berufsständen sowie Haupt- und Ehrenamtlichkeit aufgehoben sind. Gemeinsam sind wir berufen, in unseren unterschiedlichen Lebenswelten und -kontexten diesen besonderen Raum anderen zu erschließen. Ob und wie das Pfarramt bzw. die Pfarrämter diese Berufung fördern können, wird sich als inhaltliche Schlüsselfrage für Berufsdiskussion und Kirchenentwicklung erweisen.[24]

---

23 Mit Gabriele und Peter Scherle: Traumberuf Pfarrer/In?, in: Peter Scherle (Hg.): Aus dem Vollen schöpfen. Kirche zwischen Erschöpfung und Neuschöpfung, Berlin 2016, 242.

24 Mit diesem Ausblick schließe ich mich der Perspektive von Christian Grethlein: Kirchentheorie. Kommunikation des Evangeliums im Kontext, Berlin/Boston 2018, 297 f. an.

Peter Böhlemann

Kommentar: Fortbildung als hocheffiziente Stellschraube zur Belastungsreduktion im Pfarramt

Ein Plädoyer für konkrete Fortbildungsverpflichtungen

Dem IEEG gebührt Anerkennung und Dank für diese außerordentlich luzide und aussagekräftige Studie zur Gesundheit von Pfarrern im gemeindlichen Dienst. Denn sie benennt »Stellschrauben« und stellt Daten zur Verfügung, an welchen Stellen Veränderungen hilfreich und Interventionen sinnvoll sein könnten. Gleichzeitig hilft sie auch, den einen oder anderen Trugschluss zu vermeiden und geläufige Thesen zurechtzurücken.

1 Desillusionierungen oder »rostige Stellschrauben«

Wenn in den letzten Jahren kirchliche Probleme diskutiert wurden, konnte geradezu ein gebetsmühlenartiger Reflex beobachtet werden, nämlich der Ruf, das entsprechende Thema müsse doch dringend in die Aus- und Fortbildung der Pfarrer aufgenommen und dort das Problem bearbeitet werden.

Natürlich sollte eine Kirche mit dem Missionsauftrag als Basis immer eine lernende Organisation sein, und ihr »Bodenpersonal« sollte sich nie damit begnügen, die Sache des Evangeliums nicht noch fröhlicher, beherzter und einladender zu betreiben. Und selbstverständlich gibt es in den »klassischen« pastoralen Bereichen Gottesdienst und Verkündigung, Seelsorge und Unterricht und Leitung und Gemeindeentwicklung noch viel zu lernen. Aber das sind nicht die Bereiche, unter denen die Pfarrer leiden, beziehungsweise gesundheitsgefährdend beansprucht werden. Das, was sie gelernt haben und was von ihnen verlässlich erwartet werden kann, machen sie gerne und in der Regel auch gut. Was an dieser Stelle keineswegs Entwicklungspotenziale nach oben ausschließt.

Aber die GIPP-Studie zeigt, dass die mit Abstand höchste negative Beanspruchung in der zunehmenden Dichte der Arbeitsanforderungen liegt (zu viel in zu wenig Zeit). Es sind also nicht die zu erwartenden pastoralen Tätigkeiten wie Gottesdienst, Seelsorge, Besuche und Unterricht, die sie stressen, sondern die Dinge, die sie gerade nicht gelernt haben und auch nie lernen sollten. Bei der Hochrisikogruppe Burnout-gefährdeter Pfarrer liegen Gottesdienste und Kasualien erst auf Platz vier und fünf der Belastungen. In dieser Gruppe erhöhen vielmehr vor allem Verwaltungstätigkeiten, dringende Anfragen und die Koordination von Ehrenamtlichen (Plätze 1–3) die Arbeitsanforderungen. Berufsfremde Organisationstätigkeiten werden als besonders belastend erlebt (Platz 6).[1]

Gibt es also überhaupt »Stellschrauben« in der Aus- und Fortbildung, die gedreht werden können, um das Burnout-Risiko von Pfarrern zu senken? Ja, die gibt es! Aber sie liegen gerade nicht darin, vermeintliche Defizite auszumerzen und einer steigenden Professionalisierung pastoraler Tätigkeiten das Feld zu bereiten. Die Studie hilft sehr, diese und andere Fehlinterpretationen zu vermeiden. Wenn die Stellschraube Qualitätssteigerung rostig geworden zu sein scheint, stellt sich die Frage nach anderen Möglichkeiten der Unterstützung.

Eine Form der Unterstützung liegt beim Pfarrberuf besonders nahe, nämlich die Förderung von Spiritualität als Gesundheitsintervention. Mein Kollege am Pastoralkolleg, der seit vielen Jahren sehr erfolgreich den Bereich geistlicher Begleitung und Spiritualität in der pastoralen Weiterbildung etabliert hat, reagiert auf diesen Zusammenhang immer besonders allergisch. Natürlich ist es gut und richtig und war lange Zeit in der evangelischen Kirche keineswegs selbstverständlich, die persönliche Glaubenspraxis der Pfarrer zu fördern und zu unterstützen. Aber wenn das Motiv dafür eine erhoffte Gesundheitsförderung ist oder auch nur die Burnout-Prophylaxe, wird es theologisch schief und fragwürdig. Interessant und aufschlussreich in diesem Zusammenhang ist vor allem die Beobachtung der Studie, dass weder das Maß der persönlich eingeschätzten Spiritualität noch die Bindung an das Reich Gottes einen signifikanten Unterschied zwischen den Vergleichsgruppen mit hohem und niedrigem Burnoutrisiko ergab. Förderung der Spiritualität hat einen Wert in sich, ob jedoch Spiritualität in der Burnout-Prophylaxe als »Stellschraube« verzweckt werden kann, ist fraglich.

2 Effiziente Stellschrauben

2.1 Untergrundbohrungen – ein differenzierter Befund

Die GIPP-Studie setzt sich auch mit der subjektiven Wahrnehmung und dem diagnostischen Befund der Häufigkeit von Erschöpfungssyndromen im Pfarramt auseinander und weist eine wichtige Erkenntnis aus. Typisch für den Pfarrberuf sind nicht einzelne hohe, für die Diagnose Burnout indizierte Werte, sondern die breite Streuung der Beschwerden, die sich wahrscheinlich

1 Vgl. Beitrag Hanser, Kap. 6.3.4.

aus der Vielfalt des Pfarrberufs erklärt. Hinzu kommt, dass laut GIPP sehr viel mehr Pfarrer »Burnout-gefährdet« sind, als behandelt werden.

Meines Erachtens könnte für diesen differenzierten Befund ein weiterer Aspekt eine plausible Erklärung liefern, der in der Studie nur angedeutet wird. Die Möglichkeiten, die eigenen Fähigkeiten zu entfalten, kreativ zu sein, anderen Menschen zu helfen und in der Gemeinschaft Verbundenheit und Stärkung zu erfahren, also Freiheit und Verbundenheit, dienen einem erfüllten und gesunden Menschsein. Das zeigen neurobiologische Erkenntnisse ebenso wie etliche Befragungen zur Berufszufriedenheit. In der Studie ist die Rede davon, dass die beiden Aspekte Verbundenheit (hier allerdings mit dem Reich Gottes) und Engagement als Gegenteile von Burnout und Belastung und demgegenüber als positive Ressource gelten.

Möglicherweise schenken also der christliche Glaube, kirchliche Gemeinschaft und dieser schöne und erfüllende Beruf bereits per se ein gehöriges Maß an Resilienz. Das darf jedoch in keiner Weise eine Entschuldigung sein, keine Konsequenzen aus dem andererseits hohen Belastungsbefund zu ziehen, im Gegenteil!

In der Studie ist davon die Rede, dass eine Stärkung der beiden Faktoren Entscheidungsspielraum und Soziale Unterstützung die Ressourcen von Pfarrern stärken. Nur wie lässt sich das bewerkstelligen? Ein hochwirksames Instrument dafür ist in den Kirchen bekannt, wird aber vielleicht zu selten und zu sparsam eingesetzt: Fortbildung!

2.2 *Stellschraube Fortbildung*

Fortbildung ist Wertschätzung und senkt das Burnout-Risiko. Pastorale Fortbildung wird notwendigerweise immer die für den Pfarrdienst benötigten Kompetenzen fördern. Menschen, die ihre Gaben und Fähigkeiten kennen und mit hohem Gewinn auch in ihrem Beruf für andere einsetzen, haben damit schon einmal zwei wichtige Ressourcen zur Verfügung, die Resilienz ermöglichen und Zufriedenheit mit dem Beruf und sich selbst fördern.

In der GIPP-Studie werden die Möglichkeiten zur Entwicklung und zum Einsatz der eigenen Fähigkeiten, Gabenorientierung und die Vorbereitung darauf, diese auch effizient einzusetzen, und schließlich die Inanspruchnahme von »Fortbildungen« als drei von vier Subskalen der wichtigen Dimension »Entscheidungsspielraum« zugeordnet. Die Förderung dieses »Entscheidungsspielraums« von Pfarrern erscheint in der Studie jedoch als eine entscheidende »Stellschraube« zur Stärkung der Ressource Zufriedenheit und damit zur Verminderung der Belastungen.

Es gibt wohl kaum ein anderes Mittel kirchlicher Personalentwicklung, das ähnlich effizient eine vergleichbare positive Wirkung hat wie Fortbildung.

Sehr schön formuliert werden die Ziele pastoraler Fortbildung in dem aktuellen vom Rat der GEKE vorgelegten Entwurf »Fortbildung für das ordinationsgebundene Amt«. Dort heißt es, dass die Kirchen der GEKE ihre Fortbildungen anbieten, damit: »Pfarrerinnen und Pfarrer in Verbindung mit einer intensiven Praxisreflexion ihre Stärken entwickeln und ihre Schwächen und Gefährdungen wahrnehmen und bearbeiten können; ihre theologische Kompetenz vertieft und weiterentwickelt wird; ihre pastorale Identität gestärkt wird und Vergewisserung erfährt[...]«[2]

Neben der oben bereits erwähnten Förderung berufsspezifischer pastoraler Kompetenzen werden hier auch noch weitere Aspekte benannt, die in dem sensiblen Feld der persönlichen und beruflichen Ressourcen anzusiedeln sind, nämlich Reflexion und Bearbeitung der eigenen Praxis, Stärkung der Berufsidentität, theologische Vertiefung und auch geistliche Vergewisserung. In der Studie werden ganz ähnliche Ressourcen als »Zufriedenheit mit sich selbst, im Beruf und im Pfarramt«, »Engagement« und »Verbundenheit mit dem Reich Gottes« bezeichnet und ihre Wirksamkeit zur Belastungsreduktion nachgewiesen.

Bei den hier genannten Aspekten handelt es sich um sehr individuelle und zum Teil auch berufsbiografisch unterschiedlich verankerte Faktoren. Dennoch spielen sie eine entscheidende Rolle für ein gesundes und attraktives Pfarramt. Genau das zeigt auch die GIPP-Studie hinlänglich. Zunehmend gewinnen deshalb an den Pastoralkollegs und in der kirchlichen Personalentwicklung berufsbiografisch verankerte Bilanzkollegs an Bedeutung.

So erprobt das *Gemeinsame Pastoralkolleg* der westfälischen, der rheinischen, der lippischen und der reformierten Kirche ab 2019 zunächst modellhaft folgendes Konzept: Neben die etablierten Angebote der Fortbildung von Pfarrern in den ersten und letzten Amtsjahren sollen zukünftig Orientierungsangebote an weiteren besonderen Wegpunkten treten, zu denen die Landeskirchen gezielt einladen. Es werden Bilanzkollegs nach zehn, zwanzig und dreißig Jahren angeboten, in denen die Wertschätzung des bisherigen Dienstes, die eigene Situation und mögliche Perspektiven auf Zukunft im Fokus stehen. In den Kollegs wird mit kreativen und partizipativen Methoden gearbeitet, aber auch Zeit und Muße zur eigenen Reflexion sein, für persönliches Coaching und kollegiale Beratung. Ein angemessener geistlicher Rahmen gibt Raum für Spiritualität und Atemholen der Seele.

2 Fortbildung für das ordinationsgebundene Amt in der Gemeinschaft Evangelischer Kirchen in Europa, revidierte Fassung 2018, Entwurf – vom Rat der GEKE zur Diskussion auf der Vollversammlung freigegeben, Basel 2018, 11.

Ein sehr schwieriger Faktor wird in der Studie nicht verschwiegen. Menschen, auch Pfarrern, die stark Burnout-gefährdet sind, fällt der Umgang mit anderen und vor allem mit schwierigen Menschen (z.B.: »Trollen«) häufig schwer, beziehungsweise er belastet sie zusätzlich. Andererseits kann soziale Unterstützung durch andere Menschen Belastungen reduzieren. Das scheint ein kaum zu durchbrechender »Circulus vitiosus« zu sein.

Pastoralkollegs helfen nun aber nicht nur, mit einem gewissen Abstand, mit kollegialer Begleitung und professioneller Unterstützung einen kritischen Blick auf solche und ähnlich »verfahrene« Situationen zu werfen, sie üben zugleich gemeinsames Leben und partizipative Arbeitsformen ein. Der kollegiale Austausch, die Rückmeldungen von Menschen in der gleichen beruflichen Situation und positive Erfahrungen geschwisterlicher Gemeinschaft sind vortreffliche Gelegenheiten zur persönlichen Stabilisierung und Einübung neuer gesunder Verhaltensmuster.

2.3 Die Altersstruktur der Pfarrer als Chance

Betrachten wir die Alterszusammensetzung der Pfarrer in der Studie, so ist sie repräsentativ für Deutschland: etwa die Hälfte ist zwischen 51 und 60 Jahre alt. Diese Hauptgruppe erreichen wir nicht mehr mit veränderten Ausbildungszielen, aber sehr wohl mit Fort- und Weiterbildung, Supervision und Coaching! Die Statistiken des *Gemeinsamen Pastoralkollegs* der westfälischen, rheinischen, lippischen und reformierten Kirche belegen eine hohe Fortbildungsbereitschaft innerhalb dieser Gruppe.

Auch die Studie setzt hier ein klares Signal: Die Hälfte ihrer Probanden war zwischen 51 und 60 Jahren alt. 80 % zeigten überdurchschnittliche Belastungswerte. Etwas mehr als ein Drittel befand sich zumindest in einem ernstzunehmenden Risikostadium.

Eine Folge der Altersverteilung innerhalb der Gruppe der Pfarrer wird eine gewaltige Pensionierungswelle in den zwanziger Jahren sein. Schon bald wird die Zahl der Pfarrer im Ruhestand die derjenigen im aktiven Dienst überschreiten.

Die vielen Pfarrer, die in den nächsten zehn Jahren in den Ruhestand gehen, haben viel geleistet und erlebt. Sie haben den Wandel vom alten patriarchal gefärbten Pfarrbild, mit dem noch Kaffeewerbung gemacht wurde, bis hin zum digital aufgerüsteten Geschäftsführer des »Unternehmens Kirche« gemacht. Sie haben an der Universität ganz andere Inhalte gelernt, als sie dann zum »Überleben im Pfarramt« benötigten. Sie haben sich spezialisiert, weitergebildet und alle Kürzungen und Strukturreformen manchmal nur zähneknirschend überstanden. Auf jeden Fall stehen den Kirchen zukünftig mit ihnen ganze Legionen von engagierten und qualifizierten ordinierten

Ehrenamtlichen zur Verfügung, die allerdings motiviert und hochschätzend wahrgenommen werden wollen.

Hier bedarf es einer gut organisierten Vorbereitung auf den Ruhestand. Beratung, kollegialer Austausch und Vernetzungsmöglichkeiten erleichtern auch die Gestaltung der nachberuflichen Zeit.

2.4 Stellschraube Ehrenamtsmanagement

Die Motivation und Koordination von Ehrenamtlichen ist in allen Vergleichsgruppen der Studie ein relativ stark belastender Arbeitsinhalt (Platz 3 bei Hochrisiko-, Platz 4 bei der Niedrigrisikogruppe). Das ist aufmerksamen Beobachtenden der kirchlichen Szene sofort einsichtig. Bei zurückgehenden Finanzen und weniger Hauptamtlichen benötigen die Gemeinden immer mehr Ehrenamtliche. Diese wollen aber heute nicht mehr einfach nur ungeliebte Arbeiten übernehmen, sondern begleitet, motiviert und mit Verantwortung betraut werden. Dafür bedarf es etlicher koordinierter Strategien, wie es uns zeitgemäße Ehrenamtskonzepte zeigen.

Pfarrer wissen das: Sie sehen ein, wie wichtig und essentiell für die Zukunft der Kirche ihre eigenen multiplikatorischen und ermöglichenden (katalysatorischen) Funktionen sind. Sie kennen das »Epheser-4-Modell«, ist es ihnen doch nicht nur aus der rheinischen Personalplanung vertraut.[3] Aber sie leiden angesichts ihrer vielfältigen anderen Belastungen auch unter dem Druck, das nun »auch noch machen« zu sollen und wollen.

Einigen erwachsenenbildnerisch begabten Pfarrern mag es nun besonders liegen, Ehrenamtliche zu schulen, andere können gut motivieren, wieder andere entdecken Talente, aber viele setzen auch andere Schwerpunkte, zum Beispiel im Gottesdienst oder in der Seelsorge. Echte Entlastung und perspektivische Verbesserung werden die Kirchen nicht durch »noch mehr« Ansprüche an die multiplikatorischen Fähigkeiten des Pfarramts erreichen, sondern wenn sie wirklich deutlich mehr Ressourcen (und damit sind Geld und Stellen gemeint) in die Motivation und Begleitung Ehrenamtlicher stecken.

Die kirchlichen Bildungsinstitute könnten verstärkt zur Schulung von Multiplikatoren ausgestattet werden und vermehrt »Train-the-Trainer-Programme« auflegen, damit die eigentliche Arbeit mit den Ehrenamtlichen vor Ort, also in den Regionen geschehen kann. Dafür braucht es dann natürlich auch wieder ein nicht geringes Maß an beruflicher Fortbildungs- und Koor-

---

3 Vgl. Eph 4,12: »[...] damit die Heiligen zugerüstet werden zum Werk des Dienstes. Dadurch soll der Leib Christi erbaut werden [...]« (Luther 2017). Und z. B. *Kirchliche Personalplanung*, Handreichung zur Entwicklung eines Rahmenkonzeptes für Personalplanung auf Kirchenkreisebene nach Artikel 95 Absatz 3 Kirchenordnung, Modelle – Konzepte – Empfehlungen, Düsseldorf 2012, bes. 28–33.

dinierungsarbeit in der Region, die idealerweise durch kollegiale Teams von Gemeindepädagogen und Theologen und gerne auch ehrenamtlich durch die vielen Pfarrer im Ruhestand geschehen könnte.

3 Fazit

Die schon in diesem kurzen Kommentar genannten zahlreichen Vorteile einer professionellen und gut ausgestatteten kirchlichen Fortbildung legen die Forderung nach mehr verpflichtenden Fortbildungen nahe. Nun sind aber alle Pfarrer durch das Pfarrdienstrecht der EKD ohnehin zur Fortbildung verpflichtet. Wenn diese auch noch in Häufigkeit und Umfang quantifiziert würde, müssten die Kirchen sowohl das Angebot ausbauen, als auch in etlichen Landeskirchen die Kosten für die dazu dann ja zur Teilnahme Verpflichteten senken. Hier wäre vielleicht an ein schrittweises Vorgehen mit ständiger Evaluation zu denken: Zunächst Ausbau der Angebote besonders mit Blick auf berufsbiografisch begleitende Bilanzkollegs in den ersten Amtsjahren, dann alle zehn Berufsjahre und schließlich als Vorbereitung auf den Ruhestand und auch im Anschluss daran als Begleitung im Ruhestand.

Zusammenfassend kann gesagt werden, dass die GIPP-Studie mit großer Ernsthaftigkeit und wissenschaftlicher Seriosität nachweist, dass der Beruf Gemeindepfarrer ein hohes und spezifisches Gefährdungspotenzial hat. Zugleich können und sollten die Kirchen etwas zur Stärkung der Resilienz ihrer Pfarrer tun, indem sie die schon vorhandenen Unterstützungssysteme ausbauen und insbesondere Fortbildung, Supervision und Coaching als dafür besonders geeignete Maßnahmen fördern.

Michael Lehmann

Kommentar: »Trotz Umbau geöffnet.«

Kirche, Pfarrerschaft und Personalverantwortung in einer sich verändernden Kirche

1 Kirche im Wandel

Die Evangelische Kirche in Mitteldeutschland (EKM) wird schwächer: In normalen Jahren verliert sie zwischen 2,0 % und 2,5 % ihrer Mitglieder, anlässlich besonderer Veränderungen – zuletzt bei der Einführung der Kapitalertragssteuer – auch 3,0 %. Hatten die beiden Vorgängerkirchen der EKM im Jahr 2002 noch mehr als eine Million Gemeindeglieder, so zählt die EKM Anfang 2018, 15 Jahre später, nur noch 712 008.

Das hat Folgen – für die Situation der Kirche in der Gesellschaft, für das Selbstbewusstsein der Kirchengemeinden und mithin für das berufliche Erleben der Pfarrerschaft. Beispielhaft seien hierfür fünf Aspekte benannt.

a) *Die fortschreitende Minorisierung und Marginalisierung von Kirche in der Gesellschaft:*
Kirche wird immer weniger als ein genuines Segment der Gesellschaft wahrgenommen. In nichtkonfessionellen Kontexten erregt mitunter die bloße Anwesenheit eines Pfarrers Missfallen und Misstrauen. Gerade im Gebiet der EKM ist wenig Wissen über die christliche Prägung der eigenen Kultur wie auch über das Christentum selbst, ja, mehr noch, über Inhalte, Formen und Funktionen von Religion allgemein vorhanden. Jede Körperschaft der EKM und auch jede Person, die sie vertritt, gerät so zunehmend unter Legitimationsdruck. Ihr Agieren, sogar ihr Vorhandensein wird begründungspflichtig. Wenn sich das Selbstverständliche nicht mehr von selbst versteht, gerät Kirche, sobald sie sich ereignet, unter Stress.

b) *Die Indifferenz von Staat und Politik gegenüber der Kirche:*
Das vor nahezu 100 Jahren abgelöste Staatskirchentum ist als Fakt und Ursache heutiger Kirchenstruktur in Vergessenheit geraten. Der in der Weimarer Reichsverfassung gefundene Kompromiss eines kooperativen Gegenübers von Staat und Kirche als dessen Folge findet, losgelöst vom entsprechenden historischen Wissen, immer weniger Akzeptanz. Zudem wird der Grundsatz der Subsidiarität, d. h. die Übernahme von Aufgaben, die sonst dem Staat oblegen hätten, durch die Kirche, immer weniger verstanden. Unter beiden Entwicklungen leidet die Kirche: als besonderer

Kooperationspartner des Staates und als subsidiär handelnde Organisation. Kirchengemeinden und Pfarrerschaft können diesen Mangel eigener Plausibilität auch durch noch so gut gepflegte persönliche Kontakte zu den kommunalen und anderen gesellschaftlichen Verantwortungsträgern nicht ausgleichen.

c) *Das Kirchenmitgliedschaftsverständnis:*
In der EKM ist die Kirchensteuer von einer wahlobligatorischen Abgabe[1] zu einer fakultativen und damit vermeidbaren Angelegenheit geworden. Die Kirchensteuer bekommt immer mehr den Charakter eines Mitgliedsbeitrags, wodurch der Eindruck entsteht, die Kirche mit ihrer Bitte um Gemeindebeitrag, Kollekten und Spenden, dazu die Erhebung von Gebühren aus subsidiär übernommenen Tätigkeiten als Trägerin von Kindertagesstätten, Schulen oder Friedhöfen, kassiere mehrfach ab. Die Möglichkeit, am Leben der Gemeinde nach Wunsch und Vermögen teilzunehmen oder auch nicht, über den Grad an Nähe oder Distanz zu den Formen kirchlicher Organisation oder Geselligkeit selbst zu entscheiden – ein attraktives Eigenmerkmal der Volkskirche –, wird so zu einem handfesten Nachteil in der Verbindlichkeit der Mitgliederbeziehung. Die Anonymität des Steuereinzugs gewährt einen quasi unbemerkten und darum folgenlosen Kirchenaustritt. Und die Kommunikation der praktischen Konsequenzen des Kirchenaustritts durch Pfarrer oder andere Vertreter der Ortsgemeinde wird als ein »Nachtreten« einer Institution verstanden, »die nur auf mein Geld aus ist«.

d) *Der demographische Wandel:*
Ostdeutschland schrumpft und altert und mit ihm auch die Kirche: Den Kirchengemeinden fehlen die Anfang bis Mitte der 90er Jahre nicht geborenen Kinder. Es fehlen die junge und die mittlere Generation, die seit dem Ende der DDR auf der Suche nach Arbeit abgewandert sind. Es fehlen mittlerweile auch deren Kinder. Die abnehmende Bereitschaft zur Mitgliedschaftsbindung bei jüngeren Alterskohorten verstärkt das Problem. Zudem hat sich die Kirche vom Staatsatheismus und Kirchenhass der nationalsozialistischen und kommunistischen Zeit nicht erholt. So ist gerade unter Älteren das Bedürfnis nach Religiosität weniger stark ausgeprägt als bei den Jüngeren, und die Bindekraft der Institution, die die Jüngeren ohnehin nie erreicht hat, versagt auch bei den Älteren, sobald mit einer Mitgliedschaft weitere Verpflichtungen verbunden sind (etwa die Besteuerung von Renten und Kapitalerträgen). Ohne eigenes Zutun wird die Kir-

1 Die Grundannahme dabei ist, dass man in jedem Fall Kirchensteuer zahle, denn im bikonfessionellen Deutschland gehöre praktisch jeder entweder der katholischen oder der evangelischen Kirche an, und in der Freikirche würden die Mitglieder noch mehr zahlen.

chengemeinde rasant kleiner. Bestes Bemühen auch der Pfarrer vermag diesen Trend nicht aufzuhalten.

e) *Die Ungleichzeitigkeit der Entwicklungen im städtischen und ländlichen Bereich:*
Es gibt in der EKM Ballungsräume, in denen die Zahl der Kirchenmitglieder stabil bleibt oder sogar geringfügig wächst, und periphere Regionen, in denen die Zahl der Kirchenmitglieder umso drastischer zurückgeht. Die Perspektivplanung wird künftig viel stärker auf die Besonderheiten der jeweiligen Region abzielen müssen als bisher. Generalisierende Botschaften führen in mitgliedschaftsstabilen Gegenden zu kontraproduktiven Effekten, vor allem zu einer von den konkreten Entwicklungen losgelösten Fortschreibung des Abbaus. In peripheren Räumen aber verschleiern sie die Dramatik der tatsächlichen Entwicklungen und verhindern hier ein Nachdenken über den gebotenen Umbau von Gemeinde- und Stellenstrukturen.

In solchen Veränderungsprozessen wirkt der in der V. Kirchenmitgliedschaftsuntersuchung festgestellte Zusammenhang zwischen Kirchenbindung und der Frage, ob man einen Pfarrer persönlich kenne[2], als zusätzliche Übertragung der Veränderungsprozesse in die Verantwortung der Pfarrer. Was hier als der Erweis für die »pastorale Schlüsselrolle« aufscheinen mag, kann auch als eine Schwäche der Kirchengemeinden und ihrer Gemeindeleitungen (wenigstens in ihrer öffentlichen Wahrnehmung) gedeutet werden. In jedem Fall bürdet es den Pfarrern eine Last auf, Hauptverantwortliche für Veränderungsprozesse zu sein, die außerhalb ihrer Wirksamkeitsmöglichkeiten liegen.

Man wird sich prinzipiell fragen müssen, wie eine Kirche mit einem solchen signifikanten, stabilen und offenbar nicht enden wollenden Verlust an Mitgliedern sowie in der Folge auch an Bedeutung und Gestaltungsmöglichkeiten umgehen kann. An dieser Stelle soll diese Frage nicht beantwortet werden. Allerdings verdeutlicht sie, dass sich die Pfarrer in belastenden Kontexten bewegen, die nicht durch auf die bloße Tätigkeit der Pfarrer bezogene Maßnahmen zu minimieren sind.

2 Vgl. EKD (Hg.): Engagement und Indifferenz. Kirchenmitgliedschaft als soziale Praxis. V. EKD-Erhebung über Kirchenmitgliedschaft, Hannover 2014, 13.32.

2 Maßnahmen der EKM zur Verbesserung der Arbeitsbedingungen für Pfarrer

Dass dennoch trotz der beschriebenen pfarrberufsunspezifischen Prozesse Maßnahmen zu ergreifen sind, die die Bedingungen für die Ausübung des Pfarrberufs insgesamt verbessern, steht für die Personalverantwortlichen der EKM außer Frage. So hat das Personaldezernat unter dem Eindruck, der nun durch die Greifswalder Studie »Stadt-Land-Frust« im Wesentlichen bestätigt und konkretisiert wird, mehrere, aufeinander abgestimmte Maßnahmen ergriffen.

Die wichtigsten bisherigen Maßnahmen waren:

a) *Supervisionsverordnung (2011)*[3]*:*
Mit der Supervisionsverordnung ist den Personalverantwortlichen der EKM mittlerweile erkennbar ein Kulturwandel gelungen: War zuvor die Supervision ein Sonderfall, bestenfalls notwendig für die in der Sonderseelsorge Tätigen, und gegebenenfalls auch geeignet als therapieähnliches Instrument für Hochbelastete, so hat sich inzwischen die Inanspruchnahme von Supervision als ein Zeichen für die Gewährleistung der Professionalität im Pfarrdienst etabliert. Eine verlässliche Erstattungsregel und ein guter Überblick über die zur Verfügung stehenden Supervisoren erleichtern die Inanspruchnahme.

b) *Fort- und Weiterbildungsverordnung (2011)*[4]*:*
Seit ihrem Inkrafttreten stehen allen Mitarbeitenden der EKM zwei Wochen Fortbildungsurlaub pro Jahr zu. Verlässliche Refinanzierungsregelungen sollen Mitarbeitende motivieren, regelmäßige und gern auch längerfristige Fort- und Weiterbildungen in Anspruch zu nehmen. Das Personaldezernat hat 2016/2017 im Rahmen einer Online-Befragung der Mitarbeiterschaft in Zusammenarbeit mit dem Lehrstuhl für Arbeits-, Betriebs- und Organisationspsychologie der Universität Leipzig die Fort- und Weiterbildungspraxis der EKM evaluiert. Die Ergebnisse dieser Evaluation wie auch die der Studie »Stadt-Land-Frust« werden bei der unmittelbar bevorstehenden Novelle der Fort- und Weiterbildungsverordnung einfließen.

c) *Bilanz- und Orientierungstage (2011)*[5]*:*
Pfarrer werden 10 bzw. 20 Jahre nach ihrer Ordination zu einer verbindlichen Fortbildung in den mittleren Dienstjahren eingeladen. Das Pasto-

3 URL: <https://kirchenrecht-ekm.de/document/19818> (21.3.2019, 9:40 Uhr).

4 URL: <https://kirchenrecht-ekm.de/document/15111> (21.3.2019, 9:40 Uhr).

5 URL: <https://pk.kloster-druebeck.de/pk/arbeitsfelder/#anchor_e67f654c_Bilanz--und-Orientierungs tage-in-den-mittleren-Amtsjahren--10-Tage--> (21.3.2019, 9:40 Uhr).

ralkolleg bietet den Teilnehmenden die Möglichkeit, im Kreis von Kollegen »drei Schritte zurückzutreten«, den eigenen Standort zu bestimmen und neue Perspektiven zu entwickeln. Nahmen am Beginn dieser Fortbildung 2011 27,3 % der Eingeladenen teil (so viel zur Verbindlichkeit nach landeskirchlicher Anordnung), hat sich inzwischen die Teilnahmequote auf über 80 % (2018) gesteigert. Die Rückmeldungen der Pfarrer sind so positiv, dass mittlerweile auch weitere Berufsgruppen Bedarf anmelden. Ein Pilotkurs für Gemeindepädagogen hat unlängst stattgefunden.

d) *Kontaktsemester (2013):*
Im Jahr 2013 wurde im Rahmen einer wissenschaftlichen Abschlussarbeit die Durchführung der Kontaktsemester in der EKM evaluiert. Es stellte sich heraus, dass neben dem akademischen Kontaktstudium oder der Pflege der persönlichen Spiritualität auch das Bedürfnis nach Gesunderhaltung und Burnout-Prävention bestand. Seitdem ist das Konzept des Kontaktsemesters um den Schwerpunkt »Gesundheit/Spiritualität« erweitert worden. Gute Vorbereitung und die Zusammenstellung des persönlichen Programms, das auch Supervision, geistliche Begleitung und fachärztliche Beratung einschließen kann, sind ebenso Bestandteil des Settings, wie ein schriftlicher Abschlussbericht und ein sich anschließendes Personalentwicklungsgespräch.

e) *Arbeitsstelle Personalentwicklung im Personaldezernat:*
Als außerordentlich hilfreich erweist es sich, dass für die Beratungen zu Fort- und Weiterbildungen, zu den Möglichkeiten von Supervision und Coaching, zum Kontaktsemester wie auch weiteren Instrumenten der Personalentwicklung mit einer Referentin für Personalentwicklung im Personaldezernat des Landeskirchenamtes eine kontinuierliche und sachverständige Anlaufstelle für Pfarrer existiert. Intensiv wahrgenommen wird sie insbesondere im Zusammenhang mit Belastungserfahrungen im Beruf und Möglichkeiten der gesundheitlichen Prävention. Unabdingbar ist sie mittlerweile für Begleitmaßnahmen einer Therapie, wie z. B. die von der EKM finanzierten Aufenthalte in Klöstern, die Beratung in der Phase der Wiedereingliederung oder die Personalentwicklung bei Wiedererlangen der Dienstfähigkeit.

f) *Mitarbeitendenjahresgespräche (2005/2013):*
Nach der verbindlichen Einführung der Mitarbeitendenjahresgepräche im Jahr 2005 wurden 2013 die Materialien grundlegend überarbeitet. Zu den Themen Rückblick und Zielvereinbarung treten seither die Themen Gesunderhaltung und individuelle Perspektive. Die Vorgaben zur Gesprächsgestaltung wurden erheblich reduziert, um der Individualität und der Dynamik der Gespräche besser Rechnung zu tragen. Eine neuerliche Überarbeitung des Leitfadens ist 2020 vorgesehen. Eine der anstehen-

den Aufgaben resultiert aus der Beobachtung, dass die Gespräche trotz ihrer Verbindlichkeit in Größenordnungen unterbleiben. Hier richtet sich der Blick auf die Führungskräfte und die Verbesserung der Kommunikationskultur in unserer Kirche.

g) *Dienstvereinbarung* (2014)[6]*:*
Mit der Handreichung zur Dienstvereinbarung wurde der Pfarrdienst erstmalig landeskirchenweit einheitlich beschrieben. Es wurden pastorale Kernaufgaben definiert und Vorschläge für zeitliche Richtwerte unterbreitet. In ihrer Anlage ist die Dienstvereinbarung Resultat eines Gesprächsprozesses zwischen Kirchengemeinden und Pfarrern, moderiert durch den Superintendenten. Auf diese Weise kann der Prozess der Erstellung einer Dienstvereinbarung ein Instrument einer gelingenden Kommunikation über die Ziele und Aufgaben der Kirchengemeinde sein und helfen, gegenseitige Erwartungen und eigene Kapazitäten abzugleichen. Von besonderer Wichtigkeit ist, dass für den mit Arbeitsaufgaben zu hinterlegenden Pfarrdienst nur 80 % der 54 Wochenstunden zur Verfügung stehen (angesichts einer nicht quantifizierbaren Grauzone, die sich im Schnittbereich von privatem und öffentlichem Leben befindet) sowie die Jahresarbeitszeit lediglich 44 Wochen betragen soll (um sowohl Urlaub als auch Fortbildungsurlaub und weitere freie Zeiten zu berücksichtigen). Ein freier Tag pro Woche ist ebenso festzulegen wie ein regelmäßiger predigtfreier Sonntag. Verbindliche Vertretungsregelungen sollen durch ihre schriftliche Fixierung garantiert werden. Auch die Handreichung zur Dienstvereinbarung wird im Jahr 2019 durchgesehen und überarbeitet. Dies geschieht im Zusammenhang mit der Auswertung der Studie »Stadt-Land-Frust« und mit der schon zuvor gewonnenen Einsicht, dass namentlich der geistlichen Praxis sowie dem Begriff der Verwaltung mehr Aufmerksamkeit geschenkt werden muss. Letzteres könnte etwa durch eine klare Trennung der Aufgaben der pfarramtlichen Geschäftsführung von denen der Geschäftsführung des Gemeindekirchenrates gelingen.

h) *Diskussionspapier zur Dienstwohnungspflicht (2018)*[7]*:*
Durch schriftliche Publikation im Mitgliedermagazin EKMintern und eine Debatte während der Herbsttagung der Landessynode wurde mit dem Papier »Dezentral, Flexibel, Eigenverantwortlich. Diskussionspapier zur Ausgestaltung der Dienstwohnungspflicht für Gemeindepfarrstellen in der Evangelischen Kirche in Mitteldeutschland« eine ergebnisoffene Dis-

6 URL: <https://www.ekmd.de/asset/14SSLHkLR8CnnnjFH5kruw/handreichung-mdv.pdf> (21.3.2019, 9:40 Uhr).

7 URL: <https://www.ekmd.de/asset/UPON55t4Qy2Y1jNdxPB_JA/beilage-ekm-intern-okt-18.pdf>(21.3.2019, 9:40 Uhr).

kussion gestartet, die auf eine breite Verständigung in Kirchengemeinden und Kirchenkreisen, wie auch in der Pfarrerschaft selbst über den Status und Zustand der Dienstwohnungen und die Weiterentwicklung – etwa eine Flexibilisierung – der Dienstwohnungspflicht zielt.

3 Rezeption der Befragung in der Evangelischen Kirche in Mitteldeutschland

Der Landeskirchenrat der EKM, der die Ergebnisse der Studie »Stadt-Land-Frust« in Grundzügen am 23.06.2017 vorgestellt bekam, hat eine Arbeitsgruppe zur Auswertung der Studie eingesetzt. Diese Arbeitsgruppe, bestehend aus Vertretern des IEEG, Vertretern verschiedener Ebenen der EKM, der Pfarrvertretung sowie des Landeskirchenamtes, hat sich für die Auswertung und Nutzbarmachung der Studie folgende Fragen gestellt:

a) Wie beschreiben wir die besonderen Herausforderungen für Pfarrer in ländlichen Räumen der EKM und deren praktisch-theologische Reflexion?
b) Welche Handlungsperspektiven ergeben sich daraus für Pfarrer in ländlichen oder städtischen Gebieten, für Gemeindekirchenräte, für das jeweilige Mitarbeiterteam, für Dienstaufsichtsführende, für institutionelle Verwaltungen und für die landeskirchliche Ebene?
c) Welche gesetzlichen Vorgaben bedürfen der Überprüfung?
d) Welche Instrumente sind hilfreich, welche stehen zur Verfügung und bedürfen der Nachschärfung bzw. der nachhaltigen Implementierung, welche müssen neu entwickelt werden?
e) Welche Persönlichkeiten suchen wir für den Pfarrberuf der Zukunft?

Die Arbeitsgruppe arbeitet seit dem Sommer 2017 und hat in ihre Reflexion den Superintendentenkonvent und die Pfarrvertretung einbezogen. Da die Arbeitsgruppe zum Zeitpunkt der Drucklegung ihre Arbeit noch nicht beendet hat, ist es für eine substantielle Vorstellung der Ergebnisse der Auswertung zu früh. Deutlich aber wird: Es ist – was uns nicht überrascht hat – herausforderungsvoll, in den Pfarrstellen, wie sie die EKM definiert, Dienst zu tun, aber es sind – was uns überrascht hat – nicht die Größe der Pfarrstellen, nicht die besonderen Herausforderungen ländlicher oder auch städtischer Pfarrstellen, es ist auch nicht einmal das Vorhandensein einzelner überaus hoher, herausforderungsvoller Arbeitsanforderungen – sondern es ist schlicht die schiere und unverhandelbar hohe Zahl der Arbeitsanforderungen an die Pfarrer unserer Kirche, die Pausenlosigkeit, der Mangel an Zeit, die einzelnen Aufgaben gewissenhaft vor- und nachzubereiten, die Unmöglichkeit, von der Arbeit auszuruhen. Dabei sind es vor allem die psychoemotionalen Anforderungen und der Umfang der sozialen Unterstützung (durch Dienstvorgesetzte, Kollegen, Gemeindeleitungen, Gemeindeglieder, Angehörige und Freunde), die entscheiden, ob der Pfarrer mit sich und der Berufsausübung zufrieden ist und sich mit Freude engagiert, oder ob er berufliche oder persönliche Erschöpfungssymptome zeigt oder gar an einer Depression oder an Burnout erkrankt. Hier zeigen sich – und das hat uns beunruhigt – für die Pfarrerschaft der EKM erschreckend hohe Werte. Die Personalverantwortlichen in der EKM stehen vor der Aufgabe, sich diesem Befund zu stellen.

4 Was zu tun ist

Erstens muss gefragt werden: Was stärkt die Pfarrer? Dabei stellt sich die Notwendigkeit heraus, dass sich die verschiedenen Ebenen und Gliederungen der Landeskirche mit folgenden Aspekten und Aufgaben befassen:

- geistliches Leben als Glaubensquell pflegen,
- Erfahrungen der Selbstwirksamkeit ermöglichen,
- die Gemeinschaft der Verkündigungsdienste (Pfarrberuf, Gemeindepädagogik, Kirchenmusik, Diakonie) stärken,
- die Sinnhaftigkeit von Studium und Vikariat biografisch erinnerbar halten.

Zweitens: Wie können sie unterstützt und ermutigt werden? Dabei sollen Vergemeinschaftungsformen und Instrumente sowohl der Dienstaufsicht, als auch der Personalentwicklung einer genauen Analyse auf Bedarfe, sie zu profilieren, zu verändern oder neu zu entwickeln, unterzogen werden:

- Dienstgemeinschaft, Konvent, Gemeinschaften,
- Regionale, kooperative und arbeitsteilige Tätigkeitszusammenhänge,
- Dienstaufsicht, Mitarbeitendenjahresgespräche, Dienstvereinbarung,
- Ausbildung, Fort- und Weiterbildung, Kontaktsemester,
- Supervision, Coaching, Geistliche Begleitung,
- Gemeindeberatung, Zurüstung von Ehrenamtlichen,
- Dienstwohnungen.

Drittens: Wie können Pfarrer entlastet werden?

- Wie gelingt es, dass die Dienstvereinbarung ein Instrument zur Mäßigung der Arbeitsanforderungen wird?
- Wie gelingt es, Pfarrer von pfarramtsfremder Tätigkeit zu entlasten und ihnen die Möglichkeit zu geben, in den Kernaufgaben des Pfarrberufs (Verkündigung, Seelsorge, Unterweisung, Leitung) tätig zu sein?
- Wie gelingt es, Aufgabenteilungen (z. B. zwischen Pfarramt und Gemeindekirchenrat oder zwischen Pfarramt und Kreiskirchenamt) so vorzunehmen, dass sie die Pfarrer konsequent von der Verantwortung, auch von der Letztverantwortung, entlasten?

Viertens geht der Blick auf unsere Gesetze, Verordnungen und unsere Praxis:

- die Handreichung zur Dienstvereinbarung, die Fort- und Weiterbildungsverordnung, die Supervisionsverordnung im Blick auf in der Befragung genannte Anforderungen überprüfen,
- Vertretungsmöglichkeiten (bei Urlaub, Krankheit, Fortbildung) garantieren,
- Shared ministry als Modell prüfen,
- Gemeindeentwicklung als Querschnittsthema stärker machen (alle Systeme sollen gestärkt werden),
- Fortbildungsmodule entwickeln,
- Gestufte Maßnahmenkataloge entwickeln: für Unbelastete (Prävention), für Burnout-Gefährdete, für Burnout-Betroffene,
- Gesundheitsmanagement auf allen Ebenen der EKM einführen,
- Controlling einführen,
- Verfahren und Formulare prüfen, ob sie zusätzliche Arbeit vermeiden oder hervorrufen.

Nicht zuletzt ist festzuhalten, dass die Befragung zwar den Arbeitsumständen der Pfarrerschaft galt, aber nicht nur auf sie allein bezogen werden kann, weil sich vergleichbare Effekte und Wahrnehmungen auch in anderen kirchlichen Berufen zeigen. Insofern wird bei der Umsetzung der Aufgaben ein integrativer Ansatz vonnöten sein, der das Feld aller kirchlichen Berufe vor Augen hat und bewirkt, dass die EKM ein attraktiver und fürsorglicher Arbeitgeber bleibt bzw., wo immer das notwendig ist, wieder wird.

5 Schlussbemerkung

Die Bedingungen für die Hauptberuflichen unserer Kirchen sind herausforderungsvoll, an manchen Stellen überbordend. Es geht ihnen nicht anders als den zahllosen Ehrenamtlichen, die mit allen ihren Kräften versuchen, die bestehenden kirchlichen Aufgabenfelder weiterzupflegen. Doch es hilft weder, das, was die sinkende Zahl der Hauptamtlichen nicht mehr leisten kann, an die Ehrenamtlichen zu delegieren, noch hilft es, Aufgaben, die eine Kirchengemeinde nicht mehr zu leisten imstande ist, an die Hauptamtlichen zu übertragen. Es wird auf ein wertschätzendes und achtsames Miteinander von haupt- und ehrenamtlichen Gemeindegliedern ankommen, in dem man nicht auf das schaut, was es alles einmal gab, sondern darauf, was man heute braucht, um selbstbewusst, gelassen und vertrauensvoll Kirche Jesu Christi zu sein, den Glauben und die Gemeinschaft zu leben und um die Frohe Botschaft in die Städte und Dörfer zu tragen.

Gabriele Ahnert-Sundermann

Kommentar: Verwaltung als rotes Tuch

Was macht den Pfarrern zu schaffen?

In den vergangenen 15 Jahren sind in mehreren Landeskirchen Pfarrerbefragungen erschienen, in denen es unter dem Eindruck gesellschaftlicher Entwicklungen und veränderter Arbeitsbedingungen um die Berufszufriedenheit von Pastoren ging. Die Befragungen sind unterschiedlich akzentuiert. Im Ergebnis zeigen alle eine hohe Berufszufriedenheit der Pfarrer bei gleichzeitig hoher Belastung. Unter den gewichtigsten Belastungsfaktoren werden regelmäßig Verwaltungsaufgaben genannt.[1] In der vorliegenden Studie wird nun erstmals Verwaltung in Zusammenhang mit Belastungserkrankungen gebracht: Eine hohe Anzahl belasteter Probanden zeigt eine gehäuft negative Einschätzung von Verwaltungstätigkeiten.[2]

Auffällig ist, dass kaum eine der Befragungen erhebt, weshalb Verwaltung eigentlich als belastend erlebt wird. Auch ist ungeklärt, an welche Aufgaben gedacht ist, wenn von »Verwaltung« die Rede ist. Deshalb beginne ich meine Ausführungen mit einigen Beobachtungen, Erfahrungen und Vermutungen zum »Roten Tuch«, bevor ich mich dann der Frage zuwende, wie Pastoren im Hinblick auf den konstatierten Stressfaktor Verwaltung entlastet werden können.

1 Weshalb werden Verwaltungsaufgaben als belastend erlebt?

Die Frage ist berechtigt. Denn in der Gemengelage pastoraler Aufgaben ließe sich auch das Gegenteil denken: Verwaltung könnte gegenüber anderen Tätigkeiten im Gemeindepfarramt von entlastendem Charakter sein, geht es dabei doch um eine sachorientierte Aufgabe, die frei ist von komplexer Beziehungsarbeit. Hier gibt es keine diffusen Erwartungen. Die Dinge lassen sich regeln und abarbeiten. Und am Ende sieht man, was man geschafft hat. So ist es aber offensichtlich nicht. Vielleicht steht der skizzierten pragmatischen Perspektive

1 Auch im Pfarrbildprozess der Ev.-Luth. Landeskirche Hannovers »Pfarrberuf 2030 – oder: Wir reiten die Welle« im Mai 2018 wurde »Verwaltung im Pfarramt« als Thema identifiziert, das im Hinblick auf Arbeitsverdichtung auf immer weniger Schultern weiterverfolgt wird.

2 Vgl. Beitrag Hanser, Kap. 7.7.

auf Verwaltungsaufgaben entgegen, dass Pastoren als Beziehungsarbeiter die Neigung haben, auch Sachthemen beziehungsorientiert anzugehen.

2 Was verstehen Pastoren unter Verwaltung?

Unter Verwaltung fällt nicht zuletzt alltägliches Gemeindemanagement: »Wer besorgt den Altarschmuck? Wer organisiert den Kirchenmusiker für den Sonntagsgottesdienst, das Catering fürs Gemeindefest?« Das sind keine Aufgaben, die so interessant sind, dass Ehrenamtliche dafür Schlange stehen. Und hauptberufliche Mitarbeitende, an die man diese Aufgaben delegieren könnte, gibt es immer weniger.[3] Letztendlich haben Pfarrer den Eindruck, dass vieles an ihnen hängen bleibt, wofür sie eigentlich überbezahlt sind. Vielleicht ist es diese gefühlte Allzuständigkeit, die Pastoren unzufrieden und müde machen kann.

»Verwaltung« steht für den Verlust von Revidierbarkeit und grundsätzlicher Prozessoffenheit. Das kann Angst machen. Über wieviel Versachlichungskompetenz verfüge ich? Werde ich hier auf etwas festgelegt, dessen Tragweite ich gerade noch gar nicht überblicke? »Ewigkeitsexperten« treffen auf »Endlichkeitserwartungen«.

Verwaltungsaufgaben, die sich auf den gemeindlichen Kontext beziehen (Kirchenbücher/Taufscheine), werden vermutlich als weniger belastend erlebt als jene, die die gemeindliche Verwaltung an das System Kirchenkreis oder Landeskirche andocken.[4] Diese Aufgaben dienen dem Erhalt des Systems, ohne dass deren Relevanz für Pfarrer in jedem Fall deutlich ist. Deshalb wäre hier weniger eine pauschale Entlastung, sondern die Plausibilität der jeweiligen Aufgabe angefragt. Was wird gefordert und was kommt aus der gesamtkirchlichen Verantwortungsperspektive an Mehrwert zurück? Stehen Aufwand und Gewinn in einem vertretbaren Verhältnis zueinander?

---

3 In unzähligen Sparrunden gab es in den vergangenen Jahren vielerorts das Bemühen, ganze Pfarrstellen zu erhalten. Das führte dazu, dass es in kleinen Gemeinden neben dem Pfarrer – wenn überhaupt – nur noch wenige Küster- oder Sekretariatsstunden gibt.

4 Zu nennen sind hier beispielsweise Meldewesen, Arbeitsschutzbestimmungen, Führungszeugnisse für Ehrenamtliche in der Jugendarbeit, Datenschutzrichtlinien, Einführung der Doppik, Antragswesen oder die berüchtigte »Tabelle 2«, die jedes Jahr für die EKD auszufüllen ist.

3 Noch einmal: Weshalb werden Verwaltungsaufgaben als belastend erlebt?

Oft wird unter Pfarrern Verwaltung als eine berufsfremde Organisationstätigkeit wahrgenommen. Dahinter verbirgt sich die Vorstellung, es gebe im Gemeindepfarramt das »Eigentliche« (Gottesdienst, Seelsorge, Unterricht, Gemeindeleitung), für das niemals genügend Zeit da sei, weil diese Arbeit ihrer Natur nach ja nie beendet ist. Und es gebe schnöde Verwaltungsaufgaben, die mit den sogenannten Kernaufgaben nichts zu tun haben.

Diese Sicht der Dinge blendet aus, dass Verwaltung ein Aspekt von Leitung ist. Die Leitung der Gemeinde ist aber nicht berufsfremd, sondern gehört zu den Kernaufgaben des Pfarramtes. Allerdings vollzieht sich Gemeindeleitung im evangelischen Kontext in gemeinsamer Verantwortung mit einem ehrenamtlichen Gremium. Hier könnte nun auch ein Anhaltspunkt für den konstatierten Belastungscharakter von Verwaltung liegen. Das Miteinander von Haupt- und Ehrenamt in der Gemeindeleitung ist ungeklärt und muss deshalb immer wieder neu ausgelotet werden. Denn beide Formen unterscheiden sich in den Voraussetzungen, dem Anspruch, der Verbindlichkeit. Was für die einen Broterwerb ist, ist für die anderen Freizeitgestaltung.[5] Diese pointierte Darstellung schließt nicht aus, dass Gemeindearbeit für beide Berufung sein kann. Unter diesen Bedingungen teilen sich Pfarramt und Kirchenvorstand die Leitungsaufgabe. So kann es – fast zwangsläufig – zu Irritationen kommen, die der vertrauensvollen Zusammenarbeit schaden. Hier liegt eine ganz besondere Herausforderung des Pfarrberufs, die es kaum in einer anderen Profession gibt. Unter dieser Herausforderung leiden Pfarrer – nicht nur gelegentlich.[6] Anhaltspunkt für diese Vermutung liefern auch Gespräche mit Vertretungspastoren. Ihr Schwerpunkt liegt in aller Regel jenseits von Verwaltung und Leitung im Bereich von Gottesdiensten, Kasualien, Seelsorge. Auch mit Ehrenamtlichen haben sie nicht viel zu tun. Diese Fokussierung ihrer pastoralen Arbeit wird von ihnen häufig geradezu als befreiend geschildert: »Endlich kann ich so arbeiten, wie ich es mir immer gewünscht habe.«

Könnte es also sein, dass die Klage über Verwaltungsaufgaben eine Chiffre für andere Belastungen ist? Ist es u. U. akzeptierter über die Last von Verwaltungsaufgaben zu klagen als über die Herausforderung, eine Gemeinde in gemeinsamer Verantwortung mit Ehrenamtlichen zu leiten?

5 In der Zusammenarbeit von Haupt- und Ehrenamt sorgt das Thema Wertschätzung u. U. für ein Gefälle in der Arbeitsbeziehung. Hat der Pfarrer hier eine Bringschuld? Darf sie ihrerseits Wertschätzung erwarten? Ist das Kind schon in den Brunnen gefallen, wenn das Thema virulent wird?

6 Verweise auf Belastung durch Ehrenamtsmanagement sind zu finden in den Beiträgen Völz/Stahl, Kap. 3; Stahl/Neumann, Kap. 2.2.2.

4 Angebote im Rahmen von Fortbildung und Personalentwicklung zur Bewältigung von Verwaltungsaufgaben

Aufgrund der Problemanzeige von Verwaltung als gewichtigem Stressfaktor im Pfarramt machen wir gute Erfahrungen mit Angeboten in Fortbildung und Personalberatung. Unterschiedliche Maßnahmen zielen darauf ab, Ressourcen freizulegen und Kompetenzen zu stärken. So gibt es im Bereich des *Pastoralkollegs* den FEA-Kurs: »Bauen und Verwalten als pastorale Aufgabe«. Schon der Titel macht deutlich, dass hier der Sicht auf Verwaltung als *berufsfremde* Organisationstätigkeit etwas entgegengesetzt wird.

Unter Beteiligung eines Kirchenamtsleiters geht es in diesem nachgefragten Kurs um Themen wie Gremienarbeit, Personalverwaltung, Friedhofsverwaltung, Finanzausgleich, Baurecht, usw. Die Fortbildung unternimmt den Versuch, die Bestimmung der pastoralen Aufgabe im Verwaltungshandeln herauszuarbeiten, damit nicht am Ende die Verwaltung die pastorale Arbeit dominiert. Konkret beschäftigen sich Berufsanfänger in diesem Kurs mit folgenden Fragen: Welche theologischen Entscheidungen verbinden sich mit Verwaltungsentscheidungen? Welche ekklesiologische Qualität wird verhandelt? Welche Aufgabe kommt dem Pfarramt in den Fragen von Bau und Verwaltung zu? Welche kommunikative Herausforderung ist in dem Zusammenhang zu betrachten?

In der *Personalberatung* ist neben der Problembewältigung die Rollenklärung ein zentrales Thema. »Wer bin ich als Pfarrer dieser Kirchengemeinde? Hausmeister? Gemeindemanager? Sakramentsverwalter? Was ist meine Aufgabe – und was ist die Aufgabe des Kirchenvorstands?« Die Beteiligungs- und Kommunikationsaspekte des Verwaltungsthemas werden herausgearbeitet. So wird mit einem neuen Zugang zur Verwaltungsarbeit zugleich eine Stärkung in der Rolle gewonnen. Die Bedeutung (Aufwertung) der Rolle wird erfahrbar und Verwaltung gelangt als Leitungsaufgabe wieder ins Bewusstsein. So z. B. in den Workshops »Digitale Büroorganisation« und »Die Kunst, die Dinge zu regeln«. Fortbildungen und Maßnahmen der Personalentwicklung sind wichtige Beiträge, um Verwaltungsaufgaben effizient zu gestalten und zu bewältigen. Auch lässt sich besser delegieren, was man selbst versteht und wertschätzt.

5 Strukturelle Veränderungen zur Bewältigung von Verwaltungsaufgaben

Wir sehen im Gemeindepfarramt eine Arbeitsverdichtung auf immer weniger Schultern. Wir sehen auch Anzeichen, dass das Generalistentum von Gemeindepfarrern an seine Grenzen kommt. Angesichts der zunehmenden Fülle pastoraler Aufgaben[7] ist auch an strukturelle Veränderungen wie Pfarramtsassistenz, regionale Gemeindebüros, Entbürokratisierung und Ausbau von IT-Infrastruktur zu denken.

Seit Jahren gibt es Gemeinden, die unterhalb von strukturellen Veränderungen auf die Kompetenzen anderer Berufe zurückgreifen. Sie betrauen Ehrenamtliche mit entsprechenden Fähigkeiten mit Verwaltungsaufgaben. So wird gelegentlich von Kirchenvorstandsvorsitzenden berichtet, die als Banker oder Verwaltungsjuristen im Ruhestand mehrere Vormittage in der Woche im Gemeindebüro verbringen und dort bearbeiten, was anfällt. Schwierig wird es dann, wenn dieses gut eingespielte Miteinander sich z. B. durch Neuwahlen nicht fortsetzen kann und die Aufgaben wieder neu verteilt werden müssen.

Auf dieses Problem können strukturelle Veränderungen reagieren. Aktuell wird vielerorts über *multiprofessionelle Teams* in Kirchengemeinden nachgedacht. Im Bereich der Evangelischen Kirche Berlin-Brandenburg-schlesische Oberlausitz gibt es bereits Erfahrungen: In Berlin-Spandau werden Gemeindepastoren durch die Anstellung eines Geschäftsführers entlastet. In Neukölln hat man eine Diakonenstelle mit einem Gemeindemanager besetzt.

Geht man auf multiprofessionelle Teams zu, so gewinnt man einen Freiraum für Pfarrer und bereichert die Perspektiven im Gemeindeleben. Gleichzeitig ist zu berücksichtigen, dass der Pfarrer mit der gewonnenen Entlastung auch Einfluss verliert. Verwaltung ist ambivalent. Einerseits wird sie als lästig, frustrierend und wenig prestigeträchtig empfunden: »Keiner sieht das, was und wieviel ich hier arbeite.« Verwaltung ist andererseits ein wirksames Aufgabenfeld, zu dem es qua Amt einen exklusiven Zugang gibt: »Ich kann abschließend Fakten schaffen, Entscheidungen treffen und verstetigen.«

Wenn professionelle Unterstützung in diesem Bereich gewünscht wird, wird man nicht nur Arbeit kurzfristig delegieren, sondern auch mittel- bis

---

7 So sind in den letzten Jahrzehnten einerseits neue Arbeitsfelder entstanden (Mitgliedergewinnung, Öffentlichkeitsarbeit, Fundraising, Konfirmandenelternarbeit, Freiwilligenmanagement, Steuerung und Begleitung von Fusionsprozessen ...). Andererseits sind klassische Aufgaben aufwändiger geworden. Genügte früher ein Gespräch im Vorfeld einer Trauung, scheinen heute mehrere Gespräche und eine Generalprobe in der Kirche fast die Regel zu sein.

langfristig Entscheidungskompetenzen. Ein Rückzug aus Aufgaben ist verbunden mit der Beschränkung von Einflussmöglichkeiten. Machtfragen müssen deswegen verantwortungsvoll geklärt werden.

6 Fazit

Verwaltung wird im pastoralen Aufgabenkatalog als »Rotes Tuch« wahrgenommen und wird nachweislich mit hoher Belastung assoziiert. Es ist gut, dass die vorliegende Studie noch einmal den Finger in die Wunde legt und fragen lässt, worauf der unscharfe Begriff »Verwaltung« eigentlich hindeutet.

In meinem Kommentar zur Studie habe ich nur Beobachtungen, Erfahrungen, Vermutungen und erste Lösungsansätze zusammentragen können. Wir brauchen präzisere empirische Untersuchungen, um der Frage auf den Grund zu gehen, was genau unsere Pastoren im breiten Feld zwischen Hausmeisterdiensten und Sakramentsverwaltung, Gemeindemanagement und Gemeindeleitung an Verwaltungsaufgaben belastet. Erst dann können wir einschätzen, ob wir mit den beschriebenen Lösungsansätzen auf dem richtigen Weg sind.

Jürgen Schilling

Kommentar: Einblick und Rückblick auf die Forschungspraxis

Die Frage nach dem Potential von Dienstberatungen

Vor der Versendung der Fragebögen wurden die teilnehmenden Kirchenkreise besucht, um einerseits einen Eindruck von den Pfarrern mit in die Forschung nehmen zu können und andererseits das Anliegen der Befragung deutlich zu machen. Die Wortmeldungen von damals erweisen sich als reiche Illustrationen einzelner Ergebnisse.

Das Projekt startete 2014. Von Anbeginn war klar, eine der Herausforderungen würde darin bestehen, für einen hohen Rücklauf zu sorgen. Wer füllt schon gern einen Fragebogen aus? Noch dazu für eine Studie, die von der EKD, zwei Landeskirchen und einem Universitäts-Institut verantwortet wird?! So fiel die Entscheidung, die geplante Befragung möglichst persönlich in den Pfarrkonventen der Mitteldeutschen und in den Kirchenkreiskonferenzen der Hannoverschen Landeskirche vorzustellen. Mit dem Nebeneffekt, zugleich diejenigen kennenzulernen, die wir »beforschen« sollten. So wurden bis April 2016 insgesamt 42 Kirchenkreise bereist.

Im Rückblick stellt es sich so dar: Das Erleben der unterschiedlichen Konvente war ein Privileg. Ich erhielt einen zwar ausschnitthaften, aber sehr aussagekräftigen Einblick in den Dienstalltag von Kollegen. Ich hörte vom »Gefühl, abgehängt zu sein vom kirchlichen Zentrum in Hannover«. Mir wurde mitgegeben: »Wir reformieren nicht, wir bauen chaotisch ab!« In einer Kirchenkreiskonferenz hinterfragten bereits die ersten Wortmeldungen die Sinnhaftigkeit von Befragungen überhaupt: »Wer ist daran interessiert: die Beihilfestelle etwa?« Und in einer anderen hörte ich den bemerkenswerten Satz: »Ich bin drei Pfarrer!«

So verschieden die Wortmeldungen ausfielen, sie sind auch ein Abbild der Vielfalt der Gattungen, die in den Pfarrkonventen und Kirchenkreiskonferenzen miteinander vermischt werden: theologische Fortbildung, Best-Practice-Forum, Dienstberatung, Ideenschmiede, geistliche Gemeinschaft der Schwestern und Brüder, etc.

Wird eine »Befragung zur physischen und psychischen Gesundheit im Pfarramt« zum Thema des Konventes gemacht, ist das, was Freude bereitet, naturgemäß eher weniger im Gespräch. So standen in dieser Dreiviertelstunde vornehmlich Sorgen und Nöte des Pfarrberufs im Zentrum. Manches Mal fiel dieser einseitige Fokus auf, dann hieß es: »Wir machen unseren Dienst aber auch gern, nicht dass Sie einen falschen Eindruck mitnehmen!« Grundsätzlich jedoch wurde die Möglichkeit, einmal von den Beschwernissen und den Lasten im Dienstalltag frei berichten zu können, offenherzig angenommen. Dabei ging es in keinem Fall bereits um eine wissenschaftliche Erhebung. Der Besuch in den Konventen und Kirchenkreiskonferenzen diente dazu, die Zusendung des Fragebogens anzukündigen, das dahinterstehende Anliegen zu erläutern, den Aufbau zu erklären und dafür zu werben, den Fragebogen doch bitte auszufüllen.

Nun liegen die Ergebnisse aus der Befragung als Studie vor. Die Gesprächsbeiträge von damals erweisen sich rückblickend als reiche Illustrationen. Diese werden im Folgenden als eine Art Collage zu verschiedenen Themen der Studie zusammengestellt.

1 Was ist ländlich? – »Sieben Mal das volle Osterprogramm!«

Die Ur-Idee der Befragung bestand darin, die immer wieder behauptete Mehrbelastung des Pfarrdienstes in peripher-ländlich geprägten Regionen nachzuweisen. Das Ergebnis der Studie besagt: Eine solche kann mit Hilfe unserer Befragung nicht diagnostiziert werden, die Gefahr einer Burnouterkrankung ist auf dem Land nicht signifikant höher als in der Stadt. Gleichwohl besitzt der Dienst auf dem Land ein besonderes Beanspruchungsprofil. Bei der Vorstellung der Befragung in den Konventen lautete einer der drei Gesprächsimpulse: »Was macht Ihre Arbeit ländlich?« Darüber kamen die Kollegen leicht ins Erzählen.

»Ich bekomme Eier geschenkt.« »Ich bin dort, wo die Luft noch etwas reiner ist.« »Wir begleiten Menschen von der Wiege bis zur Bahre«. Es gibt sie also noch, die besondere Attraktivität des Ländlichen. Und der Pfarrer bzw. die Pfarrerin bekommt sie zu seinem Dienst gratis hinzu.

»Ich muss ab und an nach Hamburg fahren, damit es mir gut geht.« »Als meine Kinder klein waren, da war das Leben auf dem Land richtig gut. Aber jetzt ...« »Es ist niemand da, der wie wir ist.« Hinter diesen Aussagen verbirgt sich eine der großen Herausforderungen des Dienstes auf dem Land: die Vereinbarkeit von Privatleben und Pfarrberuf. Manche Äußerung schien aus einem Worst-Case-Szenario entnommen, denn das kulturelle Angebot ist oft schmal, die Infrastruktur in der Regel ausgedünnt, bildungsbürgerliches Milieu fehlt fast in Gänze. Hinzu kommt, dass soziale Kontrolle zur Belastung werden kann: »Im Pfarrhaus wohnt eine Dorfheilige!« »Man kann sich nie entziehen, ist nie inkognito.« »Es ist wichtig, was ich mit dem Pfarrgarten mache.«

Manche Wortmeldungen bestätigen Vorurteile gegenüber der ländlichen Bevölkerung: »Bodenständigkeit ist ja schön, aber sie hat eine Kehrseite: Unbeweglichkeit.« »Mir machen die langlebigen Traditionen zu schaffen.« Andere beweisen, dass ländliche Räume Freiraum für Innovatives sein können: »Ich habe heute eine Idee: Das machst du morgen. Und dann mache ich das. Geht!« »Gegenüber Steinen [Gebäuden] habe ich kein schlechtes Gewissen mehr. Sondern ich schaue danach, was die Menschen vor Ort brauchen. Und die sind dankbar dafür.«

Die Folgen des demografischen Wandels prägen Leben und Arbeiten in vielen Kirchengemeinden: »Es gibt eine eklatante Ausdünnung von Berührungs- und Begegnungsflächen. Für die Motivationsarbeit ist das Stress, weil man zu jedem Einzelnen einzeln gehen muss.« »Menschen fehlen. Der Mantel des Schweigens legt sich schwer auf mich. Ich steige aus dem Auto und sage: Ja, wo sind sie?« »Überall muss man hinfahren, ohne Fahren geht gar nichts.«

Die Größe der Verantwortungsbereiche macht zu schaffen: »35 Älteste mir gegenüber. Das bedeutet 500 Erwartungen.« »Sieben Mal das volle Osterprogramm!« »Ich bin drei Pfarrer.«

Soziale Unterstützung aus dem Kollegenkreis einzuholen ist nicht leicht: »Der Aufwand für Teamarbeit ist sehr hoch. Die Kollegen, mit denen man etwas zusammen machen könnte, sind weit weg.« Trolle und Geister sind allgegenwärtig: »Man kriegt immer wieder zu hören: ›Bei Pfarrer Soundso war es soundso.‹« Berufsfremde Aufgaben landen im Pfarrbüro, wo in der Regel kein Sekretär, sondern allein der Pfarrer sitzt: »Die Ansprüche sinken mit der Ausdünnung. Was nicht sinkt, ist die Zahl der Kirchengebäude, für die ich verantwortlich bin.«

2 Was ist belastend? – »Der Schreibtisch ist nie leer.«

Der zweite Impuls lautete: »Was konkret in Ihrem Dienst empfinden Sie als besondere Belastung?« Die Antworten, die gegeben wurden, beschreiben ein pfarramtsspezifisches Berufsprofil, das für Stadt und Land gleichermaßen gilt.

Pfarrer haben es mit einer Vielfalt an Aufgaben zu tun: »Ich bin eine eierlegende Wollmilchsau, von Verwaltung über Predigt bis zum Öffentlichkeitsarbeiter. Manchmal bin ich auch Entertainer.« Die schiere Fülle der Aufgaben kann zum Problem werden: »Der Schreibtisch ist nie leer.« Der hohe Entscheidungsspielraum ist nicht allein positiv besetzt: »Die eigenverantwortliche Arbeit hat Vorteile. Hat aber auch einen Nachteil: Die Abgrenzung muss ich selbst herstellen.« Verwaltungsaufgaben nehmen einen bedeutenden Teil der Zeit in Anspruch: »Acht Gemeinden, acht Anträge! Wenn ich krachen gehe, dann am Amt!« Die sogenannten Kernaufgaben haben es im Dienstalltag schwer: »Für Seelsorge ist doch kaum noch Zeit!« Die Begleitung des Ehrenamts bindet Energie: »Wir heben die Ehrenamtlichen immer höher, sie aber bilden sich nicht weiter, und jetzt spucken sie einem auf den Kopf. Ich muss mit völlig inkompetenten Leuten diskutieren.« Leitungskompetenz wird benötigt: »Als Pastor muss ich mich um alles kümmern. Die KV-ler sind nicht völlig selbstständig.« Kommunikative Kompetenz ist Voraussetzung: »Pfarrdienst ist Beziehungsarbeit.«

Mehrfach wird die fehlende Anerkennung beklagt: »Man gibt immer etwas, aber etwas zu bekommen ist schwierig. Das Geben wird von mir erwartet.« »Sieht überhaupt jemand, was wir machen?« Strukturveränderungen werden zur stetigen Belastung: »Ich möchte eine Zeit lang einfach in Ruhe arbeiten können. Ich wünschte, es würde sich einmal für fünf Jahre lang nichts ändern: kein Formblatt, keine Struktur ...«.

Vielerorts macht der Traditionsabbruch zu schaffen: »Die Leute sind nicht sonderlich interessiert, sondern eher gleichgültig gegenüber dem, was mir geistlich wichtig ist.« »Ich erlebe sehr viele ärmliche Gottesdienste. Wenn das schon mit mir was macht, was dann erst mit den Leuten!?« »Wir sind nur noch kirchliche Dienstleister, sollen unsere Kirche öffnen für dieses und jenes.« Auch das veränderte Teilnahmeverhalten der Gemeindeglieder hat Auswirkungen, nicht nur im Blick auf die Gestaltung des Dienstes, sondern auch für die Zufriedenheit mit der eigenen Arbeit: »Wenn ich einen schönen Gottesdienst machen will, weiß ich nie, wer dann im Endeffekt wirklich da ist.« Fort- und Weiterbildungen werden nicht in Anspruch genommen: »Was soll ich mit dem Angebot eines Kontaktsemesters? Damit danach meine Kollegin, die die Vertretung machen muss, im Burnout landet!?«

Der Wandel der gesellschaftlichen Diskurskultur erreicht die Kirchengemeinden: »Die Angst vor dem Fremden: Strukturen, Tellerränder, Asylanten. Irgendetwas bedroht immer, das nervt. Und das nimmt zu!« Und nicht zuletzt bereitet die Zukunft der Kirche Sorge: »Das unüberlegte Verändern macht mir sehr zu schaffen!« »Perspektivlosigkeit und Resignation belasten mich. Auch, dass ich keine Perspektive geben kann.«

3 Gibt es bestimmte Wünsche? – »Geregelte Dienstzeiten!«

Der dritte Impuls lautete: »Wenn alles möglich wäre: Was wünschten Sie sich an ihrer Arbeit anders?« Die Antworten können als Antonyme des Beanspruchungsprofils des Berufes Pfarrer gelesen werden:

»Ganz klar: 5-Tage-Woche!« »Geregelte Dienstzeiten!« »Besoldungsgruppe A14 für alle.« »Eine Flotte von 400 Dienstwagen.« »Aufhebung der Residenzpflicht.« »Mehr Pfarrstellen.« »Eine Pfarramtssekretärin.« »Statistikbögen abschaffen.« »Trennung von Verwaltung und geistlichem Amt.« »Zeit für das Geistliche.« »Alte Ämter neu beleben: Propheten und Evangelisten.« »Ich möchte mehr gesehen werden.« »Neue Arten der Würdigung.« »Mehr Menschlichkeit.« »Mehr Ehrenamtliche, teamfähig!« »Laien so qualifizieren, dass sie den Aufgaben standhalten können.« »Der ländliche Raum soll mehr im Blick sein. Stadt ist immer eher in der Aufmerksamkeit.« »Das ehrliche Statement, dass sich unsere Landeskirche radikal verändern wird.« »Der Druck sollte nicht zu-, sondern abnehmen.« »Mit der Nabelschau aufhören!« »Eine Erweckung.«

4 Der Pfarrkonvent als Ressource

In Anbetracht der Ergebnisse der Befragung fällt auf, dass es bei diesem »Wünsch dir was!« eine Leerstelle gibt: den Pfarrkonvent bzw. die Kirchenkreiskonferenz selbst. Die – in der Regel monatliche – Zusammenkunft gehört fest zum Dienstalltag, und doch war sie nirgends im Blick. Das kann seinen Grund darin haben, dass die Konvente tatsächlich rundum als sinnvoll, ertragreich und den Dienst im besten Sinne stützend eingeschätzt werden, sowie das kollegiale Miteinander als eine Stärkung des eigenen Dienstes erfahren wird. Denkbar ist auch, dass anderes eine deutlich höhere Priorität erhält, während die Konventsarbeit als nachrangig eingestuft wird. Vielleicht aber sind auch schlicht die Erwartungen erfahrungsgesättigt gering und die Gestaltung des Pfarrkonventes ist aus diesem Grund »nicht der Rede wert«?

Die Studie spricht hinsichtlich der distalen Unterstützung von einer unklaren Befundlage und weist Forschungsbedarf aus.[1] Gleichwohl bestätigt sie, dass soziale Unterstützung als eine wichtige positive Ressource angesehen werden muss. Dabei sind vornehmlich die Mitarbeitenden im nahen Arbeitsbereich im Blick, den haupt- und ehrenamtlich Mitarbeitenden innerhalb der Gemeinden, in denen der Pfarrer alltäglich den Dienst versieht, kommt eine besonders hohe Bedeutung zu. Doch das an einem Vormittag pro Monat stattfindende Miteinander im Pfarrkonvent bzw. der Kirchenkreiskonferenz besitzt unter dem Aspekt der sozialen Unterstützung ebenfalls Potential. Gleichwohl, und das ist hier deutlich festzuhalten, konnte in der Studie weder ein positiver noch ein negativer Einfluss der monatlichen Sitzungen nachgewiesen werden.

Trotzdem kann man fragen, was es braucht, damit die dienstliche Zusammenkunft tatsächlich eine solche Ressource darstellt. Eine Spur dürfte darin liegen, Pfarrkonvent bzw. Kirchenkreiskonferenz weniger als Dienstberatung

1 Vgl. Beitrag Hanser, Kap. 6.3.

oder gar Fortbildungsveranstaltung zu konzipieren. Stattdessen sollte die Tagesordnung den Charakter einer Zusammenkunft von Schwestern und Brüdern widerspiegeln.

In einer Kirchenkreiskonferenz begegnete mir die Regel, die obligatorische Bibelarbeit ausdrücklich nicht zum Sonntags-Predigttext zu halten, um den persönlichen Zugang zu erleichtern und die sofortige dienstliche Verzweckung zu erschweren. Manche Konvente kennen längst feste Zeiten für kollegiale Beratung (in Kleingruppen), andere den Tagesordnungspunkt »Was obenauf liegt« (mit dem Verbot von Best-Practice-Meldungen). Obst, Getränke und eine Mahlzeit, selbstverständlich kostenfrei aus dem Haushalt des Kirchenkreises zur Verfügung gestellt, stärken die Gemeinschaft und signalisieren zudem die so zahlreich vermisste Wertschätzung.

»Oha, jetzt haben wir hier frei weg reden dürfen, was uns auf der Seele liegt. Das hat gut getan, sollten wir öfter machen.« Der Pfarrkonvent als ein Refugium mitten im Weinberg des Herrn? Zweifelsohne eine verheißungsvolle Gestaltungsaufgabe.

Thomas Schlegel

Kommentar: Die Chiffre »Land«

Vom reinen Negativszenario zur präzis erforschten Herausforderung für die gesamte Kirche

Die bunten Grafiken und Zahlenkolonnen zogen die Anwesenden in ihren Bann. Sie lauschten den gelehrten Ausführungen von Anja Hanser, Benjamin Stahl und Michael Herbst. Begriffe wie *Strukturgleichungsmodell, BOSS* und *Job-Demand-Support-Controll-Modell* sausten durch die Köpfe, und der Landeskirchenrat der Evangelischen Kirche in Mitteldeutschland (EKM) war beeindruckt von dem, was das Team aus Greifswald da präsentierte. Das war bei der ersten Präsentation der GIPP-Studie im Sommer 2017.

Endlich könne man Genaueres über die Belastungen unserer Pfarrer sagen, so die Erleichterung: Was sie als anstrengend empfinden; wie viele gefährdet sind und wo die Stellschrauben liegen, um sie in ihrer Salutogenese zu unterstützen. Immerhin handelte es sich um eine Vollerhebung. Das gab es bisher in der EKM noch nicht.

Und inmitten der zufriedenen Mienen war es, als wenn die Frage nach den ländlichen Räumen verhallte: Können wir sagen, dass die dortigen Arbeitsbedingungen belastender wirken als in der Stadt? Das war doch unsere Ausgangsvermutung! Ja, mehr noch: Mit dieser Hypothese im Gepäck haben wir die Studie überhaupt erst angestrengt und auf den Weg gebracht. Nein, so die Forscher kleinlaut, dazu habe man bisher keine Hinweise gefunden – nach den bisherigen Analysen. Das war mindestens für einige eine Enttäuschung und Überraschung gleichermaßen. Sie ist umso größer, weil mit dieser Studie, ihrem hohen Rücklauf, den genutzten Inventaren, der interdisziplinären Kooperation mit Psychologen und Geographen, eine zweifellos großartige Studie vorliegt – wohl eine der validesten in diesem Bereich. Der Faktor »Land« ist auch in den englischsprachigen Vergleichsstudien nie mehrdimensional aufgeschlüsselt und so präzise operationalisiert worden wie hier – von deutschen Erhebungen mal ganz abgesehen, die die Unterscheidung von Stadt und Land bisher nur streiften.[1]

Wie gesagt: Die allgemeinen Ergebnisse und die hohe Professionalität der Studie überdeckten die bis dato geringe Land-Ausbeute fast völlig. Erst allmählich griff die Ernüchterung darüber um sich. Denn Kirche in ländlichen

1 Vgl. dazu insgesamt Stahl: Ländliche Räume, Kap 5.

Räumen ist in der EKM ein zentrales Thema, fast ein Politikum. Neue Wege in der Gemeindeentwicklung, Innovationen in Fundraising und Öffentlichkeitsarbeit – selbst die Durchführung der Gemeindekirchenratswahlen müssen sich hier bewähren: in den Pfarrämtern mit den vielen Kirchen und den kleinen Dörfern. Sie sind der Prüfstein unserer Konzepte und Ideen. Denn die EKM ist wie kaum eine andere EKD-Gliedkirche davon geprägt.

Sicher, die Nordkirche mit 73 % und die Evangelische Kirche Berlin-Brandenburg-schlesische Oberlausitz mit 71 % weisen anteilig mehr ländlich-sehr periphere und ländlich-periphere Flächen auf als die Evangelische Kirche in Mitteldeutschland, von deren Gebiet 70 % auf diese beiden Raumtypen entfallen.[2] Aber die beiden nördlichen Partner bespielen Berlin oder Hamburg! In der EKM gibt es außer Halle (Saale), Magdeburg und Erfurt keine nennenswerten Städte – Metropolregionen Fehlanzeige.[3] So verwundert es auch nicht, dass in der EKM 51 % der Mitglieder in ländlich-sehr peripheren und ländlich-peripheren Räumen wohnen – ein EKD-weiter Spitzenwert![4] So kennen die Hauptamtlichen fast alle das, was uns als Gesamtkirche umtreibt: Viele Predigtstätten, überschaubare Gruppen, jede Menge Kirchen, weite Gebiete, kleine Dörfer – hier und da mal ein Highlight durch eine besondere Orgel oder eine touristische Attraktion. Insgesamt also die Ausgangssituation, die Benjamin Stahl und Silvia Neumann am Beginn ihres Beitrags skizzieren.[5] Wer in mitteldeutschen Kirchen beratend oder begleitend unterwegs ist, führt zuhauf die Gespräche mit den Kollegen in den sogenannten Vielkirchenpfarrämtern. Und er kennt ihre Sorgen und das, womit sie hadern. Und er wird angesichts der Studienergebnisse zweifeln: Das alles soll nicht belastender sein als beispielsweise in Erfurt? Dort, wo es immer noch das Pfarramt als Unikum gibt, wo viele engagierte Ehrenamtliche um die Gemeinde bemüht sind, genügend Kinder leben, eine interessierte Zivilgesellschaft mobilisierbar ist für kirchliche, kulturelle und soziale Themen – mal ganz abgesehen von den vielen Ruheständlern, Kirchenbeamten und Prädikanten, die sich hier tummeln und einem gern den (einzigen) Sonntagsdienst abnehmen?

Nein, so sagt die Studie relativ klar: Das Umfeld hat keinen statistisch signifikanten Einfluss auf berufsbedingte Belastungsstörungen[6] – oder

2 Nach Berechnungen von Martin Alex, die leider bisher unveröffentlicht geblieben sind. Er hat als bisher Einziger die BBSR-Raumtypen von 2010 mit den Grenzen der Landeskirchen georeferenziert in Korrelation gebracht. Ihm sei für die Verfügbarmachung herzlich gedankt.

3 Vgl. dazu den Beitrag von Stahl: Ländliche Räume, Kap 7.

4 Als nächste Gliedkirchen folgen Anhalt mit 32 % und Kurhessen-Waldeck mit 26 %.

5 Unter Rekurs auf Alex/Schlegel, vgl. das erste Zitat im Beitrag von Stahl/Neumann in diesem Band.

6 Vgl. den Beitrag von Stahl/Neumann, Kap. 2.1.: »Die in der pastoraltheologischen Forschungsliteratur weit verbreitete Annahme, dass Landpfarrer aufgrund der besonderen Situation der ländlichen Räu-

anders: Hinsichtlich der Arbeitsgesundheit ist es egal, ob jemand auf dem Land oder in der Stadt lebt – egal, ob jemand 24 Predigtstätten versorgen oder nur eine Kirche mit einem Kirchenvorstand im Blick haben muss. Das eine ist nicht belastender als das andere. Das mag man fast nicht glauben, weil es der gefühlten Wahrnehmung widerspricht. Aber so ist es! Das ist eine Riesenüberraschung! Und ein sehr wertvolles Ergebnis – obwohl damit unsere Ausgangshypothese nicht bestätigt wurde und die Studie diesbezüglich ohne Befund blieb.

Und doch: Der Kundige hätte es ahnen können. Wer die Forschung der letzten Jahre verfolgt hat, stößt nicht das erste Mal auf die Nivellierung des krass empfundenen Gegensatzes von Stadt und Land. Christine Brewster und Leslie Francis wiesen schon vor Jahren darauf hin, dass es zwar besondere Land-Belastungen für Pfarrer gebe; bei den Messinstrumenten für Burnout aber nur in einem Bereich graduelle Abweichungen existierten.[7] Eine Untersuchung unter methodistischen Geistlichen in den USA resümierte im gleichen Jahr: »Our data give us no reason to suppose that rural ministry is unusually stressful.«[8] Allerdings liegen die Kontexte dieser Befragungen weit weg. Aber auch eine vom IEEG im Pommerschen Evangelischen Kirchenkreis 2012 durchgeführte Befragung zum kirchlichen Ehrenamt in ländlichen Kommunen ergab zwar eine etwas geringere Engagementquote als im Bundesdurchschnitt, prinzipiell fielen die Abweichungen aber geringer aus als gedacht.[9] Im Rahmen der EKD-Studie »Freiraum und Innovationsdruck« wurden missionarische Aufbrüche im peripheren, ländlichen Raum untersucht. Ziel war, Ingredienzien des Anfangs solcher Innovationen zu isolieren und zu beschreiben. Das Forscherteam stieß auf charismatische Schlüsselpersonen, Ehrenamtliche, die Bedeutung weicher Faktoren etc., allesamt Merkmale, die »auch für [...] urbane Räume gelten«[10] könnten. Es waren also auch hier die

---

me belasteter sind als Stadtpfarrer – die auch die hier zu überprüfende Hypothese darstellt –, kann damit als falsifiziert gelten.«

7 Vgl. den Beitrag von Stahl: Ländliche Räume, Kap. 4, Fußnote 62.

8 Andrew Miles/Rae Jean Proeschold-Bell: Are rural Clergy worse off? An Examination of occupational conditions and pastoral experiences in a sample of United Methodist Clergy, in: Sociology of Religion 73 (1), 23-45, hier 41. Die Autoren räumen allerdings selbst ein, dass diese Aussage mit einer gewissen Generalisierung ländlicher Räume einhergeht (ebd.).

9 Vgl. dazu Martin Alex/Thomas Schlegel u. a.: Wer springt in die Bresche? Kirchliches Ehrenamt in ländlichen Räumen, in: Landkirche – Achtung Wanderbaustelle, Kirche im ländlichen Raum 64, Altenkirchen 2013, 25–32; Martin Alex: Peripher und engagiert. Kirchlich gebundenes Ehrenamt in peripheren, ländlichen Regionen, in: Michael Herbst/Frieder Dünkel/Benjamin Stahl (Hg.): Daseinsvorsorge und Gemeinwesen im ländlichen Raum, Wiesbaden 2016, 93–115.

10 Michael Herbst: Landaufwärts – Ein Kommentar, in: Kirchenamt der Evangelischen Kirchen in Deutschland (Hg.): Freiraum und Innovationsdruck. Der Beitrag ländlicher Kirchenentwicklung in peripheren Räumen zur Zukunft der evangelischen Kirche, Kirche im Aufbruch 12, Leipzig 2016, 349.

Zweifel angebracht, ob kirchliche Innovationen in ländlichen Räumen anderen Gesetzen gehorchen würden als in der Stadt. Und schließlich setzte die deutschsprachige Literatur, die in der Vergangenheit eine stärkere Belastung von Landgeistlichen annahm, auf der nahezu selbstevidenten Vermutung auf, dass strukturelle Dehnungen besonders in ländlichen Räumen zu erhöhten Burnout-Werten führten. Aber, wie Benjamin Stahl resümiert: »Bisher gibt es jedoch keine belastbare Forschung, die diese Kombination aus Belastungserkrankungen und ländlich peripherer Umgebung untersucht.«[11] Das »gibt« ist mit der GIPP-Studie in ein »gab« zu verändern. Denn hier liegt diese »belastbare Forschung« nun vor. Und sie sagt: »Wir haben [...] keinen nennenswerten Unterschied durch den Faktor ›Land‹ hinsichtlich der Arbeitsbelastung ausmachen können.«[12]

Das gilt es nun zu verstehen. Zur Deutung schlage ich im Folgenden drei Thesen vor; von denen die zweite eher den Charakter einer Hypothese besitzt.

1.) Bei der antithetischen Gegenüberstellung von Stadt und Land handelt es sich in erster Linie um eine Zuschreibung. Empirisch lässt sie sich nicht als qualitativer Gegensatz, sondern höchstens als quantitative Abstufung erhärten.

Land als Antipode stellt also eine urbane Projektion dar, die nicht nur den Gegensatz stilisiert, sondern aus der Vielfalt ländlicher Räume einen Singular macht. Wenn über das Pfarramt auf »dem« Land – meist in der Stadt! – geredet wird, kursieren offenbar Zerrbilder: Man assoziiert den abgehetzten Kollegen, der von Dorf zu Dorf düst, sich ständig nur um Bausachen kümmert und über den mageren Gottesdienst dauerfrustriert ist. Dass die Kollegin daneben aber viele Freiheiten genießt, Nachbarn besitzt, die gerne mal nach den Kindern schauen und die Predigthörer einem intellektuell nicht alles abverlangen, wird übersehen. Und übersehen wird auch, dass Rhön nicht gleich Altmark und Schwenda nicht Merbelsrod ist. Solche Verkürzungen und Vereinheitlichungen ländlicher Wirklichkeit finden sich indes nicht nur in der Kirche.

Man achte nur einmal darauf, wie große, auch »seriöse« Zeitungen über Herausforderungen der ländlichen Räume berichten. Da recherchiert ein Journalist in »der Provinz«, berichtet befremdet über dumpfe politische Ansichten, Heimatverbundenheit und ein zurückgebliebenes Deutschland, was die Zerrbilder all jener Leser in den Städten bestätigt, die sowieso schon immer wussten, dass »da draußen« irgendetwas nicht stimmt. Neben der Selbstvergewisserung wird in dieser Rhetorik das Beängstigende, das auch im eigenen Hause existiert, ausgelagert: Damit hält man sich unangenehme Themen vom Leib.

11 Vgl. den Beitrag von Stahl: Ländliche Räume, Kap. 5.

12 Vgl. den Beitrag von Stahl/Neumann, Kap. 2.1.

> »Eingebunden in verschiedene Sinnzusammenhänge wird das ›Ländliche‹ zu einer Folie und einem Kommunikationsfeld für Selbstbeschreibung und Selbstverortung gegenwärtiger Gesellschaften. Repräsentationen des Ländlichen bieten letztlich Auskunft über individuelle und kollektive Bedürfnisse, Ansprüche und auch Ängste einer urbanisierten Gesellschaft.«[13]

Man möchte ergänzen: und Sehnsüchte. Denn die Projektionen funktionieren auch andersherum. Die Zeitschrift »Landlust«, eine der erfolgreichsten Neueinführungen auf dem Zeitschriftenmarkt und inzwischen vielfach kopiert, bedient die urbanen Wünsche nach einer harmonischen Gegenwelt, indem sie das Landleben als Idylle mit großformatigen Bildern und Kochrezepten »von Oma« inszeniert.

Wahrscheinlich sind solche Zuschreibungen mit dafür verantwortlich, dass die Befundlosigkeit hinsichtlich einer Mehrbelastung durch die ländliche Umgebung zunächst enttäuscht. Weil die Erwartung eine andere war, die übersteigert von dem Image der ausgebrannten, gehetzten Landkollegin ausging – und sich insofern eher als Ergebnis einer Projektion erwies als das einer handfesten Untersuchung.[14] Insofern könnte die *Ent*-täuschung eine heilsame sein; heilsam, weil sie uns die Frage stellt, warum wir das Land als Kontrast zur Stadt konstruieren. »Es ist daher zu fragen, welche Funktionen Narrative des Ländlichen in unterschiedlichen Kontexten und Situationen haben. Für was steht das Ländliche als Imaginations-, Projektions- und Handlungsraum innerhalb einer urbanen Welt?«[15]

Innerhalb der EKD-weiten Diskurse seit etwa 2007 steht das Land für den Umgang der Kirche mit Mangelsituationen: Es wurde zur Chiffre für das Weniger, das bekanntlich der ganzen Institution bevorsteht. Die ländlichen Räume sind so etwas wie ein Blick in die Zukunft der EKD: »Die Gesamtkirche kann in der anstehenden Phase der allgemeinen Ressourcenverknappung von den dörflichen Verhältnissen in den peripheren Räumen lernen.«[16]

---

13 Vgl. Sigrun Langner: Rurbane Landschaften. Landschaftsentwürfe als Projektionen produktiver Stadt-Land-Verschränkungen, in: Aus Politik und Zeitgeschichte 46–47, Bonn 2016, 43.

14 Wahrscheinlich ist auch die interne Hierarchie der Wechselabsichten den urbanen Projektionen ländlicher Wirklichkeit geschuldet.

15 Vgl. Langner: Rurbane Landschaften (s. Anm. 13), 43.

16 Eberhard Hauschildt/Oliver Heinemann: Alternative Formen kirchlicher Präsenz in Peripherieräumen – eine aufsuchende Analyse, in: Kirchenamt der Evangelischen Kirchen in Deutschland (Hg.): Freiraum und Innovationsdruck. Der Beitrag ländlicher Kirchenentwicklung in peripheren Räumen zur Zukunft der evangelischen Kirche, Kirche im Aufbruch 12, Leipzig 2016, 164.

Dass Land diese Funktion in unseren Perspektivgesprächen einnimmt, ist an sich nicht bedenklich. Begrüßenswert auch, wenn man in Kirchenämtern und Universitäten vom Land lernt. Problematisch ist daran nur der »Sicherheitsabstand«, den man so gegenüber den drängenden Fragen einzieht und unter einer »Als-Ob-Rhetorik« verbirgt. Es ist eben so bequem, wenn man die Krisensymptome mit Land assoziiert[17] – und sie so aus den Städten, in denen die kirchlichen Machtzentren liegen, heraushalten kann. Aber, und hier spricht die Studie eine klare Sprache: Das eigentliche Problem sind die Arbeitsverdichtungen und Mehrbelastungen, die mit der Überdehnung der Strukturen im Zuge des Rückbaus einhergehen. Die zu großen Schuhe, in denen Kirche heute läuft, lassen nicht nur das System dysfunktional werden, sie gehen mit einer gesteigerten Arbeitsanforderung für die Kollegen einher – und zwar in Stadt und Land gleichermaßen.[18] Dem müssen wir uns stellen, und zwar nicht nur als Thema des Landes, sondern als unserem gemeinsamen Thema.

Entlastend wäre dann, einen Betrieb einzustellen, wo er nicht mehr zeitgemäß ist; Pausen zu lassen und vor allem das zu tun, wofür Menschen Gaben und Leidenschaften haben. In erster Linie gilt es aber, sich von staatskirchlichem Versorgungsdenken zu lösen (flächendeckende Präsenz) und von erschöpfenden pastoraltheologischen Bildern, die dabei ansetzen, dass Pastoren nach standardisierten Mustern Kirche inszenieren und das Geschäft am Laufen halten müssen.

2.) Möglich wäre auch folgende Interpretation: Das Landpfarramt ist tatsächlich belastender als ein Stadtpfarramt, aber mit den in der Studie eingesetzten Messinstrumenten kann dies nicht nachgewiesen werden.

Das hieße: So wie in der Studie Land definiert und konzeptionalisiert wurde, kommt man dem eigentlich Belastenden nicht auf die Spur – vielleicht, weil Einwohnerdichte und Erreichbarkeit von Mittelzentren für pastorale Tätigkeiten schlicht irrelevant sind?! Vielleicht hätte man eher die Anzahl der Gebäude im Zuständigkeitsbereich oder die Wegezeiten in Anschlag bringen sollen. Möglicherweise hätte sich gezeigt, dass es unerheblich ist, wie viele

17 Meiner Beobachtung nach operieren die westlichen Gliedkirchen mit einer doppelten Absicherung: Neben der Peripherie ist es »der Osten«, an den man die eigenen Herausforderungen auslagern und sich so beruhigen kann. Man zieht sich – hin und wieder – einen kalten Schauer zu, wenn die Kollegen aus den östlichen Gliedkirchen berichten, um sich dann – an den heimischen Schreibtisch zurückgekehrt – zu beruhigen, dass die eigene Situation noch längst nicht so desolat ist.

18 Sowohl auf dem Land als auch in der Stadt sind die »hohen Arbeitsanforderungen« – speziell die »Dichte« der Arbeitsanforderungen – die einflussreichsten Faktoren für berufsbezogene Belastungen: Auf dem Land mit einem Gewicht von 0,57 und in der Stadt mit 0,56, vgl. den Beitrag von Völz/Stahl, Kap. 3, Fußnote 15.

Einwohner pro Quadratkilometer wohnen – aber viel entscheidender, wie viele Predigtstätten ein Pfarrer hat. So hatten ja Francis/Brewster 2012 herausgefunden, dass sich eine spezifische Belastung bei drei Predigtstätten herausstellte.[19]

Doch schon mit dem Aufwerfen dieser zweiten Option will ich sie sogleich als unwahrscheinlich wieder verwerfen. Denn interessanterweise hatte man sie im Forscherteam nach dem Pretest ebenfalls geprüft, als keine spezifische Landbelastung ausgemacht werden konnte.[20] Für den Haupttest wurde Land neu operationalisiert – auch auf der Grundlage von Experteninterviews. Dass diese Konzeptionalisierung wirklich griff, zeigten nicht nur die Selbsteinschätzungen der Pfarrer nach ihrem Umfeld[21] – sondern auch die damit einhergehenden Besonderheiten des jeweiligen Arbeitens. Denn genau die oben genannten Merkmale (mehrere Predigtstätten, weniger Gemeindeglieder, längere Fahrzeiten) sind tatsächlich mit dem Landbegriff, wie er in der Studie bestimmt wurde, assoziiert. Das spricht für die Leistungsfähigkeit des Landbegriffes in GIPP I – und gegen diese hier eröffnete zweite Option –, die allerdings weiterhin theoretisch in Betracht gezogen werden muss.

3.) Stadt- und Landpfarramt sind zwar jeweils nicht belastender – aber anders. Sowohl das Arbeiten im urbanen Umfeld als auch das in der weiten Fläche gehorchen eigenen Gesetzen. Es besitzt spezifische Herausforderungen, weist aber auch besondere Vorteile auf, die entlastend wirken. In der Summe gleichen diese sich offenbar aus.

Die vorliegende Studie darf hier nicht missverstanden werden: Ihre Ergebnisse bedeuten nicht, dass Stadt und Land gleich sind bzw. zwischen pastoralem Dienst in Stadt und Land kein Unterschied bestünde. Bezeichnenderweise beginnen Stahl/Neumann in ihrem Auswertungskapitel »Stadt, Land, Frust?« damit, »Unterschiede zwischen Stadt- und Landpfarrergruppe« zu benennen!

Die Kollegen in der Stadt sind älter, sie haben eine größere Anzahl von Gemeindegliedern zu versorgen (höhere Dichte!) – dafür aber weniger Predigtstätten: 71 % müssen 1–2 Kanzeln bespielen, auf dem Land sind 61 % für

19 Der Vergleich mit Probanden, die nur eine oder zwei Predigtstellen haben, ist allerdings ausgeblieben, vgl. den Beitrag von Stahl: Ländliche Räume, Kap. 4, Fußnoten 65 und 66.

20 Vgl. den Beitrag von Stahl: Ländliche Räume, Kap. 7: »Nach Erhebung und Auswertung unserer Pretests zeigte sich im Ergebnis, dass die Probanden keine Unterschiede hinsichtlich Belastungen und Ressourcen aufwiesen[...] Dieser Befund ließ zwei Rückschlüsse zu: Entweder gibt es keinen Belastungsunterschied zwischen städtischen und ländlichen Pfarrern oder die Erfassung der Räumlichkeiten war nicht präzise genug. [Hier Option 2] Insofern wir uns in der Pretestphase befanden, entschieden wir uns GIPP I zu erweitern und zu präzisieren.«

21 Vgl. dazu den Beitrag von Stahl: Ländliche Räume, Kap. 7.

drei und mehr Predigtstätten zuständig. Diese müssen demnach mehr Gottesdienste leiten, länger und weiter fahren; sie sind für mehr Kirchengebäude und die dazugehörigen Bauangelegenheiten zuständig. In ihrem Zuständigkeitsbereich gibt es weniger Mitarbeitende, sowohl Haupt- als auch Ehrenamtliche. Soweit bestätigen die Ergebnisse die Erwartungen der Praktischen Theologie bzw. kirchlicher Verlautbarungen.

Es treten eigene Dienstprofile hervor, die auch mit spezifischen Herausforderungen verbunden sind: Längere Fahrzeiten erhöhen die Arbeitsanforderungen auf dem Land spürbar[22], ebenso wird die Einsamkeit als belastender empfunden.[23] Und die Kollegen auf dem Land erleben im Dienst andere Mitarbeitende als echte Entlastung.[24]

Interessanterweise führen nun die spezifischen Herausforderungen im Dienst nicht dazu, dass Landpfarrer belasteter sind. Obwohl der erste Blick auf die Prozentangaben solches suggerieren kann. Neben dem Antwortverhalten bei den bereits erwähnten Items[25] gaben 74 % der Landpfarrer an, dass ihre Arbeitsbelastung in den letzten fünf Jahren »zugenommen« bzw. »stark zugenommen« habe. In der Stadt waren dies nur 66 %. Zudem können 30,3 % der Pfarrer in der Stadt und 40,2 % auf dem Land der Risikogruppe zugeordnet werden (diese Differenz ist an dieser Stelle einmal signifikant). Wenn man dann noch hinzunimmt, dass ca. 40 % der Landpfarrer – gegenüber 30 % der Kollegen in der Stadt – »die Stelle wechseln wollen« (was einen Hinweis auf Unzufriedenheit darstellen könnte), mag es kontrafaktisch anmuten, wenn die Autoren betonen: »Wir haben [...] keinen nennenswerten Unterschied durch den Faktor ›Land‹ hinsichtlich der Arbeitsbelastung ausmachen können.« Aber nach einer ersten Verwirrung kann man so resümieren: Das Arbeiten auf dem Land und in der Stadt ist anders; es besitzt jeweils spezifische Herausforderungen – aber in der Summe wirkt weder das eine noch das andere belastender.

Das Skizzieren eines eigenen pastoralen Profils für die kirchliche Arbeit in ländlichen Räumen halte ich für einen weiterführenden Nebeneffekt der Studie. Sie zeigt, dass nicht mehr *ein* pastorales Bild für alles gelten sollte, sondern eben kontextbezogen agiert werden muss. In der Lehre vom Gemeindeaufbau ist das eine Binsenweisheit; in der Pastoraltheologie ahnt man es allmählich – vermutlich deshalb mit Zögern, weil der Pfarrberuf noch immer eine Schlüsselstellung innehat: Das genormte pastorale Leitbild wahrt nicht nur die Kontinuität zu volkskirchlichen Zeiten, sondern trägt auch entschei-

22 Vgl. den Beitrag von Stahl/Neumann, Kap. 1.2: 57 % geben an, dass sich die Anforderungen durch Fahrzeiten mäßig erhöhen; in der Stadtgruppe findet sich kein entsprechender Hinweis.

23 Vgl. a. a. O., Kap. 3.1.

24 Vgl. a. a. O., Kap. 3.4.

25 Vgl. a. a. O., Kap. 1.4.

dend zur Ausbildung eines einheitlichen protestantischen Profils in unserem Land bei. Ließe sich eine Pastoraltheologie im Plural denken? Wäre es vorstellbar, dass in den EKD-Gliedkirchen je nach Umfeld gehandelt wird, also verschieden? Faktisch ist das längst so; aber hat dieses Wissen die Universitäten und Predigerseminare erreicht? Werden dort Menschen verschieden ausgebildet und auf unterschiedliche Herausforderungen gezielt vorbereitet?[26] Ich nehme das bisher nur punktuell wahr.[27] Wenn man dem systematischer folgen würde, würde vermutlich bald klar, dass man auch verschiedene Menschentypen bräuchte – mit Gaben und Fähigkeiten, die der jeweilige Kontext verlangt. Später würden sich wohl auch die Berufsprofile diversifizieren nebst den entsprechenden Zugangswegen. So würden nicht nur bestehende Berufsgruppen wie Pädagogen, Diakone und Musiker aufgewertet werden; am Verkündigungsdienst der Kirche würden dann auch Pioniermissionare und Wanderprediger, urbane Pastoren und Landgeistliche partizipieren.

Zuvor allerdings würde es darum gehen, die jeweiligen Kontexte pastoralen Handelns noch genauer zu beschreiben. Hier leistet die Studie Pionierarbeit, indem kontextsensible Belastungsprofile dargestellt werden.[28] Es zeigt sich ja, dass im städtischen und ländlichen Kontext recht unterschiedliche Faktoren zur Be- und Entlastung beitragen, wie anhand der Strukturgleichungsmodelle deutlich wird.[29] Und hier wird durch die vorliegende Studie klar: Vollends verstanden, worin jeweils die Herausforderungen und Chancen des jeweiligen Kontexts bestehen, haben wir noch nicht. Dass soziale Unterstützung in der Stadt eher belastend wirkt, auf dem Land aber entlastend, markiert einen Schritt in ein solch differenziertes Verstehen von Rahmenbedingungen.

Worin aber bestehen die Entlastungen des Landes und die Belastungen in der Stadt?[30] Offenbar gleichen auch Phänomene des Landes, die bisher nicht im Blick waren, die als verschärft wahrgenommenen Anforderungen aus. Den Nachbarn, der mit den Kindern aushilft, habe ich schon benannt. Vielleicht wirkt aber auch die größere Pfarrwohnung nebst Hof und Garten entlastend, der entspanntere Grundrhythmus oder die größere Freiheit. Möglicherweise

26 Hier kann man sich der Überlegungen von Stahl/Neumann nur anschließen: Wenn sich der Hinweis auf ein Leitungsdefizit in den Städten erhärtet, sollte man für Kollegen aus der Stadt hier gezielte Weiterbildungen anbieten bzw. sie entsprechend vorbereiten.

27 Beispielsweise die »Landwoche« während der Vikariatsausbildung in der EKM.

28 Vgl. den Beitrag von Stahl/Neumann, Kap. 2.2.

29 Hier zeigt sich, dass auf dem Land Fortbildungen, die Möglichkeit, seine Fähigkeiten nach den eigenen Vorlieben einzusetzen, und die Unterstützung durch Haupt- und Ehrenamtliche besonders helfen – in der Stadt sieht das anders aus, vgl. den Beitrag von Völz/Stahl, Kap. 3.

30 Bzw.: Worin bestehen die spezifischen Belastungen in der Stadt: Zu viele Menschen auf engem Raum, die alle Unterschiedliches wollen, wirken offenbar belastend. Man muss hier koordinieren, Konflikte managen, stärker strategisch arbeiten. Zusätzlich ist man dem Kompetenzgerangel und Profilierungssucht ausgesetzt.

tragen der hohe Naturanteil und die bessere Luft zur Erholung bei.[31] Mit anderen Worten: Bei einer solchen Umfeldanalyse dürften nicht allein geographische oder strukturelle Kategorien beachtet werden, sondern auch soziale, ökologische bzw. psychologische.[32]

Aber der eigentliche Lerngewinn hinsichtlich des »Landthemas« durch die GIPP-Studie ist doch, dass sie einen Hinweis liefert, dass die Abbrüche längst in der Stadt angekommen sind. Auch hier gibt es Arbeitsverdichtung, Verwaltungslasten und Strukturwandel. Wir können die Probleme nicht einfach auf das Land »outsourcen«, sondern wir müssen sie als Kernproblematik für die ganze kirchliche Organisation begreifen. Man kann die Befürchtungen nämlich auch andersherum lesen: Die Belastungen in der Stadt sind inzwischen so hoch, wie wir sie für das Land befürchteten. Die Effekte, die durch Arbeitsverdichtung und Verwaltung hervorgerufen werden, sind so stark, dass dahinter die Frage nach der Umgebung zurücktritt – ja, hinfällig wird. Darum sollten wir uns sorgen. Und die Studie bietet auch Anhaltspunkte dafür, in welche Richtung man dies denken kann.[33]

Insofern ist diese Studie weiteres Wasser auf die Mühlen der Entmythologisierung ländlicher Katastrophenszenarien. Durch die präzise Forschung werden wir herausgefordert, unsere Annahmen zu überprüfen, und lernen, dass die kontextspezifischen Herausforderungen anders gelagert sind, als wir dachten: Diese Herausforderungen zeigen sich nicht allein in der ländlichen Ferne, dem peripheren »anderswo«, sondern liegen erheblich näher und tasten unsere gedankliche kirchenstrukturelle Komfortzone empfindlich an.

31 In den acht Interviews, die die empirische Basis der Arbeit von Menzel bilden, blitzt hier und da auf, was die Kollegen auf dem Land als Ressource erleben, z.B. Wald und geringere Arbeitsintensität (vgl. Kerstin Menzel: Kleine Zahlen, weiter Raum. Pfarrberuf in ländlichen Gemeinden Ostdeutschlands, Stuttgart 2019, 385-395).

32 Vgl. dazu z. B. Madza Adli: Stress and the City. Warum Städte uns krank machen und warum sie trotzdem gut für uns sind, München 2017.

33 Vgl. die Beiträge von Stahl/Neumann und Herbst in diesem Band.

Liste der Autorinnen und Autoren

Gabriele Ahnert-Sundermann,
Oberkirchenrätin, Jg. 1957, Studium der ev. Theologie in Berlin, Marburg und Genf, Land-, Schul- und Stadtpastorin, seit 2009 Personalreferentin der Ev.-luth. Landeskirche Hannovers.

Peter Böhlemann,
Dr. theol., Pfarrer, Jg. 1964, Studium der ev. Theologie und Psychologie in Marburg und Bethel, seit 2010 Leiter des Gemeinsamen Pastoralkollegs der Evangelischen Kirche von Westfalen, Evangelischen Kirche im Rheinland, Lippischen Landeskirche und Evangelisch reformierten Kirche, seit 2012 Leiter des Instituts für Aus-, Fort- und Weiterbildung der Evangelischen Kirche von Westfalen, Mitglied der 12. Synode der EKD, Publikationen: Wie die Kirche wachsen kann... und was sie davon abhält (^{2}2010), Mitautor von: Geistlich leiten. Ein Handbuch (2011).

Philipp Elhaus,
Pfarrer, Jg. 1962, Studium der ev. Theologie in Oberursel, Mainz, Tübingen und Göttingen, seit 2007 Leitender Referent für Missionarische Dienste in der Evangelisch-lutherischen Landeskirche Hannovers, zahlreiche Veröffentlichungen zu den Themen Glaubenskurse sowie Gemeinde- bzw. Kirchenentwicklung.

Martin Grabe,
Dr. med., Psychiater und Psychotherapeut, Jg. 1959, Studium der Medizin in Hannover, seit 1998 Chefarzt der Psychotherapeutischen Abteilung der Klinik Hohe Mark, 2018 Ernennung zum Ärztlichen Direktor der Klinik Hohe Mark, Vorsitz der Akademie für Psychotherapie und Seelsorge (APS), Mitglied des Kuratoriums der Stiftung »Christen helfen«, Mitgliedschaft in zahlreichen psychotherapeutischen Verbänden und Gesellschaften, Publikationen: Wie funktioniert Psychotherapie? Ein Buch aus der Praxis für alle, die es wissen wollen (2017), Zeitkrankheit Burnout. Warum Menschen ausbrennen und was man dagegen tun kann (^{5}2013), Lebenskunst Vergebung. Befreiender Umgang mit Verletzungen (^{5}2012).

Anja Hanser,
B. Sc., Jg. 1987, Studium der Psychologie in Göttingen, seit 2014 Theologiestudentin in Greifswald und Berlin, Stipendiatin der Studienstiftung des deutschen Volkes. Der hier abgedruckte Beitrag ist Teil ihrer Dissertation am Lehrstuhl für Praktische Theologie in Greifswald. In dieser Dissertation reflektiert sie die Befunde der GIPP-Studie mit Blick auf die Kirche als Arbeitgeber unter Anwendung eines ethisch fundierten Verantwortungsbegriffs.

Michael Herbst,
Prof. Dr. theol., Jg. 1955, Studium der ev. Theologie in Bethel, Göttingen und Erlangen, seit 1996 Professor für Praktische Theologie in Greifswald und Direktor des Instituts zur Erforschung von Evangelisation und Gemeindeentwicklung, Mitglied des akademischen Senats der Universität Greifswald, Mitglied im Theologischen Ausschuss der VELKD, Mitherausgeber von Kerygma und Dogma, zahlreiche Publikationen: Beziehungsweise. Grundlagen und Praxisfelder evangelischer Seelsorge ([2]2013), Aufbruch im Umbruch. Beiträge zu aktuellen Fragen der Kirchentheorie (2018).

Michael Lehmann,
Oberkirchenrat, Jg. 1965, Studium der ev. Theologie in Halle/Saale, seit 2012 Personaldezernent der Evangelischen Kirche in Mitteldeutschland, Publikationen: Von volkskirchlichem Gemüt und missionarischer Leidenschaft. Beispiele aus dem Evangelisch-Lutherischen Kirchenkreis Gotha, in: Thomas Schlegel/Martin Alex (Hg.): Leuchtfeuer oder Lichternetz. Missionarische Impulse für ländliche Räume (2012), Abschied von der Ortsgemeinde? Beobachtungen im ältesten städtischen Kirchspiel der Kirchenprovinz Sachsen, in: Maren Lehmann (Hg.): Parochie. Chancen und Risiken der Ortsgemeinde (2002).

Silvia Neumann,
Dipl.-Psych., Jg. 1987, 2011 Abschluss der Berufsausbildung zur Fachangestellten für Medien- und Informationsdienste an der Humboldt-Universität zu Berlin, 2011–2012 Anstellung bei den Hamburger Öffentlichen Bücherhallen, 2012–2019 Studium der Psychologie in Greifswald, Diplomarbeit zum Thema: Belastungserleben im Pfarrberuf auf dem Land und in der Stadt – Empirische Untersuchung zu Burnout, Arbeitsanforderungen, Entscheidungsspielraum, soziale Unterstützung und Spiritualität.

Gunther Schendel,
Dr. theol., Pfarrer, Jg. 1964, Studium der ev. Theologie und Geschichtswissenschaften in Marburg und Göttingen, seit 2011 Referent im Sozialwissenschaftlichen Institut der EKD und Dozent am Predigerseminar Loccum, The-

menschwerpunkte: Kirchenentwicklung und Entwicklung kirchlicher Berufe. Mitgliedschaften: Ausbildungsbeirat der Ev.-luth. Landeskirche Hannovers, Sektion Religionssoziologie der Deutschen Gesellschaft für Soziologie. Publikationen: Herausgeber von: Calling and Vocation. From Luther to the Modern World of Work (2017), Zufrieden – gestresst – herausgefordert. Pfarrerinnen und Pfarrer unter Veränderungsdruck (2017).

Jürgen Schilling,
Pfarrer, Jg. 1963, Studium der ev. Theologie in Leipzig, Pfarrer in der Evangelischen Kirche in Mitteldeutschland, Mitarbeiter im Projektbüro Reformprozess der EKD, seit 2017 Persönlicher Referent von Ilse Junkermann, Landesbischöfin der Evangelischen Kirche in Mitteldeutschland.

Thomas Schlegel,
Dr. theol., Kirchenrat, Jg. 1973, Studium der ev. Theologie und Griechischen Philologie in Jena und Pietermaritzburg (RSA), Referatsleiter Gemeinde und Seelsorge im Landeskirchenamt der Evangelischen Kirche in Mitteldeutschland in Erfurt, Mitglied diverser Fachbeiräte und Kuratorien, Mitherausgeber der Zeitschrift *rural theology* und der Theologischen Beiträge, Promotionspreis der FSU Jena (2005), Mitautor der Studie: Landaufwärts – Innovative Beispiele missionarischer Praxis in peripheren, ländlichen Räumen (2016), Mitherausgeber von: Mittendrin! Kirche in peripheren, ländlichen Regionen (2014), „Think rural!" Dynamiken des Wandels in peripheren ländlichen Räumen und ihre Implikationen für die Daseinsvorsorge (2014), Leuchtfeuer oder Lichternetz. Missionarische Perspektiven für ländliche Räume (2012).

Benjamin Stahl,
Dipl. theol., Jg. 1984, Studium der ev. Theologie in Jena, Leipzig, Greifswald und Durham/UK, Vikariat in der Ev.-Luth. Landeskirche Sachsen, seit 2014 Wissenschaftlicher Mitarbeiter am Institut zur Erforschung von Evangelisation und Gemeindeentwicklung an der Universität Greifswald, ebenfalls seit 2014 im Team des EKD-Zentrums für Mission in der Region, Publikationen: Mitherausgeber von: Daseinsvorsorge und Gemeinwesen im ländlichen Raum (2016), Mitherausgeber von: Entdeckungen im Umbruch der Kirche (2016).

Henrike Völz,
M. Sc., Jg. 1992, Studium der Psychologie in Greifswald. Seit März 2019 als klinische Psychologin in der Psychiatrischen Tagesklinik der Universitätsmedizin Greifswald tätig.